レッジョ・エミリアと対話しながら

知の紡ぎ手たちの町と学校

カルラ・リナルディ［著］　里見 実［訳］
Carla Rinaldi　　　　Satomi Minoru

In Dialogue with Reggio Emilia
Listening, researching and learning

ミネルヴァ書房

IN DIALOGUE WITH REGGIO EMILIA
by Carlina Rinaldi
Copyright©2006 by Carlina Rinaldi

All Rights Reserved.
Authorised translation from the English language edition published by Routledge,
a member of the Taylor & Francis Group

Japanese translation published by arrangement with Taylor & Francis Group
through The English Agency(Japan)Ltd.

はじめに
―――レッジョ・エミリアと対話しながら―――

　グニラ・ダールベリとピーター・モスからレッジョ・エミリアの経験について本を一冊書かないかというお勧めを受けたのは――お二人の監修する叢書の一冊として，であったが――私にしてみると不意打ちであった。たいへん心を動かされたものの，一方でまた，しっくりこないという感じも拭いがたかった。
　「レッジョ」の乳幼児保育園と幼児学校の経験を一冊の本にまとめて表現するなんて，できるわけがない。まして，私一人で，なんて。「レッジョ」は集団による実践であり，終わりなき物語であり，多くの人々が分かち合う情熱と艱難辛苦であり，つまりはその一人一人が「自分たち」だと思っているものであって，そのなかの何びとも，その解釈を独り占めしようなどとは思わないし，できるわけもないのである。
　私がはじめに拒絶すると，グニラとピーター側は何度もその要求を蒸し返した。ついに解決策を思いついたのは，ほかならぬピーターであった。二の足を踏もうとする私の感情は尊重する。しかし自分の，自分なりの視点でレッジョの経験を記述してみたい，経験そのものに内在しながら，とりわけその若干の側面については論点を洗い出して再考したいという意向をあなたはもたれてもいるのだから，それも斟酌して，こんな案を考えてみたのだ，という。
　合意を得たその案は，次のようなものであった。ここ二十余年の間に，私が書きちらしたものを集めてみる。これは，いわば一時代の歩みの証言となるだろう。一つにはレッジョの経験を特徴づけている思想や原理がどのようにして生まれ，展開していったのかを示す証言であり，同時にそれは，そこでの私個人の成長のプロセスを証言するものでもある。
　載せるものを決めるのは容易な作業ではなかったが，原文を変えないという原則を受け入れるのも同様に困難であった。何年も経ってから読み返すと，どうも未熟に思えてならない点があるし，繰り返しの多いのも目障りである。時間が経つほどに，いま一度内省的に中心思想に立ち戻って，それを明らかにし

たい，深めたいという欲求がこみ上げてくるのである。

　グニラとピーターは，変えてはならないと言って，おそらく理由を述べ立ててくるだろう。そして二人の主張は，もっともなことなのである。

　本の第一校を見た時に，いま両手に持っているのが，認知論的な一冊の自伝，「レッジョと対話しながら」繰り広げてきた知の歩みの証言であることを，私はただちに理解した。こうして本書の表題が生まれた。それは私の歩みのメタファーだが，われわれみんなのそれ，一つのコムーネ，一つの都市によって書かれたもっとも美しい教育の，市民生活の物語の著者たち・主人公たちの足跡を語るメタファーでもあるのだ。

　本書の英語版は，2006年，国際的にもっとも著名な出版社の一つであるラウトレッジから刊行された。良好な売れ行きはその成功を示すもので，要望に応えてドイツ語版，スペイン語版も出版された。

　2008年の1月，出版社でもあるレッジョ・チルドレンに，本書のイタリア語版出版の話が持ち込まれた。躊躇がなかったわけではないが，私は要望に同意した。間接的ではあっても本書に盛り込まれた思想を鼓舞し，その発想を導いてくれた人々への，それは義務のように私には思えたのである。

　というわけで，渋る私に踏ん切りをつけさせて，寛大にその仕事に伴走してくれたグニラとピーターに，まずは感謝を。

　その情熱，その知識，その探求によって，私に学習と人間的成長の無二のチャンスを与え，あまつさえ深い友情と別なものではない批判的ホスピタリティをもって私を遇してくれたレッジョのすべての人々——教員，アトリエリスタ，ペダゴジスタ，父母，行政職員のみなさんにも，感謝申し上げたい。

　過去と現在，国の内と外を問わず，私はたくさんの教育学者，哲学者，心理学者の方々から，多くの討論と省察のための刺激をいただいてきた。それらの方々の力を借りて，私は自らを，自らの教育観と教育実践を，さらには今を生きる具体的なユートピアを構築することができたのである。

　新しい現実を，よりよい世界を夢見ることを，その夢を現実にすることを，私に教えてくれた亡きローリス・マラグッツィに，再度いま，深い感謝を。

カルラ・リナルディ

訳者はしがき

本書は，以下の2冊の本の訳書です。

- Carlina Rinaldi（2006）*In Dialogue with Reggio Emilia —— Listening, researching and learning.* Routledge（英語版）
- Carla Rinaldi（2009）*In dialogo con Reggio Emilia —— ascoltare, ricercare e apprendere.* Reggio Children（イタリア語版）

英語版は，グニラ・ダールベリとピーター・モスが編集した Contesting Early Childhood Series の一冊として2006年に刊行されています。イタリア語で書かれた文章や講演記録の訳書なのですが，レッジョ関連の多くの文献がそうであるように，この本も，英語版のほうが先に本になっているわけです。おそらくチームを組んで訳したもののようで，著者自身もある程度はその作業に関わっているのではないかと，私は推察しています。

というのは，イタリア語テキストではやや説明不足と思われる部分に丁寧なパラフレイズが施されていて，文全体がやや長めになっているからです。また，イタリア語版にはない，かなり長大な3編のインタビュー記録が収録されていて，この本の背景がよくわかるようになっています。まずはこの英語版によって，本書は世界の各地で多くの読者の手に渡り，また多くの言語に翻訳されることになりました。ちなみに，著者名は，Carlina Rinaldi と愛称が使われています。レッジョの人々の間で，そしてとりわけ編者や翻訳者グループの間で，おそらく著者はそう呼ばれているのでしょう。

イタリア語版は，Reggio Children から2009年に刊行されています。タイトル下に，Discorsi e intereventi 1984-2007 とあり，この期間に発表した文章と会議などでの発言を経年順に収録したものであることがわかります。

本訳書の序章から第17章までは，このイタリア語版をほぼそのまま訳出した

ものです（ただしイタリア語版の巻末に著者が記している短い「おわりに」は，訳書全体の最後に移しました）。3年遅れで刊行されたイタリア語版には，英語版にはない5つの章（第3章，第4章，第15章，第16章，第17章）と，英訳の過程で削られたと思われる若干の記述も復元されており，それぞれの時点での著者の問題関心や思索の足どりをたどりやすくなっています。

　英語版かイタリア語版か，いずれか一本を底本とするのが翻訳の常道なのでしょうが，一長一短で，どちらも捨てがたく，両方の版を汲み上げる工夫をしました。目次の上では，イタリア語版と英語版のすべての章を拾い上げました。序章から第17章までは原則としてイタリア語版を底本にして訳文をつくりましたが，しかし英訳版で施された改訂もできるだけ反映させたいと思い，脚注の形でその部分を付加しました。煩雑になるので注には移しませんでしたが，他にも，英語版での改訂を採り込んでイタリア語版テキストの語句や文章の配列に若干の整理を施して訳した部分が（特に第1章，第10章には）何箇所かあります。

　そのうえで英語版に収録されていて，イタリア語版には欠けている3編の座談記録を補章として巻末に配しました。

　そのようなわけで思いがけず分厚い本になってしまいましたが，どのページにも沸きかえっている著者の刺激的な思考は，読者のなかで泡立ち続けて新たな思索と実践を誘発するに相違ありません。

2019年7月

里見　実

訳語について

　本書翻訳にあたって，同じ原語に同じ訳語をあてるという原則を，私はとっていない。同じ語でも異なる文脈に置かれることで意味のずれが生ずることがあり（それが通常かもしれない），訳語を変えるほうが，文意がよく見えてくるからである。訳語と原語の関係に疑問を生じかねない語彙については，できるだけ原語を添えるように努めたが，頻度と重要性の高い語彙に関しては，前もって弁明を加えておくべきかもしれない。

linguaggio
　もっとも悩まされたのは linguaggi の訳語である。有名な展示「子どもたちの100の言葉」の原題は I cento linguaggi dei bambini で，linguaggio の複数形が使われている。子どもたちの表現，その言語活動は，口頭言語による発話（parola；いわゆる「言葉」）に限られないのだ，というメッセージを込めて linguaggi という語が使われている。この linguaggi をどう訳すのか，結局，決着がつかないままに「100の言葉」というすでに定着している訳語を本書でも踏襲した。linguaggio が使われている部分は本書中，他にも多く，できるだけ「言語活動」と訳すようにはしたが，「言葉」（日本語のこの語の含意は広い），また「言語」という訳語をあてはめるほうがよい場合もあって，訳語の統一はとれていない。イタリア語の場合，厳密な意味での「言語」，すなわち約定的な記号のシステムとしての「言語」を表す lingua という語があって，発話者の表現活動を意味する linguaggio とは区別されている。イタリア人もこの二つの語の使い分けで首を捻ることが多いようだ。

ascolto
　ascoltare（耳を傾けて聴き入る，傾聴する）の名詞形で，レッジョの教育思想の根幹の一つである。この名詞をどう訳したらよいのだろうか。最初の諸章で

は「耳を傾けること」など，やや長たらしい訳し方をしたが，ascolto というイタリア語の簡潔な響きを伝える日本語となると，やはり「傾聴」ではないだろうか。カウンセリングや福祉の世界ではこの語は一つの手法を表す語として流通しているようだが，語に込めた意味を著者は本書で語りつくしているから，理解に過不足は生じないだろう。

l'asilo nido e la scuola dell'infanzia

　asilo nido は日本では「乳児保育所」と訳されてきたが，本書では，「乳幼児保育園」とした。乳児だけでなく，0歳から3歳までの子どもを受け入れる年少児の保育園である。乳幼児保育園を卒園した子どもたちは，今度は「幼児学校（scuola dell'infanzia）」に進学する。「幼児学校」は，3～6歳の学校である。

　著者のなかでは，そしてレッジョの幼児教育思想のなかでは，0～6歳の「子ども期」は連続した一つの過程として位置づけられている。だから乳幼児保育園も幼児学校も，どちらもが等しく「幼児の学校」なのである。著者は固有の意味での「幼児学校」について語っていることもあるし，広い意味での「幼児の学校」について語っていることもある。本書の第16章，第17章では，また補章の座談のなかでも，著者は0～6歳の学校，すなわち小学校就学前児の学校を総称して scuola dell'infanzia と呼んでいることが多い。本訳書では，あえて「幼児学校」と「幼児の学校」と訳し分けることにした。

　なお，「幼児学校」はレッジョの，それも市立の学校の独自な呼称である。「母親学校（scuola materna）」という呼称を避けて「幼児学校」と名づけた。単に母親の役割を代替するのではなく，子どもたちの集団生活と学びの場，すなわち「学校」である，という主張が込められている。

insegnante, educatore, personale

　教師を表す insegnante には教師，教員，先生など，複数の訳語をあてた。同じ教師を指して educatore と呼んでいる場合もあり，その場合は「教育者」とした。personale は英訳では「スタッフ」となっている。レッジョの学校では，教師だけでなく用務員，調理師やアトリエリスタといった多様なスタッフ

が学校運営の柱として大きく位置づけられている。もちろん教員もそのような「スタッフ」の一員である。本書では「学校の全スタッフ」，チームとしての教職員について論じているくだりも多く，その場合は「教職員」と訳すことにした。

凡　例

1. 本書は，Carlina Rinaldi（2006）*In Dialogue with Reggio Emilia —— Listening, researching and learning.* Routledge（英語版）および Carla Rinaldi（2009）*In dialogo con Reggio Emilia —— ascoltare, ricercare e apprendere.* Reggio Children（イタリア語版）の邦訳である。
2. 原書のタイトルを直訳的に訳すと，メインタイトルは「レッジョ・エミリアと対話しながら」で，サブタイトルは「耳を傾けて聴く，探求する，そして学ぶ」であるが，日本では必ずしも周知とはいえない「レッジョ・エミリア」という都市と，サブタイトルの3つの動詞を説明するために，本訳書ではサブタイトルを「知の紡ぎ手たちの町と学校」とした。
3. 原則的にイタリア語版から訳出したが，英語版のみに収録されている章（補章1～3）については英語版から訳出した。なお，各章タイトル部分に原文タイトルを訳出元の原語（イタリア語または英語）で記した。
4. 注については，原書注（イタリア語版および英語版）と訳者による訳注を設けており，原則として脚注とした。訳注については，原書注と区別するため，脚注の文頭に〈訳注〉と記載した。ただし，文脈上本文のなかに（訳注：　）として入れたところもある。なお，注番号は原書注と訳注の区別はせずに，章ごとに通し番号とした。
5. 章によって，冒頭に原文（講演など）に関する説明や位置づけなどについて解説をしている「導入」が設けられているところがある。「導入」の部分については，本文と区別するためにゴシック体とした。

目　次

はじめに──レッジョ・エミリアと対話しながら
訳者はしがき
訳語について
凡　例

序　章　われらにとってのレッジョ・エミリア
　　　　………………………………………… グニラ・ダールベリ，ピーター・モス…*1*

第1章　子どもたちの傍らで……………………………………………………*32*
　　　　──現場で形づくられる教師たちの知

第2章　コミュニケーションとしての参加………………………………………*60*

第3章　保育園に，学習プログラムは必要か？……………………………*69*

第4章　教職者の資質更新………………………………………………………*79*

第5章　マラグッツィと教師たち…………………………………………………*86*

第6章　ドキュメンテーションと評価……………………………………………*99*
　　　　──この両者の間には，どのような関係があるのか？

第7章　対話を重ねて……………………………………………………………*118*

第8章　子ども期の空間的環境…………………………………………………*122*

第9章　教育に，今，問われているもの………………………………………*137*

ix

第10章　ドキュメンテーションと探求の文化……………………………151

第11章　乳幼児保育園と幼児学校の連続性…………………………158

第12章　創造性………………………………………………………………171
　　　　　──思考の質として

第13章　探求者としての教師……………………………………………184
　　　　　──学校のなかで人が育つということ

第14章　境界を越える……………………………………………………193
　　　　　──ローリス・マラグッツィとレッジョ・エミリアの教育の歩みを振り返る

第15章　共に食卓を囲むひとときから…………………………………207
　　　　　──学校の文化が生まれる

第16章　現代都市における教育とグローバリゼーション………………218

第17章　教育におけるシティズンシップの訓練………………………229

補章1　教育的プロジェクトの構築………………………………………241
　　　　　──ガンディーニとカミンスキーによるインタビュー

補章2　組織と，方法と……………………………………………………264
　　　　　──ボルギとの対談：レッジョの歩みを語る

補章3　カルラ・リナルディとの対話のなかで…………………………300
　　　　　──ダールベリ，モスとの鼎談

おわりに……347
訳者あとがき……349
引用・参考文献……351

序章
われらにとってのレッジョ・エミリア

グニラ・ダールベリ（Dahlberg, G）
ピーター・モス（Moss, P.）
La nostra Reggio Emilia（2006）

――対話ということ，それが，あなたの思想の核？
それがもう，絶対に大事。対話といっても，意見の交換のことではない。それはどこに行き着くかわからない変化のプロセスで，最後の落としどころを前もって決める可能性なんてまったくない。どこまでも，どこまでも無限に延びていって，宇宙にまで広がってしまう。現代の人間にとって，とりわけ女性たちにとって，これって，ものすごい可能性。危うくもあるのだけれど。

（カルラ・リナルディ：本書 p. 309参照）

　ある非凡な経験を，それを指導した解釈者の眼で観察したのが，本書である。著者はカルラ・リナルディ（Rinaldi, C.）。彼女は，1970年に最初はペダゴジスタとしてレッジョに勤務の後，市の幼児教育部門の教育主任となり，1999年退職後はレッジョ・エミリアのコムーネ立諸学校と世界各地のそれを結ぶべく市が設立した連絡調整機関レッジョ・チルドレンのコンサルタントとなった。そうした職務の傍らカルラは数多くの講演を行い，また数多くのインタビューに応じ，論文も書いた。その選集が本書である。通読すると，40年を超えるレッジョの経験がどのような哲学的・理論的パースペクティブのもとで，またどのような社会的・文化的・政治的コンテクストとの関わりにおいて発展したものであるかを追尋することができるだろう。
　レッジョ・エミリアとは，何なのか？　レッジョとは，イタリア北部の都市で，人口は約15万人である。長い歴史をもつ繁栄した都市で，近年はエスニックにも多様化し，町は膨らんで「新しいもう一つのレッジョ」（Piccinni, 2004）

を生み出すに至っている。海外からの著名なビジターで，すっかりこの市に惚れ込んで1998年にはついには名誉市民の称号さえ授与されてしまったアメリカの心理学者ジェローム・ブルーナー（Bruner, J.）は，母体である町のありようを理解しないとこの市の学校を理解することはできないだろうと弁じている。彼によると，「市は迷子になるほど大きくはなく，窒息するほど小さくもなく，想像力・エネルギー・コミュニティ精神を培うにはうってつけの規模である。レッジョにいると，もう今では稀にしか接することのできない市民間の尊敬を表す挨拶に出会うことも少なくない」（Bruner, 2004）と。

　レッジョとは，レッジョの33の学校のことだ。生後数か月の乳児から6歳児に至る子どもたちのための学校。何校かは市が直接に設立したものであるが，地域住民組織との合意のもとに市に移管されたものもある。だがおそらくもっとも重要なことは，レッジョとは，あるユニークな理論と実践の総体である，ということだ。非常に独特な歴史と文化と政治を背景にして，学校は小さな子どもたちとその家族の人々と共に，それらの理論と実践を築き上げてきた。この理論と実践，そしてその背景が，すなわち本書の主題を形づくっている。

　私たちは Contesting Early Childhood の編者として，またそのなかの一冊 Ethics and Politics in Early Childhood Education（『幼児教育の倫理と政治』）の共著者として，レッジョ・エミリアの市立諸学校の経験とカルラによるその解釈が非常に重要なものであることを思い知らされた。われわれは今日，教育をめぐる倫理と政治の次元が，そのことに関する議論ともども，あまりにもしばしば黙殺される歴史の一時代を生きているように思えてならないからである。幼児も含めて子どもはすべて教育への権利を有するという民主主義社会に共有されているはずの教育の理念も，市民の彼らの子どもに対する責任として確認されてきた学校の理念も，今ではますますもって別な思想によって代替されつつあるようだ。教育を個人的な財貨とみなす傾向が一段と強まっていて，学校のメタファーは討議の場（フォーラム）でもなければ公共空間でもなく，ビジネスに——生産物を，すなわち教育とケアという生産物を市場で競り売りするビジネスに変質している。親は皮算用で買うか買わぬかを決める消費者であり，その消費行動を決めるのは利便性，商品としての品質，序列や成績といった管理的指標だ。学校はつまりはテクニカルな実践の場となり，どれだけ効率的に

知識やアイデンティティを再生産し得たかによって，また所定の基準をどれだけ満たしたかによって評価される。学校は標準化のテクノロジーとなるのだ。

　こんな歴史背景のなかにあるからこそ，レッジョ・エミリアの市立学校のようなユニークな教育と文化の実験が行われている現場に思いを馳せることが，今の今，とても重要なのである。それらの学校にしても，テクニカルな実践を忘れているわけではない。組織や制度の問題を無視しているのでもない。それらに，しかるべき位置を与えているのである。それらは教育プロジェクトを支える手段でなければならない。学校とは何にもましてまずは公共空間であり，倫理的・政治的実践の場であるはずだ——さまざまな年齢の市民たちが出会って相互に結びつく場，対話し関わり合いをつくりつつ，地域で共に生きる，学校はそのための場であるべきだ。「われわれは，かたときも忘れない」と，レッジョのカルラは言う。「一つ一つの決定，一つ一つの組織の背後に，価値と倫理の選択がある，ということを」。カルラがここで組織と呼んでいるのは学校を意味している。——それぞれの学校の背後に，価値と倫理の選択がある。

　われわれの眼に映るレッジョ・エミリアは，希望の使徒である。その胸に抱かれているのは，フランスの哲学者ジル・ドゥルーズ（Deleuze, G.）の語を用いていえば，「世界への信頼」である。それはまた，子ども文化の変革と学校再生への希望を決して手離そうとしない。学校は，公共の広場であり，民主主義的な社会は，まさにそのような公共空間を核にして形づくられていくものだと考えている。レッジョに対するこのような見方を，この序章のなかで私たちは肉付けしていくことになるだろう。だがそうしながらも，私たちは，自分たちのレッジョ観があくまでも「私たちの」それであり，このユニークな経験をめぐって私たちが20年以上にわたって読書し，訪問し，教師やその他の人々と討論したその結果として抱くに至った一つの解釈でしかないことを，よく承知している。カルラやレッジョの友人たちも，世界の解釈は避けがたいものであると言っていて（実際，カルラは本書「補章3」のインタビューで「レッジョそのものが，あるレッジョの解釈なのよ！」（本書 p. 328参照）とまで，言い切っている），われわれとしては大いに励まされた気分である。この解釈そのものが新しい知識を生み出し，対話のなかで次なる解釈が生み出され，新たな討議と異議申し立てに路を開くのである。

3

あるペダゴジカルな実験の物語

　レッジョ・エミリアのペダゴジカルな経験。それはコミュニティ総体を挙げての教育実践と呼んでもよいような，四十余年の歳月をかけたある実験の物語である。それそのものが，すでにしてユニークである。われわれの記憶の井戸をさらっても，そんな話はかつて聞いたことがない。この経験を歴史の遠近法のなかに位置づけようとすると，唯一，ジョン・デューイ（Dewey, J.）のシカゴ実験学校のことが思い起こされるが，この学校は4年続いただけだ。アメリカ合衆国の心理学者ハワード・ガードナー（Gardner, H.）は自国の進歩主義教育の歴史を引き合いに出しながら，レッジョの経験がどんなに巨大なものであるかを論じている。他の国でそうであったように，アメリカ合衆国でも進歩的な教育の思想が実践のなかで具体化されたことなど，めったにないと彼は指摘する。

　アメリカ合衆国の一人の教育者として，僕はあるパラドックスに衝撃を感じないわけにはいかないのだ。子どもたちに焦点を当てることがこの国でしきりに推奨されていることはわれながら誇ってよいことなのだが，しかし自分たちが表明している思想が十分に大事にされているとは思えないのだ。子どもたちの協働が大事だということはしきりに言われるのだが，しかし教師や行政のレベルで協働が支持されているという話はあまり聞かない。芸術が重要だというが，それを支え鼓舞するような環境は，めったにつくろうとしない。親を巻き込まなければならないと口では言うが，親と責任を共有して何かを企てる試みに対しては腰が引けてしまう。コミュニティが必要だと認めてはいるが，直接に利益を共有する者たちだけで固まってしまう。発見的な学びを大いに称揚するが，子どもたちが探索本能を発揮して何かをしはじめると，許可したものかどうかと腕組みをしてしまう。討論を要求しているのに，しばしばそれを軽蔑している。耳を傾けることが大事だと言いながら，自分自身のお気に入りは喋り散らすこと。潤沢な暮らしをしているが，そうであり続けるための資源も余人の豊かさを培うためのそれも残してはいない。レッジョがやっていることは，その点でとても参考になる。僕らがスローガンを叫んでしまいたくなるところで，レッジョの教育者たちは汗を流して，こうした基本問題の多くを解決するための努力をたゆみなく続けている

のだ。　　　　　　　　　　　　　　　　　　　(Gardner, 1993：xi-xii)

　レッジョがこうした精力的な活動を長く持続できる秘密の一つは，果てしない好奇心をバネにした絶えざる越境，新しいパースペクティブを開こうとする果敢な意志ではないかと思われる。レッジョの教育者たちは，教育に限らず哲学，建築，科学，文学，視覚コミュニケーションなど，多様な分野からの理論やコンセプトを取り込んでいる。彼らはより大きな世界の相貌と絶えざるその変容のプロセスを分析し，それと自らの労働を関連づける。レッジョの市立諸学校の初代の教育ディレクターであり，20世紀の教育思想と教育実践のもっとも偉大な先導者の一人であったローリス・マラグッツィ（Malaguzzi, L.）は，こんなことを記していた。

　　教育の思想と実践は，もっぱら，お上がそうと指定したモデルや，折り紙つきの理論から派生するものであると決めてかかる信仰は，何とも珍妙なものだが，そんな信仰がメッキを剥がされることもなく，けっこう通用しているのだからますますもって珍妙なのだ。――たとえ教育について語るとしても（それが，乳幼児の教育であってもだが）その種の文献だけで間に合うはずなどあり得ない。教育について語ることは政治について語ることであり，となれば経済も，科学も，芸術も，人間関係や習慣も，すべてがその射程のなかに入ってこざるを得ない。このような大きな力のすべてが，人間の――小さな子どもたちだって人間なのだが――生きた現実の読み方・対処の仕方に影響を与えているのである。それらが全体のレベルでもローカルなレベルでも教育の内容と実践を揺り動かす新しい方法を生成せしめ，新しい問題を投げかけてはわれわれの意識を試練の鉄火場に追いやっているのである。　　　　　　　　(Malaguzzi, 1993b：51, 54)

　しかしレッジョの教育者たちは，幅広い理論や概念をただ取り込んでいるだけではない。彼らはそれらを自分自身の省察と検証に付し，教育実践を射程に置いた固有の意味をそこに創出しているのである。
　レッジョの教育者たちは一方で厳しい批評家でもある。最新の科学の成果に貪欲に眼を凝らすが，それは常に批判的分析と，科学はそれだけでは価値に関わる問題を解決することができないという確信によって中庸化されている。何

をもって子どもにとっての,あるいは大人を含めた市民にとっての幸福と考えるか,子どもという存在をわれわれはどう理解すべきなのか,といった問題になると,これはもう科学だけでは解決がつかない。科学はよき可能性を差し出すだけではなく,支配と搾取にも道を開くことは,科学者自身よく知っている。チリの生物学者ウンベルト・マトゥラーナ(Maturana, H.)の見立ては,次のようなものだ。

　科学と科学者になるための訓練が,私たちに授けてくれないもの,それは智恵です。近代科学は収奪と致富を価値として尊ぶ文化のなかで興隆しました。それは知識を権力の源泉として遇し,成長と統制を称揚し,ヒエラルキーと支配を尊び,価値は見てくれと成功にこそあると称して憚らない文化のなかで興ったのです。それは智恵を見失い,どのようにしてそれを培うかをまるで知らない文化なのです。私たち科学者は自分たちが何よりも好きなもの,つまり科学の探求に全力投球しますが,しばしば熱狂的な欲望,自らの文化目標の餌食になってしまうのです。そして科学が発達すれば,すべてはそれで正当化されると考え,智恵に対しても,それをどう身につけるかについても,まったく無知蒙昧になってしまうのです。智恵は他者への敬愛のなかで育ちます。権力の興隆は権力への服従であり人間的品位の喪失であるという洞察のなかに宿ります。誠実と信頼に支えられた社会的共存は,ただ愛という感情を生きることによってはじめて可能になること,われわれが生存する世界の行く末は,常に,避けがたく,われわれの行為によって決せられること,そのことをしっかりと見てとらなければならないのです。しかし科学と科学的知識は智恵を授けてこそくれませんが,少なくとも,それを否定しているわけではありません。　　　　　　　　(Maturana, 1991：50)

　その知的関心の烈しさ,その開かれた越境の精神に導かれてレッジョはしばしばゲームの波頭を切ることになった。教育をめぐる論議のなかでこそ近年では広く参照されるようになっているものの,学校現場の実践のなかではまだまだ影がうすく,あまり具体化もされていない現代の諸理論・諸哲学がレッジョの実践のなかではしばしば前景化されて,具体的に活用されているのである。1970年代の他のラディカルな教育実践家たちもそうだったが,レッジョの教師たちも,ジャン・ピアジェ(Piaget, J.)の思想から学ぶところが大きかった。

特に重要なのは「発生的認識論と，教えることの目的は，学びの条件を用意することである」，というピアジェの見解だろう。だが教師たちは知っていた。当のピアジェなら，教育に適用できるなどとは思わない心理学の命題を引っ張り出してきて，応用しようと言い立てる単細胞の技術主義者だっていないわけではないのだ，と。

　教師たちはかなり早くから，ピアジェ理論の若干の弱点にも気づいていた。その一つということになるが，ピアジェの構成主義は子どもを脱・文脈化し，周囲の環境から切り離してしまっているのではないか，という疑問を彼らは抱いたのだ。これは，その後，多くの構成主義者たちによって補正されることになるピアジェの弱点であった。そんなこともあってレッジョの教師たちは，彼の理論のいくつかの側面に対しては，より批判的な見方をするようになった。たとえば，以下のようなことである。

　　認知の発達を促す大人の役割が過小に評価されていること。社会的相互作用と記憶に対する注目が（推論への注目に比較して）弱すぎるのではないか，思考と言語の距離の大きさ，一本道の発達段階把握，感情の発達とモラルのそれとが別個な道をたどるとされていること，自己中心的思考，分類操作など，構造化されたそれぞれの段階を過度に重視する傾向，偏った能力を認めない傾向，論理・数学的能力を圧倒的なまでに重要視していること，生物学的・物理学的なパラダイムの過剰使用などだ。　　　　　　　　　　　　　　　　　（Malaguzzi, 1993b：76）

　ピアジェの脱・文脈的思想からの離反は，1970年代のレッジョが新しい実験に足を踏み入れたことを示している。レッジョの教師たちは，他の思想に着目し，子どもの学習を状況化された学習として，ある社会的・文化的コンテクストのもとで，人間相互の関係性を背に負いつつ生起するものとして捉えるようになった。だからして求められるのは，「最大限の動き，最大限の相互依存と相互作用を許容する」（Malaguzzi, 1993b：56）環境的条件をつくりだす，ということだ。

　こうして彼らは，社会構成主義的なパースペクティブを採用するようになった。そこでは知識は，意味創造のプロセスを通して主体が構成するものだ。社

会的・文化的なコンテクストのもとで，たえず他者や世界と出会ってそれらを意味づける，そうした行為のなかで知識は構成されるのだ。そこでの子どもと教師は，知識と文化を共に構成する共・主体として位置づけられる。

　このパースペクティブが動機になって，レッジョの教師たちはロシアの心理学者レフ・ヴィゴツキー（Vygotsky, L. S.）の一連の重要な洞察に眼を開かされることになった。以降，ヴィゴツキーの洞察は彼らの実践のなかで非常に重要な位置を占めるようになった。たとえば，ヴィゴツキーは言語と思考の関係性を非常に重要視し，また行為がどのように文化的なツールやシンボルによって媒介されているかに注目したのであるが，それらはレッジョの実践の主要な関心事と重なっている。レッジョの諸学校は，グループの他の子どもたちを学習のツールに使って，共に知識を構築していく戦術をきわめて意識的に駆使するのであるが，これもヴィゴツキーの「最近接発達領域」理論にきわめて近しいものだ。

　発想のもう一つの源はジョン・デューイである。そこには，学習は能動的なプロセスであって，あらかじめパッケージ化された知識の伝達ではない，という彼の思想が含まれている。彼によれば知識は，プラグマティックで解放的な実験，そして活動への参加を伴う子どもたちの活動を通して，もっぱらそれを通して形づくられていくものである。彼はまた，内容と方法，過程と所産，精神と身体，科学と芸術，理論と実践というお決まりの二元論をやすやすと超えてしまう。「人類はこういう二極を立ててものを考えるのが好きなようだ。あれか，これか，という二項で自分の信念を定式化するのだが，となると，両者を媒介する中間項のようなものはもう出る幕がない」（Dewey, 1933：17）。

　一般にレッジョの教師たちはいろいろな理論や理論家から発想を引き出すことが多いのだが，それでいて，そこに義理立てはしない。そうするかわりに，それを他の理論に仕立て直してしまうのである。つまり自分のパースペクティブをつくるために，それを利用するわけである。たとえばマラグッツィは，彼の言によると，最初はマリア・モンテッソーリ（Montessori, M.）の仕事を踏み台にして，その先に進もうとしたと言う。「モンテッソーリの仕事は，いうなれば，われらの母，というわけだ。どの息子もそうだけど，われわれは，いずれは母親から独立しなければならない」。ピアジェとの関係は，先ほども述べ

序章　われらにとってのレッジョ・エミリア

たように,「その先に進む」という関係そのものであった。ヴィゴツキーや記号学の開拓者たちはバーバルな言語,声の言語を強調したが,それを踏み台にしたレッジョは言語の概念をさらに広げて,それを称して「子どもたちの100の言葉」と呼んだ。リナルディが本書のなかで,「ファンタスティックな理論」として取り上げているものである(本書 p. 320参照)。言語のこの多様性の自覚は,彼女らの学校への新たな,多様な記号媒体の導入と結びついている。ビデオであり,デジタル写真であり,コンピュータである。

いま一つ,レッジョのアバンギャルド性は,知識の考え方にもよく示されている。レッジョ・エミリアの理論と実践を——たとえば progettazione(プロジェッタツィオーネ)という考え方を理解しようとするならば,知識についての通常の考え方を,改めて最初から問い直す必要が生ずるのだ。学びの常道とされているものを再審の対象にする——教科とは何か,教育内容とは何かを問い直すことが必要であるばかりでなく,そもそもわれわれはなぜ,知識をあるやり方で系統づけようとしてきたのかを,たえず原点から問いかけることが必要なのである。

レッジョはたえず疑い,たえず再考に付し続けてきた。ローリス・マラグッツィはある談話のなかで,彼の考える知は,まぁ,「スパゲッティのからまり(groviglio di spaghetti)」のようなものだと語っている。カルラも似たような捉え方をしていて,次のように述べている。

> 学習はリニアな仕方では進行しない。その進行は決定されたものではないし,決定論的な性質のものでもない。予見可能な段階を踏んで順々に進んでいくわけではないのである。その進行の仕方はむしろ同時的であり,立ち止まったり後退したりして,その動きはジグザグである。　　　　　　　(本書 p. 256参照)

このような知識観に立つレッジョのプロジェクト・ワークが,一貫した統一原理なしに多様な方向に伸びていくのは容易に理解し得るところだろう。知識はリニアに獲得されるという世間一般の観念と——それを表すのが知識の樹というメタファーだが,「スパゲッティのからまり」とは,なんとまぁ,似ても似つかぬ比喩であることだろうか！　レッジョのプロジェッタツィオーネ(pro-

9

gettazione) は小さな物語の連なり，集積だの分岐だのではうまく繋がっていかない物語の連鎖なのだ。

　認識のイメージとしていえば，これはリゾーム（地下茎）に近いものだろう。フランスの哲学者ジル・ドゥルーズがフェリクス・ガタリ（Guattari, F.）との共著『千のプラトー（*A Thousand Plateaus*）』（Deleuze and Guattari, 1999）で展開したイメージだが，ドゥルーズはパルネ（Parnet, H.）との著書（Deleuze and Parnet, 1987）のなかでもこの比喩を使っていて，そこではほとんど普遍的に認識のモデルとされている「問いと答」方式，単純判断から認識へ，そして正しい観念という認識モデルを乗り越える道として，これが提起されている。地下茎（根とは違う；訳者）には，根，幹，枝などというヒエラルキーは存在しない。一段踏んだらもう一段，そしてだんだんに上に登っていく階段のようなもの，教育の世界でも依然として風靡している知識の樹のごときものは，そこには存在しない。

　ドゥルーズとガタリにとって，そして私たちが考えるにおそらくレッジョにとっても，思考と認識は，差異との遭遇が引き起こす事件と考えられているに相違ない。ドゥルーズとガタリは，あらゆる方向に伸びていく新芽のようなものとして，リゾームを考えた。そこには始めもなければ終わりもない。ただ中間があるだけで，それはどちらの方向であれ，あらゆるところに自在に伸びていくのである。それは連結と異種混淆を通して形づくられていく多数体（molteplicità），あらかじめ措定されるのではなく，過程的に構築されていく多数体なのだ。思考はだからして実験と問題化の対象となり，「あるフーガの線」，すなわち「生成」の探索となる。カルラの「生成の過程こそが，教育の名に値する教育の真の基礎なのである」（本書 p. 126参照）という指摘にも，よく似た旋律が響いている。

　われわれ自身の私的な例を引いて，レッジョの経験の何たるかを語らせていただきたい。レッジョの教師たちのプロジェクト・ワークとそこに溢れる実験精神は，この小さな町と学校を，時代の思想と実践の最先端に押し出すことになった。1990年代の末期，私たちはカナダ人の同僚アラン・ペンス（Pence, A.）と共に幼児教育に関する一書を著したが，そこでわれわれが採った哲学的立場はポストモダンといってよいようなものであった。ところがそうした視座

で研究を進めていけばいくほど，レッジョで行われている教育の思想と実践もポストモダンと呼ぶことができそうに思えてきたし，実際，いくつかの点でまさにポストモダンそのものであることを思い知らされるようになったのである。たとえば，いくつか例をあげるとすれば，以下のような諸点である。

> 社会構成主義的なアプローチの採用。支配的な言説に挑みつつ，それを脱・構築していること。そうした言説がわれわれの思考と行動を鍛え上げ，かつ統制する力をもっていることを冷めた目で見据えていること（…中略…）。そしてなお，規則，目標，方法，基準を指定されることを拒否し，そのことで生ずるかもしれない不確かさや，ややこしさの危険をあえて回避しないこと。自分の頭で思考し，新しい言説をつくり出すことへの勇気。そうすることで，子ども理解に関しても，ある選択を行っていること。すなわち，子どもを，本来的に豊かな子ども，計り知れない能力，100通りの言葉をもった存在として理解すること。出会いと関係性，対話と交渉，省察と批判的思考を前面に打ち出して，教科間，パースペクティブ間の境界を踏み越えた新たな教育プロジェクトを構築していること。「あれか，これか」にとらわれず，「これも，でも，あれも」という発想に自らを開いていくこと。ペダゴジカルな実践の文脈依存的でダイナミックな性格を捉えていること，その場合，転移可能な「プログラム」(transferable "Programm")という発想には疑問符が付されることになる。　　　　　　(Dahlberg, *et al.*, 1999：122)

ラディカルな政治をラディカルに変える

われわれにとって，レッジョ・エミリアは，子どもたちの可能性を開示しただけではなく，民主主義実践とポスト共産主義世界におけるラディカル政治の更新に向けてのいくばくかの示唆を投げかけるものでもある。レッジョにおける幼児サービスの根源はどこにあるのかと問うならば，強固に結束したコムーネの長年にわたる共同生活の伝統のなかにその源泉を求めることができるであろうが，そのなかで培われた助け合いと相互信頼，市民的参加のネットワークの精神こそは，まさにパットナム（Putnam, R.）の言う「社会資本」そのものである（Putnam, 1993）。この肥沃な土壌に助けられて活力に満ちた左翼の政治

が成長し，発展した。カルラが本書「補章3」のインタビューで言っているように，「私たちの経験の根底には，19世紀の末から20世紀の初頭にかけてこの地方の政権を握った社会主義者たちの思想が流れている」(本書 pp. 300-301参照)。このような政治の流れは，北・中部イタリアでは，幼児教育の分野でもその土地独自の革新的な動きを生んだ。レッジョもそうした地方の一つで，カルラの言を引いていえば「レッジョの特徴をなしているのは，教育的探求（特に活動主義的な教育運動）への旺盛な関心とその質の高さ，実践の豊饒さである。と同時にコムーネもまた，低年齢児童の社会サービスに深い関心を寄せ，そのための大胆な投資を惜しもうとはしない」(本書 p. 158参照)。ただしカルラも認めているように，それらの都市間の活発な交流と相互の共通性にもかかわらず，それぞれの都市の歩みには重要な相異も多く，それぞれの特徴は多様である。

　しかしレッジョの教育を育てたのは，左翼政治だけではない。レッジョの歴史は女たちの歴史だ。それは自分たちの権利だけでなく，自分たちの子どもの権利をより確かなものにしようとする女たちのたたかいの所産なのだ。あのファシズムの再来を絶対に許さないという決意と，教会による幼児教育の囲い込みを打破したいという欲求に促されて，彼女たちはこの物語の主人公になった。後になると，レッジョは教会との新しい協力関係の構築に積極的になり，反面で，世俗国家の教育に対する批判は手厳しさを増すことになる。マラグッツィはイタリアの公立学校を批判して，このように述べている。「子どもに対するその冷淡さ，反面，権威の前では保身第一とばかりに這いつくばって太鼓判のついたものにしか手をださない，眼をくれるのはこうと決められた知識だけ，そんなことを十年一日のように続けている学校があまりにも多いのだ」と (Malaguzzi, 1993b：42)。

　彼とその同僚たちは，こんなやり方には従わない。それぞれの子どもが主役として行動する権利をもっているのだから，その権利を認めるべきである。子どもは生まれながらにして強い好奇心をもっているのだから，それをしっかりと支えるべきである。子どもたちも，家族の人々も，それから教師たちも，ゆったりとした気持ちでそこにいられる環境をつくり出したい。「自分の存在に，人間としての，市民としての威信と意義を感じとれる，そんな空間を創出

しなければならない」（Malaguzzi, 1993b：50）。

　レッジョがラディカルな政治の更新にある寄与を行うとすれば，それは2つの経路を通してであろうと思われる。一つは，個人と集団，個人間の差異と集団的な連帯を，相互に協和的なものとして育てていく新しい関係性が，そこに内包されていることだ。われわれはみな，それぞれに個人で，それぞれに違っている。しかし同じように重要で決定的ですらあるのは，「人類の未来は，個人と他者との関係，自己と世界との関係の如何によって決まる」（本書 p. 187参照）ということだ。レッジョは，個人が個人として自立しているかのように言い立てる自由主義的な言辞には断じて賛同しない。そうではなくて，彼や彼女が他者と関わるその関係性のなかで，彼ははじめて固有に彼となり，彼女は固有に彼女となる，と考える。すなわち，かけがえのないユニークな主体として自己を構築するのである。「私が私であることを発見できるのは，あなたがいてくれるからなのです。ありがとう，あなた！　私たちが相互に依存し合っている，それだからなんですよ」（本書 p. 315参照）。

　関係性を重く見るからこそ，レッジョは，個人主義と競争を志向する社会と，他者たちと共につくられ他者を求めてやまない個人によって成り立つ社会の，どちらを選ぶのか——「それは教育の，さらには社会の全システムを左右するかもしれない政治的・経済的な選択」（本書 p. 187参照）という問いを，われわれに投げかけてやまない。

　第二に，それは新自由主義がうたう打算的合理性に対抗し，市場原理や投資効率を第一義に経営センスで公共サービスを改革せよと言い立てる主張に対して，それは違うぞと挑戦を投げかける。レッジョの教師たちにしてみれば，そんな「経済的思考」は自分たちの尊重する諸価値，とりわけ対話と，競争ではなく他者と一緒に汗を流すことに価値を見いだす立場とは，まるで折り合いのつかないものである。忌避されるのは，個人間の競争ばかりではない。レッジョではコムーネの諸学校はネットワークとして動いていくものと考えられているから，競争などというものは，学校相互の間でも価値として機能しないのだ。公共サービスにおいて選択が重要であることは，彼らもそれを信じている。ただしその選択は他者たちとの関係のなかで決められる政治的・倫理的選択でなければならないのであって，個人が消費者として行う選好ではないのだ。

学校も，教育実践も，中立ではあり得ません。それはある立場への加担であり，
　　人間をテーマとする，いや，人間と世界の関係，世界のなかでの人間のあり方，
　　自己とは独立に存在する他者たちとの関係性を中心的なテーマとする一つのプロ
　　ジェクトに，決定的に深く関与することなのです。ペダゴジーは選択を意味して
　　います。ここでいう選択とは，何が正しく，何が誤っているかを断ずる判断のこ
　　とではありません。選択とは，疑わしさ，不確かさを回避しない勇気なのです。
　　それは何ごとかに身を挺して，その責任を引き受けることなのです。
　　　　　　　　　　　　　　　　　　　　　　　　　　　（本書 pp. 196-197参照）

　最初の，もっとも基本的な選択は，「われわれが子どもという存在に対して
抱くイメージはどのようなものなのか？」という質問への答としてあぶり出さ
れてくるのだが——それについては，後で述べることにしたい。
　レッジョ・エミリアの幼児サービスが一貫してこだわってきたのは，公共
サービスをあくまでも集団の責任として理解すること，学校はまず何よりも公
共空間であり，倫理と政治が実践される場であらねばならないという原則を掲
げ抜くことであった。——それは出会いの広場，あるコミュニティを構成する
市民たちのインタラクションとコネクションの磁場，関係性の深まりが他者性
と差異性への尊重へと深まり，他者に対する深い責任の感覚へと繋がっていく，
そんな相互性の場，市民相互の関係性が深化する場であらねばならないのだ。
民主主義のこの解放的な力を，レッジョの教師たちは，自分たちの仕事を通し
て現実のものたらしめようとした。アクティブな市民として行動し，民主主義
的な共同体のなかでよりよく生きる可能性を，一人一人の子どものなかに呼び
覚ますことを通して。
　このようにして，ラディカルな政治は民主主義実践と完全に一体化している。
参加は——子どもたちの，親たちの，教師たちの，広い意味でのコミュニティ
の参加は，レッジョの教育経験の中心的で，決定的ともいえる価値を構成して
いる。参加はここでは「親を教育して」役所の言いなりにするための効率的な
統治の手段ではない。それは市民が「教育プロジェクトの構成に直接的かつ明
白な主体として参加すること」（本書 p. 34参照）であり，その意味構成の主体
となること，カルラがレッジョのプロジェクトの全参加者を記す言葉として繰

序章　われらにとってのレッジョ・エミリア

り返し用いている語を使っていうと，彼らは，その「主役（protagonista）」なのである。この参加ゆえにコムーネ立の幼児学校は民主政治を実践する新たな場となり，同時に政治というものの外延を新しい領域に向かって押し広げる契機になっていくことになる。

　その社会構成的なアプローチによって，レッジョ・エミリアは，あえて名づけるならば「エピステーメの政治」と呼んでもよいものにコミットしているのだ。レッジョは，近代社会の知の捉え方に"待った"をかけているのだ。知識とは実在する世界の客観的な表象であると主張する近代の知識観に反対して，彼らは，知識は，「現実の解釈であり，その現実は常に進展していくもの」（本書 p. 247参照）であると主張する。われわれの誰しもが，他者たちとの関わりのなかで，社会的に知識を構成しているのだ。

　　学習は知識の伝達や注入によって起こるものではありません。それは構成のプロセスなのです。その過程で各個人はものごとの，他者の，自然の，出来事の，現実の，人生の意味を考え，「なぜ」を問い，自分用の理屈を組み立てていきます。この学習過程は確かに個人的なものではあるのですが，しかし他者たちが立てる推論，説明，解釈，意味づけは，われわれが自分の知識を構築する時の不可欠な条件ですから，それはまた関係性のもとでの行為でもあって――つまりは社会的構成のプロセスなのです。　　　　　　　　　　　　（本書 p. 246参照）

　それはまた，あらかじめ定められたゴールに向けての走行という学習観を疑問に付して，これまで省みられてこなかったもう一つの道を切り拓く，ということでもある。世界を思考し，それを意味づける，もっと別なやり方があるはずなのだ。主観性と意外性，素直な驚きとオープンな懐疑精神が，そんなもう一つの学びのすじ道が，代えがたく重要な価値となる。そこで重要に思えるのは――われわれが理解したかぎりでの，だが――グレゴリー・ベイトソン（Bateson, G.）の思想，連続的な相互変化を通しての自己制御という彼のサイバネティクス観である（Bateson, 1972）。デューイの，学習とは能動的なプロセスであって，あらかじめパッケージ化された知識の伝達ではないという見解も，また，チリの生物学者ウンベルト・マトゥラーナとフランシスコ・バレーラ

(Varela, F.) の languaging という概念も，同じように興味深い（Maturana and Varela, 1992）。

　現象学派やその他諸々の思想家たちと同じように，マトゥラーナとバレーラも客観性なるものに対して懐疑的であるが，同時に二人は，われわれは客観的になんぞ，なり得ないことを自覚している！　観察者が言語を通して，人間としての自らの経験を，生身の人間として説明するのであるから，それが観察者自身から独立した何かを表すなどということはあり得ない。それは常にあるコンテクストの内部にあり，観察され解釈される世界の常にその一部なのだ。そしてわれわれが生きる世界は──常に，不可避的に──われわれの行為の所産なのだ。われわれ自体が言語活動によって構成されているのであって，ということは，われわれはその外部で生きることはできない，ということである。「われわれはたまたまに生を享けた。われわれはたまたま，こんな経験をした。なのにわれわれは偶発的に生きることになったこの世界に，あれこれと説明を与えようとする」(Maturana, 1991：49)。二人の生物学者は，態度を変えよと提案する。抽象的な言語活動（linguaggio），単なる名詞としての言語活動を，行為としてのそれ，つまりは動詞としての言語活動（languaging）に替えよ，というのだ。言語活動が，世界を生み出す。他者たちと共に，共存しようとするその行為のなかで，固有に人間的なものが浮上し，世界は創造されるのだ。そしてすべての人間的行動は倫理的意味を獲得することになる。なぜなら，それは人間的世界を構成する行為であるからだ。「倫理という概念は，自分の行為が，共に生きることを承認した他者たちの生に与える影響を顧慮しようとする，そんなわれわれの性向と密接に関わっている」(Maturana, 1991：43)。

　レッジョが不断に投げかけているのは，「教育と学習の政治」を根底から問いかける問いだ。レッジョで採択されていて，カルラがしばしば言及する「傾聴の教育学（耳を傾ける教育）」については後述するつもりであるが，それはますます支配的になりつつある教育理念，すなわち伝達と再生産を旨とする教育に対する異議立てにほかならず，それは教育実践の討議と評価を，民主主義的な参加という観点から組み替えるための布石なのだ。

　レッジョの教育と学習の政治は，学校というものの意味を，民主主義的な関心の対象にした。それはカルラが言うように，文化と価値を伝承すると同時に

創造する場所なのだ。それは，子どもたちを市民と見なす場所である。それは可能性の場，知識とアイデンティティが〈共に構築〉され，学習の過程が探求の対象となる，しかも，それらすべてが他者たちとの関係において行われる場なのだ――フォーラム，出会いの場，構築の場，ワークショップ，恒常的な作業場，それらはカルラが用いている比喩表現である。学校はそれとともに，それ自体が一つのコミュニティであると同時に，より広範なコミュニティの統合的な一部をなす場ともなる。

　ブルーナーは言う。「レッジョの学校は，ある種，特別な空間である。年若い人間たちがここに招かれて精神を，感受性を，より広いコミュニティへの帰属感を成長させる，そんな場所だ。――それは，精神と感受性が共有される学びの共同体である。共に現実の世界について学び，可能な想像力の世界について学ぶ，そんな場所なのである」（Bruner, 1998）。

　最後に，いや最後どころか見方によってはレッジョの真骨頂ともいうべきものは「子どもをめぐる政治」にあるのであって，われわれが先ほど掲げた「あなたの子どもイメージはどのようなものなのか？」は，まさにそれを直截に問いかけているのである。そうした見方をする者にとって，「子ども」もしくは「子ども期」は，ある価値を担った社会的構成概念にほかならず，彼らはそのことを深刻に受け止めることによって，新たな可能性を切り開こうとしているのである。カルラに倣って，こうも言えよう。「子ども期などというものは存在しません。私たちが，社会として，公的主体として，それを創造するのです。それは社会的・政治的・歴史的な構成概念なのです」と。そしてそれは，支配の言説にあって知と権力がいかほど緊密に絡み合っているか，一方によって他方が正統化されているかを指摘したミッシェル・フーコー（Foucault, M.）の仕事を想起させずにはいない。そのような関係を，レッジョは，どのように見据え，対峙し，それを脱・構築してきたのだろうか（詳しくは Dahlberg, et al., 1999）。

　とりあえずレッジョが与えた回答をいえば，それは「豊饒な子ども」というイメージであった。そのイメージを基礎づけているのは，子どもはすべて知的であるという理解だ。つまり，すべての子どもたちは世界を意味づけるという大仕事に乗り出しているのであり，知識，アイデンティティ，価値を構成するという不断の作業を常に行っている，ということである。

この社会的構成に伴走することを通して、レッジョは、それぞれの子どものなかに巨大な可能性が潜んでいることを明らかにしようと努め、一人一人の子どもに傾聴されるべき権利を賦与しようとした。すべての子どもは、民主主義的な権利の主体であり、コミュニティの市民として認知されなければならないというのである。これは非常に強烈なメッセージであり、弾劾であった。子どもとその姿が公的な言説のなかで描き出されることはほとんどなかったし、たまたま描き出されることがあると、子どもはすぐに貶められ、片隅に追いやられて、「貧しい」「無力な」「無知な」子ども、半人前、未熟、覚束ないだのカワイイだの、それが子どもの通り相場になってしまっているからだ。
　そうではないぞ、という選択、豊饒な子ども、というイメージを採択すること、すべての子どもは有能であり知的であるという主張、それは強度に政治的な態度決定である。それは、単に子どもの待遇の改善だけを主張しているのではない。子どもを見る、その眼を変えなければならないと言っているのである。「問題を立て直す」ことの必要性を訴え、問題を批判的に仕切り直そうとしているのである。レッジョの子ども期の政治は支配的な言説に揺さぶりをかけ、子どもを考える場合の所与の前提とされてきたもの、たとえば、われわれが子どもとはこういうもので、こうあり得るし、こうあるべきであると考えるように仕向けてくれる発達心理学のカテゴリーに対しても——政治を科学的真理にもとづく主張にとって代えよと、それは言い募ってやまないのだが——簡単に承服はしない。
　レッジョの実践は、いうなれば伝統的な政治から湧いて出たものである。レッジョの学校はコムーネの学校であり、その教育の仕事は、市民の大多数が選んだ市政のもとで創出され、維持されてきた。この種の政治が今もなお、革新的な実験を推進する上で重要な役割を果たし得ることを、レッジョの事例は示していると言ってよいだろう。しかし20世紀の終わりになると、それ以外の政治の形態が登場することになる。アルベルト・メルッチ（Melucci, A.）の言う「新しい社会運動」（Melucci, 1989）が、公共圏のそこかしこで、活発な動きを示すようになった。よく知られた例としては平和運動、女性運動、環境運動、それから新自由主義グローバリゼーションに反対する運動なども、その一つである。

そうした運動は，ポストモダンの時代の民主主義をより開かれたものにする契機となる。——それはアンガージュマンを，集団行動を，公共空間・フォーラムの至るところでの繁茂を，つまりは新しい政治文化を呼び起こすものだ。動きはしばしば国境を越えて広がり，新しい政治の争点を提起すると同時に，従来型の政治組織や政治行動に揺さぶりをかける。それはわれわれの時代における政治や民主主義概念の意味を新たに問い直す。

　そうした観点から見る時，レッジョは子ども期をめぐる一つの社会運動であり，その学校は，民主主義実践に道を開く新たな公共空間であると言えるだろう。

倫理的実践の場としての学校

　すでに述べてきたように，レッジョは，学校とは何をおいてもまず，政治的・倫理的な実践の場であると主張してやまない。政治的ということについては，もう述べてきた。だが倫理的というのは，どこを指して言っているのか？一つには，価値に大きなウエイトがかけられているからだろう。レッジョの学校は価値を立ち上げる場であると見られている。友情，連帯，相違の尊重，対話，フィーリング，愛情，といったような。

　しかし倫理がレッジョで占める場を理解するためには，他方で，そもそも倫理とは何かを問うていかなければならないだろう。レッジョの教育が重んじている傾聴という概念は，この疑問に答える重要な手がかりとなるだろう。このシリーズの初期の一冊で，われわれは，子どもたちの理論と意味形成に積極的に耳を傾けるレッジョの教師たちの身のこなしには，一種独特な倫理的アプローチが刻印されていると述べた (Dahlberg and Moss, 2005)。それはエマニュエル・レヴィナス (Levinas, E.) の言う「倫理」，倫理とは出会いであるという思想である。レヴィナスは西欧哲学には知の追求を第一義とする強固な伝統があると言う。この知への意志を通して，われわれは他者を捉え，他者を同一者たらしめる。一例はたとえば子どもを発達段階で区分する類概念，これでわれわれ教師やリサーチャーは，子どもを類別し，「理解」できたと思い込んでしまうわけだ。知ることへの意志を発動して相手を捉え，その結果，他者性は消

えてなくなり，そのもののそのものらしさ，奇抜さは排除されてしまう。それは「同一性の全体主義」にとって代わられてしまうのだ。出会いの倫理は，他者の絶対的な他者性を尊重することによって，このような把握に対抗しようとするものだ。

　傾聴の教育学はレッジョをビル・レディングス（Readings, B.）の力強い倫理的ヴィジョンと結びつける。その最後の著書『廃墟の大学（*The University of Ruins*)』で，彼は教育と学習を目的とする大学その他の施設が，「科学知識の伝達の場」であることを脱して「オブリゲーションの場」「倫理的実践の場」となり得る方途について語っている。さらに続けて，彼は言う。

　　教育実践の条件は，他者に限りなく注目する，という行為のなかに存する。教育とは，思考の他者性を現前させることである——それは「他者の思考に耳をすます」ことである。——思想に対して公正であるということ，他者の言葉に耳を傾けるということは，相手がうまく言えないこと，しかし言おうとしていることを聴きとろうと努力することなのだ。　　（Readings, 1996：161, 162, 165）

　傾聴の教育学——他人の思考に耳をすますこと——がわれわれに端的に示しているのは出会い（encounter）の倫理である。これは，「他者」を歓待し，もてなす心性の上に築かれる。それは関係性の倫理，肌合いの異なる者を迎え入れるホスピタリティの倫理を内包し，他者の声を，あくまでもその他者である彼や彼女の立場と経験に寄り添いつつ聴こうと努力すること，他者を決して自分と同じ存在とは見なさない倫理，ということでもある。これが教育に対して投げかける含意はとてつもなく重大だ。

　この出会いの倫理を胸にたたんで傾聴の教育学に従事することは，教師に，他者を把握できない存在として見据えることを迫り，自分の全シナリオの問い直しを求める。事実，傾聴の教育学とは他者の思考に耳を傾けるということであり，子どもたちの，あるいは大人たちの考えや理論，問いや回答に聴き入ることであり，誠実に，尊敬をもって，思想と向き合うことなのだ。それは，正答かどうか，的をはずしているかいないか，というこちらがあらかじめ立てている基準を金科玉条に据えることなく，相手の言ったその言葉から意味を立ち

上げようと試みることなのだ。傾聴の教育学にとって知識とは，構成されたもの，ある観点から見た仮説的なものであって，他者を自分のコピーにしてしまうために他者の脳みそに刷り込む知識のコーパスではないのである。一つの問いを投げかけるたびに，人は自らを「他者」の前に開かなければならない。——異邦人を，異質な他者を招きいれて，そのとおりと，肯定し続けなければならないのだ。もっと敷衍(ふえん)して言うならば，それは存在そのものの他性の肯定に繋がるものだ（Derrida, 1999）。

レッジョのコムーネ立の諸学校は，傾聴の教育を通して，その創立者たちの志を追求し続けている。ファシズムの経験は，順応し服従する民衆がどんなに危険か彼らに教えた。新しい社会の建設に際して，この教訓を守り受け継いでいくことが，そして自立的に思考し行動する子どもというヴィジョンを追求し抜くことが，どれほどぬきさしならずに重要であるか，も（Dahlberg, et al., 1999：12）。

かくして，政治と倫理は教育へのアプローチを支える二本柱となった。それは発達段階の名で行われる規制的な枠づけ，伝達と規格化の成果を競う教育を否定し，逆に対他性と多様性，繋がりと関係性に大きなアクセントを置いて，これを強調する。

教育ドキュメンテーションの力

以下の章で詳述されるであろうレッジョ・エミリアのそのすべての仕事にきまって見られる実践は何かといえば，それは教育ドキュメンテーション（documentazione pedagogica）である。いたって単純に言ってしまえば，教育ドキュメンテーションとは，仕事を（教育的なものであろうとなかろうと，なされた仕事を）可視的なものにして，それを解釈，対話，討論，そして理解の対象にする過程である，といってよいだろう。

それは主観性の価値を体現する。つまり，観察をニュートラルなものたらしめる客観的な視点などありはしないことを身をもって示すのであるが，だが同時に，ほかならぬその主観性に，断固とした厳密さを要求する。記録されることで視点と解釈は明示的なものになり，他者たちがそれに抗言し得るものとな

るからである。他者が子どもであるかもしれないし,親であるかもしれない。教育者や他の市民たちであるかもしれない。ドキュメンテーションは意見のぶつかり合いや喧々諤々の議論に空気を送る。心地よく全員一致に行き着くとは限らず,集団に働く主観相互のぶつかり合いを把捉する一つの方法がドキュメンテーションなのだ。主観性の価値ということのなかには,主体が自らの視点に対して責任を負う,ということが含まれている。どこかのエクスパートが保障してくれた科学的客観性だのお墨付きだのを後ろ盾にしてご託宣を垂れるわけにはいかないのである。

　教育ドキュメンテーションは,カルラが言うように多目的なツールである。それは子どもたちの学習過程を,意味の探求を,知識の構成方法を,目で見えるものにしてくれる。それは日常の仕事そのもののなかで,理論と実践の連繋を可能にする。それはレッジョがあれほどに重要視している教員としての職能形成の手段でもある。なにせレッジョでは,教師は教師であるとともに研究者(リサーチャー)であり,同時にまた生徒(学習者)でもあると考えられているのだ。ドキュメンテーションはまた,市民が老若を問わず重要な問題を,たとえば子どもとは何か,ケアとは,教育とは,知識とは何かを論じ,それに関与することを可能にする民主主義的な政治実践の場として,学校を捉え直す手がかりをも提供する。それは市民社会のなかに公共の場を,討論の場を開く一つの方途であり,その言説に依拠して私たちが主体として自己を構築したそのやり方を――構築する一方で規制もしているそのやり方を,可視化し,問題化する手立てでもある。

　それはまた評価の方法でもある。[1]「客観的で民主的なものであるかのごとく装いながら,ひたすら脱文脈的で誰が責任主体なのかも判然としない評価の方式を蔓延させている今日の学校体質への強烈な『抗体』である」(本書 p. 101参照)。等級づけのモノサシと,似たり寄ったりの測定道具,安定的で画一的で客観的で,と折り紙のついた一連の基準で評価とやらをなさってくれるこれらの道具一式は,言ってみれば「評価の言語」(質と序列を表象する言語)を代表

---

(1) 〈訳注〉英語版では a method for assessment and evaluation(アセスメントと評価)となっているが,イタリア語版では un metodo di valutazione。

するものだろう。教育ドキュメンテーションが表象しているのは，それとはまったく異なる言語だ（われわれが他の場所で使った語法で呼べば，それは「意味づくりの言語」ということになるだろう）(Dahlberg, et al., 1999)。前提にあるのは，われわれは自らの実践をベースにして自らの判断を行う責任があるということ，見ているものを解釈し意味づけ，自分が重要だと見なしている諸価値との関係を自ら見定める努力を，決して放棄してはならないということ，ただしそれは常に他者たちとの関係性のなかで，仲間の市民たちとの対話を通して，自らが責任を担っているその共同の実践として，すなわち，民主主義の実践として行われなければならない，ということである。

肌合いの悪さ，挑発性

　これまでの議論を一言で要約すれば，われわれにとってのレッジョの重要性は，肌合いの悪さ，これまで私たちが考え，馴染んできたやり方とは明らかに違う，という感触のなかにあるといえよう。だからといって，傍のご一同様とは無縁のもの，あれはあれで自足したもの，と片付けるわけにもいかない。われわれが縷々見てきたように，レッジョは常々より大きな世界との関係のなかで自分の思想と実践を発展させてきたし，すこぶる多様な分野との交流を通して，自らの知見，自らのアイデンティティと価値をいわば共々に構築してきたのである。しかしこの共・構築から生み出されるものは，一種独特な何か，いうなればアクティブな単一性である。もっとわかりやすく言ってしまえば，こういうことになる。レッジョは，不同意の島なのだ。支配的な言説，とりわけ小さな子どもたちの教育に，でも，どの教育の上にものしかかって，ますますその支配のタガを強めつつある言説，やたらとアングロ・サクソン流で道具主義的で，学校は子どもを統制するための場所，テクノロジーを適切に使用してあらかじめこうと定めた結果を出すための管理機関であると決めてかかるその言説に，そんなのヘンだと声を上げているのがレッジョなのだ。そうすることでレッジョは，ニコラス・ローズ（Rose, N.）がいきいきと形容しているように，「こうしたお仕着せに対して，コミュニティが強く批判的な態度を集団として持ち込んだ実例」となった。「あたかも無時間的で，天然自然のもので，

疑うべからざるものであるかのように、われわれの今現在の経験にのしかかってくるものを、レッジョは容赦なく懐疑に付した。圧倒的に承認された知恵の基準はこれだと言わんばかりに、われわれを押し流してやまない激流の前で、レッジョは自らの足で立ち止まった。――経験の織り地に一種不協和な模様を差し込んだ。経験を記号化してめでたく流れていく物語の流れに『待った』をかけ、そこに破れ目をつくり出した」（Rose, 1999：20）。

　レッジョはその存在、その挑発性、その批判的思考によって、教育、学習、知識、子ども、教師、評価など、そのどれをとっても多義的であることを思い知らせてくれる。私たちは技術的必然などではなくて、いまや、政治的選択の前に立たされているのである。私たちは思考しなければならない。その責任を引き受けなければならない。「こうしなさい」と専門家が教えてくださるのを、指をくわえてお待ちしているわけにはいかないのである。

　レッジョの理論は豊饒で、思考を触発してやまない。傾聴の教育学や100の言葉は、その一端にすぎない。だが一方でレッジョは、理論と実践は別であると言い募るご大層な思想を、決して許容しない（本書 p. 155参照）。理論と実践は分かちがたい――一方なしの他方はあり得ないと説く。だからしてレッジョは「実践家」なるものを、俄かには信じない。そういう言葉自体が、実践をする人と理論を考える人が別々にいる、別々にいても当たり前である、というニュアンスを潜ませている。レッジョで教師を「リサーチャーとしての教師」と呼ぶ時、それでも残っている上記のような思考の残滓、教室では実践、研究は大学で、学者の手でという二分法を、チャラにしようとする意図が働いている。

　　この意味における「リサーチ（研究・探求）」は、もう科学者の実験室での研究ではありません。――むしろ、そこを出ないとできないものです。それは少数者の特権（大学で、あるいはそのための研究機関でないとできないもの）であることをやめて、教師たちが生命の感覚と生の意味に向けてにじり寄っていくその歩み、その態度でなければならないのです。　　　　　　　　　　　（本書 pp. 270-271参照）

　このようにレッジョはどんな場面でも二分法的な思考を退ける。たとえば過

程に注目すべきか結果に注目すべきかという古くから繰り返されてきた議論は，レッジョに言わせると語るに落ちた議論ということになる。

　われわれは生けるものを，そのように二分できるのだろうか？　われわれはいつも中間，常に生成の途中にいるのではないのか？　生けるものを人工的に分割でもしないかぎり，そんな区分けなどできるはずがないではないか。

　この序章を閉じる前に，カルラとの対話のなかで浮上し，とりわけわれわれにとって訴えるところの大きかった2つの論題についても触れておくことにしたい。一つは，懐疑，不確かさ，危機感が，評価されるべき質的価値，リソーシス，心を開いて他者の声に耳を傾ける条件，新しい思考様式とパースペクティブを生み出していくバネとして，高く見られていることである。メダルの裏側には，断固たる「ノン！」が記されている。何らかの方法で結果を前もって割り出し，子どもを，教師を，そして人間を，その予言のなかに幽閉する獄舎のごときものになるすべての教育学への，断固たるノンである。幼児のためと銘打った今日この頃の研究や政策のゴミの山にもまして悪臭紛々たるものが，どこにあるだろうか。研究だのテクノロジーの応用だので，ひたすら予測どおりの結果を出すことに力を尽くし，そのためには，驚く可能性もまごつく余地もすべて前もって排除してしまうやり方が支配的になっているのだ。

　もう一つは，レッジョで進められているような教育は，ある時間を必要とする，ということだ。「時間の制約があって」などと言い訳をしないためにも，量的により多くの時間が必要なのであるが，しかし量だけでなく，時間の考え方そのものを変える必要があるのだ。つまり，時間を「生産時間」「製品の生産に必要な時間」とは考えないことだ。実証主義的な学者であれば，子どもがこれだけの時間を幼児教育施設で過ごすならば，これだけの教育効果が得られるであろうと関数で示そうとするであろうし，もしかするとこの指標に合わせて政策が立てられることになるのかもしれない。その場合，時間は暗黙裡に「生産の時間」として想定されているわけである。

　レッジョの時間は，それとは異なっている。時間は関係をつくり出すための要素として，とても大事にされている。学校は，そのような時間を提供するのである。

子どもたちに時間を，先生たちに時間を，そこに集うあらゆる人々に時間を与える，そんな空間でなければならないのです。どんな種類の学校であれ，学校では，あらゆる集団に属する人々が，その閑暇を使って相互の繋がりをつくり出し，また差異と葛藤を生きる可能性を獲得していかなければならないのです。

(本書 p. 342参照)

レッジョ——願い，希望，ユートピア，夢

　レッジョは強度にローカルな経験である。長期の社会的実験に乗り出したイタリア中都市の一事例である。だがそれはまた，グローバルな世界的意味をもつ現象として，われわれの前にある。毎年，何千もの人々が市を訪ねて，その経験について学んでいる。1981年以来，レッジョの展示「子どもたちの100の言葉」は，レッジョからの講演者つきで世界中を巡回している。現在までに20か国以上，回数は100回を超える。オーストラリア，アメリカ合衆国，韓国，イギリス，ドイツ，オランダ，北欧5か国など，13か国からなる「レッジョ・ネットワーク」も存在する。この高い関心は一体なぜなのか？　このような「グローバリゼーション」を，どう解釈したらよいのだろうか？　一地方の経験が世界レベルでの関心を引き起こした，ということなのだろうか？　先々，それはどうなるのだろうか？

　関心は，少なくともその一部は，レッジョの異色さに由来するものだろう。あるいは，その喚起力に由来する，と言ってもよい。レッジョに対するこの世界的な関心の高まりは，幼児教育の分野でますます支配的になりつつある上述のような言説への抵抗の底流を反映していると，私たちは考える。支配の言説はあけすけな露骨さで高度に打算的で道具主義的な新自由主義的価値観と，それにもとづく管理のあり方を宣揚している。この言説によれば幼児サービスは所定の結果を産出する「人間テクノロジー」の応用問題なのだ。子どもはこの世の不確かなもの，不公正なものにすべて目を瞑って，わが身の確かな見返りだけを求める存在として育成されなければならず，このテクニカルな解決に依拠していれば，世界とそこに住む人々を現に破局に追い込んでいる政治的・倫理的な諸問題に向き合う必要など，もうまったくございませんというわけであ

序章　われらにとってのレッジョ・エミリア

る。

　そんなものではない何かを激しく求め，そんなものではない帰属感をもちたいと願っているわれわれの一人一人に，レッジョは語りかけるのだ。もっと違ったふうであってよいのだという希望と勇気を，それは与え，もっと違った価値，もっと違った関係性，もっと違った生のありようが存在し得るのだと，自らを例にして示すのである。たとえばレッジョを訪れた人々は，たいていは強く感じながら家路をたどることになる。——子どもたちも，親たちも，政治家たちも，みんな本気で学校に参加しているじゃないか。レッジョは本当に人々を巻き込み，わがこととして学校に関心を寄せ，そこに参加する気持ちにさせているではないか，と。教育ドキュメンテーション（documentazione pedagogica）が，そうした関心を生み出す媒介者，そして道具として，刮目すべき役割を果たしている。レッジョは，子どもたちの学校をデモクラシーの拠点にするという偉業を，見事にやってのけた。それはアパシーと無関心に対する解氷剤として機能した。どちらも，聴いてもらえないことの，まともに相手にされないことの結果として，しばしば生まれてくる現象だ。——「私がどうしようと，それで何かが変わるわけじゃないでしょ。大事な問題は，いつだって誰か他の人が決めてしまうのだから」。

　レッジョは他の価値，他の関係性，他の生き方を希求してやまない人々の，自分はその一人でありたいという思いを呼び起こす。同時にそれは，ささやかな仕方でではあるが，支配的な言説への信頼を腐食し，その批判的思考によって，支配的言説の傲慢な語り，必然性と絶対的真理を居丈高に振りかざすその尊大な語りの腰を折る不協和音ともなる。そうすることによって，非常に貴重な，しかし今日では供給不足気味な何かを，——希望という名の空気を送り込んでいるのである。

　多くの者たちにとって，未来は想像しがたいものであり，破局的で，ただただ気の滅入るものに見える。われわれを導き，われわれを奮起させて，時には何かをやってのけさせる，そんなユートピックな思想やエネルギーは，もうどこにもない。

　現在の単なる持続としての未来ではなく，さりとて破局でもない未来を思い描くことができない時，どうしたら現状（status quo）をうまく維持できるか

が，政治の議論のすべてになる。

　逆にユートピアの思想は，現にあるものへのラディカルな批判を喚起し，それを力づける。人間にはもっと違った可能性があり，それを活かして新しい未来を切り拓くことができるはずである。そのようなイマジネーションを開発することで，未来の変革を方向づけることができるはずなのだ。違った考え方をすることで，政治も倫理も，もうそれまでどおりの見方では納まらなくなってくる。そしてわれわれは，新しい可能性の地平，新しい変革の未来像を構築することができるだろう。

　しかしながらユートピア的思考は，それだけではラディカルな変化をもたらすことができない。それは空間を必要とする。思想を出来事にし，行動する意志に変える空間，実験，探求，継続的な振り返り，批評と討論——そして自由な越境に向かって開かれた空間を，それは求めるのだ。このようにしてユートピア的な思想と行為は絶えず相互に関係し，経験，学習，対話の光のもとで修正され続ける。とはいえこの空間は，必ずしも大規模である必要はない。ローカルであっても，かまわないのだ。

　われわれにとって，レッジョ・エミリアはローカルな場所である。子ども期の文化をローカルな文化と呼んでもよいような仕方で築き上げることを通して，それはユートピックな思想を，まさに行動的に追求したのであった。しかしそこで何が起こったかというと，このローカルなプロジェクトが地理的に拡散して，グローバルなネットワークになってしまった——カルラの表現で言うならば新しい「文化的地勢図（geografia culturale）」を生み出してしまったのである。人間の新たな可能性を探る，その端緒をこじ開けようとするネットワークだ。

　本書「補章3」でのわれわれとの対話で，カルラはレッジョを語るならユートピアよりも夢くらいのほうがいいのではないかと洩らしている。「だって，ユートピアって，すごくよくて，完全な何かでしょ。でも夢なら，一夜の夢だって，それは夢」（本書 p. 327参照）。これはユートピアが化石化して反論を許さぬものになってしまうことへの警告，「最終解決」なるものに常に付きまとう危険性を指摘したものだろう。ユートピアの思想と行動にはダイナミックな緊張関係が欠かせない。ユートピア思想は常に「醒めた思想」であり続けなければならない。経験，学習，対話の光を受けて絶えず補正され続けなければ

序章　われらにとってのレッジョ・エミリア

ならない。――まさしく，ユートピアとは，うたた寝の夢のなかで垣間見るユートピアなのだ。

　レッジョはモデルではないし，プログラムでもない。範例でも，判断基準でもない（レッジョが，レッジョの解釈にすぎないとすれば，なおさらだ）。コムーネの学校やそのなかで行われた仕事は，ある特殊なコンテクストのなかで立ち上げられたものであり，ある特殊な歴史を踏まえ，ある特殊な政治的・倫理的選択にもとづいて形づくられたものだ。レッジョと他者たちとの間に成立する関係は，だから輸出製品をめぐるコマーシャルな関係ではあり得ない。自分の周りの人々とは異なる価値観，異なる考え方を求めている人々に，レッジョはあなたのお仲間がここにいますよと呼びかけ，一緒にそれを探しましょうと誘いかけているのである。

　カルラの言を引いていえば「レッジョは出会いと対話の場所。レッジョと対話するだけではなくて，レッジョと関わりながら現実の扉を叩き続けているたくさんの人たちと出会って，対話できるのよ。レッジョはね，人々が対話する隙間をつくり出しているのよ。そうする口実を提供しているわけね」（本書 p. 327参照）。この対話を通して人々は，自らの知識，自らの価値とアイデンティティを共に構築する共同の学びの旅に出立する。レッジョと関わることでそうしたことが起こるのだが，しかし対話者はその対話のなかで主役であることを失わず，相互に「他者」であり続ける。彼らを捕捉して同じにしようなどという山っ気は，レッジョにはないからである。それどころではない。本章冒頭の談話でカルラが思い起こさせてくれているように，対話の行き先はどう変わるかわからず，迷子になったり，終着点はもう制御不能ということになってしまう危険性（あるいは可能性）だってあるのだ。

　カルラもいろいろな箇所で，たとえばカリキュラムについての談義のなかなどで触れていることなのだが，私たちの見るところでも，レッジョと対話しようとしている人々のなかには，そうと気づかずにレッジョのなかに自分の似姿を見つけだそうとしている人が少なくないのではないだろうか。出会いの倫理を欠き，よく聴く耳をもたないと，レッジョが示している独自なものが視界から消えてしまう。自分の既得概念，自分の知識や価値の尺度を当てはめれば，この得体の知れない経験をまな板に乗せることができると思い込んでしまうの

だ——「オー，イエース，これなら，私たち，もっとうまくやったことがあるわ」「で，ケッカはどうなの？」「どんなタイプのカリキュラムを，みなさん方は採用されていらっしゃるのですか？」。

　地球環境がかつてないまでに深刻な脅威にさらされている今，多様性の保護と増進の必要性はますます時代の急務として自覚されるようになった。同様に，われわれはそれ自体の価値からして，また自分の将来に関わる関心事として，社会と文化の多様性を必要としてもいる。レッジョは，この多様性のモデルケースなのだ。何としても，これは，その敵から——新自由主義的合理性と管理主義の轍から——，だがまたその友から，愛しつつもその息の根をとめるかもしれない友から，擁護されなければならないのだ。われわれは，もっとたくさんのレッジョたちを必要とする。レッジョのクローンという意味でのレッジョたちではない。ローカルな子ども文化を育てようとする実験的模索（プロジェクト活動），ユートピアの思想と行動の結合，未来への夢，よりよき世界への希望を共有し，そこに向けて一歩を踏み出そうとしている第二の，第三のそれぞれの地域のコミュニティのことだ。

さて，以下では？

　本書の以下の部分は，カルラ・リナルディの発言にあてられる。カルラ自身が収録内容を選択した。一部は執筆されたものだが，大部分はここ二十余年に行われた講演の記録である。

　この版にはインタビュー記録も3編ほど収録した。巻末の3番目のもの（補章3）はわれわれ両名とカルラとの鼎談であるが，対話を求めるカルラの強い要望によって追加収録された。何篇かはすでに英語で発表されているが，大部分は未刊である[(2)]。

　過去の仕事からの選択は益するところが大きい反面，しばしば苦痛でもあったと，カルラは述べている。「だって，一度書いたものを，手を入れずに読み直すなんて，とても厄介なことなのね。不満足なところとか，不完全だな，と

---

(2) 〈訳注〉このパラグラフは，英語版のみに収録されている。

思うところが，あまりに多いから」。

　しかしわれわれ英語版の編者からすると，これらのドキュメントを過去の痕跡として手を入れずに世に出すことがとても重要だと思えてならないのだ。それによってカルラの思索を時の流れのなかで捉え，ある点についてどこでどう重点が変わったか，一貫してこだわっているテーマや価値は何なのかを分析することができるからだ。カルラはまた，特に本書のために各章にイントロダクションを書いてくれた。それぞれの論文，講演，談話がどのような文脈のなかで行われたかを，読者が理解しやすいようにとの配慮である。

　カルラの声がイタリア語で発声されていることを，読者はくれぐれも忘れないようにしてほしい。以下の章のいくつかはカルラが最初から英語で発表したものだが，それ以外は英語に訳されたものである。いずれにせよ，カルラはイタリア語を使って仕事し，思索している。時によって，これは特殊に翻訳上の問題を提起する。一つの言語から他の言語に容易には置き換えられない語も存在するからである。だが言語と文化は密接に結びついている。異なる文化はいくぶんか異なる仕方で世界を考え，異なる仕方でそれを概念化している。読者はどうか勝手の悪さにめげず，それを勝手知ったものに等値しようとする誘惑に抵抗してほしい。⁽³⁾

　『レッジョ・エミリアと対話しながら』というのが本書のタイトルだ。対話は，あたかもアリアドーネの糸のごとく，以下の諸論考を，というよりもレッジョの乳幼児保育園・幼児学校の教育事業そのものを引き出す導きの糸になっている。この本がレッジョとの対話を広め深めるさらなる手がかりになってくれること，それが，われわれの切なる願いである。対話はかならずや，新しい社会・文化・政治に向かう変革の展望を開くだろう。われわれはそこに，子どもと親，学校と教育，家族とコミュニティの新たな可能性を発見するだろう。――これは，危くて，でもすごい可能性，と，これはカルラの言だ。

---

(3) 〈訳注〉このパラグラフは，英語版のみに収録されている。

第1章
子どもたちの傍らで
現場で形づくられる教師たちの知

Dalla parte dei bambini: il sapere delle insegnanti（1984）

　以下の草稿は1984年，ヴェネツィアで開催された全国保育者集会（la conferenza nazionale del Gruppo Nazionale Nidi）のための講演原稿として執筆したものである。私の発言とそこで論じた諸問題をよりよく理解していただくためには，どんな脈絡のもとでこの集会が開かれたかを少し述べておく必要がありそうだ。

　1984年といえば，国法第1044号が1972年に成立し，国の財政責任で生後3か月から3歳までの乳幼児保育施設を全国に設置する旨が決定されていたにもかかわらず，それからすでに12年，ただ歳月ばかりが経過していたのである。最初の5年間に2,500の保育施設を全国に設けるとのことであったが，1984年までに実際に設置されたのはたかだか数百，そのほとんどすべてが国の中部と北部の諸州であった。

　そんなわけで法はあれどもまともに遵守はされず，歴代の政権はなんだかんだと理由をつけて，その実施を阻んできた。最大の口実は，財源不足であった。そうした施設の重要性を痛感していたいくつかの地方自治体が，一向に腰を上げない国の肩代わりをする形で，やむなく，そこに市費を投じ続けていたのである。多くはエミリア・ロマーニャ，トスカーナ，ロンバルディア，ラツィオとヴェネツィア諸州の地方自治体であった。そこで自治体が直面した課題は，福祉国家の名に恥じない施設の増設を実現する一方で，子どもたちにとって，また親や教師にとって納得のいく保育の質を確保することであった。そのような質の追求を支え，また保育の場で働く教師たちの政治的な闘い（保育労働者の間で，そうした気運はますます鮮明なものになっていた）をコーディネートするために，全国保育者連盟（il Gruppo Nazionale Nidi）――別名：全国幼稚園・保育園教職員連合（il Gruppo Nazionale Nidi Infanzia）がレッジョ・エミリアで呱々の声をあげたのである。

　全国保育者連盟が掲げる目標のなかには，乳幼児保育園の増設とともに，もう一つ，当時としてはまことに斬新な文化的理念が盛り込まれていた。学校の質を高度なものに

することは，とりもなおさず子どもの権利である，という考え方である。これを言い出したのはローリス・マラグッツィ（Malaguzzi, L.）であった。レッジョ・エミリアの市立の諸学校の実践をけん引し，また各地で開かれた講演・教員養成セミナーを通して，全国保育者連盟にも多大な影響を与えてきた教育理論家である。連盟が主催する諸集会は，幼児教育の仕事に携わる者たちにとってまたとない経験交流と省察の機会となり，文化的にも政治的にもより批判的な視点で自らの仕事を省みる契機となった。

　こうした経緯を踏まえて1984年，連盟とヴェネツィア市との共催という形で，以下の私の講演が行われた。私がとりあげた論題は，実のところ，マラグッツィと主催諸団体の間であらかじめ合意されていたテーマであった。父母参加と保育施設内の組織の問題は，その当時の最重要課題であり，参加者の関心も高かった。親の参加はあってもなくてもよいような選択肢ではなく，ずばり保育施設のアイデンティティを決する条件の一部であるのだが，そのことは多くの場合なかなか理解されにくいのだ（相変わらず今もそうであるといってよい）。親の参加は，親の権利であるばかりでなく，子どもの権利であるはずなのに，である。

　保育の擁護と拡大は家族の理解と連帯，そして支援があってこそ，はじめて現実のものになる。親が学校に呼び寄せられて親たる者の心得を説教される受け身の存在ではなく，自らの知見を学校に持ち込む能動的な存在になる時に，この理想が実現されるのだ。学校が自分たちの真価を認めてくれていることを知っている親たちは，彼らもまた社会的・文化的諸価値の伝承者として，子どもたちと向き合うことになるのだ。

● ● ●

教育のつくり手としての地域社会

　国法第1044号が制定されて12年，全国保育者連盟の大会も5回の節目を迎えていますが，この間にあって私たちが繰り返し議論してきたのは，乳幼児保育において親の存在はどんな意味をもち，どんな役割を担ってきたのかということでした（おそらく，この場にかぎらず他の場でもたびたび議論されてきたことではないかと思います）。まず，この点について私たちがともどもに達成してきた成果を，確かに理論レベルのそれにすぎないかもしれませんが，ご一緒に振り返ることから，まずは私の報告をはじめさせていただくのが至当かと存じます。

　話の後半ではすでに得たものを確認することからさらに一歩進んで，自分た

ちの思想と行動をより十全に理解し，より正確に定義することによって，われわれが将来的に何を追求し，どんな方向に向かって進むべきかを見定めたいと思っています。そのことで集団的に加速力が強化され，達成したい目標が明確化されることを見込んでいるわけです。とはいうもののわれわれの国で何か新しいことをはじめようとすれば（家族が学校の運営に参加するのは，まさに新しいことですから），決まって長い時間がかかることを私たちは承知しています。とりわけそれによって文化と政治の新しい流れが生まれるとなれば，事がそう簡単に進むはずはありません。

　これまでの「成果」のなかで，私が重要だと思うのは（われわれの反省のさらなる深化と前進を可能にする歴史的な記憶として，ということなのですが）次のような諸点です。

- 今世紀になって，はじめて親子関係の質が，理論的に問題にされるようになったこと（とはいえ実際には，それは捻じ曲げられた形でしか実行されていないのですが）。親と子の関係が，公的な，すなわち社会的・文化的な問題となり，その配慮の対象になったわけです。とりわけ刮目すべきことは，何ごとも先生にお任せという旧来の慣行を破って，公的教育制度としての乳幼児保育園がはじめて親に対して，教育プロジェクトの構成に直接的かつ明白な主体として参加することを要請するに至った，という事実です。普通，親はすべての責任を教師に委任して，彼らが行う選択に異議を唱えることはあまりありません。うっかり唱えたりしたら，子どもに仕返しが跳ね返ってくるかもしれないと，親たちは恐れているのです。こんな状態を，われわれは何としても解消しなければなりません。
- 国法第1044号にはよく指弾されているように，速やかな改定を必要とする限界や曖昧な点が少なくないのですが，少なくともその社会参加，社会的管理という理念は，今日なお，きわめて先進的な方向性を示しているといってよいでしょう。どうして先進的かといいますと，それは「健康な子どものための」と，この制度の公的性格を明確に規定しているからです（障害のある子どもや病気の子どもだけではなく，ということです）。また，公的教育機関の設置・運営主体としての地方公共団体の権限を認めたことも画期的ですし，何

第1章　子どもたちの傍らで

図1-1　3つの行為主体

よりも乳幼児保育園ということを中心におし立てて、教育者と子どもとの関係ばかりでなく、家族と保育施設との対等な立場での相互協力に力点を置いて子どもの生活環境を考えていることが、とりわけ先進的です。一本のレールの上を走る営みとして教育を単純化して考えるのではなく、そうした虚妄の理論から身をかわし、教育をとりわけ相互作用のなかで形づくられるもの、弁証法的な関係性の所産として捉えたことです。

• ですから乳幼児保育園は、コミュニケーションの一つのシステムであり、それはより大きな社会システムのなかに統合されています。コミュニケーションのシステムであるということは、社会化の、そしてまた個人の人格形成のシステムでもあるということです。この相互作用に主要に関わるのは3つの行為主体で、それら3者の関与によって教育とそのプロジェクトは展開していきます。3つの行為主体とは、子ども、教育者、そして家族です（図1-1）。この3つの主体は分かちがたく統一されたもので、乳幼児保育園が自らの活動を十全に展開しようとすると、単に子どもたちがここにいてよかったと思うだけではなく、そこで働くスタッフ（労働者）や親たちがそこで幸福を感じることができるように工夫を凝らす必要があるのです。システムというものは、それぞれの主体が噛み合って動いていくもので、一方の主体が幸福か、不幸かは、他の主体の幸不幸と単に関わるだけではなく、相互に依拠してさえもいるのです。

- この幸福は各主体の間でとりかわされるコミュニケーションの質や量と直結していますし，また，各主体が他の主体の要求や願望に対してはらう気づきと理解，恒常的な関係性のなかで実現される交流や集いを通して育まれるものです。
- ですから，乳幼児保育園を中心に据えて，といっても，それはこの関係性，この相互的なコミュニケーションのシステムに立脚して，ということで，それは，一方の当事者として教育的経験の形成に参与する（市民参加と社会的管理）ということに均しいのです。参加と社会的管理は，いうなればそれ自体が教育的提議であり，その射程は，きわめて本質的で譲り得ない要素である教育内容や方法の選択にすら及ぶものです。
- 繰り返し申してきましたように，これを単なる「紙上の議論」にとどめてはなりませんから，組織の面でも，機能・方法・政策の面でも，強力で一貫した施策でそれを支えていかなければなりません（また，たえずそれを検証し，必要な修正を加えていくことも重要です）。それに伴って，いろいろなことの目鼻が整っていきます。乳幼児保育園の建物をどのようなものにするのか（空間と家具調度），コミュニケーションと，そのための時間，教職員の勤務時間と相互の関係性（同僚性），教員の仕事上の裁量権（教授の自由：libertà didattica と呼ばれているもの），教師の再教育の意義とその内容，さらには能力，計画立案，コンセンサスといったさまざまな概念が洗い直されて，そこに重要な修正が加えられていくことになります。家族と学校の関係を捉える古い固定観念に根本的な修正が加えられるとともに，社会のなかの学校制度の意義そのもの，教職の専門性，知の所有，文化と政治のつくり方など，伝統的な諸観念もまた根底から問い直されることになります。
- こうしたコミュニケーションと関係性がとりわけ保育園スタッフ，親，地域社会の間で組織されプログラム化されなければならないわけで，それはすでに私たちの間での共通了解になっていると思われます。私たちは柔軟な，しかし有能でかつ真摯な思考と行動力でそれを推し進めていかなければなりませんが，こうした資質はまさに私たちが子どもたちと関わる時に必要とされるコミュニケーション能力，関係性のつくり方と別なものではないと私は深く確信しているのです。

この間の年月に思索し，議論し，公開し，発展させてきたこれらの理論的諸命題は，多くの人々の共有する確信になってはいるのですが，しかしそれを日常的に実践し，行動として具体化している者は決して多いとはいえません。一つにはこれらの命題そのものが思想的にも文化的にもある多重性をはらんでいて，世間的に共有されている通常の確信や態度を揺るがし，転倒する危険を潜ませているからでしょう。いま一つは，その実践を困難にする政治的・経済的・文化的・社会的現象や事件が矢継ぎ早に起こっていることです。そのために，命題そのものの実行可能性を疑う人々も出てくる始末なのです。この10年間に特徴的に現れたそれらの事件や現象を列記すると，以下のようなことが念頭に浮かびます。

- 私たちが生きているこの現代という時代は，変化，運動，生成によって特徴づけられる歴史の一時期ですが，そのもとでイタリア社会は経済，技術，社会と制度と倫理，そして政治指導の各分野で深く広範な変化にさらされています。たくさんの，しばしば劇的な問題が次々に発生するので，政治はそれに忙殺されて教育の問題などは関心外，まして学校なんぞには気が回りません。（実際，学校の改革は蛇尾に終わり）この国の学校は変化や新しい要請への対応という点では諸外国と比べても著しく退嬰的で，学校内部にあってその新たな役割やアイデンティティを追求しようとする者は，だから大変な苦労を背負い込むことになるわけです。
- 福祉国家的な諸政策は言説のレベルでも行為のレベルでも（つまりは経済的に，ということですが）集中砲火を浴びてきましたし，そのことと符節を合して分権化や参加を促す動きに対しても，猛烈な非難の矢が浴びせかけられました。それなりに根拠をもった批判であることもありましたが，あらゆる分権化に反対して中央集権化を推し進めようとしている政治潮流を反映した，先入観にもとづく非難も少なくありません。これが文化的にも社会的・政治的にも社会が行うべきサービス活動を著しく後退させているのです。
- 社会参加が明確に規定されて自明のものになっている組織は別にして，その効果がすぐには結果として顕れない組織は，一様にこのような逆風に曝されているといってよいでしょう。参加はうたわれているものの，実際に行われ

ているわけではなく，参加主体も不明確，コンセンサスを求めはするものの現実には（代議制度などを通して）集権化の方向に流されている制度的組織も少なくありません。

乳幼児保育園（と幼児学校）は，そのすべてがそうではないとしても，おそらく例外的に参加の理念を，教育プロジェクトの検討，推進，編成という形で具体化しようとしている数少ない機関であるといってよいでしょう。

だが，忘れてならないのは，参加は，あればあったでよいが，なくてもかまわないような独立変数ではない，ということです（親と教職員の関係だけを念頭に置いて参加といっているのではありません。教職員と親，親と親，親たちと子どもたち，教職員・親・行政・地域団体など，多元的な関係性のなかでの参加を考えているのです）。このような参加は，前にも述べたように，保育園が自らの存否をかけて求める無上の価値なのです。子どもの存在そのものが，それを求めます。教育の場として存立するために（いや，それにとどまらない何かであろうとして）保育園は自らの生理として参加を希求してやまないのです。

だから保育園としては，親が参加してくれないと愚痴っているだけでは，もうすまされないのです。ましてや参加を諦め，家族，親，地域との対話を放棄してしまうのは論外です。そんなことをしていたら，乳幼児保育園の存立，その生き残りすら覚束なくなるでしょう。

ですから問題は，これまでの政治的・文化的成果を声を大にして言い立てて乳幼児保育園の存在意義と効用をうたいあげることではなく，事実，方法，活動の再検証を介して，われわれにとっておそらく未踏の地平に歩みを進めることでしょう。今日では昨日に比べてすべてがより複雑になったことを十分に意識して——あるいはただ違っている，というだけのことなのかもしれませんが——より知的になり，解釈の枠組みも更新して，参加を活性化しその空洞化を阻止することは，現代における乳幼児保育園そのものの存否と関わる問題なのかもしれません。

ということは，社会における乳幼児保育園の役割と意義の捉え直し，その新たな基礎づけが必要である，ということです。社会は少なくとも現象的には，ますます乳幼児保育園に対して無関心になりつつあるように思われるのですが。

乳幼児保育園と社会との絆，その同質性，その求心力を見直して，社会に訴えること，政治家，行政機関，社会運動，組合等の結社，そして市民の関心を引きつけることが必要です。
　私たちは事実を，出来事を，われわれをとりまいている状況を，もっとしっかりと読み取らなければなりません。われわれは，乳幼児保育園に来る新しい諸主体を——相変わらずのように見えるが，本当は現実と共に多様化している家族や子どもたちを，そのようなものとして分析し理解しなければなりません。どこにでも通用するような一般論から，「家庭の要望」だの，「関係の改善」だの，「コミュニケーションをとる」だのというスローガンから，抜け出さなければなりません。ばらばらなそれらを結びつけ，その多様な相を拾い上げ，新たな（そして古い）要求を把捉して，新しい応答をつくり出していかなければなりません。ただし，いかなる回答も決定的なものではあり得ないことを，十二分に自覚しつつ。
　努力は甚大なものですが，それは払うに値する労苦です。私一人の考察に依拠するのではなく，私と一緒にこの不断の探求に従事してきたレッジョ・エミリアの同僚のみなさんの力を借りながら，以下，少しこの問題に切り込んでみたいと思います。以下のコミュニケーションと，ここにいるみなさん方から寄せられるであろうご意見，それらを取り交わすことによって，閉会の際には知識や考察や問題意識が豊富になるだけでなく，われわれが考えて取り組むべきこれからの行動の方向性が見えてくると，大変にうれしいのですが。
　諸主体を理解するだけでなく，その行動と，行動相互の繋がり，相互作用の様式，それが作動する領野，結びつける力と分離する力，内的な諸力によってもたらされる恒常的な動きと変化，そうしたものをしっかりと見届けることが重要なのです。

現代家族とその社会的コンテクスト

　現代家族を特徴づける新しい諸現象をよりよく理解しようとすれば，どうしても準拠しなければならない思考の鉄則があります。その家族が生活し行動しているコンテクスト，つまりは社会について一考し，数多いその特徴のなかで，

われわれの考察にとって重要な「指標」になりそうな側面について，まずこれを精査することからはじめるべしと，それは教えています。

私たちが暮らしているその社会は，何かにつけて「とりとめのない社会」（断片的社会）であるとされているのですが，それは社会の状況とメカニズムがなし崩し的に分化と多元化を重ねた結果，「区別なき社会」と呼ばれるまでに不透明になっていて，何が重要な差異かも知覚しがたいものになっているからです。

職業についてもそうですし（労働市場には年々何百万という人々が流入し，また流失しています），社会階級や社会集団の区別も曖昧になっています（次第に均質化していく傾向にあります）。消費パターンには消費の多神教などと評される現象が進行していますし，夜間の利用や自由時間の使用も多様化しています。権限の行使についても，それは同様です（決定の場とその内容が重層化していて，その間に混乱が生じています）。

現代を定義する上で手がかりになりそうな特性をもう一つ挙げるとすれば，それは細分化，すなわち「社会の細分化」であろうと思われます。主体間の差異がますます拡大して，人間の性格を規定している生活体験がまるで共通項のないものになってしまっているのです。その結果，すべての交換が（コミュニケーションを伴うものであるか，ないかにかかわらず，社会的交換がすべて）容易ならぬ作業になってしまっていて，カテゴリー化や一般化がますます困難になっているのです。「媒介する」という作業は，ますます多くの時間を費やす作業になっていて——特に口言葉で，となると，それはとてつもなく大変な仕事になってしまうのです。「コミュニケーション」の時代などといわれているのですが，個人の間のそのコミュニケーションが，とてつもなく困難な様相を呈しているのです（ですから教師の養成，いや，そもそも個人の教育においてすら，人間相互の関係を律している多様な諸言語・諸コードの学習は不可欠なもので，それを省こうと考えるなんて，とんでもない話なのです）。

必然的な結果として——大衆化が極度に進行した時代にこれは避けがたく生ずる結果なのですが——人々の自分で決定し，自分なりの仕方で生きたいという願望は強まるのです。どんな社会環境のなかに身を置き，どんな情報を選択し，どんな社会サービスを受けるか，自分で決定する。自由時間をどのように

配分し，どう使うかも，自分の考えで選択する。市場がその選択の幅を広げていて，可能性としていえば，それは質の選択を助けるはずのものです（私的市場はこの欲求を取り込んで，それを肥大化させることにとりわけ熱心です）。乳幼児保育園もその一つである公的サービスが，こうした分析の埒外にあると思ってはなりません。個別の要求に鈍感で，標準化された対応で自足していると，ついついそう思い込んでしまうのですが。

このように急激で根底的な社会の変化に遭遇した家族は，並はずれた耐久力と適応力，組織としての柔軟さを示してきたのでした。しかしそれ以上の一般化はおそらく不可能でしょう。というのは，他のいかなる時代にもまして今日では家族を単一のイメージで語ることは困難で，私たちはどうしてもさまざまな家族について語らざるを得ないからです。家族の大きさや年齢構成ばかりではなく，社会的・経済的な位置，居住地域，構成メンバーやその変化によって，家族は千差万別であるからです。

現代家族の複雑な位相を理解するためには，以下のような事実を念頭に置くことが必要です。

- 3人家族が増加しているが，単身世帯，すなわち若年の，もしくは老年の独身者も増えている。また（離婚，離別による）ポスト核家族，親のどちらか一人と子どもからなる家族も多い。核家族が他人と同居している場合もある（これはとりわけ自分の家をもてないことに起因する場合が多い）。二つの核家族が複合し，親と子に加えて両親のどちらかの親が一緒に住んでいることもある。
- 全国各地，とりわけ大都市では，新たな貧困層が生まれており（移民，失業など），それぞれに事由は異なり，不自由さの種類も同じではないが，家族の者たちは心理的にも経済的にも大きな不安を抱えて暮らしていることが多い。しかもそれはしばしば皮相な眼で解釈されて，偏見の標的にされる（たとえば，その子どもたちが仲間はずしに遭う）ことも起こる。
- 祖父母の存在。彼らの生計費や家庭内での役割，そして社会的な役割もまた，今日では大きく変化していて，かつての祖父母像はもう適用しがたいものになっている。「やさしいおばあちゃんと，しわがれ声のおじいちゃん」のイメージはもう過去のもので，特に中部や北部，都市部ではかつてとは異なる

現象が出来している。年若い世代の祖父母、少なくとも比較的若年の祖父母世代が生まれているのである（なかには30代、40代の祖父母さえいるのだ！）。多くは働いているし、定年後の者でも臨時のアルバイトに従事している。旅行もするし、気軽に移動もする。孫は大いに「可愛がる」が、自分のことは自分でするし、とりわけ子ども世帯との関係では、経済的にも、またそれができる場合は身体的にも寄りかかることなく暮らしている。やれることはまだまだあるわよと、すこぶる元気な祖父母たちなのだ。

若い夫婦や婚約中のカップルに眼を転じると、そこにはもっと他のいろいろな現象が出来しています。イタリアの北部と中部と南部、都市、農村、そして大都市でも、それぞれに異なる姿が見られます。とはいえ安易な決めつけを避けながら、なおかつ問題を焦点化しようとする時に、（CENSIS, ISTAT などの公式統計をもとにして、ですが）とりわけ中・北部で子どもを乳幼児保育園に入れている家族の多少とも典型的なプロフィールを、私たちは以下のように思い描くことができるでしょう。

- 平均的に学歴は高い。
- 両親とも、もはや、それほど若いわけではない。普通は共働き。プロフェッショナルな仕事に従事していることが多く、両方が協力して家事をこなしている（そのことによって消費行動・消費志向は多様化し、男女のあり方にも変容が生じる）。
- 正式に結婚する以前に婚約の期間があり、この間にカップルは自分たちの関係を固めていく。
- 最初の子どもは「計画出産」であることが多い。一人っ子が増えている[1]。

初めての子が生まれて夫婦が親になると、こうしたタイプの家族は、他のい

---

[1] ある時期のイタリアは、世界中とはいわないまでも、ヨーロッパのなかではもっとも出生率の低い国の一つであった。2000年のこの国の出生率は、ヨーロッパ連合加盟15か国のなかで下から2番目であった（Eurostat, 2003：180）。Eurostat (2003) *The social Situation of the European Union : 2003*. Luxembourg. European Commission.

第1章　子どもたちの傍らで

ろいろな家族と同様に，大きな変化を経験することになります。子が加わることで，まずそれまでの生活スタイルやコミュニケーションの仕方が大きく違ってきます。会話は子どもを中心にした会話となり，夫婦の対の関係が三角関係（と呼んでおきましょう）に変わっていくからです。それとともに親の個人としてのあり方，労働者として，友達として，男性もしくは女性の恋人として，要するに一人の人間としての立ち位置の全体が，否応なしに変容を迫られるのです。子の出生は，家族とそのメンバーに本質的な変化をもたらし，また変化を強いるのです。これは容易ならぬ試練で，すべての家族がうまくそれをくぐり抜けるとは限りません。子は危機にある夫婦の 鎹 （かすがい）となる（かつてはそんなふうに言われていたこともあるのですが）どころか，かえってことを悪化させる火種にもなっています。私たちが，少なくとも生後1年未満の子を抱える親たちと接していていつも耳にするのは，独りぽっちでやりきれない，誰か友達と出会いたいという訴えなのではないでしょうか。それは人間として，親としての孤独であり，少なくとも最初のうちは一体どうしたらよいのか「まるで勝手がわからない」子どもを前にしての戸惑い，できるだけのことをしてあげたいのだけれど，もしかしたら知らずにとんでもない手抜かりをしているのではないかという不安であったりします。こうした不安や孤独は上記のような若いカップルだけのものではなく，多くの親たち，特に母親たちに通有なものであるといってよいでしょう。

　労働者であり，かつ母親であることは，昔に比べて両立しやすいものになっていると先ほど申しましたが，それは概していえばということであって，なすべきことはまだまだ山積しています。経済状況が悪くなっていますから，これまでに得た成果すら雲散霧消しかねない雲行きです。景気が後退すると，早速，女性は家庭に戻れという声が出はじめるからです。この政治的・文化的動向に対しては，くれぐれも警戒を怠ってはなりません。なぜなら，このような女性の新しい生き方と生活の質に，大きな貢献をしてきたのが乳幼児保育園であるからです。これらのゆったりとした，だが着実に進行している変革が減速し，さらに最悪なことに阻止されてしまうならば，これまでの成果は一挙に吹き飛んでしまう危険があるのです。ここではただ，次のことだけを想起しておきましょう。働くことで女性はかつて手にしたことのなかった発言力をもつことが

できました。そのことで母親としてのあり方においても，パートナーとの関係においても，文化的に，そして歴史的に画期的な変革を実現したのです。働くことで達成の手ごたえと自己実現を実感し，またそのことで家族の他のメンバーとの心理的関係をより堅実なものにすることができたのでした。

　しかしながら，同時に彼女たちは大きな非難と敵意の眼，公然としたバッシングにも遭遇し，ついにはそのために罪悪感すらも抱かされることになったのです。自分が働いているために子どもの面倒がなおざりになっているのではないか，道を踏み外させているのではないか，とんでもない危険にさらしてしまっているのではないか，と，そんなことをしきりに気に病んでいるのです。このような子どもたちを受け入れている乳幼児保育園の教職員は，この心の深層の不安を無視することはできません。働く母親としては，子どもの要求が量質ともに満たされ，自分と同じように先生（保育士）たちによって可愛がられることを，何重にも保障してもらいたいところなのですが——とはいえ，あまりに可愛がられることにも抵抗があるのです。子どもが母親よりも先生（保育士）が好きになってしまうことを，彼女たちは一方で恐れてもいるのです。文化的にも行動論的にも，また心理学的にもデリケートで対応の難しい問題です。

　小さな子どもがいる家族のなかでどんなことが起こっているのか，そこで出来するさまざまな現象を分析し，読み解いていく作業は，いったん取り組んでいくと広大な広がりが見えてきて興味津々たるものになるでしょう。そのような分析を深めていくことを，教職員のみなさん，行政官や政治家のみなさんにお勧めすることしか，今はできませんが，現代において親であるとはどういうことなのか，その理解の糸口になりそうなデータや現象に光を当てて解明する手立てが必要であると，私は感じています。今日において親であるということは，単に父親であり母親であるということにとどまらない何かを意味しているように思われるのです。小さな子どもを抱えた父であり母であることはそのとおりなのですが，同時にその一方は，もしくはその両方は，働いているわけですから，父であり，母であり，同時に社会のなかの男であり女であって，その社会が先ほど申し上げたような「分断」社会として実存している，ということになるわけです。

　求められているのは統一的な理解です。人間を，親として，誰かの親として，

その面だけを取り出すのではなく，全体として見ていかなければなりません。親であるということは，今日では，単に子を愛する存在であるというだけにとどまらない，より広範な責任を帯びた社会的存在として生きることを意味しています。教育の問題を一つとっても，広い視野でそれを見て，ますます急速化する社会と習俗の変化のもとで，それをどう発展させていくのかという問題意識のもとで，それを考えていく必要があります。また，今日では家族という「壁」にとじこもっていては教育の問題は解決しない，とりわけ真に社会的な風土，市民的な連帯と共同性が必要であることが，はっきりと自覚されていなければなりません。よくありがちなことなのですが，親はあれこれの後ろ指にへこたれる必要はありません。評判や，まして偏見に動かされる必要はないのです。

　私に言わせれば，よい親とか悪い親は存在しません。多様な親のあり方があるだけです。こちらの独断で，それを正しく読んで，正しく「解釈できる」とは限らないのです。「うちの子は今日，園で何をしましたか？　誰と遊びましたか？」と訊いてくる親が，2年間ずっと「うちの子はよく食べましたか？　お通じはどうでしたか？」と質問するだけだった親よりもよい親である，などと断言できる根拠はありません。言えることがあるとすれば，私たちとの接触が後者にくらべて，あるいは後者のような親たちに比べて，前者のほうがより密接であったということで，それ以上のことではありません。私たちのモノサシは，所詮は私たちのモノサシにすぎません。胸に手を当てて，振り返るべきではないでしょうか。よき教師が親としては最悪の親であることもあり得るのです。そこまで言わなくても，1，2歳児の親としては，まぁ，すれすれ及第かなという程度の親が，（職場体験とか，配偶者との関係とか，人間的レベルでの経験を重ねて）子どもが青年になった頃には立派な親に変身している，などということもあり得るのです。親であるということは，ある，という状態ではなくて，生成であり，親は親になるのです。それは教育者についても同じで，教育者とはすなわち教育者になっていく存在なのです。

　ですから，一目でこうと決め込んだ皮相でステレオタイプな「決めつけ」を，回避しましょう。前にも述べたように，それは，私たちと親たちとの関係を，ひいては子どもたちとの関係をすら，台無しにしてしまう危険性を含んでいる

からです。こんな「偏見」を抱えながら親と向き合うことは，二重に危険な行為です。親との接触がぎくしゃくしたものになるだけでなく，自分が心に焼きつけたそのイメージが，今度は非常によがまがしい形で子どもに投影されてしまうからです。親はこうあってほしいという自分たちの勝手な期待にもとづいて，親の資質を語ることはやめましょう。それはほとんど常に，私の抱く親の理想像にすぎず，自分の親がこんなであったらよかったのに，という悔恨でしかないからです。

　今の親が平均して高い文化水準をもつ親たちであることは，前にも述べました。それは一方で子どもの教育に何が必要かを知識としても感性としても鋭く感じとっている親たちであることを意味していますが，反面，自分は子どもとうまく関われていない，よい教育もしていないと気づいている親たちであることをも意味しています。このことが動機になって，親たちのなかには，そのことを何らかの方法で話し合いたいという気運と必要が高まっています。現代を特徴づけている社会の断片化と崩壊のなか，それに抗って新たな要求が，いや，むしろ新たな歓びの探求が——集うこと，共にあることの探求が，うねりとなっているのです。それは必ずしも子どものことだけではなく，むしろ人間としての生きがいの探求であるといってよいでしょう。

　要約しましょう。

　親なるものが存在するのではなく，存在するのは親たちである，ということ。もっと的確にいえば，親でもあるところの人間たちがいるのです。みんな，子どもの教育に対する深い関心と感受性をもった人たちです。確かにそれは，まだ表現されていなかったり，読み取られていなかったりするかもしれません。ならば，その親たちの未だ表現されざる，あるいはすでに表現されている要求をしっかりと読みとり，それに新たな，そして有効な応答を投げかけることからはじめようではありませんか。

保育園の教職員

　ざっとではありますが教師と親の関係について語っている以上，教職員側の昔からの，あるいは近年の新しい動きについて一言しないわけにはいかないで

しょう。
　教師は——とはいってもその大部分は女性教師なのですが（男性教師は非常に少ない）、彼女たちはしばしば同時に親でもあるわけですから、これまで述べてきた問題を他の親たちと同じように経験しているわけです。年齢はまちまちですが、概して若く、学歴も多様です。近年では大学出の教師も多くなっていて、これが彼女たちのフラストレーションを高める要因にもなっています。彼女たちの欲求不満は中等学校や高等教育でちゃんとしたポストが見つからず、仕方なしに乳幼児保育園に就職したというケースでよく起こっているようです（その保育園での仕事も雑用係であったり、補佐役であったりします）。保育園の教師たちは極度に複雑で、多岐にわたり、興味深くもある職務に従事しながら、どこか割り切れなさを感じているようなのです。
　割り切れなさとしては、次のようなものが挙げられます。

- 政策的・行政的なふっきれなさ。乳幼児保育園は、「個別的な用途にあてられた」サービスと規定されていて、こうした立場からすると保育園の位置は屠場や葬儀場とよく似たものになってしまうのです[2]。また保育園での仕事にはそれほど高い教育水準は不必要と見なされてしまっています（大学が乳幼児保育園のスタッフ育成に取り組んで新たなカリキュラムを用意するとは実際のところ思えません）。「フレキシブル」な運営ということなのだそうですが、教員はいたり、いなかったり、欠員は補充されず、いなくてもそれほど重大なことではないとされている有様です。職能の向上のための研修も行われていませんし、保育園運営評議会にも参加していません。行政からも、組合からも、政治的諸力からも隔絶されて孤立無援、職業人としてのキャリアやその倫理を培う機会を塞がれていることが、あまりに多いのです（保育の仕事は複雑で高度な専門性を必要としています。その力を培うためには豊かな連帯や援助の手が必

---

[2] 以下は、英語版編集時にリナルディにより加筆された注記。
　　イタリアでは法制上、社会サービスは社会全体のための投資とされていて、「個人の要求」に基づくサービスはあくまでもその個人のためのもの、したがってその費用は受益者が負担すべきものとされている。福祉サービスの利用を抑え込む手段として、この原則がことさらに強調されてきたきらいがある。保育園についてのこうした捉え方が、長い年月、この国の社会的進歩を阻む要因として機能してきたのである。

要なのに，です）。

- 社会的・文化的なふっきれなさ。このような屈辱的な扱いのもとでずっと労苦に耐えてきた保育園なのですが，その役割がわが国では近年では見直される傾向にあります。その表れが，習俗，文化，社会事業，研究といった諸分野にも示されています。だが，そうした乳幼児保育園に対する社会と文化の追い風が，そこで働いているスタッフたちに「実感」されているかというと，これはいささか疑問です。彼女たちはひどく孤立した状態に置かれていて，自分が現に行っている仕事をその実質に即して評価する便宜を手にしていないのです。それがきわめて重要な意味をもつ仕事であることを，たとえ研究者が明らかにしてくれたとしても，当の教師（保育士）たちは蚊帳の外に置かれてしまっていますし，自分たちでそんな研究に取り組むことが奨励されているわけでもありません。自分の振る舞いや言葉がどんな意味をもつことになるのかを的確に判読したり，その効果を評価するのは必ずしも容易なことではなく，保育園の教職員自身がそれをやりきることは不可能な場合もあるでしょう。時にはそれはとても微妙で，大抵の場合は自分一人で頷くだけ，子どもたちの変わりようや，彼らが示す愛情，その言葉や仕種，あるいは親たちが伝えてくれる報告から間接にうかがい知るものでしかありません。しかし保育園の教職員がそれらのサインや証言をきちんとキャッチできるとは限らず，だから自分がやりとげたことや，親たちが寄せてくれている高い評価に気づいていないことも多いのです。乳幼児保育園が行っていることは一般の都市市民，幼児がいなくて保育園の「受益者」ではない人々には，あまりにも眼にとまりにくいのですが，しかしそういう人々でも，そこに子どもを通わせている人々と実は同質の要求を抱えていることが少なくないのです。乳幼児保育園が果たしている寄与――つまり文化をつくる，という観点から見た時の――保育園の存在意義はごくごく少数の者たちの関心事にとどまり，未だ多くの人々の共有するものにはなっていません。

- 心理的・職業的なふっきれなさ。教師（保育士）の仕事には家事や育児の要素が多分に入り込んできますから，それとの調整がつかず，頭を抱え込んでしまうことが少なくありません。となると私はいったい何をやっているんだという気分になり，もしかすると，自分はくだらない仕事をしているんじゃ

ないかと思えてきたりもします。その上まずいことに，教育者のたまごたちが履修してきた教職教養なるものは，保育園の現実の仕事とはおよそ無縁であったりして，特に若い保育園の教師などは，こんなはずではなかったとすっかり落ち込んでしまったりもします。彼女たちはとりわけ二重の意味で，自分たちが「ものの役に立たない存在」であると感じてしまうのです。

－ 教育者のたまごたちは（と，限ったことではないでしょうが），学校ではもっぱらバーバルな言語を使うように躾けられてきましたから，いざ，実際の子どもたちと向き合った時は，彼らの使う多種多様な言語についていけなくなってしまうのです（そもそも子どもがやりたいのは，おとなしく先生の話を聞くことなどではなくて，何かをやること，行動することでしょう）。

－ 親たちと接触する段になると，それが教師の仕事のもっとも肝心要の部分であるにもかかわらず，自分にはその用意がまったくできていないということを思い知らされてしまう。協働というからには，同僚との対話ばかりでなく，何にもまして親との対話こそが不可欠であるはずなのに。

ですから保育園での働き手の能力や知識を，あくまでも過程的なものとして，子どもたち，同僚たち，親たちとの共同の実践のなかでだんだんと豊かに培われていくものとして理解することが必要です。教育の内容や方法についても，あるいは生活時間の割り振りについても，子どもたちの家族や，さらには地域の人々に問いかけながらそれを決めていくならば，そうした地域住民の参加を通して教職員は多くのものを学び，その力を鍛えていくことができるでしょう。

住民参加によって保育園を運営していく時の教職員の役割として，私は以下のことがとても重要だと思っています。

教職員は住民参加の単なる「マネージャー」ではなく，そこから学ぶ者でなければなりません。自分は知っている者で，何も知らない者たち（親）を取り仕切る存在であると，そんなふうに思いあがってはならないのです。彼女は一人の人間であり，教師なのであって，その教師としての，人間としての識見を彼女はまな板に乗せるのです。それを親たちの知とつき合わせて，相互に学び合うのです。保育園が内蔵する知は，ですから，そこに勤務する教職員の知のことではありません。もちろん，親の知識でも子どもの知識でもありません。

そうした諸々の知の相互浸透（osmosi）から，それは生まれるのです。そしてそこで形成される知は，今度は，その討論が行われている保育園の外部に広がるより広範な知と文化と直接に照合されるのです。

　教育者と親たちの関係，より適切にいえば教育者たちと親たちの関係はこのようにダイナミックなものですから，どんな現実のもとでそれが成立しているか，相手がどういう状況に置かれているかによって，当然，違ってきたり同じになったりします。それぞれが感じている必要には大きな違いがありますし，可能性も同じではありません。関係はしたがって家族のタイプやその文化的・社会的状況，子どもがどのくらい長く保育園に通っているかによっても相異してしかるべきでしょう。子どもを連れて初めて園の門をくぐった親と，もう何か月も通園した子どもの親との対応は，様式，スタイル，配慮においても同じではあり得ません。めったに園に顔を見せない親と話し合う時の対応の仕方は，毎朝子どもを連れてやってくる親との，いつもながらのやりとりとは違うものにならざるを得ないでしょう。

　それだけではありません。こんなことも必要なのです。

- 私たちの相互のコミュニケーションにおいて，相手がどんな信号を送っているかを，よく振り返って考えること。会話相手から送られてきて（相手が子どもであれ，大人であれ，である），われわれが不注意なままに看過していることも多い情報の意味を十全に理解して，今度はこちら側から仕種，微笑，目配せなど，あらゆる仕方でメッセージを「送り返す」ことができるように，そうした訓練を積んでおく必要があるのだ。
- 家族とのコミュニケーションにあたっても，内容，手段，方法を改めていく必要がある。
    - 内容を変える。子どもがどうあるか，ではなく，子どもの歩み，変化の途上にある子どもの姿，どんなふうに問題に取り組んでいるのか，といったようなことを話すようにする。そこでわかってくることは，必ずしも心安らぐような話題ばかりではなく，もしかすると動転させられるような内容になってしまうかもしれない。子どもがそんなことできるの，と，ただただ驚いたり呆れたりする，そんな話になってしまうかもしれないのだ。

内容の検閲はなしである。親が聞きたがるようなわが子の話を選んで話すということもしない。話し合うことで，グループやその人自身の子ども理解が深まるような，そんな事柄を話し合うのだ。問題なんてございませんわよ，ではなくて問題を，結果だけではなく過程を話し合うのだ。子どもを教育するのが大人だ，という思いあがりから自由になって，子どもという存在から大人たちが一緒になって何かを「学ぶ」ことを，学ぶのである。われわれの教育プロジェクトに子どもはとても重要な寄与をしてくれている。（われわれがそうするならば——子どもの声を聴く，そんな耳を私たちがもっていれば，の話だけれど）その声をしっかりと聞き届ける足場となるような，そんな話し合いでありたいものだ。

— 手段も考え直す。内容や集会のもち方を上記のようなものに変えていくとすれば，そのための言語や道具も，当然，これまでとは別なものに眼を向ける必要が生まれてくる。もしも映像が（写真，スライド，映画，もし手が届くようならばビデオテープなどが）使えるようならば——子どもたちの絵や制作物ともども——バーバルな言語を助け，そちらのほうがより効果的な場合は，すべからく，それにとって代わることになるだろう。それらは集まりのなかで使われるだけでなく，日々，保育園の壁に貼られ，親たちに限らず，子どもたちもそれを見て大いに楽しむのである。自分たちの姿が映像になって映し出されたり，自分の絵が大人たちに評価されて貼り出されるのだから，それだけで大得意だ。他の道具も使う。たとえばパネル。子どもたちのごく日常的な様子やちょっと変わったこと，親が知りたがる子どもたちの情報を集めて，お知らせのタブロイドのような形にして貼り出すのである。「うちの子，ちゃんと食べていますか？　寝ていますか？」といった型どおりの質問に，それで答えている。それで安心すれば，親は話題を他に移してくれるだろう。

— 方法を変える。とにかく古い組織のパターンを打破することが不可欠だ。新しいミーティングのもち方，親，保育園の教職員，子どもとのより可能性に富んだ相互の出会い方を模索する必要がある。必要不可欠でありながら，誰にとっても楽しく，そしてためになる，そんな語り合いと対話のための「キーボード」を探り当てたいのだ。定期的に行われているクラス懇

談会には，固定したイメージがつきまとっている。教師がしゃべって，親が聞くというこのパターンは，園が語りかけようとしている新しい受益者，すでに繰り返し述べてきたマルチメディア社会の，あの分化した新人類（私は親ばかりでなく，教職員もそうだと言いたいのだ）には，およそ相応しくない。コードも手段も，時間も場所もお仕着せ，そんなとんちんかんなやり方で話が通じるはずがないのだ。激変する文化環境のもとで，彼らは人間として行動し暮らしているのだから。

　何にもまして教師が理解しておかなければならないこと，それは，家族との確かな絆を築くことが自分たちのプロフェッショナルな可能性を高める上で，どんなにか益多いものであるか，ということです。それは相互の信頼を高めるとともに，教師の仕事をしばしば耐え難いものにしている孤立感，フラストレーション，あてどなさを克服する力にもなってくれるのです。

　私は信じているのですが，もしもこのような参加が実現し，保育園における親と教師のありようが変わるならば，それは保育園の「イメージ」と，その「実際の姿」を底深く変革するものとなるでしょう。すべてが一変するのです。空間が変わりますし，備品についての考え方も変わります。それから何よりも子どもとの関わり方が違ってきます。教師の知識も豊かになり，振り返りの機会も多くなって，視野は広くなり，幅広い交際を通して思考と行動はより闊達自在なものになっていくのです。一番の変化は保育園での子どものありように現れてきます。安心感，楽しさ，居心地の良さが増すとともに，受ける刺激もより大きく，より豊饒なものになるからです。それらはどれも基本的で，決定的に重要なものです。このように親が参加して学校をつくること（家族との協力のもとに園を立ち上げ，たえず緊密に手を取り合いながらそれを運営していくこと）は，子どもにとっても，また園自体にとっても，それを生気あるものにしていく上での不可欠の条件なのです。なぜなら子どもは，交流し楽しみ合う相互的なコミュニケーションの場を，いわば生理的に自らの環境として生きる生物であるからです。

　しかしながらこのようなプロジェクトを実際にやっていこうとすると，大なり小なり抵抗に合うことを忘れるわけにはいきません。

【教育者たちの間で】
- 自信の欠如。多くの場合，低い評価に由来するが，職務が求める高度な資質に自分が達していないと意識することから陥ることもある。ある種の家庭から非常に高いレベルの会話をもちかけられて，自分が何だか試されているような気分になって接触を避けるような場合もある。逆に子どもの日常生活に関する「判で押したような」質問ばかり浴びせかけられて，教職員のほうは少々うんざり，話題を他に逸らそうとしたりすることもある。
- 時間の折り合いのつけにくさ。つけにくい，というよりも，はじめから拒否してしまっている場合もある。こちらにとっては不都合だが，相手の家族にとっては，おそらく都合しやすい時間なのだ。
- 教員としての立場の不確かさ。保育園教師の地位は必ずしも明確には教員として認知されていない。教員としての立場は顧慮されず，園の他職種とひと括りに処遇されてしまうことも多い。

【親の間で】
- ミーティングのもち方がもたらす障害。親が参加しようとすると，子どもをどこに預けたらいいかで困惑することが多いのだ。夫婦で出席しようなどと思ったら，なおさらだ。
- 政治的・文化的態度。こうした場合，親は参加を重要だとは信じていない。過去の経験からそう思うようになったのか，誰かに吹き込まれてそうなったのか，とにかく，そんなことは「どうでもよいこと」だといなしているのである。
- 心理の壁。自分のこと，自分の問題，自分の考えを人前で話して聴いてもらうのは，そんなに簡単なことではない。となれば，それを可能にするような関係をつくり出していかなければならない。人々はまだこのような対話には慣れていないし，しばしば他人の判断を恐れてもいる。

【行政や労働組合の間で】
- これらの団体が何かの理論的な主張を打ち出した時（分権化にしても，はたまた住民参加にしても，である），首尾一貫した態度や具体策でそれを裏打ちする必要があるのだが，このことの理解は浸透しているとは言いがたい。もう一つ理解されにくいのは，保育園のどの一つの問題，どの一つの側面に手をつ

けても，それと一緒にほかの「状態」をも変えざるを得なくなる，ということだ。保育園の運営は切り離しがたく一体であり，行政がどんなことをしてもしなくても，その影響は全体に波及してしまうのである。乳幼児保育園への介入は，自治体行政の他のセクターのような具合にはいかないのだ。
- 乳幼児保育園とその問題は手をつけずにそっとしておこう，という態度がそこに生まれる。とにかく複雑で，こんがらがっていて，手をつけるとなれば，どうするか腹をくくって立場を決めなければならないからだ。
- 乳幼児保育園によって代表されてきた，そして今もなお代表されている偉大な挑戦，新しいスタイルで政治の文化をつくり出すこと，地方自治体の存在の意味を照らし出すことになるであろうこの挑戦の意義は，しかしまだまだ十分に理解されているとは言いがたい。

このほかにもいろいろな要因が引き金になってさまざまな形での抵抗が生ずるであろうが，最大限の一貫性と迅速さで，それらを乗り越える必要があるだろう。

参加と参加型管理をどう構想し具体化するかという点で，おそらく基本的な役割を果たすのは行政機関，労働組合，教師たちであろうが，その解決課題のなかには以下のような問題への対処も含まれることになるだろう。

- 教師とその補助スタッフの身分を最大限安定したものにする。
- スタッフ，子ども集団，親の関係を，子どもが在籍する3年間を通してできるだけ継続性のあるものにする。
- 学年途中での入園や組の移動を避ける。
- 親との関係を深化し，スタッフの研修を保障するために，正規の時間を設定する。
- スタッフだけでなく，親にとっても参加しやすいミーティングの時間を設定する。
- 記録作成，書いたり，コピーしたり，展示を行うための備品や用具を整備すること。あるものは各乳幼児保育園に配備すべきだし，あるものは行政機関の事務所に設置することになるだろう。

第 1 章　子どもたちの傍らで

- ミーティングのための，またグループの記憶や乳幼児保育園の歴史を刻んだ資料類，蒐集物を保管できる空間を確保する。

参加の実際

　このようにしておけば，家族との意思疎通は，互いの本音を出し合うことのできる新しい形のものになるだろう。
　すぐに頭に浮かんでくる定例行事としては，以下のようなものがある。

- 乳幼児保育園への入園を希望する家族たちの会議。志望者が定員を上回る場合は，選考基準を相談する。
- 6月のミーティング。9月から入園する子どもの家族全員が，ここに参集する。この訪問を通して最初の情報を交換し，クラスの先生たち，他の親たちとも知り合う。
- 面談。子どもが園に通う前に，教師は慎重に，デリカシーをもって親との面談を行う。園で会ったり，家庭を訪問したり，どちらでもよいが，できるだけ父母一緒がよい。
- 子どもの通園が開始される数日前，彼らが戸惑うことの多い最初の日に大人側（教師や親の側）がどんな心配りをしたらよいか，教師側が必要と考えている一連の留意点や対処方法を親に説明して討議してもらう。親が納得し自信をもって子どもを送り出すことができるように配慮する。
- 環境に慣れるまでの初めの頃，親がずっとクラスに張りついていることがある。これは調整の上，子ども，親，教師の3者の希望に合った形で受け入れたい。
- グループ，クラスごとのミーティング。クラスをどう運営していくかが，主要な議題となる。こんな方針で，大体こんなことをやってみたい，たとえばこんなやり方で（こんな絵，こんな展示物を使って）やってみたらどうだろうか，といったようなことを話し合うのである。夜など，できるだけ全家族に都合のよい日時を，あらかじめ調整して設定する。
- 個別面談。家族側の要請で行われることもあるし，教師側が提案することも

55

ある。その子どもが直面しているその子の個別の問題を話し合う。子どものパーソナリティ発達に関わる深く内面に踏み込んだ対話が行われる場だ。

- もう一つのミーティング。ある特定のテーマに関心をもった親と教師の集まりである（たとえば，幼児の教育に父親はどのように関わったらよいのか，といったような）。クラスや年次の別を超えて呼びかければ，多くの教師や親の参加を得ることができるだろう。全員が意見を言うことでテーマの追求は深められるだろう。できるだけ役割を交代して，話しつつ聴く相互コミュニケーションに近いものにしたい。
- 自主開催で行われる「専門家」を呼んでの研究会。親が自分たちでテーマと内容を決めて行う完全に親主催の講演会もある。教師はそれに招かれる，という形。
- 制作のワークショップ。絵の具，紙，人形，影絵の幕，それに映写機を使って芝居をつくる。幾晩も集まってつくり方を学んでいると，すっかり仲良くなってしまって，「本格的な」劇団をつくりましょうよ，などという話にもなる。ワークショップのもう一つの例は「料理の夕べ」だ。食堂のおじさん，おばさんたちが，新米の入園児の母親たちと一緒に園の子どもたちに出す料理をつくってみた。最後に一緒に食べたのだが，それが思いがけず，大変に刺激的な相互交流のきっかけになったのだ。
- お祭り。これは園を挙げての行事だ。誰もがお客さんで，誰もが主人だ。子どもたち，親たち，スタッフたち，おじいちゃんやおばあちゃん，それに友達も，だ。地域全体がこれに巻き込まれ，計画や設営に携わる。クラス単位のお祭りはもっと内輪のもので，グループの子どもや親の波長に合ったものになる。みんなは何かしら食べるものを持ち寄って，一緒に楽しい午後のひとときを過ごすことになる。おじいちゃん，おばあちゃんのために，一日，まるごと園を開放するお祭りもある。年寄りたちは，孫と一緒に園で遊ぶ。子どもたちの案内で，じいちゃん・ばあちゃんたちは園のなかを探検するのだ。どんなに「疑り深い」老人でも，とうとう降参してちびっ子たちに案内を請うことになる。
- それから外出，野外見学，遠足，小旅行。子どもたち，家族，スタッフたちが一緒になって海や山に行き，何日間か，ホテルや地方公共団体の宿泊施設

第1章　子どもたちの傍らで

に滞在することもある。「子どもの家」を訪問したり，園の誰かの親の家で（あらかじめ園側の了解を取りつけた上で，だが）何日かを過ごすこともある。

このように乳幼児保育園は子どもと大人を問わずその利用者たちに，その独特な関係性のネットワークを通してさまざまな「チャンス」を提供しているのである。

まとめに代えて，もう一言。
　このような参加を保障するためには，基本的な条件を整備することが重要で，まさにそれを目的にして組織されたのが，保育園運営評議会なのです。親を主要な構成主体とするこの組織は，家族の学校参加を促し，質的にも量的にもお互いの関係を緊密なものにすることによって，参加の意識と経験を深めるための組織なのです。評議会の第一議題となるのは受け入れ数や料金ばかりではありません。もっとまるごと乳幼児保育園の総体が，ということはコミュニケーション・システムとしてのそのあり方の全体が問題なのです。評議会がその任務を最高度に遂行しようとすれば，社会組織として，もっとも緻密に，かつ豊饒に織り上げられた社会的テクスチュアとして，そこで人々が絶えず対話し交流し続けることができるような，相互的な関係性の網の目を構築し調整していかなければならないのです。そこで評議会には各種の小委員会や作業グループが組織されることになります（教務委員会，環境委員会，行事委員会といったように）。恒常的な委員会もあり，その都度，必要に応じて組織される特別委員会もありますが，4，5人のメンバー（親と教師）からなる執行部によってコーディネートされています。
　評議会が親と教師のほかに他の親たちによって選出された地域の市民代表もそこに加わって構成されていることを，もう一度，思い起こしておきましょう。3年ごとに行われる選挙で選ばれた人々です。乳幼児保育園に子どもを通わせていない他の親たちにも参加を呼びかけること，教師のプロジェクトとその具体化を支え，補佐すること，それに加えて市当局，市内の他の乳幼児保育園や幼児学校との連携を深めることも，評議会の大切な職責です。
　こうした組織形成と事業展開にあたっては，十分な配慮と少なからぬ忍耐，

そして政治感覚が求められることになるでしょう。その上にもう一つ，調査という能力が必要です。保育園の利用者は年々異なるわけですから，どんな人たちがそれを求めているのか，その明示されている，あるいは秘かに抱えている要求，不安と期待，負担能力などなどを，的確に「読み取る」手立てがないといけないのです。こうした調査能力があれば，乳幼児保育園に，そして子どもたちとスタッフに，何が必要かが見えてきますし，それに伴って優先すべき目標も判然としてくるわけです。決めた目標を短時間に，効果的に，そして誰もが喜んで感謝するような仕方で具体化するには，どんな手段と方法を用いたらよいのか，どんなタイムテーブルで，どんな人々がそれに取り組んだらよいのかも見当がつくというものです。

このようにして乳幼児保育園はそのために「特別なコスト」をかけることなく，ちょっとした気働きで自分のキャパシティを最大限に発揮し，乳幼児保育園に在籍していない子どもたちとその家族にとっても，かけがえのない存在になるのです。確かに本格的にそこに入園したわけではありませんが，しかし乳幼児保育園がその園児たちに提供している便益のある部分をその子たちも享受できますし，お祭り，ワークショップ，講演会などには地域の人々がみんなで参加しています。地域の人々を巻き込んで興味をもってもらう機会を，園のほうも積極的に設けようとしているわけです。

ですから乳幼児保育園は家族と全市民を繋ぎ，ある時は非利用者にも門を開き，またある時は他のグループや団体と組んで地域の行事を共催するといったように，文化の媒介者として一役買うこともできるはずなのです。自分本来の巣に納まりかえってばかりいないで，子どもと教育の一体性を再構築する力となり，単に乳幼児保育園だけではなく，子どもの文化を前進させるバネになろうではありませんか。

私たちが闘わなければならない大いなる敵，それは分断と孤立です。追求すべき価値，それは「インフォメーション」と「コミュニケーション」です。しゃれ言葉で，よく言うではありませんか。コミュニケーションはinformative（形式ばらず，かつ教唆的）で，formative（教育的・人間形成的）である，と。それは何者をも排除することなく，人々が共に働き，オルタナティブな解決を見つけ出していく，そんな協働的な意味構築の作業なのです。意見の多様性は，

コミュニケーションを質的にも量的にもより豊かにする糧と見なされて尊重されます。（子ども，教師，親，市民の間の）このようなコミュニケーションと関係性を，参加する主体たちは何にもまして希求し，楽しんでいるのですが，最大の受益者は何といっても子どもたちです。このような対話的な雰囲気から最大の恩恵をこうむるのは，いつだって決まって子どもなのです。

第 2 章
コミュニケーションとしての参加

Partecipazione come comunicazione（1984）

　乳幼児保育園にせよ，家族にせよ，あるいは社会サービスにせよ，こうした語を時間と空間と関係なしに語ることはもうできない。そう私は信じています。「保育園」も「家族」も，今現在の状況を睨んでそれを口にする時と，10年前を考える時とでは意味が違ってきますし，この国の中部か，北部かそれとも南部を指しているかでも，話が違ってきます。家族も乳幼児保育園も，経済，文化，政治など，より一般的な社会の動向とパラレルに変わっていく主体であり，客体なのです。

　いろいろな事象について考え，その原因を解釈する時は，縦の関係だけでなく，横の関係を吟味の対象にして，一見したところ関係なさそうな事象間，事実間の相互関係を突き止めていく必要があると私は考えています。仮にある事柄を理解して，それに立脚して自分たちの対処の仕方を変えようとしたとします。しかしですね，その特定の事象だけを，「それだけを取り出して」，それが組み込まれている関連性の網の目，他の事象に影響され，また逆に影響を及ぼしてもいる関係性からそれを分離してしまうと，私たちはとんでもない失敗を冒すことになります。ある事象を全体から切り離すと，もうその性質そのものがすっかり別なものになってしまうわけです。

　乳幼児保育園も，参加も，どちらもそれをコンテクストに位置づけることなしに語ることはできません。空間が，時間が，教育のプログラムが，スタッフの勤務時間が，研鑽の機会がどうなっているのか，その時点で何が政治と文化の争点になっているのか，どんな経済問題が起こっているのか，そんなことも，決して無関係ではありません。それは単に方法の如何の問題であるというより

も、メンタルな態度の問題、私たちがどっぷりとそのなかに浸かっている思考の方法から身をもぎ離すことである、と言ってよいでしょう。何しろ私たちの多くは事物の間のつながりからよくても目をそらし、最悪の場合すっかり忘れ去ってしまう教育システムに適応して、その歪みを抱えて生き残ってきた者たちなのですから。学校のなかで起こることと外で起こることとは無関係、歴史で勉強することと地理で教えられること、これもまったく無関係、というわけです。

このような前置きが必要なのは、一つには曖昧で皮相な知識で何もかもを一緒くたにして、イタリアの乳幼児保育園が全国どこでも一律であるかのように言いたてる人々に、それは違うぞと異を立てるためであり、もう一つには、保育園スタッフ、家族、そして「学校運営評議会」の緊密な関係の上に築かれる社会的管理という考え方を導入したいからなのです。

社会的管理とは、制度的にいえば家族とスタッフの関係を緊密化するための組織のことなのですが、しかしこの関係は両者の不断のコミュニケーションを通してより確かなものになっていくべきものでもあります。ですからコミュニケーションこそが、この組織の最高の価値であり、目的にして手段、戦略にして目標なのであって、乳幼児保育園の全スタッフ、すべての子どもたち、家族、学校運営評議会、あらゆる制度的組織が等しくそれに参与することになります。これがどういうことか、実際問題として何をもたらすのかをより深く理解していただくためには、コミュニケートするそれぞれの主体についてもう少し分析する必要があるでしょう。

【家　族】

どんな主体であれ、過度に硬直的にそれを定義するのは危険である、という前提から出発することにしましょう。今日の家族も、非常にさまざまな要因が絡まり合って、その性格が形づくられています。しかし5歳以下の子どもが一人という核家族について見ますと、その全体数は漸減傾向にあります。夫と妻が最初の子どもをもうける年齢は、次第に高くなりつつあります。子どもの数はたいていの場合、一人どまりです。平均的な文化水準は上向きになっていて、とりわけ、女性においてそれは顕著です。そしてこの女性たちが、近年の社会

と家族の変化の立役者になっています。反面，そこで出来する諸矛盾のしわ寄せを受けているのも，しばしば彼女たちなのですが。

　具体的な現象として，いろいろなことが現れているのですが，なかでも注目させられることの一つは，小さな子どもをもった家族の多くが孤立し，孤独を感じているという事実です。孤絶感は今もっとも蔓延している病の一つなのですが，これはしばしば幼児を抱えることによって，それまでの習慣，それまでの友人と否応なしに切り離されてしまうことからくるものです。子どもが何かを要求していても，親になったばかりの夫婦は，少なくとも最初の数か月はそれをどう満たしたらよいのかわからず五里霧中で，相談できる誰かがいるわけでもありません（祖父母は普通はいませんし，いても時代遅れで頼りにならないと思われています。それでお医者さんか，往々にして近所の人たちが，相談にのってくれそうな唯一の相手ということになるわけです）。その上，子どもが生まれると夫婦仲はともするとぎくしゃくしたものになりがちです。そこで親たちは，誰か他の人と知り合いたい，新しいやり方で人間関係を築きたいと切実に思うようになるのです。

【保育園・学校の教職員】

　上述のような人たちの圧倒的に多くは女性であり，母親です。たいていは上記のような家庭事情を抱えてもいます。教師というのはプロフェッショナルな面では，とりわけ求められるところの多い職務とあって，このところ多くの教師たちはアイデンティティの危機に苛まれています。総じて学校も大学も彼ら・彼女たちに仕事に耐えるだけの準備を施してはくれず，実質的な教員養成はフォーマルな教員養成の課程が終わってからようやく開始されるものでしかないという事実が，今ほど痛切に感じられている時代はないのではないでしょうか。教職員の職能教育の充実，そしてその仕事の意味が広く社会に認知され，人々に共有されることが，今，絶対に必要であると私は考えています。

【子ども】

　現代の人間は誰もが寄る辺なさを感じながら生きていますが，おそらく子どもは誰にもましてそれを強く感じているのではないでしょうか。彼らは誰にもまして温かい人間関係を，彼らの支えとなり，コミュニケーションを育んでくれる社会環境を必要としているのです。まだ幼く柔らかな齢の者たちにとって，

それは生き抜くための不可欠な条件でもあります(1)。
　ということは，大人たちとの，大人たちの間での，子ども同士の，乳幼児保育園の空間との，その備品調度との，毎日毎日のコミュニケーションが，子どものアイデンティティ，自己信頼感を育てるとても大事な要素であることを示しています。

【学校運営評議会，より一般的にいえば，参加】
　もう何度も言ってきたことを，またまた言うことにしましょう。参加の危機ということについてです。教育の分野での参加と社会的管理のここ10年間の経験を振り返ると，他の領域でもそうですが，そのバランスシートは決して芳しいものとはいえません。どうしてこんなに無惨な結果になってしまったのか，信頼の失墜を招いてしまったのか，その原因はいろいろとあるでしょう。たとえば行政府に対する執拗な非難と攻撃が，相も変わらずさかんに行われていること，参加などということをいっているからシステムは動きがとれなくなって非能率になるのだ，という誹謗が広く浸透していることは否定できません。民主的な制度だなどといっているが，何のことはない，無責任な連中が「影であやつり」引き回しているだけじゃないか，という不信感も働いています。そうした現象が見られる地域で，乳幼児保育園への参加が低調なのは，確かにそのとおりでしょう。しかしそれが全部だとは思えません。

　おそらく，何かしら，他の要素も働いているのではないでしょうか。微妙で，しかし決定的な何か他の要因が。
　たとえば，乳幼児保育園のなかでの参加の方式が，幼児学校のそれをそのまま真似たものになっていること，もっと悪い場合は政府の法令をただ受動的に遵守しているだけのことが，あまりにも多いのではないでしょうか。また学校運営評議会のメンバーの構成に偏りがあって，それで発展の芽が文字どおりへ

---

(1) 以下は，英語版編集時にリナルディにより加筆された注記。
　ここではまずはフィジカルな生存のことをいっているが，乳幼児保育園と家族のコミュニケーションがよい雰囲気で行われていることも，同じように重要である。それが子どものアイデンティティと要求にしっかりと向き合う環境をつくり出すただ一つのやり方なのだから。

し折られてしまっていることも少なくありません。政治的な立場を代表する人々が，父母代表や教職員代表に比べて圧倒的に多数を占めていたりすると，それだけで参加は形骸化してしまうのです。コミュニケートしながら一緒に育っていくこと，それが保育園というものの身上で，あらゆる活動にその特徴が発揮されるのだと，私は考えています。しかしせっかくのそのコミュニケーションが線香花火に終わったり，生まれた先から押し潰されたりしないためには，思想と組織，方法とイニシアティブで，それをくじけないようにテコ入れしていかなければなりません。

　評議会が乳幼児保育園のなかで果たす強力で意味深い役割は何かといえば，それは利用者のすべて，父母，子ども，教職員，市民，行政，政治家の参加とコミュニケーションを推進し，助長し増進することではないかと私は思います。どうしてそういうことを言うのかといいますと，乳幼児保育園への参加について語り，その質だの意義だのを説いているにもかかわらず，その乳幼児保育園が非常に包括的で複雑な諸要素を合わせ含んだ実体として存在していることについては一向に語ろうとしない人々がいて，その態度を私は是認することができないからです。乳幼児保育園は多様な主体によって構成されていて，その複合的な全体として動いています。われわれは，そのことを考慮することなしに，参加のプロセスを分析したり批判したりするわけにはいかないのです。この原則を最初に踏まえてさえいれば，家族，子ども，教職員，評議会組織のそれぞれに，それぞれの持ち味があり，相互に多様な役割と意義があることが見えてくるでしょう。社会的管理と参加は教育過程の一部をなすものであって，乳幼児保育園の顔ともいえる文化的・行動的な特徴なのです。

　管理が——ここでいう管理とは社会的管理，ということなのですが——外からの要請に適合せんがための借り着，あるいは擦り切れた儀式のようなものではなく，学校の魂，その存在の深部に降り立って，教育の過程に襞深く流れ込んでいくものとして捉える時，アプローチの全体が根本から変わってきます。乳幼児保育園のなかに社会的管理が深く浸透したところでは，それに呼応してすべてが構造を変えていきます。たとえば，

• 乳幼児保育園の建築そのものが変化する。同様に子どもたち，大人たちの空

間の使い方も,家具も,コミュニケーションの仕方,口言葉で,あるいは書くことでのメッセージの伝え方,それらも今までとは違う役割と意義を帯びるようになる。
- 時間の組み方が違ってくる。特にスタッフの勤務時間の組み方が。
- 教職員の職業教育の意味が違ってくる。専門的資質を向上するためのミーティングが繰り返し開かれ,参加という概念もそのなかで捉え直されていく。

不参加と対立するものとして,参加という問題や縄張りがあるわけではありません。私たちにとって「参加」という語は,もう少し深い意味をもっています。たとえば教師の専門性,教師における裁量の自由 (libertá educativa),教育の使命,教育者の役割,家族と教師それぞれの権利と責任分担をどのように考えるのか,といったような問題を再考する時に,この語が絡んでくるのです。しかしその前にやっておかなければならないと思われるのは,そのような文脈でしばしば使われる「能力」という概念を再定義しておくことでしょう。

能力とコンセンサス

「能力」という言葉は,よく使われる言葉で,一般には「専門性」の同義語として受け取られています。「専門的な基礎能力」などという時の基礎能力は,おおかたは形式的な資格要件で,しかるべき学校をいったん修了すればそれで得たことになる能力を指しているようです。人によっては保育園スタッフの「専門水準が過度に高い」と父母や保護者との「対話が困難」になり,その要求を理解できなくなると主張する人もいます。「優秀な乳幼児保育園」とは,家族を対話からも参加からも締め出してしまう乳幼児保育園である,ということになりかねません。

私に言わせればとんでもない間違いで,そうなれば能力という概念と「参加」という語は水と油ということになります。能力という言葉は,排除によってからくも守られる,どうしようもなく硬直した性向を表す語,ということになってしまいます。能力とは,そんなケチなものではありません。それは協働への,交流への意志であり,アプローチであり,知識を獲得する自分たちの道

具を研ぎ澄まし，開かれた手段で専門性を深め，知を追求し，プロジェクトやプログラムを立てていこうとする志向性なのです。能力とは，何よりもまず職業人・人間としての成長と発達の開かれたプロセスなのであり，他者たちと共に労働し，共に責任を担いながら相互に豊かになっていく，そんなヒューマンな意志の発露なのです。

参加のプロジェクト，そしてコミュニケーションのプロジェクトは，このようにして次第に形をとり，その成否の鍵となる諸ファクター——立案能力，組織性，合意形成能力などが問われることになります。これらの諸要素が鍵になって，社会的管理の進展に決定的な影響を及ぼすことになるのです。特別に順序だてて何が先かを考える必要はありません。絶え間なくインタラクションを繰り返している間に，自ずと最高の形態に到達してしまうからです。

合意形成という概念は，もっと入念に練り直したほうがよい概念です。運営評議会ではしばしば多数派と少数派の綱引きが行われ，私たちは始終それを見せつけられているのですが，結果は下手をすると組織の分裂に至りかねません。しかし評議会のそもそもの趣旨，保育園における参加と民主主義の理念を，多数派か少数派かという問題に矮小化するわけにはいきません。それは知識と能力を共同の努力によって蓄積し，そのことを通して共に成長していく過程を意味するものでなければなりません。多数派が押しつけた一方的な解決であってはなりません。知見を交換し，共に分かち合う有益な対話から結論が自ずと浮かび上がってくる，結果として誰もが成長し，共通の考えを構築していく，そうしたプロセスが大事なのです。

となると，乳幼児保育園スタッフの——教育者にせよ補助スタッフにせよ，すべての乳幼児保育園スタッフの——役割も変化します。もう教育プロジェクトを提案したり社会的管理をリードしたりするだけではなくて，スタッフたち自身がその受益者になるのです。教職員が，いの一番に参加を楽しみ，そこから仕事の糧を得ることになるのです。いろいろなミーティングはそこから意味を引き出す宝庫となり，参加することで自分自身の専門的資質を高め豊かにする機会であることが見えてくるのです。そうなると，スタッフの一部を社会的管理に参加させないなどということはもう考えられませんし，普通の市民の勤務時間帯にそのための時間を設定するなどということも，あってはならないこ

第2章　コミュニケーションとしての参加

とになるでしょう。

　要約していえば，参加と社会的管理は，広義の教育プロジェクトをめぐって展開し，その中心はコミュニケーションに置かれていると見てよいでしょう。当然のことながらプロジェクトの主役は子ども，家族，スタッフの3者であり，この3者はいうなれば運命共同体です。われわれの目標はこの3者の幸福であり，相互に密接に繋がった3者の幸福がすべて達成される，ということなのです。もしそのどれかがうまくいっていないと，他の幸福も危うくなってしまうからです。この幸福はそれぞれのパート間のコミュニケーションの質，相互の要求，何をすればうれしいと思うかを知悉し，共感するその感度の強さと密接に相関しています。息の合ったコミュニケーションが行われている場では，人は豊かな出会いを経験し，そのなかで自分を徐々に成長させていくことができます。どんな形の分断であれ，決して受け入れないそんなシステムのなかにあってこそ，それぞれの主体は主体としての価値と尊厳を保障され，自分の行動意欲，自分の知識欲に自分に相応しい回答の仕方を編み出していくのです。それはまた家庭での経験と施設での経験，人間と機能と空間，乳幼児保育園と家族の関係など，それらの要素が分断され上下に序列づけられることを，常に避けようとします。さらにまたこのシステムは，認知と感情を切り離しかねない一切の既成観念に反対し，子ども，家族，スタッフ，社会の問題を絶えず繋げて考えます。

　コミュニケーションを目標として掲げるとして，それならば，それを支え盛り立てる組織的な手がかりをどこに求めるのか，それを見つけ出す必要があるわけです。そこにおいて学年やクラスが，子どもたちが，そしてまた大人たちが最初に出会う独自な集団として，重要な役割を担うことになるのです。単に親と教師だけでなく，親たち相互が知り合ってコミュニケーションを深める最初の場になっていくのです。

　この点って，お互いさまなのね，という発見が数多く生まれてきます。話し合い，聞き合うことの楽しさがわかってきます。私って，自分で思っているよりも，物知りなんだわ。他の親よりいいわけじゃないけど，悪いわけでもないらしい。ほら，こんなに身を乗り出してプロジェクトに参加しているのだから。こうした自己発見は自己成長と自己分析，コミュニティと学校の総体を巻き込

んだその営みのなかから，おそらくは湧いて出るものでしょう。子どもの文化も乳幼児保育園の文化も，わが国ではまだまだ脆弱なものでしかありませんが，このような参加のプロセスは，かならずや，その土壌を豊かにする肥やしとなるに違いありません。

第3章
保育園に，学習プログラムは必要か？

La programmazione nell'asilo nido ?（1988）

　この講演のタイトルはピオンビノ市の自治体政府が主催した研究集会のそれである。これは80年代の教育界を吹き抜けたもっとも重要で，もっとも意味深い論争を集約しているともいえるタイトルである。

　その本質を理解するためには，乳幼児保育園が「教育の場」として法的に認定されたのがこの時代であること，それに伴って教育活動のプログラム化，それとともに子どもたちの学習形態も計画化されるべきではないかという主張が台頭していた時期でもあることを，思い起こす必要がある。

　容易ならざる重大問題で，教師もペダゴジスタも大学の研究者たちもこの論争に巻き込まれて烈しく対立した。とはいえ，共有する目標がなかったわけではない。乳幼児保育園を良質な文化の施設，子どもの成長を豊饒なものにするポジティブな場として認知すること，これには，どちらも異存はなかった。こうして一方では，「プログラム化」とは（小中学校だけでなく幼児学校でもそのように解釈されてきたのであるが）何らかの「科学性をもった」プログラムの提案であり，それにもとづく「統制」は「質」の確保にとって必要なものであると見られたのである。

　ところが他方，これとは反対に，この「プログラム化」の概念そのものをより自由度の高いものにして，教育と学習の自由をより確かなものにしていく，その重責を担うのがすなわち乳幼児保育園であると主張する人々もいた。ピオンビノの集会は，この2つの立場が四つに組んで対決した場の一つであった。

　すでに何年か前から，私たち（レッジョの教師，ペダゴジスタ，アトリエリスタたち）は，この町に何度も足を運んでいた。ピオンビノ，ヴェントゥリーナ，カンピリィオ・マリッティマなど，この地域一帯の乳幼児保育園教師・スタッフの養成講座に講師として参加していたからである。そこでの経験は豊饒で濃密なものだったが，それはおそらく，それが容易ならざるものであったからだ。この地域で，あるいはイタリアの他地域

で働く同僚たちとの会合は，お互いの重要な相違をはっきりと浮き立たせるものであった。

　そんなわけでこの集会も，ぶつかり合う意見を文脈のなかに位置づけ，その意味を明らかにするためのものであった。当時はフィレンツェ大学に在職されていたエンツォ・カタールシ（Catarsi, E.）教授が司会の任にあたられて，対立意見の取りまとめに尽力された。これまた容易ならざることであったが，さりとて不可能というわけではなかった。これが私の考えでは，最良の結論といってよいのではないだろうか。教育の世界でもっとも烈しく争われたテーマの一つではあったが，それをめぐって，真の対話がしっかりと取り交わされたからである。

　　　　　●　　●　　●

　乳幼児保育園に，学習プログラムは必要なのだろうか？　これは，本当に切実で，論議を尽くさなければならない問いであります。私が勤務しているレッジョ・エミリアでも，ここ数年，それに絡んだ問題が次々に生じて，その都度，いろいろな意見がとり交わされてきました。どれもが徹底的にアンビバレントでこれぞ絶対とは言い切れないことばかりなのですが，しかしまた，その時々に決着をつけなければならない問題でもあります。その時は妥当であり決定的であると思える結論でも，その正しさが仮の正しさにすぎないことはしっかりと自覚していますし，そうでなければ無責任というものでありましょう。今までの研究からすると，そして目の前の明らかな現実からすると，多分そうである，ということでしかないのです。

　私たちの仕事のなかには——生きることそのものがそうなのですが——暫定性や不確実性がつきまといますが，それをポジティブな事実として見直す必要があるのではないか，という意識が近頃は次第に力をもつようになっています。教育も，広く人間的事象全般もまだ仮定にすぎない疑わしい領域を伴うことでかえって停滞を免れている，というのです。

　さてこの学習プログラムと乳幼児保育園という2項式ですが，1984年の10月，すでにそのテーマで集会をもったことがあるのです。これ，「ファンタジーの2項式」のパクリです（おそらくジャンニ・ロダーリ（Rodari, G.）あたりに示唆を得たものなのでしょう）。その時代の眼から見るとまったく隔たったもののよう

に思える2つの言葉を，たとえば月と地面を，一緒くたにしてしまう。この2項式から，果然，さまざまな衝突や熱狂が生まれてくることになります。一方の側は，教育は自然なものでなければならないと主張し，乳幼児保育園に学習プログラムを導入するなんて，もってのほか，子どもの自然なあり方を攪乱する暴力であると非難しますし，かたやカリキュラム，学習のプログラム化こそが乳幼児保育園の質的向上の方途であると，これを熱烈に支持する一派も厳然と存在するわけです。

経験を踏まえた論戦であるだけに，たいへんに豊饒で辛辣でもあった（皮肉やお世辞ではなく，ポジティブな意味をこめて，そう言っているのですが）この討論に，私はレッジョの同僚たちと共に，それからここにご出席の仲間のみなさん方ともご一緒に，参加させていただいたのでした。ピオンビノで開かれた事前集会，それからカンピリィオ，ヴェントゥリーナで開かれたそれが，とても楽しいものであったことを私はよく覚えています。われわれは，意見の対立ばかりではなく，エンツォ・カタールシ氏がいみじくも指摘してくださっているように，大きく視野を文化に広げて考察し対処しなければならないより基本的な問題に直面していることを，一再ならず思い知らされたのです。

この私の講演は，これまでの過程をとりあえず証言したものにすぎず，成果の報告といえるようなものではありません。今のところ，こういう結論になっているけれども，それも暫定的な仮説で，やろうとしていることの中間報告にすぎないのです。それを中途半端なままに，みなさん方に聞いていただこうということであります。

ここで私が行いたいことは，確かに言えることをみなさんにお伝えすることではなく，むしろ私たちが研究の途上で抱いた疑問や問いをお聞きいただくことになろうかと思います。この研究がどのようなものになっていくかを決する鍵は，ここにおいでのみなさま方すべての手に握られていると，私は考えています。

私たちの前に置かれていて，私がご一緒に考えたいと思う第一の問いは，意識とは何か，という問題であります。個人の精神はどのように発達するのだろうか？ 意識はどのように働き，どのように人は学ぶのだろうか？ 子どもに

どのように学ばせ，とりわけ，その意識の発達を促したらよいのだろうか？知能の研究は，現在どうなっているのか？ そうした発達や意識の問題をめぐっては，さまざまな流派の理論があって，それらは今も対立し合っています。

いうまでもなく，このような問いに回答を迫られているのは，われわれだけではありません。このような問いを投げかけることによって，われわれは，もっとも広大で，もっとも先端的な，われわれの時代の論争的テーマの一つの前に引き出されることになるのです。であるからして，われわれは当事者としてこの論争に参加するのであり，自らの立場を鮮明にして，すなわち数多くの仮説のなかから，自分たちの経験，自分たちの子ども像にもっとも適合的なものを支持して，問題に応答しようとするわけです。

もしも脳神経科学の最新の仮説を支持するとすれば，人間の頭脳はすこぶる可塑的なものであって，いかなる遺伝子情報をもってしても，脳を構成する何百万ものニューロンを安定的に結びつけるには足らず，おびただしいニューロン相互の結合は，外的世界とのインタラクションに由来する刺激や情報の影響下で確立されるというのです。その結果，それぞれの脳は独自で，取り替えのきかないものになっていくわけです。人間の精神は決定不可能なものです。その精神の地図は他のニューロンマップや環境との絶えざる，予見し難い交渉のなかで容易に変動します。

ですから意識は線的に決定したり，決定されたりする総和のようなものではなく，情動的にも認知的にも絶えず調整され続けているのです。それはいわば沸騰するマグマのようなもので，その構造はさまざまな要素の相乗作用を通じて形づくられていくものです。それは前後に，あるいは上下に，予測可能な不可逆線を描いて進むことはありません。前に進んだかと思うと立ち止まり，後退したり，ジグザグに動いたりするのです。意識は戦略を立てて諸々の表象を，状況の，存在の，事物のそれを筋道立て，検証し，修正していきます。それは構成的な，まさしく「戦略」の名に値する精神作用であって，まさに知能という名で呼ばれてよいものでしょう。

このような前提を認めるとすれば，子どもの学習を「再生産」と考えることはもうできなくなります。たとえそれを理解のことであると理解するにしても，ダメなことに一向に変わりはありません。学習は，何かを構成する行為として

定義されなければならないのです。子どもは環境に動かされるとともに、環境を動かしてもいます。身体器官と環境との結合は共振的なものであると同時に、しかしまた生態的でもあり、こちらを形づくりつつ、またそのことであちらを形づくる、という関係になっています。それはしばしば葛藤に満ちていて弁証法的、ドラマティックで痛快なものでもあります。外部の決定要因（つまり環境的諸条件）によって結果のすべてが左右されるわけではありませんし、内的なメカニズムだけで（遺伝的な要因や意識下の精神の働きだけで）それが決まることもありません。

　これが第一の、知能に関わる問いであります。

　さてそこで話を先に進めたいのですが、第二の問いは、われわれは子どもをどうイメージしたらよいのだろうか、という問いであります。どんな子どもを、どんな能力をもった子どもをイメージしたらよいのだろうか？　彼らはどんな関係のもとにあって、どんな欲求をもち、何を楽しむのか？　どんな関係を大人たちとの間につくっていくのか？　こうした一連の大きな問いの塊に導かれて私たちが到達したのは、子どもは有能である、という仮説でした。子どもはコミュニケートし、関係をつくることにおいて有能である、また、常に成長したい、知りたいと欲している有能な存在であると考えたのです。私は「有能な(competente)」という語に特別なアクセントを置きたいのです。単なるスローガンとしてそれを言うのではなく、この語の前でしばし立ち止まって、少し考えてみたいからです。なぜかと言いますと、いったんこの語に同意し、子どもは有能であると認めてしまうと、いろいろな仮説や戦略がそこから引き出されてくるからです。この語の意味内容とその論理的帰結に忠実であろうとすると、子どもへの接し方を大きく変えないわけにはいかないからです。

　というわけで私たちは、子どもは有能であると、まず考えることにします。子どもは知りたがり屋です。何かと関わりながら、そのものについて知り、好奇心を満足させようとしています。探求することの、知ることの喜びを知っています。もっと知りたい、もっと成長したいというこの好奇心に背中を押されて、子どもは彼らなりの意味の図式を、さらには期待や予想のシェーマ（図式）を構成していくのです。この図式は対象的世界に合わせて調整され、状況によって受け入れられ、あるいは撥ね返されるという試練をかいくぐることに

よって，質的に高度化し，強化されていきます。特に葛藤やトラブルを通して，子どもは——いやわれわれだって同じですが——不断に図式の見直しを迫られることになるのです。この図式は最近では「生態学的」などとも呼ばれている学習状況のなかで発動され，発展していくもので，そこでは正と誤，予見されたものとされていないもの，確実性と不確実性は分かちがたく混在し，環境との（主体を規定し，かつまた環境それ自体をも規定している諸条件との）交渉に介入するための糸口を提供するのです。

　このようなやや難解な考察を通じて，子どもとはどういう存在なのか，その認知活動はいかように行われるのか，彼らは何を求めているのか，といった問いに答えようとしてきたのですが，私としては，さらに一歩進めた考察が必要ではないかと思うのです。乳幼児保育園では，個々の子どもの思考だけでなく，集団の思考を伸ばし，それをより筋道だったものにしていくことが非常に重要だと思うのです。乳幼児保育園はかつてもそうですし今もなお，一種の「コンプレックス」に悩まされてきたといってよいのではないでしょうか。自分たちはもしかすると社会的なもの，集団的なものを重視するあまり個人を切り落としてきたのではないかという後ろめたさです。実際，私たちはそういう危険を冒してきましたし，今も冒しています。それはそうだと認めた上であえて言わざるを得ないのですが，では集団で学ぶことの醍醐味や重要性が十分に認知されているかといえば，私の印象では，どうもそうとは思えないのです。集団の学びは，確かに個人の学びとは異なる側面をもっていますが，まさにその個人の学びの歴史のなかで，それは負けず劣らず重要な役割を果たしているのです。なぜなら，先ほども申しましたように，個人の学びは葛藤やトラブルを通して，他者たちとの出会いや刺激を糧にして構造化され，また構造化していくものであるからです。

　さてそこで，ちょっと話がお上手すぎるわよと言われてしまうかもしれませんが，第三の，乳幼児保育園って何だという問いにたどり着くわけです。教育的環境とは，どのような環境なのか？　乳幼児保育園の主役的主体は誰なのか？　子どもなのか，それとも子どもたち，教育者たち，親たちなのか？　これらの人々の相互の関係は，どのようなものなのか？　この関係は何によってもたらされたものなのか？　この関係を動かすどんな企てが，どの程度に可能

なのか？

　乳幼児保育園とは関係性のシステムである，子どもたちの，あるいは子どもたち，教職員，親たちの，いや，さらには親同士のコミュニケーションとインタラクションのシステムである，ということを今日もみなさん方がおっしゃっていまして，私もまた，そのように考えています。すべての他の関係と同様に，こうした関係はどんなに重視してもしすぎることはありません。それが不全だと子どもの感情や，その社会的・認知的構造は安定性を欠いたものになってしまうからです。そんなことを考え合わせますと，乳幼児保育園の主体は，単に子どもというよりも「関係の網の目に置かれた」子どもである，というほうがよいのかもしれません。乳幼児保育園そのものの質とアイデンティティが，こうした諸要因，すなわち子どもをめぐる諸関係の量と質，舞台となる空間，時間，子どもとスタッフのアタマ数などによって決まっていきます。私がとりわけ重視したいのは，組織のあり方です。理論との間に一貫性があって，それを具体化できる組織であることが重要です。

　さて，以上すべてをそれでよろしいといたしますと，私たちはいよいよ最後の論題にたどり着くことになります。プログラムを導入するかどうかをめぐる問題で，これについては当然のことながら，すでに多くの論議が交わされてきているわけであります。私はこの点ではエンツォ・カタールシさんのお考え，両者の対立は形の上での相異にすぎない，というご指摘には同調できないことを強く申し上げたいと思います。それが単なる用語の問題であるとは，私は思いません。私の考えでは，それは思考法そのものの相異を表すもので，その相異や対立はその根をほかならぬこの子ども観の隔たり，個人の発達イメージの相違に置いていると考えてよいのではないでしょうか。

　プログラム化という用語の意味合いを，学校に限らず経済や政治の領域に広げて「分析」してまいりますと，通商や産業の世界ではこの言葉は今では新しい脈絡のなかに繰り込まれ，たとえば「プログラム化する」という動詞形で使われていることがわかります。実際，この語の出元がアメリカ合衆国であり，主として経済界や政界用語であったという事実を無視するわけにはいきません。ですから，このような環境のなかでどうして「プログラム」や「プログラム化」という語がさかんに使われるようになったのか，その事情を確かめておか

なければなりません。

　経済学者のなかでももっとも注意深い人々は，不測のトラブルに対応し得る戦略という概念を培うことの必要性を訴えています。通常の能力と機能を維持しながら，にもかかわらず思考を複合化して，変転する環境的諸条件に対応して，むしろそれを活力に転ずる柔軟な思考が必要であるというのです。

　問題というものは，いつも複雑な相貌で立ち現れるものです。乳幼児保育園それ自体もまた，複雑な生態系です。さまざまな資源が，いろいろな仕方で結びついています。それは開放系で，自己制御能力を具備し，硬直したプログラムがもたらす酸欠状態に対しては満身の力で反発します。まさにこの戦略こそが，私の考えでは乳幼児保育園の質を決定する分岐点であり，われわれにとっての努力の正念場ではないかと思うのです。エドガール・モラン（Morin, E.）が述べているように戦略は——その点はプログラムと同じなのですが——時間軸に沿って行われる一連の操作や行動によって成り立っています。しかしプログラムとは反対に，戦略は当初の行動計画や目標を一途に追うのではなく，状況の進展に応じたその都度の決定も行い，甚だしきに至っては操作の順序や性質，ついには目標そのものすら修正してしまうのです。戦略は構築され，また解体・脱構築されます。障害を逆手にとり，事故や過誤から利益を引き出すわけです。戦略的思考は，ある能力を要求します。それは職業の分野でも，広く文化一般の領域でも要求されるある資質で，不確かさのなかで行為する能力，あるいは不確かな要素を行為のなかに取り込んでしまう能力です。プログラムはコントロールと監視を要求しますが，戦略は障害や過誤からむしろ利益を引き出すのです。プログラムのモーメントと戦略のモーメントはそれぞれに排除し合うのですが，しかしこの2つのモーメントは同じ時間のなかで前後していて，相互に繋がり，影響し合ってさえもいるのです。

　実のところ，両者は同時的には排斥し合うのですが，時系列のなかでは継起しているのです。これは非常に複雑な関係で——簡単に，手短にまとめてしまうと——プログラムと戦略という二者択一的な選択肢は，乳幼児保育園のような複雑系のなかでは，ほとんど互恵的ともいえるような仕方で相補しているのです。そこで私は，みなさん方のお許しをいただけるならば，この両者を「progettazione（プロジェッタツィオーネ＝プロジェクト活動）」という語で包括し

てしまいたいのです。このような複雑さを汲みとることができて、定型的であったり不定型であったりする複数の動きをよく記述し、この語を使うことでより包括的に教育を語ることができるのではないかと、私には思えるのです。確かに比重は目標よりも方向性に、プログラムよりも戦略のほうに、確からしさよりも不確定性に、探求への趣好性や仮説のもつ問題提起力のほうに置かれています。progettare とは、文字通り gettare avanti（投企すること、前に投げ出すこと）であり、予見することであり（あらかじめこうと決めることではなく）、不測の出来事を理解するために仮説を立てる、ということです。

　個人の意識とは、発達とは、認知の構造とはどのようなものなのか、子どもをどうイメージするのか、プログラムをどう考えるのか、といった一連の問いを提起した上で、私たちの progettazione の考え方を聞いていただきました。それは乳幼児保育園の諸主体間の交流、関係、コミュニケーションをより豊饒なものにするべく用意され組織された道具一式であり、思想であり、状況と知識である、ということになろうかと思います。乳幼児保育園のプロジェクトといっても、子どもたちの関係、子どもたちとの関係だけを射程に置いているわけではありません。大人たちとの関係、環境との関係、スタッフと親たちとの関係、親たち相互の関係など、それらのすべてが、そのなかに包括されているのです。

まとめと補足

　プロジェクト活動とは構造である。乳幼児保育園の諸主体間の交流、関係、コミュニケーションをより容易なものにする枠組み（スキーム）である。それは話すことにもまして聴くことを容易にし、だからして正しい答を言い当てることよりも適切な問いを探り当てる助けとなる。

　たとえば、次のようなことを刺激する構造。
- 関係づける。
- なぜかを問う。
- 仮説を立てる。
- 問題に気づく。

- 問題を提起する。
- 発見に驚き，面白いなと思う場面，探求の場面，助け合いの場面を，乳幼児保育園生活の至るところにつくり出していく。

　構造は，次のことを可能にするようなものでありたい。
- すべての主体間の関係が育つ。
- それらの主体と環境との関わりが生まれる。
- いろいろな事実を結びつけ，考察し，仮説を立て，知識を構築する。
- いろいろな経験を収集し，それらの間の隠された相互性を発見する。
- 結びつきをつくる。
- 結びつきを解く。
- 変化を提案する。
- 変化に耐える。
- そのような，いまだ未完の道具。

　こうした構造は，当然のことながら形の上でも，ぎちぎちの，閉じたものではあり得ない。年度当初に一応の「目安」は立てるが，それはむしろアジェンダ，あるいは手控えといったようなものだ。それは，たとえば子どもたちのようすを観察して，そこから仮説を立てるための手控えなのだが，いろいろな仮説や変数をもとに割り出した大まかな見通し，「疑わしさを含んだ決断のバネ」といったようなものも混在していて，それと子どもたちが投げかけてくれる暗示にも助けられて，何をどうするかを見定めていくのである。

　実際，子ども相手の仕事でもっとも大事なのは，子どもと一緒に成長する能力だと私は思う。それは一つの招請であり，子どもと共に自らを教育しようという促しなのだ。私たちの知識が，それだけが，子どもの知を構造化するのではない。子どもの存在の仕方，その現実への対し方を構造化するのは，私たち自身のあり方，現実への対し方なのである。

第4章
教職者の資質更新

Aggiornamento professionale（1993）

　1993年6月。これは忘れるわけにはいかない日付である。この時，ワシントンD. C. で，レッジョの幼児教育を主題とする一場の講演会が開催された。聴衆はこの国の教育省の代表者たちである。レッジョに刺激されながら首都ワシントンで進められてきた一連の幼児教育実践は，高い評価と注目を浴び，そうした気運のなかで実施されたこの講演会は「レッジョ・アプローチ」の名で知られていたわれわれの経験へのこの国の関心の高まりを如実に反映するものであった。

　この町では何年か前からアン・レヴィン（Lewin, A.）がレッジョに着想を得た幼児学校を発足させていた。レッジョで幼児学校の教育に長く携わったアメリア・ガンベッティ（Gambetti, A.）が彼女の協力者としてこの異郷の地に転じた。この新しい環境のなかで学校をどのような学校として育てていくのか，それを方向づける大任を彼女は担うことになるのであるが，それはまた，われわれのそれとは大きく異なる特徴をもつ他文化のなかでなお「有効性をもつ」レッジョ実践の要素とは何なのかを突き止め洗い出す作業でもあった。マラグッツィはアメリアや教師たちとの頻繁でかつ貴重な書簡のやり取りを介して，遠くからその歩みをフォローしていた。

　こうしたことが伏線となって，われわれはアン・レヴィンの招請を受け，上記のようなレッジョ実践の報告集会に参加することになったのである。

　レッジョはアメリカ合衆国ではもうかなり知られていた。「子どもたちの100の言葉」はすでに1986年に展示されて，大きな関心の的になっていた。より踏み込んだ理解を得たいと思う人々にはキャロリン・エドワーズ（Edwards, C.），レッラ・ガンディーニ（Gandini, L.），ジョージ・フォーマン（Forman, G.）編の，展示と同じタイトルの書物が格好な参考書となった。さらに1991年の『ニューズウィーク』誌上でレッジョの幼児学校と乳幼児保育園の経験は「世界でもっとも優れた」学校として紹介されることになった。

こうしたあれやこれやが重なって，この93年の集会が企画された。ローリス・マラグッツィはアン・レヴィンの招請を快諾して，キイスピーカーとしてこれに参加することになった。ティッツィアーナ・フィリッピーニ（Filippini, T.）と私もまた，参加を招請された。

　私に振られたテーマは，他文化のなかでこれを述べるとなるともっとも厄介なテーマの一つではないかと思う。単純明解な仕方では説明しにくい現実がそこにあるからだ。教師の専門的素養は，これすなわちスタティックな知識であると決めてかかる傾向がそれで，そうした教授細目は定期的な伝達講習を通して学習される，と考えられているのである。

　講演は英語で行われた。非常に難儀だったが，そうする以外になかったのだ。

　これがローリス・マラグッツィとの最後の旅になった。数か月後，彼はこの世を去ることになったのである。

●　　●　　●

　関係やインタラクションがすべての動きの核となり，子どもも大人も絶えず探求を心がけているそんな学校のなかで，教師の「専門的資質の更新（現代化）」という言葉は，一体どんな意味をもつことになるのでしょうか？

　かつての教員養成の定型から脱却するためには，他の言葉もそうですが，この語もまた，内容を組み換えて新しい言葉として出直す必要があるでしょう。資質の更新（現代化）といえば，まずは教師に一定期間の訓練をほどこして鋳型に嵌め，次には所定の目標と方式に従って子どもたちもまた鋳型に嵌めていく，そういうものであると考えられてきました。これだとすべてはパッケージ化されていて，明瞭です。製品は一様で，大きな当たり外れはない，ということになるわけです。

　ただしそれは探求とも，省察とも，観察とも，記録とも，また疑い，不確かさ，教育とも無関係です。何よりも，子どもとまったく無縁です。

　この更新（現代化）という言葉，英語の bringing up to date にしても，イタリア語の aggiornamento にしても，私たちがいわば日常的な実存の次元で体験しているあの複雑な過程を十全に言い表す語にはなり得ていませんし，私

---

(1) Edwards, C., Gandini, L. and Forman, G. (eds.) (1993) *The Hundred Languages of Children*. Norwood, NJ: Ablex Publishing.

たちの個人的・職業的アイデンティティの根幹を形づくっている態度をうまく表現し得ているわけでもありません。

　教職者の資質の更新ということは，何よりもまず，探求であり，変化であり，革新であり，それが子どもたちと関わる上での不可欠な条件なのです。資質の更新は一人一人の教師の権利として見えてくるものですが，同時にまた学校で働くすべての人々の権利でもあって，個人の権利であるとともに働く人々の集団の権利でもあります。この更新は子どもの権利とも対応関係にあります。有能な教師をもつということは，すなわち，子どもの権利なのです。お互いに耳を傾け合う，そういう関係を築き上げる能力，子どもたちがそのなかで生きている現実の変化に鋭敏に眼を注ぎ，ダイナミックに自分の行動を変えていくことのできる教師をもつことは，すなわち子どもの権利なのです。

　私たちは教職者の資質の更新を，学校で働く労働者の集団的な権利であると考えてきました。その時，集団は新しい権利の主体，同僚として相互に関係し合いながら，共同で思考し，投企し，労働し，解釈する，新たな要求と権利をもった主体となるのです。個人の思考の単なる総和ではなく，多数派意見でも少数者の引き回しでもなく，異なる思考をぶつけ合いながら，共同の思考を形づくっていく，そのような関係性を，私たちは同僚性と呼んでいるのです。

　ですからすべての教師は，個人としても，また集団の一員としても，そのような権利をもっているのです。それは何よりも，子どもたちと，職場の仲間たちと，親たちと，具体的に，かつ組織的に，同僚性的な関係を結んで仕事ができるということです。

　この個人の，そして集団の権利としての教職者の資質の現代化は，いくつかの基本条件に支えられて成立します。

労働条件

　日々，細やかな態度で子どもたちと接し，その声を聴き，観察し，探索し，記録する。そのような仕事の仕方を可能にする労働条件を確保することが，子どもと子ども集団の発達のための基本的な要件となるのです。それは組織の問題であるだけでなく，いうなれば倫理の問題です。それは「合理的」な，とは

いえ気持ちよい空間，そこでならば子どもたちと存分に動き，働くことのできる空間を確保する，ということを意味します。大人の数と子どもの数がうまく釣り合っていて，子どもと大人が，また子どもたち相互が真に関わり合いながら，細切れな行事の連続ではない物語を紡いでいけるような場にしていく，ということです。ということは，二人の教師がペアを組んで，同じ時間に同じグループの子どもたちと共同で関わる，ということでもあります。日，週，年と，長い時間を一緒に編み上げていくわけです。子どもたちが彼らの知を構成していく過程を複眼で観察し，それを記録し，解釈するためにも，またプロジェクトを考えるためにも，それは必須で，そのような共同作業を通して教師は自分自身の教師としてのアイデンティティを形づくっていくことができるのです。一緒にプロジェクトを立て，考えを共有しながら，その時々の決定を行っていく能力，これは教師にとっては絶対に必要な資質でしょう。

　毎日の出来事は，観察され，解釈され，評価され，繰り返し見直されることになります。この行為と省察のフィードバックが，子どもと大人をしっかりと結びつけているからこそ，教師たちだけでなく，子どもたちや家族の者たちも信頼して活動に参加することができるのです。

時間と空間

　聴くこと，観察すること，記録をつくることは絶対に必要なことではあるのですが，それだけでは足りません。解釈しないと，出来事が投げかけている意味はみんなのものにならないのです。プロジェクトを前進させ，大きく伸ばしていく土台は，解釈という行為なのです。そこで毎日，そしてまた週ごとに，教師たちが抱いた解釈，仮説，疑問を仲間同士で交換し，それを深めたり発展させたりする時間と場所を特別に用意する必要があります。同じ出来事でもいろいろな見方があることがわかってきますから，解釈の幅がそれだけ広がって，一致するところ，相違点なども見えてきます。このように大人たちの間で多くの仮説や疑問が交換され，論争が繰り広げられていくわけですが，これって，子どもたちがグループでテーマを追求して知識を深めていく時のやり方と一脈通じているのではないでしょうか。

第4章　教職者の資質更新

　毎週ごとに学校の全教職員が一堂に会して，その時行われているプロジェクトについて，記録を見ながら話し合うのが，私たちが行っている現職研修（incontro di aggiornamento）の基本的な形です。この会合は学校が公的な総体として意思決定を行う場でもあって，制度の場としての学校が直面するその時々の多様な問題が取り上げられ，論議されることにもなります。

　ですから学校の全教職員が集まれるように週に一度，午後の時間を2時間半ほど確保しています。子どもたちとの活動が大方は終わった午後4時過ぎ，大人たちの集まりのために対話しやすい静かな場所を定めて，そこに研究用の資材，たとえば視聴覚資料などを持ち込んで議論し合うのです。そうはいっても決め手は，何といってもインタラクションです。ペアを組んだ二人の同僚，学校中の同僚たち，時には他の学校の同輩たちも交じって，一緒に話し合いの時を過ごすのですが，そこでは何よりもコミュニケーションが重要になります。

親たちの参加

　親たちとの対話も，教職員が自分の資質を更新していく大切な場の一つです。ただし，それは公式ばった儀礼，一方的なご託宣，最悪の場合は教師の側の評価を親がただ拝聴するだけに終わる父母会であることを脱した時に，はじめて可能になることです。その時，親たちの眼はもはや自分の子どもだけに注がれるのではなく，集団としての子どもたちの動きに，さまざまなドキュメンテーションによって映し出される子どもたちの学びのプロセスに，彼らの理論，彼らの知性に向けられることになるのです。その子どもたちの動きのなかに「才能の煌めき」を認めた親たちは，自分の子どもであるかないかには関係なく，目ざとくそれに気づいて他の人たちに知らせ，一緒に論評して解釈するようになるのです。親たちは主観的にも文化的にも多様な視点を相互につき合わせ，異なる意見に耳を傾けるとともに，共通の考えをつくり出していくようになるのです。これらすべては，親たちとのダイナミックな対話のなかで豊饒化し再定義されるべき教職員の専門的資質の一部であるといわなければなりません。

能　力

　前提がいくつかあると思います。まず第一に，幼児学校の教師を，現代というこの時代の文化のなかにあって十全な意味での文化人として，すなわち批判的で，そのなかにすっぽりとはまり込んでいるわけではないが，その外にいる者でもない中間者的な立ち位置の人間として考えていく必要がある，ということです。教師は読書好きで，犇（ひし）めくレパートリーのなかから何を選んで読むかを判断できる人間でなければなりませんし，劇場や映画館に頻繁に「足を運んで」，そこで見たものを思い出し，議論し，批評することを趣味とするような，そんな文化人であってほしいものです。要するに知的な好奇心が強く，知識についても消費者的なアプローチには従わない人間であることが必要です。「文化を消費する」のではなく，知識についても，他者と共にそれを構築していくことを好んで行う人間，ということです。これは前提なのですが，同時に目標でもあります。

　教師の職能の現代化（aggiornamento）は，時にはコンベンショナルな学問知に立脚しながら，しかし時にはその枠を超えた仕方で人間知を追求している人々との共同作業という形で組織されることもあります。諸科学の専門研究者たち，生物学者たち，建築家，詩人，こうした人々は自分たちの知識ばかりでなく，その知の作法，認識のプロセスやそれがもつ意味を私たちに分かち伝えてくれるのです。それを解釈して，自分たちの専門分野のなかで活かしていくことが，すなわちわれわれの課題となるわけです。

　これらすべては，私たちがそれを自分の実践のなかに組み込んで活かすことができるようになった時に，はじめて意味を帯びて，教師としての職能的資質の一部となります。私たちの仕事は，子どもたちがこれと同じようなやり方で，つまり自分のストラテジー，自分のスタイル，自分のテンポを最大限に尊重しつつ，文化の内陣に切り込んでいく，その冒険を励ますことです。こういうことに立ち向かう時の子どもは有能です。私たちは知識の領野と経験の領野が絶えず相互に絡み合う，そんな認識の回路を開拓することによって，子どもたちのこのような歩みを支援しなければならないのです。

　知識の領野は，文化的シンボルの体系として子どもたちの前に現前します。

子どもはそれを介して歴史的に形づくられた組織的な知識の世界に足を踏み入れる（自らを「社会化」する）わけで，学校は，その仕事に主要に関わっています。このシンボル体系を応用し，解釈し，組みかえるその営みを通して，子どもは，芸術の領域で，科学で，総じて実生活で，自らの成長を，理解を，自由に行動する能力を，勝ちとっていくことができるのです。

　さまざまなシンボル体系は，さまざまな経験の文脈，子どもが自分自身のストラテジー，意欲，テンポ，疑問と好奇心にもとづいて，だが何にもまして仲間と一緒に挑戦しようとする活動の領野と切り結ぶ時に，その意味を鮮明にします。その時，大人たちに求められることは，官僚的なプログラム，予定されたカリキュラム，お仕着せの段取り一式を放棄すること，自分の力の入れどころを子どもたちのそれと一致させることです。教師はシンボルと文化のシステムが今どのような布置のもとにあるか，どのような方向に向かって変化しているかを，はっきりとアタマに思い描いていなければなりませんが，しかし同時にまた子どもたちが彼らの行動，彼らの思想をどのような仕方で，どのような手順を踏んで，どのような道筋をたどって組織していくのか，どのようにして「世界と人生のかけら」を自分のものとして領有することができるのかを，絶対に視野から落としてはなりません。そのようにして教師たちは，子どもたちと共に歓び，共に感じ，ともどもに自らを「更新・現代化」していくのです。

第5章
マラグッツィと教師たち

Malaguzzi e le insegnanti（1996）

　1996年，ということは，マラグッツィの没後2年にあたる。1963年，レッジョ・エミリア最初のコムーネ立幼児学校が設立され，その理念を鼓舞した男，以降約30年，この町の幼児教育を指導してきた人物を失って，それからもう2年が経った。予想だにしなかった死で，空白は大きかった。下手をすると私たちの経験それ自体の意味すら見失う危険性があった。

　私は彼と共にあった。24年というもの，まさに二人三脚だった。たくさんのことを教えられたが，彼なしにどうやっていくかなんて，教えられてはいなかった。とても辛い歳月だった。個人としても，また仕事の上でも。だが，とうとう，私たちは切り抜けた。支えてくれたのは確信であった。この間の歳月に私たちが共に学んできた知識，さまざまなことがらは，生きた遺産として，不断の探求として，われわれ一人一人が日々の仕事のなかで体現する生きた行動として，なお生命をもち続けるという心に秘めた確信。この脈々とした生命の流れを，真に支えた第一義的な担い手は教師たちであった。彼女たちこそがローリス・マラグッツィの教育思想の，そしてレッジョ・エミリアの教育実践の主要な鼓舞者であり，作者であったのだ。

　1996年2月，ミラノでの記念集会を前にして，私の決意を促したのは，この思いであった。タイトルは「未来へのノスタルジー」。——マラグッツィが親しく心に抱き続けた思想であった[1]。記念集会は，ほかならぬそのマラグッツィに捧げた記念の集会であった。ミラノ国立大学のスザンナ・マントヴァーニ（Mantovani, S.）教授が組織し，彼女のリーダーシップのもとで会は運営された。スザンナは長年にわたって私たちの理解ある支援者であったばかりでなく，何よりも，マラグッツィの親しき友であった。そ

---

(1) この集会の記録は，Mantovani, S.（ed.）(1998) *Nostalgia del futuro : Liberare speranze per una nuova cultura dell'infanzia*. Bergamo: Junior. として先に刊行されており，本テキストもそこに収録されている。

の友情は長年の経験を通して，とりわけ幼児学校連盟（ローリスが議長で，スザンナが副議長）で共にした数多の苦楽によって培われた。スザンナ教授が全力投球でこの集会を用意した理由もまた，そこにあった。この集会は，ローリス・マラグッツィの没後はじめての，彼を記念する集会になった。

　情感の漂う，非常に熱気に溢れた集会であった。ヨーロッパやアメリカ合衆国の各地から来た人々が，こもごもに，彼について語った。誰もがローリス・マラグッツィに心酔し，深い感情の絆で彼と繋がっていた。

　講演を準備するのは，私にとって芯の疲れる作業であった。何を書いても月並みで不十分に思えた。それでも，一つ一つの経験を通して知り合った身辺の，そして広く一般の教師たちの役割について，何としても一言言わなければならないという欲求が，私にはあった。知的な誠実と感謝の心をこめて，それを言い表さなければならない。しかし何よりも事実として，個人的な付き合いのなかで，私は教師たちとの対話から，いかに多くのことを学んできたことだろうか。私は思うのだ。ペダゴジスタの仕事は，教師たちとの，そして子どもや家族の人々との対話を通して，はじめて成り立つものなのだ，と。

●　　●　　●

　何か前口上を言わないと，その先を続けられそうにありません。白状させていただきますと，マラグッツィのことを書いたり話したりする機会を与えられますと，いつも私は何だか難しいなと感じてしまうのです。もう原稿を書くどころの話ではなくて，自分の人生の一幕を再現するような大仕事だと思ってしまうのです。幸運にして長い年月，彼と組んで働いた経験をもつ私や私の周辺の仲間たちは，彼の思想の，そしてとりわけ彼と共有した経験のあの豊かさ，深さ，全体性をうまく復元できない今の自分にもどかしさを感じて，歯ぎしりしているに相違ありません。

　私の話が象の尻尾のようなものになってしまうのは，選んでそうしているわけではなくてつまりは力不足，仕方のないことでお許しいただくほかはないのですが，それでも，話すとなるとやっぱり難しい。いちばん怖いのは，何かを無視してしまうこと，大事な点を等閑にしてしまうことで，そうなったら，もうマラグッツィも，彼の仕事も台無しです。どんなに小さな問題であっても，彼と共にそれに取り組んでいるとかならず呼び覚ましてくれるあの「深い呼

吸」が、どこかに消えてなくなってしまうのです。

　どうして私は、こんな前口上を口走っているのでしょう？　ちゃんとした答えをここで見つけだすことは、おそらく、それほど大事なことではないでしょう。何よりも気が重いのは、まずこれを言っておかないと、その先は何も書けない、何も言えないと、今の私が感じていることなのです。

　感情的すぎるでしょうか？　おそらく、そうでしょう。しかし認識の過程というものは——とりわけ、マラグッツィと行うことのできた認識の営為は、常に感情的なものでした。

　前置きはほどほどにして、今日お話したいと思っている本来のテーマに入りましょう。タイトルは「マラグッツィと教師たち」。もしお許しいただけるならば、私は、それに「アリアドーネの糸」[2]という副題を付けたいのです。なぜでしょうか？

　「アリアドーネの糸」は、アメリカ合衆国ではじめて『子どもたちの100の言葉』[3]を出版した時に、マラグッツィが付けたがったサブタイトルでした。

　彼にとってそれは、教師が——特殊にはレッジョ・エミリアの、しかし広く教師一般が——担う基本的な役割、子どもとその学校での経験を導き、そこに意味と価値を与えるという、とてつもなく大きな役割を表現するメタファーだったのです。

　このミノタウロスをめぐる神話はアメリカ文化には馴染のうすいものですから、おそらくその表題を見ただけではマラグッツィが教師に期待していた中心的な役割をうかがい知ることは困難だったかもしれません。本の中味を読んでいけば、はっきりすることではあるのですが。

　教師の大方は女性です。誇るべきことに、掛け値なく圧倒的に女性なんです。

---

(2)　ギリシャ神話の一つで、アリアドーネはクレタの王ミノスの娘である。島の迷宮には、ミノタウロスという半人半牛の怪物がいて、アテネは9年ごとに男女各7人を生け贄として捧げなければならない。この怪物を退治すべく、島に渡り、自ら生け贄となることを申し出たテセウスという若者に恋したアリアドーネは一端を扉に結んだ糸の玉を渡し、その糸に導かれて若者は迷宮から脱出することができた。

(3)　Edwards, C., Gandini, L. and Forman, G. (eds.) (1993) *The Hundred Languages of Children*. Norwood, NJ: Ablex Publishing.

第5章　マラグッツィと教師たち

　教師たちは，巨大な力を秘めた教育の主役で，マラグッツィは，常々，彼女たちに甚大な敬意をはらっていたのでした。それは先生と呼ばれている者たちへの，古典的な敬意ではありません（建前上は尊敬すべきものとされている先生ですが，その実，あまり尊敬もされず，その仕事は自分で裁量する余地が少ないために刺激も少なく，そうこうする間に威信のメッキも剥がれていくのが常なのです）。マラグッツィの敬意はその種のものではありませんでした。教師の仕事は，戦略的な知性と手腕の冴えによって特徴づけられるもので，また，そうでなければならないと，彼は考えていたのです。

　彼の念頭にあった教師たちは，教育的プロジェクトというアリアドーネの糸を手に握り，それを結び合わせ，織り上げる一群の人々でした。縦糸を通して糸と糸を関連づけ，縦横の糸の間に相互作用と意味豊かなコミュニケーションを成立させる，そんなことを絶えず企てては援助する（また，それを観察し，解釈する）一群の人々を，それは意味していたのです。

　ですから教師の職掌は抽象的で先験的な言葉で定義されるのではなく，あくまでもこのようなコンテクストのなかで，同僚，親，そして何よりも子どもたちとの関係性の網の目のなかで，具体的な形をとって実現されるのです。

　マラグッツィが子どもたち，という時，それは文字通り「現実の」子どもたちです。毎日，学校にやってきて，そこで暮らしている子どもたちであって，仮説としての子どもたちではありません。彼らを，この現実の子どもたちを出発点に置いて，そこからすべての教育行動（l'azione educativa）は構築されなければならない。そこをベースにして，学習と教育の概念それ自体を，したがってそこでの教師の教育的役割を認識論的に立て直していかなければならない。彼は，それを求めてやみません。

　　子どもがもっている可能性と力に，われわれは信を置かなければならない。子どもは――われわれのすべてと同じように――そうと思われてきた以上に，もっと大きな力をもっているのだ。大人にせよ子どもにせよ，われわれは信じられないくらい大きな可能性をもっているのであって，そのことに確信をもつべきなのである。気づいていないから，自分のもてる力を無為に燻らせているのだ。
　　　　　　　　　　　　　　　　　　　　　　　　（ローリス・マラグッツィ）

マラグッツィはこのように述べて，学校の問題（学校だけに限ったことではないのですが）はまさにこれであると指摘しています。要するに人間の底力を見くびっているというのです。子どもに関しても大人に関しても，それは同じです。知性も腕も機転も知識も，何一つ，まともに活かされてはいない。それが由々しく重大な過誤であることすら，ご存知ない。もう，一人の子どもだけの問題ではない。それは大人の，大人である教師たちの問題でもあるのです。

　一種の信念が増殖している。黙契とでもいうべき信念だ。学校制度のなかで禄を食む者はすべからく自分の殻に立てこもって生きながらえるべし，同僚たちと交わる必要はない，連携もコラボレーションも不必要，一緒に何かを企てるなんてもってのほか，と，その戒律は教えている。だから，何かを考えて，何かをやって（progettare）みようと一念発起した場合，この同調主義，この受動性の部厚い覆いから抜け出すことが，まずは不可欠だ。
　Progettareがどういうこととしてあるのか，おそらく，僕らとて，そんなにわかっているわけではない。でも，このことは確かだろう。もしも僕らが，子どもから，何かを企てる（progettareする）能力，その可能性，わくわくするその楽しさを断ち切ってしまったら，そこで子どもは死ぬのである。大人が傍らにいてくれて，自分の力の凄さ，自分のエネルギー，知力，発明の才，創造性を認めてくれて，僕はもうあの大人の文化のなかにいるのだと感じさせてくれない時に，子どもは死ぬのである。子どもは目をかけてもらいたいと思っている。自分たちの底力をしっかりと見てとって，賞賛してほしいのである。
（ローリス・マラグッツィ）

　子どもと共に，教師もまた死んでしまう。意味もなく，能動性もなく，参加意識もなく，ただ働く，などということは不可能です。どこかの他人が，どこの誰ともしれぬ仮想の子どものために考え立案した教案を，ただ機械的に執行するだけなんて，生きた教師に耐えられることではありません。そこで想定されている子どもは，彼女が毎日接している子どもとは無関係で，想定されている状況も絵空事で，どうにもつかみどころがありません。
　教師が求めているものは，子どもが求めているものと別なものではないのです。教師は自分の仕事に，自分の存在に，意味を求めているのです。自分が

第5章 マラグッツィと教師たち

やっていることに，意味と価値を見いだしたいのです。五里霧中なんて，いやなのです。のっぺり，顔のないのも，願い下げ。結果も出したいけれど，何にもまして過程を手応えの感じられるものにしたい。働くこと，苦労すること，頭を使うことの，その満足感を得たい。

この感覚，この意味の探求は，大人にも子どもにも共通したものです。確かに，それぞれのアイデンティティは異なっていますし，役割意識も違っていますが，両者は共に意味の探求者なのです。探求する行為として教育を再定義する根拠は，まさにそこにあるのです。このことはそれ自体，とても重要で意味深いことなのですが，同時に深めるべき新たな問いを誘発します。大人と子どものこの共同探求において，教師がとるべき役割とは何なのか，ということです。「子どもと共にある」というそのあり方を，教師はどのようにして具体化するのでしょうか？

この問いに迫る新たな途を突き止めようとする時に，私たちの目の前に，マラグッツィ教育思想の頂きの一つが姿を現すことになる，と，私は考えています。理論に主導的な地位を与えて教師とその仕事を副次的・従属的なものとしか見ない――とりわけ伝統的な教育界に定着している理論・実践の主客関係を乗り越えて，場合によっては転倒すること。理論と実践をより直接に，相互主体的な仕方で結合しなければならないこと，とりわけ初めの頃は，理論よりもむしろ実践の意義と奥行を強調する考えを主張しようとしたのです。

ある挑発的なトーン，もしかすると行動と論理の関係を引っくり返してしまいかねない要素が，そこには内在しています。意表をついた，まかり間違えば拒否の姿勢にも繋がりかねない，そんな不遜の精神が見え隠れしています。上記の主張を単純に，文字通りに読めば，合理の名で呼ばれてきたもの――（実践に対する理論の優越性がうたわれる根拠にもなった）未然のものを予見する理論の力を，彼がドブに捨ててしまっているようにも見えるでしょう。

しかし，それらはすべて，マラグッツィの思想ではありません。マラグッツィのなかでは理論と実践は，ある種の教育伝統が固着化してしまった対立的な役割を脱して，相補性と相関性を重んずる新たな地平で相会しているのです。マラグッツィが提起し実践した革新はまさにこの出会いから生命を得ているのであって，捨てるどころか，彼は理論と実践が相互に切り結ぶ場を絶えず求め

続けたのです。

　この新たな地平においては，抽象的な，どちらかの優位性ではなく，ただ響き合う関係（sinergic）があるだけです。思想は（論理・理論は），すでに行われた行動を解釈し，それを関係づける営為を通して絶えず再定義され，発展を遂げていくものです。学校のようなシステマティックな組織のなかで生き残ろうとする限り，こうした態度を回避するわけにはいきません。

　反対に理論的前提がまずあって，それが決定的なものと見なされて，したがって教育実践はすべてこれを忠実に反映するということになると，現場でプロジェクトを進める教師が，考えたり，反省したり，創造したりする必要はもう何もない，ということになります。

　理論ばかりを重んじますと，実践家の教師は主役の座から放免され，ペダゴジカルな反省は不要，教育の責任そのものすら感じないでよろしいということになりかねません。とはいえ理論と実践は分離できないと，ただ主張しているだけでも不十分です。自分の思想と行動にいささかも満足できないマラグッツィにしてみれば，なおさらのことです。それを子どもたちの学校の日常のなかに，どう具体化していくかを，マラグッツィは飽くことなく考え抜いたのでした。

　マラグッツィの場合，理論は開かれた理論として存在します。教室の日々の出来事を可視化し，省察し，解釈し，討論する，記録という行為（documentazione）から養分を吸い上げて，それは形成されているのです。ドキュメンテーションとは決して最終的な決算書でも，記録の集積，記憶・評価・データを保存するポートフォリオでもありません。ここでいうドキュメンテーションは，子どもの学びの過程に入り込みながら，それを助ける，すぐれて過程的な手順（procedura）なのです。子どもと大人の側がそれぞれの息づかいを感じとり行動の網目を見てとりながら，そこにリズムを入れて，相互のコミュニケーションと関係性を調整する一種の句読点なのです。

　それはいわば，相互の学びのプロセスなのです。教師は子どもたちの学びを助け，子どもたちからは，彼らの学び方を学ぶことになります。しかしこの境地に行きつくためには，ただ観察するだけではまだ十分ではありません。確かに観察そのもののなかにすでに解釈の萌芽が含まれてはいるのですが，それだ

第5章　マラグッツィと教師たち

けではまだ足りないのです。観察は、より本格的な解釈に向かっての、その足がかりとならなければならないのです。

　ドキュメンテーションは、まず何よりも行為の足跡を、それとわかる形で残すことです。走り書きのノートであることも、観察チャート、日誌、その他の記述形式で行われることもありますし、録音、写真、スライド、ビデオなどが使われることもあります。この場合は子どもたちの学びのプロセスとその認識のありようが、思考と感情の両面にわたってつぶさに記録に残ることになります。それだけではありません。すぐれた観察者であれば、記録を見ることによって、どこに問題の核があるかを突き止めることができるのです。

　作成された記録は、偏りを帯びたもの、ある観点からの主観的解釈を滲ませた証拠物件であるといわなければなりません。ですから、あることがらを観察する時に、メディア選択によって生じる偏りを自覚することがとても大切ですし、同じことを記録する時でも、いろいろな証言を揃え、あるいはより多数の観察者がより多様なメディアで同時的にそれを記録することで、その証言力は高まることになります。

　いずれにせよ、こうした証言はその性質上、他者たちとの、とりわけ毎日の経験を共にしている同僚たちとの、共同作業による再・解釈を要求します。記録されたエピソードや出来事は多義性を帯びたものになり、筋道立った解釈をほどこされて語りとなり物語となります。このような同僚たちとの意見交換や討論は、教員としての自己教育のこの上もなく有益な機会の一つになります。こう考えたらよいのではないか、こんな解釈も可能ではないかというヒントが次々に生まれて、グループの知識が広がるだけでなく、考え方そのものが鍛えられて、理論的な視野がより広いものになっていくのです。

　理論と実践が日常の営為のなかで双方向的に刺激し合って深まっていくこと、それがもっとも真正な意味での教育のあり方でしょう。だが両者のキャッチボールは、それだけにとどまらない波紋を周辺に広げていきます。一方で、それは（スライド、ビデオ、出版物などの）記録として公刊され（documenti pubblici)、似たようなプロジェクトを行う時の参考に供されます。しかし何にもましてこれらの記録と解釈は、乳幼児保育園や幼児学校の壁を彩り、視覚的なコミュニケーションが行われる媒体となるのです。壁の前は会話が交わされ、思

い出が語られる場となり，子どもたち，大人たち（親と教師）が，いつもそれを囲んで談義にふけるのです。それは身に覚えのあることをもう一度見直し，知り直すことで，自分のイメージや考えを確認する鏡であるとともに，他者のイメージと触れ合うことで対話を深める機会にもなります。

　このように乳幼児保育園や幼児学校は，教師が自分の職業的識見を豊かにしていく上でのもっとも恵まれた場の一つになっていくのですが，それは大学の研究者や教師にとっても同じです。ここで得る大きな学びが，彼らの尊敬を呼び起こしているのです。ジェローム・ブルーナーはレッジョ・エミリアの幼児の学校を見学した時の感想を以下のように記しています。

　　とても印象的で，僕は，こんなことを考えてしまいます。僕の友人たちを面食らわせてやりたいものだ，と。ディアーナ幼児学校の子どもたちといるとね，それからアルコバレンコ乳幼児保育園のおチビさんたちといる時でも同じなんだけれど，まるで大学院のセミナーにいるような気分なんだよ。お互いに敬意をもって意見を交換し，ほかの人が言ったことを取り上げて議論し，自分が前に言ったことと関連づけるあのやり方，まったく同じなんだ，とね。

　　　　　　　　　　　　　　　　　　　　　　　（ジェローム・ブルーナー）

　「観点」についてのブルーナーの覚書は，ドキュメンテーションの本質を的確に言い当て，われわれが見落としがちなその意義に注意を喚起しています。それは意見の対立を許容しながら，分析し，仮説を立て，予測することを可能にする思考の手続きなのです。プロジェクトという思想，記録作成という行為の核心は，まさにそこにある，というのです。記録も記録作成行為も，どちらも思考と経験を可視的なものにします。それが論理や語りとして表現され，共有されていくわけですが，そのことが教育プロジェクトのすべての参加主体の知識形成と関係性の発展を支える基盤になっていくのです。

　Progettare（何かを企てる）ということが，まず何よりも子どもたちの状況を，使える手立てとタイミングを，彼らの現在の知識を，その希望や要求を察知して仮説を立てることであるとするならば，教師にとってドキュメンテーションは，とてつもなく重要な契機（opportunita straordinaria）であるということにな

るでしょう。自分が，直接にか間接にか，一方の主人公として立ち会った出来事や過程に，繰り返し立ち戻り，改めてそれを見聞して，絶えず解釈し直す機会をもつことが，プロジェクト性の高い仕事を続ける上での不可欠な要件になるのです。すでに経験したことの意味を繰り返し問いかけることのできるこの優れものの方法は，同時にまた，教育者の能力開発に大きく道を開くものでもあって，同じ記録をかこんで談義を重ねることで意味と価値の共有化が進み，progettazione（プロジェッタツィオーネ——プロジェクトを企画し，検討するというその行為）は，そこに参加するすべての主体にとって名実共に創造と自己成長のプロセスになっていくのです。教師が「仕事をしながら（in servizio）」真っ当に教師として育っていく道の一つを，それは拓くものといってよいでしょう。

　ドキュメンテーションは子どもたちにとっても，認知の，省察の，解釈の，そして何よりも metacognizione（認知についての認知）の，大切な機会となります。記憶は保存されて記録となり，子どもはそれを見直し，コメントや修正を加えて，いわば校閲することになります。自分がやってきたことを自分が再読して，それに朱を入れるのです。あるものは肯定され，あるものは否定されます。そして何よりも重要なことは，他者の記憶やコメントとつき合わせ，対話するということです。認識方法の上でも，人格形成の上でも，これは重大な転換です。

　このようにドキュメンテーションの過程で，各人が立てた理論や仮説は，討議・論争・論証を通して自己評価と集団評価に付され，そうした状況のもとで新しい認識を共・構築する基盤が生み出されていきます。

　これだけではドキュメンテーションの何たるかを語ったことにはなりません。それは子どもの能力の底知れぬ可能性を白日のもとにさらすのです。日常生活のなかで自分たちが経験したこと，行為したことに子どもがどんなにか深い意味を与えようとしているかを，それは大人たちに知らせてくれます。何よりも他者たちとの関わりを土台にして，子どもは事物から意味を引き出しているのであって，これは親や家族の人々にとっては思いがけない，でもとても重要な事実といってよいでしょう。こんな時，親たちは，自分の子どもの知られざる一面に触れて眼を見張るのですが——いわゆる「見えない子ども」で，そんな子どもの姿を親が目の当たりにするのは，通常はあり得ないことなのですが

——それにとどまらず，それは親や社会一般に，議論をたたかわすことの，率直に意見を交換することの価値を教え，そのことを通して，大人たちも自らの役割を自覚し，自律的な市民となることを促しているのです。

　これはデモクラシーへの誘い以外の何ものでもありません。学校の内と外を問わず，子どもの存在を可視化し，参加型民主主義を育て，またそれによって育てられる文化を興していくことなのです。

　これらすべての意味深い実例が，ローリス・マラグッツィが企図し追求した教育の認識論的な見直し作業でした。とてつもなく射程の長い彼の「幻視的な構想力」の，その果実の一端が，おどろくべき展示「子どもたちの100の言葉」として示されています。教育過程におけるドキュメンテーションの中心的な役割，教師に託された，指導的というよりも戦略的・プロジェクト的と呼んだほうがよい新しい役割，それらはどれもマラグッツィが力をこめて説いたものでした。ドキュメンテーションにかけられた重い比重は，マラグッツィの思想のなかでは，教師やアトリエリスタが果たす大きな役割と離齟するどころか密接に連動するものでした。

　実際マラグッツィは，教師に向けた大きな希望と期待を決して隠そうとはしませんでした。彼を知るものは，彼が教師に対してどんなに要求がましく，峻厳であったかを脳裏に焼きつけています（厳しさは，まず誰よりも，自分自身に対するものであったのですが）。同時にまた，教師に対する彼の深い尊敬と感謝は，常に行動によって，共同の闘争や公的なデモンストレーションへの情熱的な参加によって，具体的に表現されていたこともよく承知しています。彼が奉ずる諸々の価値は見事に一貫したもので，彼はそれを断じて譲ろうとはしませんでした。

　たとえば，教育のシステムは環境と組織によって，しっかりと支えられなければならない，という信念。生涯にわたる学習への権利，同僚性，参加，家族との対話，それらをマラグッツィは常に支持し，またその支持を呼びかけ続けました。教育の諸価値，アンティノミーを（たとえば教育と知育の，たとえば想像と現実の二律背反を克服すること），教師の実践知は教育学や心理学の知見を乗り越えて深化するという自覚，学問知は絶えず教師によって共有され，彼らによってささえられ，活性化され，革新されなければならないという主張などな

第5章 マラグッツィと教師たち

どです。

教師の知性・能力・資性への尊敬はこのようなものであったのですが，それはさらに家族や子どもたちへの尊敬にも広がっています。希望と信頼，楽天主義，未来への信頼を湛えた眼で，彼は子どもたちを見つめています。

マラグッツィが外国から訪れたツアーの一行と交わした会話の一節を引用することで，私の話を締めましょう。彼はいつも大変な意気込みで，見学客たちと応接していたのですが，そんな，ある時のことです。彼の口癖は，いつもこうでした。だってあのお客さんたち，教師が多いものね。

　ウィトゲンシュタインの，すごい一節がありましてね，こう書いているんですよ。彼の知り合いに，まだほんの小さな女の子がいて，その子と，彼は長々，いろんなことを話すわけね。ところがある日，彼女が彼のところにきて，こう言うんですって。〈ね，おじさん，わたしの希望は…… Sai che io spero che ……〉。spero（願う）という言葉，希望（speranza）という言葉を，彼女ははじめて口にしたんです。そう哲学者は書いているわけです。このことが，生涯にわたってぼくの頭のなかをかき回した，と。
　女の子は，どんな深い意味をこめて，生まれてはじめて，この Io spero che を口にしたのでしょうね？
　いつ，この子の人生に一条の光のように，希望という言葉が差し込んだのでしょう？　なぜなんでしょう？
　　　　　　　　　　　　　　　　　　　　　　　　（ローリス・マラグッツィ）

なぜなら，希望と未来は，常に子どもの権利であり，大人の権利でなければならないからです。われわれみんなが，ローリスの友であるわれわれみんなが，共に守り抜きたい，そして守り抜かねばならない権利であるからです。

《訳者のアポロジー》
　この章のイタリア語版と英語版のテキストには，かなり大きなずれが見られる。一長一短だが，イタリア語から訳した。英語版は，おそらく著者自身も加わってつくったものだろうが，全体が解説的にパラフレーズされていてわかりやすい。反面，この著者（カルラ・リナルディ）の強引で粗削りな文章の奇妙な喚起力は，いくぶ

んか，弱められているという印象を受ける。その粗削りなところをうまく日本語に反映させたいところだが，どこまでやれたか心許ない。

第6章
ドキュメンテーションと評価[1]

この両者の間には，どのような関係があるのか？

Documentazione e valutazione: quale relazione ? (1995-98)

　この章と次の第7章（「対話を重ねて」と題されている）の由来をわかっていただくためには，少しばかり時間を遡って，ハワード・ガードナー（Gardner, H.）教授が私たちに共同研究を申し入れてくれた1995年に話を戻す必要があるだろう。当時のガードナー教授は何をおいてもまずプロジェクト・ゼロのコーディネーターであり，ハーバード大学教育系大学院で学習理論と認知発達の研究に携わるこのグループの理論的指導者であった。いわゆる「多重知能理論」の開発者として，彼の名はすでに世界中に知られていた。子どもにも大人にも，一つではなく，その名のとおり多様な知能が存在すること，研究者も学校もそのことに目を向けるべきであることを，彼の理論は訴えていた。教授によれば，知能には少なくとも7つの知能があるのだという（Gardner, 1983）[2]。

　心理学的にも，教育学的にも，また文化的にも，この理論の重要性は計り知れないものがある。ローリス・マラグッツィとレッジョのわれわれは，レッラ・ガンディーニ（Gandini, L.）の手引きに助けられて，この理論に触手を伸ばした。目ぼしい人物がいると早速に引き合わせてくれる彼女のおかげで，われわれはどれだけ多くのアメリカ合衆国の文化人や著名な研究者と繋がることができたことか。ガードナーは夫人のエレ

---

(1) 〈訳注〉英題は *Documentation and assessment : what is the relationship ?* となっている。イタリア語の（とりわけカルラのいう）valutazione に assessment という訳語が当てられていることになる。「学習の可視化」という問題意識を込めて assessment といっているのであろうが，しかしこの語には数量化や成果主義という積年の垢も貼りついている。本論文とそれを含んだ論集 *Making Learning Visible* (Rinaldi, Giudic, Krechevsky, et al., 2001) が契機となって，英語圏では pedagogical documentation をめぐる議論が活発になっている。それだけに，この assessment という語の自覚的な再定義，もし必要ならば代替が検討されるべきかもしれない。なお，この章は英語版を多く取り込んで訳出した。

(2) 〈訳注〉1983年の *Frames of Mind* では，人間の知能には少なくとも7つの領域があるとされており，後の著書ではその数はさらに増えている。

ン・ウイナー（Winner, E.）と共にレッジョに来て，いくつかのコムーネ立の幼児学校を訪問し，マラグッツィやレッジョの教育者たちからなる聴衆を前に自らの理論を開陳した。この時の出会いから相互の尊敬と賛嘆に立脚した篤い友情が生まれ，年月の経過とともにそれはさらに熟していった。7つの知能と100の言葉には似たところもあれば違っているところもあって，それが両者の対話を豊饒で無尽蔵なものにした。

　おそらく，そんなことが動機の一つになってローリスの訃報に接したハワード・ガードナーは，われわれに共同研究をもちかける気になったのではないかと思う。テーマの選択は私たち，レッジョの学校に在勤していた者たちと，プロジェクト・ゼロの同輩たちに一任する，という。それでマーラ・クレチェフスキー（Krechevsky, M.）がレッジョに来て，何度か相談して決着したテーマは，われわれにとって（特に私にとって）極め付きに重要な主題，すなわちドキュメンテーション（documentazione）と評価の関係であった。この研究領域に深く鍬を入れながら，しかし私たちはその途上で浮かび上がるその他諸々のテーマ，たとえば個人学習と集団学習との関係とか，さらには記録者が担う役割といったような問題にも，考慮を払わなければならなくなる。だが，それらのすべてに，documentazione（記録の作成）という主題が中心軸として貫かれていた。

　このようにしてレッジョの学校関係者（ディアーナ，ヴィレッタ両校の教師とペダゴジスタ）とプロジェクト・ゼロのメンバーからなる主要な行為者たちにとって，まことに興味津々たる知の旅が開始されることになった。3年間にわたって続けられたこの研究の結果は『学習を可視化する（*Making Learning Visible*)』(Rinaldi, Giudici, & Krechevsky (eds.), 2001) として刊行された。本章と次の第7章の初稿は，この本に収録された。

　論集には研究で浮上した重要な論点がいくつか採り上げられているが，私の心にとりわけ強く残ったのは以下のような諸点である。

- 過程のなかでこそ，記録の作成は大いなる価値をもつ，ということ。教師が教室のなかで教え学んでいるまさにその途中で，記録行為は大きな力を発揮するのだ。だからドキュメンテーションは何にもまして教具なのであり，同時にまた学習を方向づける転轍のチャンスなのである。
- ドキュメンテーションはまた，評価と自己評価の道具としても機能する。私がこの章の執筆を依頼されたのはまさにそのことのためなのであるが，翻って思えばこの共同研究のおかげで自分の考えを肉づけし先に進めることができた点も多々あるのである。われわれの対話のなかから飛び出したいくつかの論点は，私がドキュメンテーションについて語る時に，いつも援用するレパートリーの一部になった。

第6章　ドキュメンテーションと評価

　次の「対話を重ねて」と題した小文（本書第7章）は，山坂も多いが稔りも多かったわれわれのプロジェクト・ゼロへの関わりについて記したものである。

　この研究に際してのレッジョの教師たちの寄与の大きさにも，私は注目していただきたいと思う。記録をとることを通して（すなわち記録をとる，という行動を通して），教師たちは自分たちの思想と省察をわれわれに伝えているだけでなく，より総体的な省察を基礎固めする知見とその論拠を与えてくれているのである。私がこの記録的探求の価値をことさらに強調するのは，この問題がイタリアばかりでなく他の国々においても今日きわめて重大な関心事になっていると推測されるからである。私は，ドキュメンテーションを，客観的で民主的なものであるかのごとく装いながら，ひたすら脱文脈的で誰が責任主体なのかも判然としない評価の方式を蔓延させている今日の学校体質への強烈な「抗体」であると見込んでいるからである。

●　　●　　●

　記録とは，ある事実の実相をつきとめ，命題を立てる行為なのですが，そうした記録の営み（documentazione：ドキュメンテーション）は，科学思想が生成・発展し，知が明証可能な客観的対象物とされるようになった段階で歴史的に成立したものです。当然それは，ある一定の歴史的な時代，ある文化的・社会的・政治的な条件と深く結びついて成立しているのですが，今それについて，くだくだしく申し上げるつもりはございません。私から見て興味深いのは，この記録（ドキュメンテーション）という概念が学校で語られるようになるのはほんの最近の現象であること，それが教育や教授という文脈のなかで語られる時は，ある重要な修正をほどこされていて，その定義も部分的に変更されているということです。ドキュメンテーションは，やっていることを振り返るための手段として，言い換えれば反省的思考を可能にする手だてとしてエラボレートされてきたのです。

　学校で行われる教授と学習は，それに携わる諸主体——教師と学生——が，その歩みの軌跡を適切に思い起こし，再検討し，分析し，再構築する作業を経て，次第にその意味が明らかになっていくものです。その活動を注意深く記録することを通じて，教育の過程は，はじめて具体的に観察可能なものになるのです。バーバルな言語で記録することもありますが，絵や写真，最近の学校ではオーディオ・ビジュアルな技術もますます多用されるようになっています。

私は次のことを強調しておきたいと思います。記録といえば通常は，材料こそ実践の過程で収集されるものの，それらを読み込んだり，記憶に解釈を施すのはことが終わってからで，したがってそれは通常は事後的（postuma）な行為と見なされています。記録はビデオ，録音，ノートなどの形で収集されます。再読，再検討，復元を目的にしたカテゴリー化や，欠落部分の再発掘が行われることもあります。教師が前もって学習の流れを設定し，その折り目折り目で起こる重要な事実を示してくれるのが記録なのであって，それを用いて実際の過程を復元し，それに解釈と再解釈を加えていくことで，当初の目標がどれくらい達成されたかがわかってくるわけです。
　まとめていえば，こういうことになります。そうした教授学的な発想に立つ時，記録は（過程の記録は）過程そのものではなく，もっぱらその事後に利用されるものとなります。それらの記録（と，それが教師や子どもたちにもたらす省察や解釈）が，教授や学習の過程に介入して，それを意味づけ方向づけるということはあり得ないのです。
　われわれの考える記録は，この点で本質的に異なっています。長年にわたってレッジョはこのようなやり方に反対し，記録はあくまでも学ぶ行為に統合されたその一部でなければならず，教えと学びの関係を変え，それをより豊饒なものにする契機でなければならないと主張してきました。しかし私のこのような主張をよりよく理解していただくためには，最初は議論の本筋からはずれていると思われるかもしれない若干の前置きをしておく必要があります。うまくいけば私たちの選択をご理解いただく上での参考になろうかと思いますし，それが，私の願いでもあります。
　実のところ記録というものは，私たちの経験を最初から最後まで特徴づけているある心的な圧力の本質的な表現であると，私は確信しています。その圧力は，意味の探求に向けられています。学校に意味を見いだすこと。もっと正確にいえば，子どもたちを参加主体とする意味探求の場として，私たち自身もそれに加わり，彼らと共に意味を探求し共有する，そんな場として学校の意味を構築すること，といったらよいでしょうか。
　そのように考えてまいりますと，われわれが教師や教育者たちに，まずもって投げかけなければならない問いの一つは，以下のようなものではないかと思

えるのです。「われわれはどうしたら，子どもたちが自分のやっていること，出会ったこと，経験したことの意味を見つけ出す，その手助けをすることができるだろうか？ そしてわれわれ自身もまた，そうしたことの意味を見つけ出すことができるだろうか？」。これはどうやら子どもたち自身が絶えず自らに問いかけている中心の問いであるように，私には思えてなりません。学校にいる時でも，学校外でも，それは同じです。絶えず意味を問いかけ，意味を探求するのです（なぜ？ どのようにして？ 何を？）。

　ところが，これが簡単ではないのです。日々の暮らしのなかでただならぬ数の刺激や情報に接している今の子どもたちにとって，それはとりわけ至難の業なのです。家族のなかでの経験，テレビのそれ，いろいろな経験をする場は，家庭や学校以外にもたくさんあります。そこで遭遇するたくさんの出来事，似ても似つかない経験の断片を寄せ集めて，それに意味を与えるのですから，大変な作業にならざるを得ないのです。

　でも子どもは，それをやるのです。頑なに，苦労を重ねつつ，間違えながら，でも，やるのです。他の子たちとやることもあれば，自分だけのこともあります。意味なしに生きることなんて，できません。それは自らのアイデンティティの全的剥奪，希望と未来の喪失を意味するからです。子どもはそれを知っています。ただちにそのことを悟るのです。類として，個として，つまりは人として，それを悟るのです。この生命の，生きている自分自身の意味を問いかける探求の衝動は，子どもの内部から，彼自身の欲求として生まれてきます。だから私たちは，子どもを強く有能な存在であると考えるのです。子どもは何ごとかを希求し，それを語る権利をもっています。子どもを脆弱で受身で，無力な存在と見なすことは，もはやできないのです。私たちは反対に，子どもは能動的な行為者であると感じていますので，そのような存在として彼らと向き合いたいと思うのです。子どもは，私たちと共に，日々，何ごとかを探求し，理解し，そこからある意味内容を，経験の意味を照らし出す一片の生の証しをつかみとろうとしているのです。

　このようにして行われる事象の意味づけ，その理論的な説明は，子どもの思考方法，現実に対する問いの立て方，その解釈の仕方を私たちが知ろうとする時の有力な手がかりとなりますし，子ども特有の，現実との，また私たちとの

関係の仕方を知る上でも、非常に示唆的なものです。

「関係性と傾聴の教育学」は、レッジョ教育の特徴と目されてきたメタファーの一つですが、それを生み出した根基はまさにここにあると私は考えています。

大人であれ子どもであれ、〈理解する〉ということは、この世で起こったこと、この世にあるものに意味を与える何らかの「理論」を立て、それをうまく物語ることであるといってよいでしょう。それは、とりあえず満足できる説明ではあるとはいうものの、あくまでも仮の理論であり、引き続き練り直す余地を含んだものなのですが、とはいえ、単なる観念、あるいは観念の集合にとどまるものではありません。それは楽しさを、確信をもたらし、私たちの知的・感情的・美的な欲求を（そう、認識することは美的な欲求でもあるのです）よく満足させるものでなければなりません。私たちは世界を表象することで、私たち自身を表象しているのです。だが、できることならば他の人たちも誘い込んで、一緒に楽しんでもらうべきでしょう。他の人たちにも耳を傾けてもらう必要があるのです。理論が誰かと共有された時、それは本来的には私たちのものでない世界を、私たちの共有する何かに変えていきます。理論の共有は、不確かさに対する私たちの応答なのです。

だからして、どんな理論化も、もっとも単純なそれから最高度に洗練されたそれに至るまで、それが存在するためには、すべからく表現され、すべからく傾聴され、つまるところ、すべからく相互に伝え合われなければならないのです。まさにこの点と関わって「傾聴の教育学」の重要性が、われわれの前に浮上してくるのです。

傾聴の教育学

私たちは「**傾聴**」という語を、どのように定義したらよいのでしょうか？

傾聴。それはあるものと他のものとの繋がり、個を繋げている構造に向かって開かれた感受性であります。われわれの知、われわれの存在が、宇宙を一つに結んでいるもっとずっと大きな知の小さな一部であるという確信に自らを委ねることです。

傾聴は、ですから、心の広さ、耳を傾ける感性と耳を傾けてもらう感性を、暗に示すものでもあります。耳を傾けるのは、聞こえてくる音声ばかりではありません。すべての感覚を研ぎ澄ませるのです。見えるもの、触れたもの、匂い、味、方向感覚。

　傾聴は、私たちがとり交わす100の、1000の言葉、象徴、コードに耳をすますことです。それを通して私たちは表現し合い、交信し合います。生（la vita）は、この言語を聴くことのできる者たちに向かって自らを表現し、コミュニケートするのです。

　傾聴とは、耳を傾ける時間でもあります。それはクロノロジカルな時間の外の時間、沈黙とそして長い休止をたっぷりと間に置いた内的な時間です。

　内なる行為としての、したがって自己自身に耳を傾ける行為としての**傾聴**。それは休止であり、立ち止まりであり、他者への傾聴を誘発する要素であるとともに、逆に他者が私たちの言葉に耳をすましてくれることへの応答として生まれてくる態度でもあります。

　傾聴するという行動の背後には、しばしば好奇心が、願望が、疑問が、興味が働いています。そこには常に感情が介在しています。傾聴は感情であり、感情から生まれ、感情を引き起こします。フランクで直接的な言葉のやり取りによって相手は感情を動かされるのですが、諸主体間のコミュニケーションでは、そのようなことがよく起こります。

　傾聴は、相異を受け容れること、他者の価値観、解釈を迎え入れることです。

　傾聴とは、他動詞です。誰かが自分に差し出したメッセージを解釈し、それに意味内容と価値を与えていく行為です。

　傾聴とは、答案をつくることではなく、問いを立てることです。傾聴は疑問から、不確かさから、生まれるものです。不確かさといっても、それは確信の欠如を意味するものではありません。それどころか、すべての真理は自らの限界を知り、「自己偶像化」に陥る可能性もあると自覚するがゆえに真理たり得ることを確信するがゆえの、不確さの感覚なのです。傾聴は容易い（たやす）ことではありません。それは冷めた自意識を要求するとともに、私たちの判断、とりわけ私たちのさまざまな偏見の停止を要求します。しなやかであることが、未知なる価値の存在を心に銘じ、自分たちの確信が危殆（きたい）に瀕した時に陥る虚脱感や不

安感にも圧倒されない精神の柔らかさが，求められるのです。

傾聴は，主体を無名性から引き出し，諸主体を名をもつ存在として認知するとともに，彼らを可視化します。耳を傾ける者と，メッセージをつくりだす者と，その両方がそれによって豊かになるのです（名前がないなんて，子どもたちが，そんなことに我慢するとたかをくくってはいけません）。

傾聴，すべての学習関係はそれあってのものです。学習のありようを決定するのは「学習主体」であり，学び手の精神の内部で，行為とその省察を通じてこれが形づくられていくわけです。学んだことを表現し相互に交換し合うことを通して，それは知識となり能力となっていきます。

ですから**傾聴**は，傾聴を誘う状況，耳をすますこと，物語ることを人が学習するコンテクストでもあります。その環境のもとで主体は，ある問題についての自分の理論を自由に開陳し，自分の解釈を述べ，表現を行うなかで新たにそれを知り，行為を介して，感情，身振り，図象的・象徴的な表象（つまりは100の言葉）を介して，自らのイメージと直観を形にして発展させることができると感じるのです。

理解と認識，それは出会いと対話のなかから生み出されるものです。

私たちは，自分の精神の内部だけで世界を表象しているわけではありません。この表象は，世界に対する私たちの感性の所産なのですが，しかしその世界は，他者たちの精神のなかで解釈され，他者たちによって表象された世界でもあるのです。耳を傾ける私たちの感性が面目を発揮するのは，まさにここにおいてなのです。この感性をベースにして，私たちは，自分が事象に与えた解釈（自己構築）だけでなく，他者たちとの交流を通して学んだこともベースにして世界の表象を形づくり，それをコミュニケートするのです。

このような交信能力は個々の精神の内部の能力であるだけではありません。より多数の精神が働きかけ合って，互いの知見を伝える，ある傾向性が存在するのです。他者の表現，他者の考えを迎え入れるこの備えがあるからこそ，私たちの知識と主観性はより豊饒なものになっていくのです。つまるところ，それは他者の言葉に耳を傾け，他者を迎え入れる能力といってよいでしょう。

この傾聴の能力と個人が相互に寄せ合う期待，それこそがコミュニケーションと対話を可能にするのです。この精神と知性の資質は，子どもにおいて，特

に小さな子どもにおいて，とりわけ顕著に見られるものです。それは，何としても理解され，強力にサポートされなければならない資質です。子どもは比喩的な意味において，すなわち四囲の現実にもっとも鋭敏に耳を澄ましている存在である，という意味において，もっとも偉大な「聴き手」なのです。子どもたちは「傾聴の時間」を生きています。それは単なる「お話を聞くための時間」ではありません。瘴気を抜かれ，不思議が立ちこめ，宙ぶらりんで，とても寛大な，そんな期待に満ちた時間なのです。

　子どもたちは生活の鼓動に耳をそばだて，それが綾なす色と形にじっと見入っています。他者たちの声に，大人や仲間たちの声に耳をすませています。耳を傾けること，すなわち観察すること，さらには触ること，嗅ぐこと，味わうこと，調べること，どれもが根本的にはコミュニケーション行為であることを，たちまちにして見てとるのです。コミュニケートすること，関係性のなかにあって関係性を生きることは，子どものいわば生物的な本能です。

　ですから傾聴は，子どもが生まれた時からの習性といえるのかもしれません。その生まれた時からの習性に，文化の影響が加わる，ということなのです。生得的に聴く能力があるなどというと，いかにも逆説的に響くかもしれませんが，文化の影響は受けながらも，もって生まれた能力がその過程で大きく作用をしていることは間違いないのです。生まれてきた時の赤ちゃんは，表情豊かで喜びに満ち溢れています。何かやりたくて仕方がない。ものがあれば手にとって眺めたいし，使ってみたい。何よりも，他の誰かとコミュニケートしたい。生まれて間もない乳児を特徴づけているのは，過剰なまでの豊饒さであり，外部の世界に投げかける創造性と創発性であり，断固とした自己意識です。

　子どもは間もなく，ものを言うようになります。だが何にもまして，聴くことができるようになり，聴いてもらいたいと思うようになるのです。子どもたちは，人と交わることを誰かに教えられるわけではありません。自分で自分を社会化するのです。私たちのなすべき仕事は，彼らを支え，社会的世界を，われわれの文化がつくり出した社会の質を，彼らと共に生きることです。子どもたちは，われわれの文化が生み出したコミュニケーションの様式やさまざまな言語活動に（したがってまたその諸コードに），そしてまた周囲の人々，大人や子どもたちの存在に，強く心を惹かれながら育っているのです。

ここにおいて求められるもの，それはある種の時間です。子もたちはもっているが，しばしば私たちはもたず，また，もとうとさえもしない時間，それが大事なのです。それは容易ならぬ時間でもあって，努力，エネルギー，労苦，時には苦痛さえも伴うものなのですが，にもかかわらず，それが後には感動，驚き，歓喜，熱狂と情熱となって返ってくるのです。学校とは，そのような時間の流れでなければなりません。自分の話を聴いてもらえるたくさんの人の輪のなかにいるということが，何にもまして必要なのです。

　教師たちが，また集団として・個人としての子どもたちが，聴くことのできる存在，聴いてもらえる存在と化した時に，そうした「多声的な傾聴の輪」によって教えと学習の関係は逆転し，中心は学習の側に，より正確にいえば子どもたち自らの力による学習（auto-apprendimento）の側に置かれ——子どもの集団と大人たちの協働によって，それが現実化されることになるでしょう。

　子どもが自分の心的イメージを他者に向かって表現している時，彼は自分自身に向かってもそれを表現しているのであり，より自覚的にその思念を研ぎ澄ましているのです（これを内面的傾聴（ascolto interiore）と呼ぶこともできるでしょう）。ある言語を他の言語に置換し，ある経験を他のそれと突き合わせて，こうして伝え交わされた自分と他者の思考と経験に省察を加えながら，子どもは自らの理論，自らの頭の地図を書き換え，それをより豊かにしていくのです。

　だがそれが可能なのは，子どもが集団のなかにある時，言い換えれば他者と共にある時で，その時に限ってそれが可能なのだ，ということもこれまた真実です。人の話を聴き，自分も聴いてもらえる人の輪がある時に——自分の独自性を打ち出すことができて他人のそれを受け容れる条件がある時に，この転移が起こるのです。

　教育を行う者の任務は，それぞれに独自な主張を表明するだけでなく，そのぶつけ合いと交流を通して相互に裨益し高め合うことのできる，そんな，ある「三人称複数（un loro）」（訳注；彼らであり，彼女たちであり，'それら'でもある集合体）をつくり出すことなのではないでしょうか。主体の差異も大事ですが，言語の差異も重要です（口頭言語がすべてではありません。グラフィックな言語，造型言語，音楽，身振りと，いろいろな言語があるのですから）。おそらくそのことを通して，創造性は高まり，思考は明確化し，頭のなかの地図はより鮮明なもの

になっていくのです。

　単に個々の子どもが「学ぶことを学ぶ」だけではありません。集団そのものが「学びの場」として自らを自覚するようになるのです。そのなかで諸言語は豊かになり，増殖し，洗練の度を高め，生成，衝突，感染，異種交配を重ねながら，自らを更新するのです。

　教師の役割として定型化されている「足場架け（scaffolding, sostegno）」という概念も，そこでは別なモードをとり，異なる意義を帯びることになります。個人と集団の学びをサポートする環境，それをより将来性豊かなものにしていく互恵的な関係性，それこそが足場架けなのです。もしも教師が，単に文化を媒介するだけでなく（学科を教えたり技能を提供するだけでなく），学びが自立的に立ち現れるそのプロセスを観察し，記録し解釈することができるようになるならば，そのような条件のもとで，学びと教えはより高度な可能性を発揮することになるでしょう。

　ですから記録をつくる，ということは，「傾聴を可視化する」ということであり，子どもたちの学びの過程を単に痕跡として残すだけでなく，可視化されたそれを手がかりにして，学びの可能性をさらに押し広げていくということでもあるのです。可視化，可能性の拡大，そして知的構造化は，私たちにとって，一続きのこととしてあるといわなければなりません。

ドキュメンテーション（記録の作成）

　傾聴することと傾聴されることを確かな営みとして確立することが，記録作成の第一義的な任務です。個人と集団がどのように学んでいるかをしっかりと証言し，可視化する，そんな記録を作成しなければなりません。集団が，あるいは個々の子どもが，学びつつその学びを（中途であれ，事後であれ）傍目から観察できるようにしたいのです。

　学びの過程で蓄積されていく豊富な記録（ビデオ，録音，写真，ノートなど）は，その過程でも利用されて，経験を構成する不可欠な一部になっていきます。

- それぞれの子どもがどんな戦略でものを考えているかが，もちろん「我流」

のそれですから偏りを帯びているのですが，明らかになっていきます。こうしてそれは主観の思考手続き（アルゴリズム）となり，さらにグループに共有されて「間主観」となったりします。
- 時間の幅を置いて，これまでの経験を改めて振り返り，その意味を読み取り，評価することが可能になります。そうした諸行為は，認識過程の手離すことのできない環として，そのなかに統合されていくことになります。
- 認識論的な観点に立って学習のあり方に修正をほどこすことが可能になります。とりわけ評価に，認識論的な自己評価に道が開かれるのです。それは認識プロセスの内属的な一部となり，それを導き，それを方向づけます。メタ認知（訳注：認識そのものについての認識）を推し進める上でも，また子ども理解や大人理解にとっても，それは決定的に重要なものとして立ち現れるのです。

　学習のプロセスとアイデンティティの形成に記憶がどんな役割を演じているかを，近年の諸研究はますます明瞭に示してくれているのですが，それらを参観しても，映像（写真やビデオ），録音やノートなどを介して「強化」された記憶が，そこでどんなに大きな力を発揮するかを容易に推察することができるでしょう。反省（振り返り）は，やったことを想い起こさせる何らかのモノに触発されて行う行為ですし，このような記憶媒体を使うことで，集中や解釈の能力も高めていくことができるのではないかと思うのです。臆見（おっけん）にすぎませんが，とはいえ傾聴され討議されてよい主張ではないかと私は考えています。
　この運動において——私はこれを螺旋形の運動と呼びたいのですが——観察，解釈，記録は一つに結びついていて，これらのどの一つの行動も，実際のところ他の行動と切り離すことはできないということに，みなさまはきっとお気づきのことでしょう。切り離すとすれば，それは人為的な操作で，議論の都合上，そうしているだけのことです。あるいは，こういったほうがよいでしょうか。意識のレベルで，つまりは大人の行動レベルで，「どこに強調を置くか」という問題にすぎないのだ，と。実際，観察なしに記録などできませんし，解釈なしの記録もまたあり得ません。
　記録という行為を通して，記録者の思考は，というよりも彼の解釈は，「モ

第6章　ドキュメンテーションと評価

ノ」の形をとることになります。手にとって解釈することのできる物象となるわけです。ノート，録音記録，スライドの類は，記憶のもろもろの断面を，あたかもそれを「客体化」するかのように表象します。それらの断片のそれぞれが，記録者の主観によって彩られていることは否定できませんが，だがそれは多数の解釈者の主観に委ねられて，新たに知られ，知り直され，創造され，再創造されて，多くの人々の認識上の出来事となるのです。

　こうして知は，多くの仲間たちがそこに参加して形成し豊饒化する開かれた知となります。映像，パロール，記号とデッサン，そうした断片には，過去が，もう起こってしまった出来事が再現されていますが，と同時に，あえていえば未来が，もしかすると起こるかもしれない新たなる未来が，そこから開かれるかもしれないのです。

　その時，私たちの前方に見えてくるのは，教授学の，あり得べき新しい概念です。参加型の教え，伝え合いと分かち合いに途を開く，そのような教授学の準則です。見やすさ（visibilità），読みやすさ（leggibilità），共有のしやすさ（condivisibilità），それらがことの成否を決する鍵として重要になるでしょう。コミュニケーションの，したがって教授行為の効力の如何はまさにそれによって決まってくるからです。ですから教授学にとっては，伝統的教育学でいう教授学などよりも，コミュニケーション科学からのほうが学ぶべきものが多いといえるでしょう。

　ここで一つの厄介な問題が浮上することになります。教授・学習の関係はそれを通して構造化されていくのですが，まさにそのなかで，問題のほうもより明示的で眼をそらすわけにはいかないものになっていくのです。すなわち，こういうことです。記録をつくり（観察し解釈していくと）避けがたく評価という要素（l'elemento valutativo）がその作業の現場に，すなわち活動が行われている時間と状況の真っ只中に入り込んでくるのです。前もって基準など立てても間に合いません。記録をはじめる前に，どんなことが重要で，いかなる学習を達成すればどんな価値をもつかを「机上で」決定しても，そんなものではどうにもならないのです。やられていることを，あくまでもその行動に対応して評価していくことが，どうしても必要なのです。経験に根をもつ評価でなければ，真に意味あるものとしてそれを言い立てることはできないのです。

この場合，前もって見込んだことと結果との間にずれが生じても（子どもたちはこちらが示したようには動いてくれませんから），このずれは素早くかつ敏速に埋められていきます。大人が立てる見取り図は，方向を示すものであって，細部を規定するものではないからです。疑わしさや不確定性は記録行為に常につきまとうもので，それはドキュメンテーションという行為に常に付帯する「文脈」の一部なのです。子どもの，そして教師の，真の教育の自由とは，まさにそのようなものとしてあるのではないでしょうか。計画や見取り図に隙間があり，そこにコミュニケーティブな関係が礎を据えて，子どもたちと教師の学びが展開するのです。問い，対話，同僚たちとの討論が，その間隙に位置づくのです。どんなことをするかが討議され，どう評価するか（何を取り出して価値とするか）が明らかにされていくのです。

　問題はしたがって，子ども自身を自分にとっての，そして他者にとってのコンテクスト（文脈）として考えること，そして学習の過程を「教育の主体 (soggetto di educazione)」と「教育の対象 (oggetto di educazione)」との相互作用が形成される過程として捉えることでしょう（ここでいう教育の「対象 (oggetto)」とは，知識であることもあり，また社会的・感情的・価値論的な観点から選択された行動モデルであることもあります）。

　となれば，「教育の対象」はもう単なる対象ではなく，すべからく「関係性の場」と見なされることになるでしょう。「関係性の場」という言い方をするのは，知へのアプローチを教師が選択し，提案し，（また当然，責任を引き受ける）その態様を強調したいからです。関係性が生ずるのは主体と対象の間に興味と好奇心が発生するからです。好奇心は主体が発する疑問と共に呼び起こされたり，また対象のほうが主体の知のなかで「自らを開示」する形式で喚起されることもあります。子どもの知は――言い換えれば，その理論や知的関心は――直接的な感覚ばかりでなく，彼の属する文化によって育てられてきたものでもありますから，新たな知的連関を産出する過程でも，それは構築の足場になってきましたし，何よりも将来的にそうであり続けるはずなのです。とはいえ子どもによって「知り直される」この知は，「歴史的な知」，すなわち文化的にすでに知られている対象知のレプリカばかりではありません。たとえば樹木には生物学，建築学，詩学などがそれぞれに学問的な解釈をほどこしています

第6章　ドキュメンテーションと評価

が，子どもたちが木という対象に与えるアイデンティティは生きてそこにあるもの，瑞々しい情感，意外な出会いによってもたらされた感動といったようなもので，彼らは樹木との隠喩的で詩的でもある関係性のもとで木を生かしめ，自らをも生かしめているのです。ドキュメンテーションとは，このようにディアレクティークで情愛のこもった，そして詩的でもある仕事であって，単なる認知のプロセスに終始するものではありません。ある種の認識の営みが包まれていることはいうまでもありませんが。

　記録は単に解釈が可能であるだけではなく，それ自体が解釈なのです。それは一つの語りの形式であり，個人の内部の，そしてまた個人の間のコミュニケーションなのです。なぜなら，それは記録をする人と記録を読む人の両方に認知と省察の機会を提供するからです。読み手は同僚，同僚たち，子ども，子どもたち，親たち，このプロセスに参加した人や参加したいと思っている人と，いろいろでしょう。それは開かれた，誰もが読めて楽しめる，一口でいえばリーダブルな素材でなければなりません。だが現実には必ずしもそうはなっていませんし，大体からして自動的に，簡単にそうなる性質のものではないのです。

　適確に記録をつくろうとすれば，そのための修練の場が必要になります。そこで記録の書き方，つくり方を鍛錬する必要があるわけです。

読みやすさ

　だから記録は，物語の一つの形式なのです。こうした物語の人を引きつける力は，取り上げられている問題の重さや疑わしさ，あるいは考察の深さからくるものです。読者は，たとえば同僚の教師や子どもたちは，そこに注目し，興味を呼び起こされるのです。この記録は（文字，視覚的イメージ，イコンなど）さまざまな言語によって構成されているのですが，しかしそれは，それ自体のコードをもたなければなりません。記録をつくる側と読む側が共に認める固有の約束事が，必ずあるはずなのです。公平なものでも中立なものでもありませんが，それによって両者の効果的なコミュニケーションが担保されているのです。記録は，前後の状況を共有していない者が読んでも「わかる」ものでなけ

ればなりません。たとえ状況に立ち会っていなくても，記された情報の「重大さ」を理解できる人たちはいます。書かれた記録は，その人たちが「読んでわかる」ものでなければならないのです。

　記録が，出来事の客観的な記述にとどまらず，それを意味づけようとしている時，すなわち客観的な事実に何かの意味内容を与えようとしている時，その叙述は「立体的」なものになります。この時，私たちの前に置かれる記録は，匿名の記録ではなく，自分の立場を自覚した，明確な顔をもつ作者によって書かれた記録となるでしょう。

　私たちが期待したいのは，出来事を重層的な視線で捉えた記録です。一方で出来事を深く理解し，それを明晰に伝えることを目指しながら，その一方で（ちょっとパラドクシカルに聞こえてしまうでしょうが）その記録のどこかに不確かさや留保が感じられる記録です。そのような記録は，あなたが自分の知ではなく，あなたの知の限界を他者たちに伝えようとする時に生まれてくるものです。それはあなたが物語ろうとしている「客観的な対象」が，未だ変化の過程にあり，あなたがそれを探求しつつあるあることからくる知の限界性なのです。

評価──価値を見てとる眼の働き

　ですから「評価の眼差し（sguardo valorizzante）」とは，子どもたちの学習の過程や手順，子どもと大人が共同で成立させている学習のあり方に投げかけられるもので，それを評価の視点で捉えてみよう，ということなのです。「評価の」というわけですから，そうした状況に価値を見いだし，そこに働いている諸要素を価値として位置づけようとしている，ということになります。

　評価の原点は，まさにここにあると私は考えています。そのような眼差しで見ることで，学習の過程に働いている大事な諸要素が明示化され，可視化され，論点化されて，記録者が記録を作成する時の指標となるのです。そのことはすなわち，評価がドキュメンテーションの，だからしてまたプロジェクトの内在的な一部であることを意味しています。実際プロジェクトというものは，あらかじめ定めた計画や手順であるよりも，過程それ自体のなかから浮上する価値ある諸要素によって育てられる仕事の展望なのです。

このことで記録は，当の子どもたちにとって特段に高い価値をもったものになるのです。自分たちのやったことが，なんと物語の形をとって語られている。僕たちの行動を掘り起こして，先生は，そこに埋もれている意味を取り出してくれたのです。——君たちのやっていることにはこんなにも価値があり，「意味」があるのだと，子どもたちの目の前に置いて伝えているといってもよいでしょう。こうして子どもは，自分が「存在している」こと，もう「見えない」無名の塵芥ではないこと，言葉をもち，価値ある行為を行う人間，傾聴され，尊重されてしかるべき存在，つまりは価値として，そこにいるということを発見するのです。

　これは一種のインターフェイスです。自分自身と，この種のハイパーテキストに入り込んでくる何者かを結びつけるインターフェイス。テキストは情報の運搬者となり，記憶媒体となり，あるいは新たなテキストを誘い出だす媒介者の役割を担って，個人の精神の視界に入り込んでくるのです。

教師としての有能さ

　一般に教育の世界では，教師の仕事は学科の知識を，それも伝統的なやり方で教えることである，とされているのですが，教師が教師として有能であるのは，もちろん，そんなことのためではありません。

　すぐれた教師のなすべき仕事は，あれこれの準則の一揃いを見つけ出して，それを人に教えることではありません。他人が容易に学べるように何かの命題を器用にまとめて提示することでも，また，修正をほどこすことなしに真似できるような方法を伝授することでもありません。

　「教師としての有能さ」ということで私たちが思い浮かべるのは，知っている，ただ知っているということよりも，理解している，ということではないでしょうか。大事な物事に徹底的に通暁していて，何が大事かがわかり，ある状況にぶつかった時に，こんなことをすればよいのだと適確に判断を下せるだけの視野をもった人，だから学習主体を相手どる場合も，このような事情だからこのような学び方をすればよいだろうと，勘を働かせることのできる教師です。

　どんな秘訣があるのでしょうか？　どんな秘訣も，そこにはありません。自

分の知，自分の意識，自分の直観，そして一緒に働いている同僚たちのそれ，それらと常に向き合い対話すること以外に，カギも秘訣もありはしないのです。繰り返し，私は申し上げたい。どこでも使える「科学」などというものは存在しないのです。私たちの知識がどれだけの理解と感受性に裏打ちされているのかという，ただその一点が問題なのです。わずかにその表面が見えるだけの状況下で行為して，その結果が部分的に成功を収めるという幸運な場合もあるでしょう。その成功は，レベルは異なりますが学習過程に共に責任を負う行為者たち，子どもたちと教師が，両者の努力によって収めた成功でもあります。

このような試行錯誤に訴えたからといって，それを駄目な教育というわけにはいきません。そんなやり方で学習のプロセスが豊かになることもありますし（認識のプロセスとそれをめぐる意識が深化されるのです），倫理的な面でも，それはよい実りをもたらすかもしれません。カール・ポッパー（Popper, K.）が abductive と呼んでいる方法は，記録作成のなかでも隅には置けない役割を果すのです。

しかし一方でまた，教師の仕事には，いわば「耳覚えで演奏する」ような，即興的な要素もあって，状況に眼を配りながらどこで動いてどこで止まるかを察知する勘のようなものが必要になります。どんな敷衍式，どんなレシピに頼っても，その欠を埋めることはできないのです。

記録には，うんざりするほどたくさんの落とし穴もあります。その曖昧さや皮相さによって，ただ映像を並べたり，事実を書き散らしたりしたものを，ドキュメンテーションと取り違えてしまうこともあります。見たものをただ不注意に書きとめているので，見当はずれに陥ったり意味が剝落したりしてしまうのです。

ここにおいて鮮明に浮上するのは，教員養成の問題です。教師の文化は広く，多方面にわたるものであることが必要です。教育学や心理学だけではダメなのです。しかし「教養ある教師」とは，単に多分野の知識を「知っている」教師ではありません。それは何よりも探求と知的好奇心の文化，集団で共に働く文化，つまりはプロジェッタツィオーネの集団的な試行の文化をもつ教師，ということなのです。何よりも必要なのは，そのような文化の形成に自分は参加しているのだと感じている教師，教師として，しかし何よりも人間として，その

第6章 ドキュメンテーションと評価

過程に自分は参加していると感じている、ということなのです。

教師は、と、ローリス・マラグッツィはよく言っていました。レッジョの経験のなかに深い影を落としているあの教育学者にして哲学者のローリス・マラグッツィですが、彼はこう言っているのです。

　教師というのは、時には演出家になり、時には舞台装置家にもなる、幕になることも書割(かきわり)になることもあるし、時にはプロンプターになることだってある。優しく甘かったり、ピリッと辛かったり、電気技師になって、照明の色をいろいろに変えたりもする。それから観衆にもなるんだ。舞台に見入って、時々拍手を送ってくる、あの観客さ。すっかり感動して、黙りこくってしまったり、懐疑の眼で見守ったり、かと思うと夢中になって拍手喝采したり。

(ローリス・マラグッツィ)

第7章
対話を重ねて[(1)]

Dialoghi（1995-98）

　これを書く前に，私は『学習を可視化する（*Making Learning Visible*）』の諸章を読み，いくつかの論点が非常に鮮明になったという印象を受けた。これならば読者の理解を得るのではないかと，私は確信したのである。

　最初の論点は，子どもの学習と大人のそれとの対比である。ピアジェの流れを汲む発生的認識論はある特殊で抽象的な観点からではあるが，大人の論理の構造は子どものそれと多分に異なっているということを，かねてから主張してきた。この見方によると，同じ問題を前にした時の大人の反応と子どもの反応では，その様式に大差が見られることが多いという。しかしながら大人と子どもを，別なものであるとはいえ，各自の能力に応じた認知的努力を行わねばならない具体的な状況のなかに置いた時，両者の行動様式は，結局のところそれほど有意な差を示しているとは思えないのである。

　本書（*Making Learning Visible*）に書かれた多くの事実からしても，それは明言できると私は思う。事実，われわれはかねてから注目しているのであるが，大人にせよ子どもにせよ，自らの認識の営みを振り返り，それを再定式化する必要に迫られた時に（ドキュメンテーションではそうしたことがよく起こるのだ），両者が立てる戦略はしばしば本質的に似たようなものになるのである。起こった変化を最大限コントロールしようとして，個人は理論的，道徳的，時には身体的な「スタンス」すらをも，新たな戦略にもとづいて変更しようと試みるの

---

(1) 〈訳注〉先の章（本書第6章）の冒頭で示されているように，本章は *Making Learning Visible*（Rinaldi, Giudici, & Krechevsky（eds.）, 2001）の「あとがき」として書かれたものである。

である。出来する問題とそれを解決しなければならない個人の関係性は，本質的には似たようなもので，子どもか大人かを問わず訴える戦略は，事態を探索し，仮説を設定すること，そこに感情や情念を交え，面白がったり喜ぶことなどで，経験としては大同小異である。こうした学習経験は，だからして「教育的な模索」といったようなものであって，それは大人のものであると同時に子どものものでもある。

　本書のなかで私が注目すべきだと思う第二の点は教師の仕事について述べた部分だ。プロジェクト・ゼロの仲間たちのお陰で，すなわち，彼ら・彼女たちの容赦のない質問と私たちの学校の日常を襞深く掘り起こすメス捌きによって，教師たちの「実践的」な仕事は実は高度に理論的な仕事であり，研究上の大小のストーリーを目の前で起こっている日々の出来事と統合していく解釈の作業であることが，われわれの眼になおいっそう明白になったのである。教師の実践的な仕事に高い威信を与えようとするこのような命題は，われわれが常々そう信じてきたものではあるのだが，プロジェクト・ゼロの仲間たちもそう考えてくれていることによって，今や，いっそう磐石の重みをもつものになった。

　この研究プロジェクトとその報告書である本書は，どう見られようと教師の仕事は——その仕事が規則や同僚のサポートなしに自分一人で勝手にやれるものではないことはいうまでもないのだが——日常の経験や行動を生み出すだけではなく，批判的評価の対象となり理論構築のプロセスにもなり得ることを語ってくれている。かくして実践は理論を成功に導くために必要な行動の領野であるだけでなく，むしろ理論そのものの積極的な部分なのである。それは理論を内包し，理論を産出するとともに，理論によって産出されるものでもある。

　特記に値すると思われる最後の点は，プロジェクト・ゼロとわれわれとの対話から，しばしばある種のモードがかもし出されていったということだ。これは，すこぶる複雑な過程であった。おそらく言語と文化の相違が，その困難を増幅させたのだろうと思う。言語の違いは最初こそバリアのように見えたけれども，やっていくうちにそれは一種の「フォーラム」に転化し，私たちは自らの観点をとことんまで検証し，明晰化しなければならない羽目に追い込まれたのである。われわれが使っていた用語のなかには，事実，相手の経験と容易には通約できない独自な概念を表現するものもあったのだ。

レッジョがある言語を，(レッジョという小宇宙に発祥する言語を) つくり出してしまっているのは事実である。討議と対話に開かれた言語でありたいと期してはいるが，同時に，その経験から生まれ，またその経験を生成している言語であることも確かだ。この言語が，おそろしく潑剌としていてメタフォリックであるために，なにかとプロジェクト・ゼロの仲間たちから関心をもたれたこと，他方でまた，そうだろうなと思わないでもない疑念の対象にもなってきたこともまた，まことにそのとおりである。

　特に手厳しい疑念は，われわれが問題を回避しようとしているのではないか，一時的にせよそれを文脈から外すことで，問題を避けてしまっているのではないか，というものだ。おそらく，この指摘は正しいのだろう。われわれがしばしば，あまりにも曖昧であったのは，そのとおりである。そのために，曖昧模糊の通弊に陥り，言っていることの正体が捉えがたいという印象を与えてしまっていることは否定できない。しかしながら彼らの執拗で剛速球な問いは，私たちにはある種の横紙破りとも映り——言語的にも概念としても，いささか強引な改竄（かいざん）に繋がると思えるものもあった。

　私たちが大のメタファー好きなのは，疑う余地もない。ぶっちゃけた話，それは子どもたちが大のメタファー好きで，それをやたらと使うからだ。われわれはメタファーを修辞や文体の道具であるとは考えてはいない。それこそが彼らの，真の，身についた認識の道具であると考えているのだ。多くの研究がすでに指摘していることだが，新しい着想を得たものの，それを従来の概念では表現したくない少数の人々の集団 (だからそれが子どもの集団であっても一向にかまわない) の内部で，メタファーが特に有用視されていることに，われわれは注目したい。うっかり従来の表現を使うと，話があらぬ方向に逸れてしまいかねないからである。

　この場合，メタフォリックな言語はまさにそれが不確定であり，暗示的であり，曖昧であるがゆえに，新しい思想に対しても開かれているのである。不意に浮かび上がっては囁きかける諸観念に対応し得る，それはユニークな道具となるのである。

　こうした事実を踏まえて，われわれは本研究で新しい考え方を輪郭づけ，メタファーが (それと共に例証が) 思考を支える有効な戦略であることを，自らも

第 7 章　対話を重ねて

また理解しようとした。私としては，ケネス・J・ガージェン (Gergen, K. J., 2000) が「転形型対話」と呼んでいるもの，われわれの関係を変え，だからある程度までわれわれの職業的・集団的なアイデンティティをも変容させてしまう，そんな種類の対話を構築できたのではないかと自負しているのであるが，その適否を判断するのは読者のみなさん方だろう。

　万人向けの規則，倫理，実践方式をアプリオリに定め，それを「上から下へ」と下ろしていくアプローチを，われわれはとらなかった。おかげで私たちは，もっと違う行為の領野に抜け出ることができたのだ。多様で対立を含んだ状況のなかで，子どもと大人の双方が対等に学びの問題を論じ，見たところでは成功を収めているのである。かくしてわれわれは，省察，推論，仮説の設定に資するための，ある種の「経験百科」のようなものをまとめ上げた。

　これらのすべてについて，私はマーラ・クレチェフスキー (Krechevsky, M.)，スティーブ・ザイデル (Seidel, S.)，ベン・マーデル (Mardell, B.) に深甚な感謝を捧げたい。この人たちの問題発見能力，参加能力，そしてまた彼らの哲学的思考，その知識と経験を私たちに分かち伝えてくださったことは，大変に有難かった。

　さらにまたハワード・ガードナー (Gardner, H) に，特段の感謝を申し述べたいと思う。というのも，プロジェクト・ゼロとレッジョ・グループとの共同研究の過程で，一つの問いをぽんと差し出して双方の知見を集約し，有無を言わせぬ説得力でわれわれを健康な思考と再考に誘ってくれた彼の努力に，われわれの負うところは多大であった。

　読者の各位にも——信頼して私たちの討論を見守り，今また本書を読んでくださることでわれわれの研究に活力を与えてくださる読者の各位にも，最後に感謝を捧げたい。

第8章
子ども期の空間的環境[(1)]

L'ambiente dell'infanzia（1998）

　以下の文章はレッジョ・チルドレンとドムス・アカデミーの共同研究『子ども，空間，関係性——子ども期のためのメタ・プロジェクト』の報告書の一部として執筆されたものである。研究も，またその過程も，われわれ参加した者たちにとって忘れがたいものであった。われわれは，改めて対話というものの懐の深さを思い知らされたのである。対話は分野と分野の対話にはじまって，各自の知をもう一つ超えた次元で対象化する機縁となった。

　とはいえ，ドムス・アカデミーとは，そもそも何なのか？　どうしてこの共同研究が行われることになったのか？

　ドムス・アカデミーはミラノに在地する大学院レベルの国際デザイン研究・教育センターである。斬新な研究への果敢な取り組みで世界的に知られている。われわれがこのセンターと公式に提携するのは1995年以降であるが，その何年か前から関係はもうはじまっていた。われわれとしては空間についての知識を広げ深めたかったし，それを理論的な梃子にして自分たちの空間についての考え方を変えたかったのである。

　レッジョの幼児教育実践は，空間の問題に，より広く言って教育環境というテーマに，もともと感度が鋭かった。1970年にコムーネの幼児学校に着任した時，空間の質にこだ

---

(1) 〈訳注〉原タイトルは，*L'ambiente dell'infanzia* であるが，英語では *The space of childhood* になっている。イタリア語の ambiente は，environment という英語では（また「環境」という日本語でも）汲み尽くすことのできないニュアンスを含んでいる。space とはいうものの，幾何学的な「広がり」としての空間ではない。人間がそこで行為し，歴史的な時間が紡ぎだされる空間，バフチン（Bakhtin, M. M.）の言う「クロノ・トポス」を，それは意味している。後出の第10章「ドキュメンテーションと探求の文化」では，著者たちは，lo spazio e l'ambiente educativo（空間と教育環境）という表現を用いている。
　前章の「対話を重ねて」と同様，この章もまた共同研究の報告書の一部として書かれたものであり，訳文は全体を「である」調で通すことにした。

122

第8章 子ども期の空間的環境

わりぬく学校のセンスのよさに脱帽したことを，私は今でも鮮やかに覚えている。イタリアの現状を見ても，国際的に見ても，学校の教室といえば空き箱のごときもの，一律で無味乾燥なものと相場が決まっている（だからこそ，学校を地下室にしたり，商店の一角に建てるというようなこともまかり通ってきた）。そんななかでレッジョの学校の鴨居をくぐると，まずは感動の一撃をくらってしまうのだ。そこからは子どもたちの生命のとどろきが聴こえてくるし，マリア・モンテッソーリ（Montessori, M.）が，セレスタン・フレネ（Freinet, C.）が，ジョン・デューイ（Dewey, J.）が書いていたことは，ああ，これだったのかと納得できることも多いだろう。直截に感覚に訴える空間の言語は，建築とビジュアル・アートとの綿密な対話を経て獲得されたもので，明らかに時代の水準をはるかに凌駕していた。

　空間の質と学びの質の相関性は，早くから明瞭に直観されていた。空間は第三の教育者である，という定言は，ローリス・マラグッツィのお得意の台詞であったが，その段階ですでに確かなものになっていた気づきを，一語に集約したものであった。マラグッツィがこれもまた力をこめて宣言した「よい環境に対する子どもの権利」も，すでに確かな認識として共有されていた。それは環境と美への権利であり，そうした環境，そうした美と美意識，つまりは美学の構築に参加する権利であり，それは万人の権利，子どもたちの，教育者たちの，大人たち一般の権利である，というのである。こうした権利は，もっぱら，不断の探求によって基礎づけられる。一つには，子どもたちの，大人たちの，空間とその器物への関わり方を注意深く正確に観察すること，もう一つは近接空間論や，建築・空間知覚のありようを究明しつつある近年の諸研究で，これにもまた眼が離せない。

　1973年に参加した最初の研究グループの会合を，私は鮮明に記憶している（私にとって，それはまさに初めの一歩であった）。集まった面々はアトリエリスタ（その頃は確か6人，大部分は赴任してまだ間もない人たちだった），教師が何人か，それと建築家のトゥリオ・ツィーニ（Zini, T.）。寛大な友であるとともに，レッジョ・エミリア版環境思想と環境美学が形づくられる上での発想の源になってくれた人だ。観察を構造化するために，われわれは時間と空間を関係づけて捉えるための図式を考え出した。それを使って，「何を」という問いを「どこで」「いつ」という問いと連繫させようとした。この観察によって，ある場所がどんな値をもった場所としてそこにあり，どんな経験に対して適性が高いかを読み取ろうとしたのである。

　たとえば，子どもたちの昼食である。

　われわれはまず昼食の時間というものを——われわれの文化のなかでそれがもっている心理的な意味を，まず考察した。しかしわれわれはまた，より大きな注意を傾けて，

教師たちが観察した昼食中の子どもたちの行動，それを撮影したスナップ写真を検討した。
　写真や教師の観察からはっきりとわかったことは，昼食が子どもたちにとって何よりもまず社交の時間としてあることだった。自分の力をきちんと評価できるようにすれば，彼らがどんなに見事に自立的な能力を発揮するかも，明瞭にみてとることができた。と同時にまた，テーブルの配置がまるで「修道院」のそれのように手狭であること，もう少し騒音を減らして，友達の声が聴き合えるようにする必要があることもわかってきた。でも，どうしたらもっと打ち解けてお互いの話を聴き合えるだろうか？　おそらくテーブルをもっと小さくする必要がある（4人から，せいぜい6人どまりがいい）。何なら何か仕切り板のようなものを間に立てることで，せめて視覚的にでも「うるささ」を軽減できるのではないか——といった具合にいろいろな意見が続出する。熱中して，ああでもない，こうでもないと論じ合ったこのブレーンストーミングは，刺激的で楽しかった。
　先に述べたように，これは一例にすぎない。この会がバネになってアトリエリスタたちはその後も新しい家具を思いついては実験し，トゥリオ・ツィーニなど，新たに設置される乳幼児保育園・幼児学校の建築を委嘱された建築家たちとの関係も深まって，彼らと共に既存の家具・調度を再考したりもするようになった。
　こうした探求を，私は「不断の探求」と呼んできた。取り上げている事物は既存のそれであるが，そこに新しい問いを投げ込んで既存のそれを乗り越えようとする投企であるからだ。
　かくして探求は，今日なお続いている。ドムス・アカデミーとの対話も，同じように続いている。われわれが実現することのできたもっとも構造的で，もっとも有機的な対話の一つとして，それは今なお，存続しているのである。それは一方では，われわれがこの間の年月に蓄積した知見を総合する手がかりを提供すると同時に，他方では新たな問いを投げかけ，すでに得た知見を危機に追い込み，新しい問題意識と学びを喚起する触媒にもなっているのである。
　先にも述べたように，以下の文章はレッジョ・チルドレンの研究報告として書かれ，出版されたものである。この報告書も（それから私の以下の論文も），報告，まとめとして読まれるであろうが，だがまた，それは新たな出発点でもある。
　本書に記されたことに限っても，この間の年月に修正されたり今ではさらに前進している論点も少なくはない。本書を踏み台にした研究，出版，プロジェクトが，ほかにも数多く行われている。だが今，これらのページを再読し，かつての探求の跡を振り返る時，子ども空間を体験し記述するパラダイムを大きく転換したあの時の歓びと興奮がまたもや蘇ってくるのだ。

第8章　子ども期の空間的環境

　学校や乳幼児保育園ばかりではない。子どもと大人の生きる空間そのものが，大きな転換を迫られているのである。もっと多くのメタ・プロジェクトが必要である。だがそれにもまして求められるのは，日々に新たな情熱と熱狂だ。

●　　　●　　　●

　一つの乳幼児保育園，幼児学校の空間を設計すること，あるいはもっと広く一つの学校を設計すること，といってもよいのかもしれないが，それは教育的・建築的に偉大な創造であるだけでなく，広く社会，文化，政治に対して巨大な意味をもつ創造行為である，といってよいのではなかろうか。

　確かに学校には，文化を生産し，それを社会的・政治的現実のなかで実験するという独自の役割がある。しかしそれは，学校で行われる活動（progettazione），いや学校という場そのものが，単に知識を伝達し再生産する時間と空間であることを脱して，すぐれて創造の場として息づく時に，まさにその度合いに応じて，可能になるのだ。

　われわれは，転換期を生きている。過渡期の時代を生きるわれわれは，いわば「投企の季節（stagione progettuale）」を生きている世代なのだ。教育に関しても建築に関しても，古いパラメーター，かつての社会的・教育的諸価値がもう使いものにならなくなり，新しいものへの挑戦，未来への投企が不可避となった。われわれが生きているのは，そんな時代である。多分に方向も定かでなく，地を蹴って飛び立ちはしたものの，まだ著しく不安定で矛盾だらけ，しかし同時に，それは刺激的で可能性に富んだ季節でもある。

　「わが真理は磐石の真理なり」という自惚れを捨てれば，そこに新しい着想が生まれてくる。自らが危機にあると自覚した時，生成し，かつまたわれわれを生成するこの変化を前にして伝家の宝刀として差し出せるアイデンティティや価値など何一つありはしないのだと思い知った時，まさにその時なのだ，新たなるものが続々と生まれ出るのは。存在を，社会と主体のありようを根底的に変えてしまうこの時代の変動を，われわれは「生成的な変化の局面（mutazione genetica）」と呼びたいと思う。それは，われわれの他者との関係性を，さらには時間と空間の観念をも大きく変えてしまうものであるからだ。

　われわれは，自分たちが，新しい時代の母や父であるとは，必ずしも思わな

い。むしろ，この新しい時代から生まれ出る子，分離よりも統一を探求し続けることのできる者でありたいと願う。

　だからして一つの学校の設計を行うこと（progettare una scuola）は，何にもまして一つの生活空間を，すなわち未来の生活空間を，形として具体化することであるといえるだろう。そのために教育学，建築学，社会学や文化人類学などの分野を超えた共同研究が必要になる。それぞれの学問分野がそれぞれの知見を出し合うことを求められることになるが，となると自らの認識方法，その言語と記号の体系を他分野のそれと突き合わせながら対話したいという欲求が生じ，そこに新しい自由の空気が醸し出される。こうした探求のなかからもっとも先端的な実験が生まれてくる事例は，音楽，コレオグラフィ（舞踏），デザイン，舞台芸術，ファッションなど，さまざまな領域に数多く見られる。こうすることで——もっぱらこうすることによって，建築設計は「探求（研究）のプロジェクト」となり，日々刻々，自らの成果，自らの言語の有効性，そして生成のプロセス（il processo del divenire）に対する自らの対話能力を検証する営為となることができるだろう。この生成の過程こそが，教育の名に値する教育の真の基礎なのである。それは，一つのプロジェクトを構築する，ということに等しい。現に行われつつある行動を証言し，将来の生起し得る変化を予測する，それは「知のメタファー」なのだ。

　これと際立って対照的なのが，今日のイタリアの学校建築，というよりも世界中のあらゆる種類の学校が露呈している建築の実相であり，それらの設計が拠って立っている既存の通念である。

　いわゆる小学校建築の歴史を——それを歴史などとは呼べない，むしろ非・歴史と呼んだほうがよい——少しでも覗いてみれば，それは明らかだ。歴史がないということは，引用に値する事例が（つまりは歴史が）ほとんどない，ということである。多くの乳幼児保育園や幼児学校はほかの建物を（たとえば以前は小学校だったところ，ほかの用途のために建てられた建築を）流用したものだし，学校用に計画された建築でも，諸般の事情が錯綜する偶発的な所産，結果は理念も配慮もすっ飛ばしたものに落ち着くことが，あまりにも多い。

　大方のところ，学校を「つくる」などと称しても，コミュニティにとって，社会にとって本当に意味のある場所として学校を設計する発想は，ほとんどな

い。「学校を建てる」ということは，ただ空間を縦横に並べて建物をつくるということではない。それはある哲学を，教育と学習についての，学びと教えの相互関係についての，知的構成過程における行為の役割についての，ある考え方を含んだものでなければならない。学校建築は教育のプロジェクトであり，だからして，教育の言語と建築の言語の深く綿密な対話の所産でなければならないはずである。

　建築，教育，そのほかの諸分野が今こそ力を寄せ合って，より優れた，より適切な空間を探求しなければならない。理想の空間とはいわないが，自らを変える，その種子を含んだ空間でありたい。理想的な，たった一つの空間，たった一つの教育があるわけではない。それは子どもも，人間も，同じだ。しかし，子どもも人間も，自らの歴史，自らの時代と文化に関わりながら変化する可変的な存在である。

　だから空間の質をいう時に，私たちはそれを関係性として，この関係性のなかで展開するものの質と量として見ていく必要がある。そこにあるもの，流れているものに寄り添い，その力になることが，「関係性の」教育学と建築学の第一義的な仕事となるだろう。

　人間は関係的な存在であるという主張は，ある思考のスタイルに立脚している。といっても哲学や科学の教条が根底にあるわけではなく，ただ子どもに対しても，また広く人間一般に対しても，彼や彼女を「意識する主体」として捉えようとすれば，そうする以外にない，ということである。意識する主体である以上，当然，

- 動き方には多様性がある。各自は有限な存在であり，選択的に行動する。それらのすべてが，知るという行為の本質的な要素である。
- 各自は認識行為の主役として存在するが，しかし同時にまた，自らの認識のプロセスを振り返り，それを「論評」する能力ももっている。知る行為を行いつつ，その認識行為を反省し，それを革(あらた)めることもできる。だからして，われわれが設定する環境は，それぞれの子どもが認識行為の主役であり続け，集団としての子どもたちもまた主役として振る舞い続けながら，なおかつ，自らの行為の足跡をたどり，その知のありようを論評することが可能となる

ような，いうなれば「鏡面」のようなものにならなければならないだろう。
- 知るという行為を，単なる目的の追求にとどまらず，自己自身を変える実践として経験する（ベイトソン）こと。関係のなかで思考するという時，そこで第一義的に求められるのは，認識が行動を介しての認識である，ということ，認識が何にもまして，ある行動の仕方として実行される，ということだ。教育実践に則していえば，それは「作業場」での労働となる。学校は一つの巨大な作業場として，そこで認識と知が織り上げられる工房として，構想されることになる。
- 美が，学びの，認識の，関係性の，本質をなす要素であることを，強く強く意識しなければならない。楽しいということ，遊びの要素と美があること，それがすべての学び，すべての知る行為の本質である。学びは，楽しいものでなければならない。まず何よりも，心ときめく，愉快なものでなければならない。学校空間が美学の次元においてどうあるかは，そこで行われる教育の質を，たぶんに予告している。

　ここ数年，私たちは乳幼児保育園・幼児学校の内部で空間をめぐる共同研究を行ってきたのであるが，その多産な討議のなかで浮上した論点は以上のようなものであった。
　この度の学校建築研究にあたって参考にしていただけるものが，さてこのなかにどれくらいあるだろうか？　意見交換の基礎になるかもしれないことが若干はあるので，それをまず要約させていただくことにしよう。

心理学・教育学と文化人類学の視点から得られるいくつかの所見

- 空間を一つの言語と考えることができる。この言語は文化的な思考様式に基礎を置くと同時に，生物学的な特性にもまた深く根ざしている。それほどこの空間言語は強力であり，人間はそれに深く条件づけられている。そのコードは必ずしも明示的ではなく，意識では認知されないこともあるが，にもかかわらず個人は，まだ赤ちゃんの頃から，これを知覚し，解釈しているのである。

第 8 章　子ども期の空間的環境

- ほかの言語がすべてそうであるように，この言語も，思考を形づくる構成要素として機能している。
- 空間言語は多数の感覚器官を使って「読まれる」。それは視覚，聴覚，嗅覚といった遠くにあるものを感受する感覚器官によって知覚されることもあるし，皮膚，手足，筋肉などが環境と直接に接触して生ずることもある。
- 主体と主体の「生息地（habitat）」の関係は，もっぱらその相互性によって特徴づけられる。人間も環境も，それぞれがアクティブに作用し合って，相手の生態を変えていく。
- その上，空間の知覚は主観的であり，また多様な感覚が集まって形成される全体的なものであるから，人生の段階によって様変わりしていき，また帰属する文化との繋がりも深い。われわれは単に異なる言語を話しているだけではない。異なる感覚の世界を生きている。男と女は空間を共有しながら，その同じ素材から，それぞれの独自な世界をつくり出しているのだ。ジェンダー，年齢，文化といった変数にアクセントをかけながら，自分の固有の領域をつくり出しているのである。
- 周囲の空間に対する子どもたちの感受能力は，生まれながらにして非常に高度なもので，かつ，それは多義的（polisemica）であり全体的（olistica）である。直接的な受容器の活動は，年長の者たちに比べると，はるかに活発である。視覚や聴覚だけに依拠せず，多種類の感覚を使って実在を識別し分析することにかけては，特に高い能力を発揮する。そのため，設計にあたっては光や色ばかりでなく，匂い，音，手触りといった諸要素にも十分に配慮する必要がある。空間を設定する時に，その感覚的な質にしかるべき考慮をはらうこと，それが非常に重要なのだ。
- 子どもの年齢段階と，その時の姿勢に注意する必要がある（乳幼児保育園に通っている乳児たちは長い時間を座ったままで，あるいは寝た状態で過ごしている。動くとなると「ハイハイ」である）。だから，通常はあまり注目されず，しばしばただの背景として処理されてしまう平らな表面が，乳児にとってはすこぶる重要なのである。われわれの研究では，床，天井，壁などにも，十分な目配りをしていかなければならない。
- 空間とそこに配置する調度について，できるだけ智恵を絞り，周到な配慮を

行うこと。そこで子どもたちは今の今も自らのアイデンティティを構築し，自らの物語を紡いでいる最中であることを決して忘れないこと。しかも子どもたちの物語は多様で，現実と空想が入り乱れている。テレビが，家庭用電化製品が，コンピュータが，日常用品となり，それとともに，現実のものとヴァーチュアルなもの，ファンタスティックなものが仲良く同居して日常の風景となり，われわれが思ってもいなかったような仕方で，子どもは自らの空間と自分自身を思い描くようになっているのである。

子どものイメージ

　自分たちの依拠する教育観のなかで，子どもはどのような存在として理解され，イメージされているだろうか。乳幼児保育園や幼児学校にとって，それは不問に付するわけにはいかない重大な問題であるはずである。

　子どものイメージは多々あるだろうが，その各々が，子どもとは何者か，どんな資質を具え，何ができ，何たり得るか，何ができるかを主張し，あるいはそれへの反対を言い立てようとしているわけである。実のところそれらの立言は，まずは文化的な——それゆえに政治的・社会的な——コンベンションと地続きのところでいわれているのであって，子どもの資質や能力を高く見込んでそれに期待し，活躍の場を与える文化もあれば，その対極には洟垂れ小僧に何ができるかと子どもを突き放して，相手にしない文化や社会も大いにあり得るのである。子どもをどうイメージするかによって，当の子どもの社会的アイデンティティと倫理，その権利と教育環境の如何は大きく左右されてしまう。

　レッジョの哲学の焦点の一つは，ローリス・マラグッツィが記しているように子どものイメージである。子どもは生まれたその瞬間から自分を強く世界の一部として意識し，世界のなかで生きようとする。学習し，関係を組織する複雑な能力と戦略のシステムが，そのなかで育成されていく。すなわち，

- 子どもはパーソナルな地図——社会的方位が，認知の，感情の，シンボルのそれが記された地図をつくる。
- かくして生まれるのが，有能な子ども，批判的で，だからして，ちょっと

「手強い」子ども，という子ども像である。子どもは，社会であれ，家庭であれ，学校であれ，自分がそこに組み込まれたシステムのなかに，変化を，ダイナミックな波紋を生じさせる。文化を，価値と権利を産出する。生きることに，知ることに，子どもは有能なのだ。

- 子どもはあり得べき現実を仮構することもできるし，それを解体することもできる。メタファーや創造的なパラドックスを考え出し，シンボルと文法規則をつくり出しては，それを読み解く妙技を披露したりもする。
- 子どもはかなり早い時期からいろいろな物事に意味を与え，出来事の意味を詮索し，それを物語に仕立ててほかの人々と共有しようとする。

文化や学校は，こうした学習がそこで繰り広げられる環境であるのだから，この過程を励ます最適な場，理想的な「教育環境」とならなければならない。

子どもたちの能力や資質は，周りの者たちがどれだけそれに気づき，反応するかによって，発達もするし，退行もする。大人が幼児の発達にいかに中心的な役割を果たしているかを，すでに多くの研究が示してくれてもいる。影響を与える大人の行動は，必ずしも直接的にそれを企図したものばかりとは限らない。子どもが有能に振る舞えるような環境を大人がつくれば，それもまた，間接的に子どもの能力の発達を助けるものとなる。

子どもの環境を設計したり，乳幼児保育園や学校の空間を組織する時に，このことを頭に入れておく必要があるだろう。シェーファー（Schaffer, 1990）が述べているように，子ども一人一人はその「生得的なプログラム」にもとづいて，次々に追求すべき目標を設定していくのであるが，この追求は実のところは子どもと大人の共同の事業なのであって，大人のほうはさまざまな間接的手段も利用して，これに干渉しているわけである。間接的手段には，前述のような空間，調度，界面，光と色，器物等々も含まれている。

これらの要素は，個々ばらばらにあるのではない。相互にしかるべく配置されて「有意なコンテクスト」を形づくっているのである。事物が子どもたちと対話をはじめ，あるいはつなぎ目になって彼らの会話を支える。物理的な環境と心理的な環境が相互に呼応し合って，僕は期待されている，私の声は聴かれていると確信できることからくる心の安らぎを子どもたちに与え，同時にまた，

子どもが本来的に具えている関係性への志向と能力を全面的に開花させるのである。乳幼児保育園と幼児学校は，何よりもまず，生活の環境なのである。社会と個人が経験する歴史や出来事を通して，その生活は，ひっきりなしに変えられていくのだけれど。

　以上の考察は，学校建築とその空間，その活用形態についての根本的な再考を促さずにはおれない。私と私たちを，小さな集団と大きな集団を，個人の記憶と集団の記憶を，共に受け入れ，その力となる，そんな空間とはどんな空間なのか。伸び伸びと行動し，その行動を振り返ることのできる空間，読む対象となり得る空間（空間は，住人によって読まれる対象となる），見通しが利くけれど，でも薄暗いところもある空間，子どもには大人の眼の届かないところ，自分たちのプライバシーが尊重される場所も必要なのだ。それから好奇心を誘う場所，何かを組み立てたり操作したりする腕前を発揮できるところ，もちろん，お互いのコミュニケーションをしやすくする場であることが，何よりも肝心だ。

システムとしての学校

　だが一方的に子どもばかりを主役として押し立てるとすれば，われわれはおそらく誤りをおかすことになるだろう。重力の中心は，子どもと大人の関係にあるからだ。乳幼児保育園も学校も単一のシステムではなく，システムのシステムなのである。それは子どもたち，教職員たち，親たちの，相互の関係とコミュニケーションのシステムなのである。

　関係がこのようなものである以上，それは空間にも反映されなければならない。空間はいくつかのセクションが隣り合って配置され，それはトイレ，台所，浴室などとも繋がっているが，廊下や通路のようなものによって隔てられているわけではない。広い空間が（サロンか地域の広場のような趣で）確保されているが，反面，こぢんまりとした部屋もあって，小グループや個人が何かをする時は使いやすくなっている。しかし関係性と相互作用を重視して選定したこの意味空間は，他方で透明性をも重んじている。ガラスで仕切られた内部空間からは外が見え，それ自体もまた教育空間の一部でもある窓外の世界との関係が断ち切られることはない。

第8章　子ども期の空間的環境

　建築設計と教育のプロジェクトがこのように共振し合う時，それは，そこで生起する過程を，すなわち学び，教えるという行為を，組織し，支えるものとなる。——学校は，そこで行動するすべての主役たちが，子どもが，教育者が，親たちが，ともどもに知を構成し，共にそれを享有する場となるのである。
　学校の一方の当事者は，大人である教師たちであり，親たちである。教育に携わる者たちがプロフェッショナルな能力を向上し，親たちとよりよい関係を築いていくためには，そのための空間と設備備品を整えておかなければならない。ゆっくりと話し合える部屋，文書室や図書室，栽培用温室，コンピュータ，ビデオ，レコーダーといった諸々の器具，それらの手立てを用いることで，教師と親，そして子どもたちもまた彼らの日々の経験を振り返り検討することが可能になるのだ。教育者の研鑽のためにも，親の学校参加のためにも，そうした諸条件の整備は不可欠である。だが何にもまして不可欠なのは，親たちが共にその運営を担う主体として学校に参加する，ということである。誰もが——子どもたちが，教職員が，親たちが，それぞれがそこを自分の居場所と心得，心地よく感じること，自分たちは日々そこで起こっている出来事の作者であり，能動的な演じ手であると思えることである。
　乳幼児保育園・幼児学校などの学校施設を，生きた有機体と見たらどうだろうか。脈打ち，変容し，齢を重ね，成長し，古くもなる，そんな有機体である。このように措定すると，たちどころに浮上するのは，いうなれば「エントロピー的な過程」，一方的で不可逆的なこのような変化に，建築設計はどう対処したらよいのかという問題である。生きた有機体は一刻も自らにとどまることはない。同じように乳幼児保育園・幼児学校も時間を超えて同一ではあり得ない。このような質量変換の過程にありながら，なおかつ自己自身であり続け，過去の記憶と未来の記憶を担保しなければならないのである。
　子どもを迎え入れる朝の学校や乳幼児保育園と，夕方，さよならする時のそれとは，もう同じではない。一日の間にさまざまな思い出が空間に刻まれて，学校はもう変わってしまっているからである。空間や調度が，時間の痕跡を残して老いていくのは，ごく当然のことだ。ところが学校を建てるとなると，われわれは使い込んでも古びない無味乾燥な素材を選んでしまいがちだ（もとより耐久性や保健衛生への配慮も必要ではあるのだが）。学校は生命がそこで息づく環

133

境である。それを不毛の地に似たものにしてしまう選択は何としても回避したいものだ。

　上記のような変化は，長い年月を経てようやく見えてくるものもあれば，一日単位の時間のなかで観察できるものもある。問題は，子どもが仲間たちと共に主役として行動する可能性がどれほどまで確保されているのか，ということであり，やった行為を物語り，痕跡として残すことが許され，かつその価値と意味が認められていると思えることだ。記憶し，物語り，記録することは，子どもの権利である。それは教育空間を教育空間として存立させる決定的な質であるといわなければならない。

　多くの点で幼児学校と共通しているものの，乳幼児保育園の空間には，独特な配慮も必要だろう。乳幼児保育園は物理的にも心理的にも安心感を与えるものでなければならないし，個別化の必要（それぞれの子どもの多様な要求に寄り添うものであることの必要性）も，より明白である。だから乳幼児保育園の建築は，このような乳幼児の年齢的特質，その感覚と思考と感情の特質に特段の配慮をはらったものでなければならないのだ。空間の配置にはかなりの注意が必要だし（ある程度，隠れ家的な空間，そこにいると落ち着ける場所も必要だ），面の材質（床材，壁，天井），感触（音，匂い，触感，光，色彩），家具や調度の配置にも（安全性は最大限に確保しながら，しかし子どものその年齢なりの自立心の表れにも）注意をはらいたい。子どもが示している著しい多様性（アイデンティティの，テンポとリズムの，性の，習慣の多様性）を尊重しつつ，でも，何か新しいことに挑んでみたい，参加し，発見し，自分を変えてもみたいという欲求を，乳幼児保育園建築は掻き立て，充足するものでなければならない。そうした乳幼児の欲求は，あまり目立たないかもしれないが，もっと年長の子どもに比べても，負けず劣らずに旺盛なのである。

　私見だが，私が乳幼児保育園の環境として好ましいと思うのは「和風」建築のそれである。シンボリックで，メタフォリックで，簡素で，感覚的で，融通が利き，親しみやすく，こぢんまりとしたところが，日本の伝統環境の特徴ではないだろうか。とはいえ乳幼児保育園や幼児学校が（いや，それだけではないだろう），真に生産の，知的創造の，文化の，社会と政治の実験の場として存在するためには，単に言葉で話すだけではなく，行動する場として構想され構

第8章　子ども期の空間的環境

築されなければならないだろう。つまりそれは，かつてのルネサンスの文化が理想として掲げていた真の「工房」にならなければならないのである。

　行動を介して，子どもは自らの学びの過程を理解し，自分の経験を組織することができるようになる。自分と他者の関係を知り，感じとることが可能になるのだ。その行動を反省的に省みるようになれば，その時，認識の主体と対象と手段は明確に形をとって識別されることになる。

まとめ

　環境設計の目標は，以下のことを可能にする空間を構築し，整備することである。

【子どもに対して】
- 自分の可能性，能力，好奇心を遺憾なく発揮させること。
- 他者とのコミュニケーションに道を開くこと。
- 自分だけで，あるいは他者たちと共に，探索し，探求すること。仲間たち，あるいは大人たちと。
- 自分をプロジェクトの，あるいは学校で行われるすべての教育プロジェクトの構成主体であると意識できること。
- 自己意識（ジェンダーのそれを含めて），自立性，自信を確かなものにする。
- 自分のアイデンティティ，プライバシーが尊重されていると思えること。

【教職員に対して】
- 子どもたち・親たちとの関係を補佐し，より緊密なものにしてくれていると感じられること。
- プロジェクトの実施を補佐し，その運営と資料の整備保存に役立つものであること。
- 現職訓練・現場研修のための利便性が高い。
- プライバシーが配慮されている。
- 大人同士で，同僚や親たちと，気軽に面談できるように空間や家具が設えられている。

【親に対して】
- きちんとこちら（親）の話が伝わり，十分に情報を与えられていると思えること。
- その必要があると思ったら，適当なやり方で，いつでもほかの親たちや教職員と相談できる。

　建築は過程的なものである。それはコミュニケーションを媒介するが，それとともに，それ自体がコミュニケーションなのだ。乳幼児保育園も幼児学校も，どちらも「システムのシステム」であるが，学校空間は，プロジェクトとプロジェクトの相互の結びつきを下支えするものでなければならない。

　それは使って楽しい環境でなければならない。全部の感覚が，そこで息づくような空間でなければならない。学びをもっと前に進めようと，思わずその気になってしまうような空間。

　心の通う空間であること。人がそこで過ごす時間の意味をしっかりと汲みとり，また与えることのできる，そんな環境であること。

第9章
教育に，今，問われているもの

Le domande dell'educare oggi（1998）

　しばらく時間を置いてから自分の講演原稿を読み返したりすると，どうも気まずい思いに陥ることが，私の場合は多い。変えたり，付け足したり，部分的にカットしたり言葉を置き換えたりしたくなってしまうのだ。要するに私は，それを今の私の考えに――私のなかで変容を来してしまった私の考えに，適合させようとしているようなのだ。それでどうも，しっくりとこないようなのである。

　この講演原稿を読み返した時は，そういう感じが起こらなかった。1998年，私は父母たちとの集会のために，これを書いた。市立の幼児学校・乳幼児保育園の父母たちの集まりで教育講演を行うことになったのである（その頃の学校数は32校で，約2,500人の子どもたちがここに通っていた）。この時，私は市の教育長で，総論とも序論ともつかない文章の執筆を依頼されていた。

　私たちは――私と，市で幼児学校と乳幼児保育園を担当しているペダゴジスタ・チームの同僚たちは――私の講演とその草稿を父母と教師の会での問題提起に使うとともに，各校にも配布して引き続き討論資料として利用してもらうことにした。

　このようにして，まる1年に及ぶ長丁場が始まった。父母はここでもまた高度な力を発揮して熱狂的にこの企画を支えてくれた。親たちは単に聴衆となるだけではなく，議論に加わり，それを深めてくれたのである。その討論は録音され記録に起こされて，年度末に開かれた有志の集会で，出席した親たちに配布された。このように父母たちは教師ともども，この企画のとりわけ能動的な主役だったのである。

　実際，レッジョでの学校と家族の関係は，教師と親の，単なる個別的な関係にとどまるものではない。まして教師が親たちに，ああしなさい，こうしなさいと言い，これは正しいがあれはダメと説教を垂れる，上意下達の関係とは縁が薄い。そうではなくて，この現代社会に，学校の内と外に，教育の目指すべき価値と様式を共同で構築する，両者はその仕事仲間なのである。

上述のように，この講演原稿は1998年の一連の集会での討議のたたき台として書いたものである。その後，私の内部でも私の周辺でも，多くのことが変化した。数年のうちに世界は激変をとげ，2001年9月11日このかた，恐怖と混迷の最中を彷徨している。しかしながら，以下のいくつかの問いと提言は，今なお，そのアクチュアリティを失っておらず，教育が課する諸問題・諸選択を読者が熟考する手がかりとして活用していただけるものと，私は今，改めて確信している。

● ● ●

　すべての世代は，どんな価値と知識を，どんなやり方で新しい世代に伝承するかを模索し，自問してきました。よく考えてみますと，私たちの文化では，いや，他の文化でも同じですが，何世紀もの間，そんな問いを提起して答を出してきたのは，ごく少数のエリート階級の者たちにすぎませんでした。この人たちが，すべての人間の教育の理想をお手盛りで決めていたのです。
　技術的な能力の場合は話が簡単でした。父親から息子に，母親から娘に，それを伝えればよい，というわけです。工業化の時代になると，近代国家とか，さらには市民社会が成立して，人権や市民権が認知され，新たに民主主義という概念が生まれてくる。そしてそれが労働権，選挙権，そして学校と国民教育制度という形で表現されることになります。もっともこのような新たな社会的仕組みがこの国にもたらされ（他の国ではもっと早く成立していたものなのですが），大きな変化を呼び起こすのは第二次世界大戦以後のことでしかありません。新しい権利が，そう，義務ばかりでなく新しい権利が，そして新しい価値観が立ち現れ，なかでも，家族の役割，男女のアイデンティティと役割が大きく変わっていくのです。
　新しいテクノロジーとグローバリゼーションの動きが，労働者としての，あるいは市民としての，あるいは父母，あるいは子としてのわれわれのアイデンティティを激変させていますし，この変化は今後も続くでしょう。消費社会は，新しい価値観，新しい人間関係，新しい時間と空間の観念を提供し，押しつけてさえもいます。何だか，歓びの時間も不安の時間も，哀しみの時間もお祝いの時間も，みんな消えてなくなってしまったかのようです。個人の時間も，集団の独自な時間も，もうどこにもない。お仕着せの時間割のほうが，私たちが

第9章 教育に，今，問われているもの

生きたいと思う，伝えたいと思う人間のあり方を勝手に選んで決めてしまっています。この時間はますますもって消費と生産にしっかりと繋ぎとめられた時間となっています。

皮相で退屈かもしれないこんな分析は，いい加減に切り上げましょう。私はただ，もっと中心的な考察，「家族とその変容」に話を繋げようとして，こんなことを申し上げているのです。

すなわち，

- ここ数十年間に家族のあり方が激変したという。何がどう変わったのか？
- 女性の社会的な役割が，そしてその結果，母親への期待がなぜ変化したのか？
- 家族を構成する個人の意識が変わったといわれるが，それは家族のイメージを根本から変えなければならぬほどに著しいものなのか？
- 父親の役割が変化したという。人によっては，ますます「母親化」しているようだというのだが，それは本当か？
- 誰が権威をもっているのか？　現代家族における権威とは何なのか？　それは権威なのか，威厳なのか，あるいはそれ以外の何か，なのか？
- 家族が変化した，とすれば，変化したのは家族に対する社会の期待なのだろうか？　家族の権利なのだろうか？　それとも家族政策なのか？

核家族化，再婚家族，複雑な親子関係，そうした要因をいくら数え上げても，ますます多くの家族がますます孤独や無力感を訴えている今日の状況を，しっくりと理解することはできないでしょう。私が家族といっているのは，具体的に母親であり，父親であり，祖父母，ベビーシッターを指しているのですが。

一種，子どもの教育や養育の放棄ともいえる現象が多く目につくようになっています。子どもはただ心配種になっているだけで，心配してもらってはいないのです。親がやらなければいけないことを，他のどこかに（学校に，祖父母に，スポーツチームに）肩代わりさせてしまう傾向が，はたしてないでしょうか？あるいは逆に，家族があまりに自閉的になって，いっさいの文化的・経済的な支援を拒絶してしまっているということが，はたしてないでしょうか？

139

子どもの教育のための優れたプロジェクトは，ますます稀少になっています。あれこれと子どもに要望を投げかけることは頻繁にあっても，子どもとは何者なのかを問う声は少なく，いわんや子どもが何を望んでいるかを問題にする者はほとんど見かけません。

　子どもについて，何か不安があるのでしょうか？　その不安は，どこから生まれ，それをどうしたいのでしょうか？　でなければどうして，あれほどに目の色を変えて，わが子のためによかれとばかり，より多くのお金と時間を投入しようとするのでしょうか？　でも，そのよかれとは，何なのでしょう？　誰が，それを保証してくれるのでしょう？　どんな規準で？

　このように考えてきますと，もう一つ重要な考察対象に向き合うことになるのではないかと思います。それは子ども期と社会との関係です。

- 子どもである（childhood），とはどういうことなのでしょうか？
- 誰が，それを決めるのでしょう？
- どのようにして？
- その結果，どのような子どもの固有性が，どのような権利が承認されることになるのでしょうか？

　子ども期というのは，ご存知のように，一つの解釈であり，文化的に構成されたものなのです。どの社会も，どんな歴史的時代も，自分なりの仕方で子どもなるものを定義してきました。それに依拠して子どもを解釈し，こうなるはずだという行動を期待してきたのです。

　そこで私は，私たちが子どもと大人の関係を考える時の核になると思われる中心的な問題について，どうしても一考しておかなければならないと思うのです。

　これまでも縷々お話してきたことの——また子どもと大人の関係を問い直す時の基本問題は，われわれの文化が，そしてわれわれの一人一人が，どのような子ども観に立ち，どのように子どもと関わるのか，ということであったと思います。われわれのレッジョでの経験に則していうならば，それは子どもをどのようにイメージするのか，ということであったわけです。解釈として，歴史

的・文化的な定義として，私はことさらにイメージという言葉を使っています。
　子どもは結局のところ，私たちの視線，私たちが子どもを見るその眼差しの如何によって定義される存在です。ところがご承知のように，私たちは自分が知っているものしか見ようとしませんから，子どものイメージとは私たちが知悉していて，私たちが承知している子どものイメージ，ということになってしまうわけです。このイメージが，私たちの子どもへの関わり方を決定します。この子はきっとこうなんだという見込みを立てて，それにもとづいて，彼の周りの世界をお膳立てしてあげるのです。
　有能な子ども，というイメージについては，ここにいらっしゃるみなさん方はもうとうにご存知だろうと思います。レッジョの乳幼児保育園や幼児学校はまさにこの子ども観に立脚して運営されてきたのでした。何について有能だというのでしょうか？　自らを世界と関係づける，そのことにおいて子どもは有能なのです。世界を知っているわけではありませんが，それを知る道具をもっていて，知りたいと欲しているのです。このようにして子どもは世界を知り，その世界との関係のなかにある自分自身を知っていくのです。
　生まれたばかりの子どもは，すでにして周りの人間たちとの確かな絆をその手に握り締めています。人の顔を見て，懸命に唇で乳房を探し，ほら，すっかり満足して，抱っこしてくれる人の腕のなかで嬉しそうです。だんだんに合図を送って，応えてもらうようになります。別な合図を送って，面倒を見てくれる人から別の反応を引き出したりもします。歓びの合図，幸福の，苦痛の，空腹の，悲しいという合図，怒りや恐怖の合図。聴いてもらいたい，理解してもらいたいさまざまな感情を，赤ちゃんはいろいろな仕方で訴えます。こうしてその赤ちゃんならではの語彙集ができ上がるのです。通用すればすっかりご満悦，うまく通じないと，これは大変です。
　子どもは有能です。なぜって極度に柔軟な頭脳をもっているのですから。頭脳は際限もなく柔軟で，いろいろなことを経験しながら，そうすることででき上がっていきます。小さな子どもの頭脳の成長は，特に人生のはじめの頃，6歳か8歳頃までのそれは，圧倒的です。その後も成長は続くのですが，何といってもこの年頃のそれはすごい。
　ですから決定的なのは子どもが，"どんなことを"，どんな理由で，どのよう

にするのか，ということであり，換言すれば，どのような関係性のもとで，どんな瞬間にそうした行動が生まれてくるのか，ということでしょう。

　ただ単にどれだけのことができたかが重要なのではありません。誰と一緒にいた時に，どんなはずみでそれができたかが大事なのです。それがはっきりしてくれば，子どもの行動の意味や理由を，なるほど，そういうことなのかと理解できるのです。

　子どもは有能である，と繰り返し私は申しています。子どもは語り，聴くことのできるからだをもっています。それによって自らに，そして事物にアイデンティティを賦与することのできる存在なのです。だからして子どもは有能なのです。からだは感覚を具えています。それで現実を知覚します。とはいえからだは，その潜在的な力を閑却され，錆びたままの状態に留め置かれると，知の営みからだんだんに遠ざかっていく危険性をも併せもっています。

　からだと精神は不可分です。からだと精神が不可分であり，相互に高めあう一つの統一体を構成していること，そのことがますますもって鮮明になりつつあります。

　私たちの認識活動が，精神とからだで行われるとするならば，それはまた理性と感情を介して行われる，ということになるでしょう。からだは性差をもっています。私は単に生殖器官の相違をいっているのではありません。男であり女であることによって性的なアイデンティティが違ってくる，ということです。子どもとは，男の子であり，女の子なのです。少年たちであり，少女たちです。これは大きな差異です。確かに唯一の差異ではありませんが，もっとも意味深い相異の一つです。それは私たちにとって一つの制約ですが，しかし宝でもあります。

　世界を解釈するそのやり方，世界との関係の仕方は，男の子と女の子ではかなり異なっています。私たちが子どもを見る時の観点や期待の仕方も，男の子と女の子では違いがあります。たとえば女の子はより早く自立し，困った時でも自分で何とかするものだと期待されています。こんなことを考えていくと，改めて考えたほうがよい重要な問題がほかにもいろいろ浮かんできます。

• このような差異をどのようにして私たちは育ててきたのでしょうか？　社会

第9章 教育に, 今, 問われているもの

を見ていますと, どうも性差を解消するような方向で動いているようにも思えるのですが (たとえばファッションとか, 言葉づかいとか, やっていること, とか)。はっきりと見られる性差は, どのようなものなのでしょうか？ 他の人と会話する時, 私たちはそれをどのように遵守しているのでしょうか？
• 私たちはどのようにして社会的に性差をつくり出しているのでしょうか？ 女の子らしく男の子らしく振る舞う, ということは, 今日の, あるいは明日の社会の女として・男としての自分をつくっている, ということなのですが。
• われわれの将来は, 誰かが言っているように,「女性化」に向かっているのでしょうか？ それとも, 逆でしょうか？

　子どもの性について語ること, 子どもたちが自分たちの性的アイデンティティに気づいていくその態様について語ることは, すなわち, 私たちの性的アイデンティティについて語ることであり, 私たちがこの社会で, 女として, 男として, 性を語り, 生き, 活かしたり殺したりしてきたその所業について語ることにほかなりません。
　教育する, というのは, けっこう気骨の折れる行動なのです。それはまずもって自分たち自身を省みることであり, それについて語ることであるからです。私たちのタブー, 私たちの沈黙, 私たちの偽善, 不安, 子どもに対する, そして自分たち自身に対する率直な感情, 心のありのままの動きに向き合うことであるからです。性は, 裸体と同様に, 人の眼から隠されてきました。人間はどのようにして生まれるのか, とか, 性関係のことなど, 性に関する「情報」は, その多くが知らされないままに秘匿されてきました。
　これではいけないと思うので, 私は性教育を, 性のアイデンティティを, からだと性をもった人間の尊厳を, もう一度, 考え直そうではないかと呼びかけているのです。からだは, そこで認識が行われ, そこで歓びが, 愛着が, 欲求が経験される生命の場です。そして私はみなさんに呼びかけたいのです。男の子も女の子も, 誰もが自分のからだを受け入れ, その価値を認めて愛し, 尊重するように, われわれはどんな手を差し延べればよいのか, それを一緒に考えようではないか, と。それはおそらく, 自分と他者を愛し, その価値を認め, 尊重することと別なことではないでしょう。からだは不安の対象ではなく, 思

いやりと尊敬の対象であるはずです。からだは認識の対象であり，かつまた手段なのです。

　からだを通してのこの認識活動は人間に特有なものですが，とりわけ子どもに顕著に見られるものです。それを押さえつけることなく助長し，その表現の自由と発展を阻害することなく保護することは，私たちに課せられた容易ならぬ課題なのです。

　容易ならぬ，というのは，われわれもまた子どもたちにかこつけて自分を解放しなければならないからです。私たちのからだと，私たちの性に絡みついている文化的な拘束から自由になっていかなければならないからです。子どもたちに伝えなければならないのは，私たちの恐怖や不安ではなく，私たちの勇気なのです。からだに寄せる愛情と知識が深ければ，それだけからだをめぐる危険は少なくなります。知識と信頼に裏づけられた性愛は，偏愛やいかがわしい性的興味とは容易には混線しません。

　それはまた，許されることと許されないこととの間に一線を引き，ルールを設けるということでもあります。

　ここに至ると，私たちは倫理と価値の領域に踏み込むことになります。かつての性教育は性に関わることはおしなべて卑猥視する蒙昧主義の神話とたたかってきたのですが，今やたたかうべき敵は極度にあけすけで商業主義的な露出趣味になったといえるかもしれません。どちらにしても，それを支配しているのは無知，からだの，愛の，情感の美に対する無知なのです。

　おそらく，それは解釈と評価の問題，すなわち何を価値として重んじ，何を，それはやってはいけないこととして徴（しるし）づけるのか，という問題だろうと思います。

　制約をどうするか，これは大きな問題です。子どもは有能である，と私たちは繰り返し述べてきているのですが，これには落とし穴もあります。それは，2つの落とし穴です。

- 一つは，早熟をもてはやす思考。私たちの手前勝手な願望，何でもできるようになればよい，早ければ早いほどよい，という親の願望を子どもに投影して，子どもは有能だ，何でもできると考えてしまうことです。子どもはこの

第9章 教育に,今,問われているもの

年になればこんなことができるはず,できてほしい,と私たちは考えてしまいがちです（ルイジは,もうハイハイしているんですって？ うちの子も,しなければいけないんじゃないかしら？ うちの子,遅れているんじゃないかしら？）。
- もう一つの落とし穴。それは,子どもの声をちゃんと聴いていないのではないかという不安,子どもが独り立ちする芽を害ってしまうというおそれから,義務を課したり,制約を設けることを躊躇ってしまうことです。

　私たちが語っている制約とは,どのような制約なのでしょうか？ 子どもをそのようなものとして——確かに大人とは違っているけれども,仲間の他の子どもたちと同様に,権利と人格をもつ一個の主体である——見定めたうえでの制約であるはずです。
　問題は「だめです,それはいけません」と言い切ることです。この「No」が重要なのです。子どもの教育と健康にとって,これは良いこと,これは正しいことであり,これは間違ったこと,これは良くないことであるという考えを,はっきりと示すことが必要なのです。これはそれぞれの家族の仕事でしょうが,学校の,社会のそれでもあります。
　Noと,言わなければならない。でも,どのように,そのダメを言ったらいいのか？ 理由を説明して？ 話し合って納得して？ 問答無用に「そっけなく」？ 規則を決めればいいという。でも,その規則を,誰が,どのようにして決めるのか？ 家庭の規則,学校の規則。それは違っているのか,同じなのか？ 一貫性を追求すべきなのか？ 違うとすれば,どんな違いが？
　規則というのは,面倒なものです。子どもにとっても面倒だけれど,教育者にとっても厄介です（ここでいう教育者とは,教師と親,その両方です）。議論し,取り決め,説明し,コメントを加える,修正することもあって大変ですが,私の考えでは,どれも必要。大人たちが子どもの成長を助けるという責任を没却した時に,一人学校だけでそれを解決することはできません。学校と家族が対話しながら構築していかなければならない教育のプロジェクトとは,まさにそのようなものなのです。厄介だとか,しんどいとか,手が抜けないとか,間違うとか,損だとか,そんな小言に足をとられてはいられません。
　教育に伴う苦労とか責任とかは,学校教育に固有なボキャブラリーではあり

145

ませんし，学校だけが頭を悩ませていればよい問題でもありません。家庭には，家庭の独自な責任があるのではないでしょうか？　ではその責任とは何なのか？

　一例として危険と安全ということを考えてみてもよいでしょう。成長には，そして教育には危険が伴います。成長し，大人になっていく過程で，子どもは危険を冒すのです。

　彼らと共に，そして彼らのために，われわれが冒したいと思う危険は，どのようなものでしょうか？

　彼らがどんな危険を冒すことを，私たちは許すのでしょうか？

　私は身体的なリスクのことを言っているのですが，しかし心理的なリスクだって同じです。何かの価値のために，リスクを冒す場合を私は言っているのです。友情を，連帯を，差異への寛容を，他者と心を通じ合う気持ちを，要するに私たちが学校で大事にしてきた諸価値を守ろうとするがゆえに，子どもは危険な一歩を踏み出すこともあるのです。それは実際の体験を通じてはじめて受け継がれていく価値です。友情を生きること，差異を尊重すること，対話と連帯，どれもそうです。これを実行する覚悟を，私たちはしているでしょうか？　優越性，孤立と分断がしばしば「支配」するこの社会で，あえてこれを行う心の準備を，私たちは行っているでしょうか？

　私はみなさんに，そして私自身に求めたいのです。なるほど，一足飛びにはいかないだろう，でも，子どもたちと若者たちをどうか孤独のなかに置き去りにしないでほしい。友愛と連帯，愛と対話のなかで行われる教育であってほしい（言っていることとやっていることがまるで無関係という，あの態度はもうたくさんです）。

　実のところは，子どもも青年もますます深く暴力に染まって生きています。ある時は暴力の被害者となり，ある時は加害者となり，多くの場合は交互にその加害者になったり被害者になったりして暮らしています。私たちが陥りやすい危険の一つは，無力感の虜になってしまうことです。そして自前の「ユートピア」に，自分だけの世界に立てこもってしまうのです。

　かといって，私はかつての規則ずくめの学校，兵営学校を懐かしむ気持ちにはなれません。自分の子どもたちに，私たちが「疑心暗鬼の文化」と呼んでき

第9章 教育に，今，問われているもの

たもの，他人を見れば「敵」「危険分子」と思えと教え込んできたあの文化を，またしても強いようとは思いません。あれは他者と世界を常に敵対物，すきあらば君を，君のからだと心を脅かすものと観念させ，解釈させる文化です。

確かに私たちの周りを見ると，自他のどの文化においても子どもが暴力にさらされている現実を感じないわけにはいきません。私たちはもっと耳を澄まして子どもたちの声を聴く必要がありますし，もっと身近に子どもたちを観察し，彼らと対話する必要があるでしょう。しかしながら，それは詮索やスパイ行為であってはなりませんし，子どもたちのプライバシーの侵害であってもなりません。何より心しなければならないことは，世界に対する彼らの好奇の眼差し，その心の弾みを奪ってはならぬ，ということです。

子どもたちの自由な人生に向けての成長を助ける，そのための堅固な，愛のこもった，強靱で波風にへこたれない支えを，私たちは提供しなければなりません。

彼らにも，そして私たちにも，自分の内部を見つめるための，もっとたくさんの時間をつくり出さなければなりません。もっとたくさんの時間をかけて，子どもたちと，周りの他の人たちと，対話しなければなりません。それを怠った時の危険は甚大です。子どもたちは猜疑のなかで，孤独のなかで，成長することになるのです。生きるのではなくて，ただ生存することになってしまうのです。

こんな「疑心暗鬼の文化」に抗して，何か子どもたちの自立を助ける可能性がないかどうか，子どもたちがそのからだと心の羽を，困難ではあるが驚異に富んだ未然の旅に向けて広げる，そして人生の意味の探求に出立する，そんなもう一つの方向を考えてみようではありませんか。

自立，真の自立を確立するためには，他者たちの支援が，愛情のこもった他者たちの支えが必要です。それがないと，孤独に陥り，個人主義に走ることになってしまいます。

価値についてはすでに前にも触れていますが，もうちょっと言いたいと思います。こんなにも大規模な人口移動が起こり，文化や宗教も多様化している時代，科学が（特に分子生物学が）進歩して人間や生命という概念そのものが問い直されているような時代に，一体どのような価値を教育するというのでしょう

か？　経済も知識もすっかりグローバル化して，他の大陸の未知の誰かとインターネットで対話するほうが，誰だかわからないけれど毎日会っている近所の住人と話すよりもずっと容易，というこの時代に。

　語るべき価値は多々ありますが，今はそのなかから，感情の価値ということ，つまり感情と情緒の教育について，少しばかりお話したいと思います。

　この問題を取り上げるのは，私たちは，男女を問わず，感情を表現することに（特に男たちはそれを声に出して言うことに），ともすると不慣れであるからです。私たちは感情という高い価値をもつものを抱きながら，それをどう扱い，誰にそれを向けるかを知らずにいます。これはまことに由々しい人間性の浪費です。われわれの行動を決定するのは，かなりの部分，感情です。そして感情には，それなりの理由があり，論理があるものです。精神の理性があるのと同様に，ハートの理性というものがありますが，両者は必ずしも一致するわけではありません。私たちとしては，その両方を認知し，承認して，それぞれに形式と正統性を与えていく必要があるでしょう。私たち大人は，このハートの理性，感情の論理に対して，身を引きがちです。愛，情熱，恐怖，不安，悲哀，歓び，幻滅と落胆，どの感情に対しても，警戒的です。しかし子どもたちは，そうした感情を恐れません。もしも私たちが彼らの心の声に耳を澄ますならば，退けることなくそれに聴き入るならば，子どもたちは語りはじめます。相応しい形を与えて，それを受け入れるために，あなたに耳を傾けてもらうために，それを語りはじめるのです。

　感情は，彼らが行う世界の探求を助けます。理解を助け，関係をつくり出します。子どもの感情は激しく強烈で，しばしば大人たちを困惑させます。大人はしばしば逃げを打ったり，微笑でごまかしたりします。感情を受け止める用意がなく，特に「この種の難しい感情」には対処のしようがないと匙を投げているからです。

　マルコ（5歳2か月）が言います。「苦しみと痛みって，同じものなのかな？　君が痛いというのは，どんな痛さなの？　誰かが君をぶって，君がそれで怒っているとするよね。それは，ぶたれて痛かったから。でも，お母さんから叱られた時の痛みって，それとは違うよね。そんなことになったら，君はどこかに

こそこそと隠れるよね」。

ヴァレンティーナ（5歳4か月）。「失望するというのは，誰かが，やらなくちゃいけないことをやっていない，ということなんだわ」。

サラ（6歳）。「失望するとね，わたし，青くなったり黄色くなったりするのよ。でも10秒もすると，元に戻るわ。みんなが，こんなに早く戻るとはかぎらないわよね。その人のやり方があるものね。でも早いと，それだけいろいろなことができるし，楽しめるわよ」。

ラウラ（5歳4か月）。「ミロは私を好きなのよ。でも，私は嬉しくないわ。私は，サムエルが好きなのよ。わかっているわ，こんな年で誰かを好きになるなんて，滑稽だってこと。先生も冗談にして笑うわ。ママも，そんなにチビなのに，と言ってとりあってくれない。私，いやだわ。だって，私にとっては，とても大事なことなんだもの」。

いろいろな感情（怒り，愛，恐怖，信頼，悲哀，苦悩）は，それを語ることができれば，決して恐れるに足るものではありません。以下のような傾聴の文化を習得することも同時に必要でしょう――いろいろな感情を発達させること，感情の教育，新しい批判的な仕方での省察能力，いったん身につけた諸価値を留保できる心の広さなどです。感情は，その感情そのものに対して責任を担うことを，そして勇気を，私たちに要求します。感情を率直に認め，それについて述べる勇気を。

そうすることで，私たちは，自分の内部から，それまで知られずにいた別な自分が立ち上がってくることを知るでしょう。そしてそれに与えていく形を，必ずしも教育によっては見つけ出すことのできない形式を探り出す力を，自分のものにしていくでしょう。

自分の感情をそれとして認めることは，他者に対して自分を開くことに等しく，自分と他者の相異を，そしてまた他者の感情を理解することに繋がります。自分たちの何が共通しているかをつかんで，「他者の立場に自分を置く」ことも可能になるのです。

子どもたちとの対話は，主要には，やりとりをする，話をよく聴く，そして感情を共有する，という仕方で行われることになるでしょう。子どもたちの感

じ方は，われわれとは大違いですが，しかしとりわけこの年代の子どもたちは「ハートの理性」に対してはなかなかの感度を具えています。

　このようにして私たちが，本当は子どもたちと，身体的にも心理的にもそんなに違わない存在であること，能力もあれば破れ目もある，でも身近にいてくれる人間であることを知らせ，感じさせることが大事でしょう。私たちの理性ばかりでなく，私たちの感情と情念を（怒ることもあれば，ダメよと拒絶することもある私たちの姿を）子どもたちに知らせることは難しいけれど，私たちに与えられたとても大事な義務なのです。

　何はともあれ，私たちがそこにいる，何があってもそこにいてくれる，と，子どもたちに感じさせなければなりません。ウンと言おうがダメと言おうが，とにかく，そこにいる。いつもウンと言うとは限らないが，でもわかってはくれていて，一緒にいてくれる，子どもにとって大人はそんな存在でなければなりません。子どもと，若者と共にある，ということは，つまりは，彼らの傍らにあって，一緒に人生の意味を探っているということでしょう。

　たくさんのことを申しましたが，たくさんのことを積み残してもいます。みなさん方のお力で討論の口火として活かしていただくことができれば，私としてはたいへんに有難いことです。

　一言，付け加えることをお許しください。私たちの教育実践は自立しながら共同社会に参画することのできる個人の形成を目的にして行われてきました。共同社会の一員に自分たちを変えることは，その人自身であることを必ずしも否定することではありません。個人はその強さと，その弱さを抱えもちながら，人間の共通の命運に深く関与するのです。追求しなければならない基本的な善とは，万人が分かちもつ普遍的な人間性であることを深く確信した人間，私たちがともすると拘泥してしまう種族や特権の色眼鏡をはずして宇宙を見つめることのできる，そんな人間に育ってほしいのです。それはまた楽天的な眼差(まなざ)しで，子どもたちの持ち味であり，彼らが私たちに伝えることのできる特質でもある，果敢な楽天性と共に未来を眼差すということでもあります。

第10章
ドキュメンテーションと探求の文化

Documentazione e ricerca（1999）

　以前にも述べたことであるが，テーゼや概念によっては，それを何度も繰り返して述べる必要が生じてしまう。自分たちの経験のなかで真に特徴的なもの，その糸口になるものについて語ろうとすると，どうしても言を重ねることになってしまうのだ。おそらく，それほど書きにくいからでもあろうが，おそらく，それほど複雑で，理解が難しいからでもあるだろう。実際，こうした諸概念の新しさをそれとして把握するためには，聴く側に，とりわけ，教育の現場で働いている聴衆の側に，ある種のパラダイムの転換が求められることになるのだ。

　そうした概念の一つが「ペダゴジカルな探求（ricerca pedagogica）」である。もっと正確にいえば，日々の教育実践のなかで見えてくる「教えと学び」の関係性をどう捉え，どう理解するのか，という問題である。これからそれを手短に説明したいと思うのだが，自慢話をひけらかそうとしているわけではなく，われわれが「ドキュメンテーション（記録の作成）」を通して子どもと教師の学びのプロセスを理解し，それをサポートしようとするや，それこそ毎日のように遭遇することになる子どもたちの豊かな直観と創造性の煌めきに，もっとはらうべき敬意をはらおうと呼びかけているのである。

　以下の講演は1999年6月レッジョで開催された国際シンポジウムのために用意されたが，集会のタイトルは「学ぶことを学ぶ（imparare ad imparare）」であった。たまたまの符合ではなく，準備を進めていくなかで，このテーマに落着したのである。当時の私はレッジョ・エミリアの全市立校を代表する総ディレクターの立場にいたが，それを辞去してより多くの時間を調査と研究に振り向けようとしていた。そのことも一つの動機になって，私は——あるいは私たちは——上記のタイトルの根底に流れている問題意識を「ペダゴジカルな探求（＝教育研究）の重要性（l'importanza della ricerca pedagogica）」というテーマに絞り込んで大会を運営することにしたのである。

　私たちがこれに取り組んでいた時期，イタリアでは学校制度の改革がしきりに論議さ

れていた。さらに重要なことは，われわれが乳幼児保育園と幼児学校をもう一度新たに再法制化しようとしていたことだ。それらは，あまりにもしばしば個人の要求に応える託児サービスと見られていて，教育の場としては語られてこなかったからだ。そこで働く教育者たちの資質の向上を求める動きが，国内的にも国際的にも大きくなるなかで──とはいっても，グループワークや記録作成にはまだ脚光はあたっていなかったのだが──関連法規の新たな立法化は重要な課題になっていたのである。

　世界各地の友人・同僚たちを迎えて行われたこのイベントは，まことに貴重であった。多様な地域の参加者たちがそれぞれに持ち込んだ報告が，レッジョの教師，ペダゴジスタ，アトリエリスタのそれと織り合わされた。レッジョ側は，市内のそれぞれの学校で取り組まれてきたリサーチ・プロジェクトのなかから，内外の参加者の関心に応え，論議を呼びそうなものを選んで発表した。たとえば「ドキュメンテーション（記録の作成）とその評価」「学校運営と地域参加」「都市レッジョ・エミリア」「新しいテクノロジー」「倫理と道徳」「演劇」「空間と教育環境 (lo spazio e l'ambiente educativo)」「音楽言語」「障害者の権利」などである。

　これらのプロジェクトは──時には口頭で，時にはイメージで報告されたのだが──それらは知見の報告であると同時にさまざまな形での行動の報告であった。知見なしの行動はあり得ないが，行動なしの知見もまたあり得ない。知見は常に行動との円環の輪に投じられ，そこで不断に修正されていく。まさにそうしたスタイルをとることによって，ペダゴジカルな探求（ricerca pedagogica）はそれがもつ深い意味を開示してきたのである。

●　　●　　●

　みなさまとこの貴重な機会を共有できますことを，私と，ここにいるレッジョの者一同は，心より喜んでいます。そうです，本当に貴重な機会だと思います。それというのも，これからの数日は単に教員研修の機会であるだけでなく，何よりも，教えることそのものの，教師であることの意味を探求しようとしている方々の出会いの場であるからです。

　私たちがみなさまと共有したいと願っているのは，私たちの経験，というよりもそれを動機づけている理由のようなものです。一日一日が新しい発見と可能性に満ちた，ユニークな一日となったかのようなあの充実感を，みなさまにお伝えしたいのです。私たちの一日一日は，あらかじめ誰かが用意した中味

第10章　ドキュメンテーションと探求の文化

（スケジュールだの計画表だの）を詰めた閉じた箱ではありません。それは他者たちと共に（そう，子どもたちや同僚たちと共に）手づくりで生み出していく時間なのです。それは意味の探求であり，子どもたちだけが，その時間の何たるかをあなたに教えてくれるのです。私たちは自分たちの仕事を通して，それに気づいたのですが，みなさまにも，願うらくばそれを知っていただきたいのです。こうした経験の総体を，私たちはペダゴジカルな探求（教育研究）と定義しているのです。

　毎日を特別な一日たらしめているこの生成的な力は，まさにドキュメンテーション（記録の作成）と探求に宿る力であると，私たちは思っています。もう少し理解を深めていただくために，いくつかの考察を加えることをお許しください。

　私が申し上げたい第一の考察は，マリア・モンテッソーリの再読から得られたものです。今世紀の初めにモンテッソーリ博士が書かれたことを，今世紀の終わりに，われわれはもう一度確認しようとしているわけです。

- 常に子どもから出発すること。いま彼に貼られている1000のレッテルから自由になって，あるがままの彼を受け容れること。
- 口先だけでなく具体的に，学校の活動の主軸を教授から学習にスライドさせること。子どもたちの構成的で協働的な活動を奨励し，教師は手軽に利用できる，しかし決して圧倒したり干渉したりしない支援者であるべきこと。今日は一緒でないとできないとわかっていることでも，明日になれば自分だけでできることを，子どもは知っているのである。
- 子どもたちとも一緒になって，学びのための教育環境を構築しよう。空間，備品・調度，教材，道具の配置，活動のスケジュール，共同作業，集会，交流などなど。

　私は自問しました。その自問を，そのままみなさまに投げかけましょう。これ以上に何を言うことができるでしょう？　ここで私たちを見つめ耳をそばだててくださっている方々に，一体，これ以上の何を申し上げることができるというのでしょうか？　マリア・モンテッソーリのこの思想を越える何かを，子

153

どもに，子どもたちの前に，並べて見せることができるというのでしょうか？

　私もまた，承知しています。このマリア・モンテッソーリの著書を起点にして数多くのことが書かれ，精緻化され，発展し，また現代化していったことを。モンテッソーリが現役であった時代と今とでは社会の様相が異なりますし，彼女が抱いていたイメージもわれわれのそれと同じではないでしょう。優れた研究が輩出していますし，新しい学問分野からの知見にも事欠きません。ちょっと挙げるだけでも認知心理学が提起している「足場かけ」の理論，集団学習や総合的学習，多様な言語による表現，学びと教えの相互性など，いろいろなものが思い起こされます。しかし，私の思い違いであってくれるとうれしいのですが，学校のあり方，そこで日常的に行われていることの実際を見ますと，あまりといえばあまりに，何も変わっていない，といわざるを得ません。マリア・モンテッソーリの言は，多くの場合，イタリアでもその他の世界でも，残念ながら，いまだ実現には途はるかなのです。

　妨げている障害は数々あって，すぐにでも，いくつかを指折り数えることができるでしょう。政治的な障害，文化的なそれ，同業者仲間の制約などが，それを妨げています。

　決定的に重要だと私は思っているのですが，しかしあまり問題にはされていないことが一つあります。もっぱら口先だけの言語（il linguaggio verbale）を用いて，学校を，学習を，教育を語っていることです。口先の言語とはいっても，それは誰かから伝授された言葉，ものの本に書かれた言葉であって，あまりにも多くの場合，それは教師の身体からは発語されることのない声なき言語になってしまっているのです。教員養成や現職教員の研修は，十年一日というのでしょうか，学習に関しても，時代や社会との関わりについても，まったく無頓着です。先生たちが自分たちの仕事を生き生きと語り合い，シェアし，共に解明する，そんな営みにしていくためには，新しい方式と言語が必要なのですが，そんなものには一向に眼もくれません。

　このような方式や言語，諸言語の見直し，それらの相互感染が重なり合って新しい方向性が見えてくるのは，どの分野でも同じです。他の分野では起こっているそのような動きのなかから，新しい行為の主体が立ち現れるのです。子どもたちが，そして教師たちが，その新たな行為の主体となるのです。教師た

第10章　ドキュメンテーションと探求の文化

ちはでき上がったシナリオをなぞる代行者であることを脱して，その著者となるでしょう。相も変わらず教育の世界を支配している，理論と実践，文化と技術的実践は別であると言い募るご大層な思想を，少なくとも教育の世界から一掃する，その一歩が踏み出されるのです。もう教師は，どこかでつくられた理論，どこかで下された決定の執行者と自分を見なす必要はないし，そう見られるいわれもないのです。

　そんな常識にとらわれているのはまったく馬鹿げたことで，お払い箱にしなければなりません。研究や教育学や教育の営みに対する，とんでもない誤解，主知主義的で一人よがりな考え方が基本になって，このような思い込みが定着してしまっているのです。子ども，というよりも人間は，いろいろなやり方で省察し対話する力をもっていて，それで認識活動を行い，自分たちの人間性を高めてきたのですが，この偉大な可能性と必然性を学校は頑として認めようとはしないのです。

　今は変革の時代です。

　いまや学校そのものが学習をめぐる探求の場になっていかなければなりません。教師や学生はその主体となり，自分たちの学習行為，認識行為を日々の活動の場において省察する必要があるのです。お察しのように，私はレッジョでの，私たちの記録づくりの経験を念頭に置いて話を進めています。記録といっても，文書として残すための記録ではありませんし，パネルにして壁に架けたり，きれいな写真集をつくる，ということでもありません。やっていることを眼に見えるものにすることによって，学びと教えのパイプを通しているのです。可視的なものとなり，共有可能なものになることによって，学びと教えの相互のフィードバックが可能になるのです。この発見はレッジョでの私たちの実践が現在と未来において，イタリアと世界の教育学に投げかけるもっとも重要な寄与になるのではないかと，そんなふうに私は思っています。

　しかし，ここで立ち止まっているわけにはいきません。

　ドキュメンテーションは，子どもの呟きを眼に見える形にしてくれる傾聴の行為であり，彼らの学びの刻々の歩みを伝えてくれる証言であるのですが，同時にまたプロセスを見えるものにすることによってその可能性を押し広げていく利器でもあるのです。学習プロセスのなかで生み出され，そこで活用される

明晰で内容豊かなドキュメンテーション（たとえばビデオやテープ録音，ノートなど）は，次の点から重要なのです。

- それぞれの子どもがどんな戦略を使って，どのように学びを推し進めているかを，あくまでもその子自身に即してですが，可視的なものにします。教師が，いや当の子ども自身が自分の学びの進め方を自覚的に顧みることが可能になり，それを頭に置きながら自らの知を構築していくようになるのです。この場合のドキュメンテーションは，精神の歩みの結果というよりも，歩みそのもの，その過程の記録といってよいでしょう。
- このような記録を通して，学びの過程は時間と空間のなかで再読され，検討され，評価されるものになります。この再読と振り返り，評価と自己評価は，子どもの認知過程の内属的な一部となるのです。

　学習がどのように行われているかを反省的に捉え直すことは，つまるところ，教師が何を教えようとしているかではなく，子どもが何を学ぼうとしているのかを土台にして，教えを立て直す，ということと同義です。そうすることによって，教師は，はじめて教えるとはどういうことなのかを学習するのです。どういう学びが最良の学びなのか，それを教師と子どもがともどもに探求することが可能になるのです。

　実際，私たちが記録しようとしているもの——そして創出しようとしているものは，子どもと大人がともどもに意味を探求する時に湧いて出る，あの身体を突き抜けるようなわくわく感なのです。それはメタフォリックでアナロジカルな詩的言語をもってしなければ，おそらく十全に表現しきることはできないであろうような感覚です。

　この第二の要素は，モンテッソーリが，いや彼女だけでなく，デューイが，ピアジェが，ヴィゴツキーが，ブルーナーが，その他数々の理論家たちが学習の大原則として言挙げしてきたものなのですが，それが学校では抑えこまれ，はては窒息させられてきたのは，つまるところ，こうした探求（ricerca）を学校教育が拒否してきたからなのでしょう。

　科学研究という時に研究や探求（ricerca）という言葉でどういうことを言お

うとしているのか，またいわゆる「ハード」な科学と「ソフト」な科学，実験科学をめぐる論争についても，私たちはそれを多分に意識しています。しかしレッジョで ricerca という時，私たちはそこに新しい意味を込めたいと思っているのです。知るという営みが真に成立した時に必ずそこに漲(みなぎ)ることになる，あの知的緊張を表現する，より現代的でより生動感の溢れる語彙として，私たちは ricerca（「研究」「探求」）という言葉を用いたいのです。

　探求とは新たな可能性の宇宙に向けての，個々人の，あるいは集団の出立を表す言葉です。探求とはある出来事の生成であり，開示なのです。探求は芸術です。探求は，芸術においてそうであるように，存在の，本質の，意味の追求が行われるところでは事実上どこでも行われます。そのような意味を込めて私たちは ricerca という語を用いたいと思っているのですが——しかし，いっそ複数形にして ricerche とするほうがよいのかもしれません——学校の内外を問わず，子どもと大人が一緒になって行う事物の追求を，それは表しています。願わくばそのような探求の文化をこそ，私たちはつくり出していかなければなりません。

　文化的にも社会的・政治的にも，これほどに激しい変化と断絶にさらされている私たちの時代，ポジティブな可能性を含みながら一方で危険性もはらんでいるこの異種混淆(こんこう)の社会のなかで，この「探求の態度」こそは，おそらく唯一の，妥当で倫理的な態度ではないかと私は確信しているのです。探求・研究の価値について話してきたのですが，そこにはまた，価値の探求ということが含まれている，ということになります。

第11章
乳幼児保育園と幼児学校の連続性

Continuità nei servizi per l'infanzia（1999）

　以下の2つの講演，「乳幼児保育園と幼児学校の連続性」（本章）と「創造性――思考の質として」（第12章）を並べて配置した理由について一言したい。それぞれ別テーマでの講演でありながら，その2つをあえて並べたのは，単に開催の時期が重なったからではなく，どちらも同じイタリアの，ピストイアとパルマで行った講演であるからだ。私としては，まさにそのことをクローズアップしたかったのだ。すなわち，レッジョでの経験はイタリアの他の地域で行われてきたことと，どのような関係にあるのかということで，この機会を利用してそこに浮上している2つの側面に考察の光を当てておきたいと思うのだ。

　レッジョには本質的な特徴がある（アイデンティティの根幹になっている，という意味で，それは「本質」である）。イタリアにおける幼児の教育と保護をめぐる長い攻防の歴史を背景にして，この特徴は形づくられた。レッジョの特徴をなしているのは，教育的探求（特に活動主義的な教育運動）への旺盛な関心とその質の高さ，実践の豊饒さである。と同時にコムーネもまた，低年齢児童の社会サービスに深い関心を寄せ，そのための大胆な投資を惜しもうとはしない。

　近年のレッジョは――一つには国の内外に生じているさまざまな社会的変化に対応して，しかし同時にまたある教育的・政治的選択としていくつかの態度決定を行っており，それらの方針によって，この町は幅広い注目を集めてもいる。一つは1972年の市条例成立以降，0～6歳間の教育を基本的に連続した過程として組織していることだ。今一つは創造性を人間的思考の特質として非常に重要視していること，それはたとえば各学校へのアトリエの設置やアトリエリスタと呼ばれる芸術家の配置，といった措置にも反映されている。理論と実践の緊密な関係が重視されていて，それは教師たちとペダゴジスタという称名の教育学・心理学専門家との密接な共同作業という形で具体化されている。実践の振り返りは（教師，子どものいずれにとっても）自己形成の重要な契機と見なされ

ていて，それは具体的にはドキュメンタツィオーネ・ペダゴジーカ（教育過程としての記録づくり）という形で進められている。美を，美的な探求を，権利に関わる要素として，すなわち子どもや教師の権利としてあえて明言したことも，またそれと共に，親の学校運営への参加を徹底的に追求したことも，レッジョに相応しい革新的な試みであったといえるだろう。

　これらの諸要素がかくも多くの人々の関心を引きつけたのではないかと思われるが，それらが，イタリア各地の同僚たちとの交流や，60年代初期以降の社会変化との格闘のなかから産み落とされたものであることも，これまた確かなのである。マラグッツィや同僚たち（あっという間に友達になってしまった人たちなのだが）と，自動車で，電車で，イタリア国内のあらゆるところを，それこそ北から南まで，旅して歩いたことを，私は思い起こしている。多くの土地を訪れ，多くの豊饒な実践に私たちは触れることができたのであるが，そのなかで，理由も受けた刺激も異なるが，何かにつけてとりわけ思い起こされるのが，ピストイアとパルマなのである。

　ピストイアはレッジョ・エミリアとよく似たトスカナの小都市である。市の規模と同時にコムーネの設立する学校の政策的・文化的志向が，レッジョとよく似ているのだ。ピストイアでの対話のテーマは創造性であり，また0～6歳児プロジェクトについて，つまり乳幼児保育園と幼児学校の関係についての話し合いであった。市の行政府との関係，ペダゴジスタの役割，そのほか学校運営全般に話は及んだ。この対話のおかげで，幼児期教育に対してわれわれが共通に抱いている情熱を確認すると同時に，それぞれが挑戦しようとしている独自な方向性を私たちは見定めることができたのではないかと思うのだ。

　パルマとは同じエミリア・ロマーナ州内とあって，私の印象では，何かと対話する機会に恵まれていた。双方の行政当局と労働者が，長年にわたって協力関係にあったことも，それを助けている。マラグッツィに連れられて私がはじめてパルマに行ったのは1972年であった。この町でも国法第1044号とそれを受けての市の法令をどのようなものにするかが論じられていて，幼児期6年の児童サービスのあり方，そして乳幼児保育園と幼児学校の連続性をどう考えるかが，中心的な論題になっていた。レッジョは（前にも述べたとおり）0～6歳児プロジェクトを選んでおり，これはかなりの程度，連続性のほうを重視するものであった。パルマは逆に両者を分離する方向を選んでいて，教育面でも運営面でも両者は差別化されていた。だから30年を経た今日，幼保の教育的連続性を捉え直すためのセミナーに私のような者が招かれるのは，いささか奇妙なことではあるのだが，しかしこの議論は今のイタリアではかつてよりもずっと切実で，人々の関心を引きつけるテーマになってしまっているのである。乳幼児保育園が幼児学校から切

り離されると，前者は自らの教育的アイデンティティを否定されて，差し迫った社会的需要を充足するためのサービス機関に格下げされてしまう危険性があるのだ。一方，幼児学校のほうも，子どもたちの学びにおいて遊びや創造性が演ずる中心的な役割を見失うことになりがちだ。

　このような傾向があるからだろうが，創造性を中心に置いたピストイアの幼児教育教員養成の試みがこのところ注目を集めている。私たちの間にかねて結ばれていた絆と，上述したような動機から，私はアッナリア・ガラルディーニ（Galardini, A.）の招きを受け，ピストイアにおいて創造性について語ることになったわけである。続いてのセッションでは，ヴェア・ヴェッキ（Vecchi, V.）がディアーナ幼児学校での実践を発表した。この時の出会いを，私は大きな喜びと感謝の気持ちと共に思い起こす。それぞれに違いはあるが，しかし私たちと共に幼児教育の本来のあり方を探り当て，打ち立てようとしている仲間たちの存在を，それは示してくれていた。

●　●　●

　長年働いたレッジョ・エミリアでの経験を踏まえて，これからお話しさせていただくのですが，そこでのプロジェクトは0～6歳児まで，言い換えれば乳幼児保育園と幼児学校の両方を射程において立てられています。

　これからお話しすることは，当市の教育の一連の特徴と密接に結びついて成立したものです。その一つは，教育内容や方法，スタッフの研修からプロジェクトの運営に至るすべてが，市教育委員会の責任下で執行されていることです。他の組織がそれに介入することはありません。すべてのサービスは同じ教育理念にもとづいて，同じ価値を共有しつつ策定され，運営されています。それは開校時間や教職員の勤務時間にも及んでいます。

　なぜ0～6歳児プロジェクトなのか？　その基盤になっているのは，どのような考え方なのか？　このような選択を行うことによって，われわれはどのようなタイプの連続性を希求し，いまも打ち立てようと願い続けているのか？　こうした問題の立て方に，どれほどの現代的意味があるのか？　このようなプロジェクトの価値や意義を今なお主張し続けなければならないのは，なぜなのか？

　いくつかの概念や問題を再考することで，路線選択に際して私たちがレッジョで行ってきた議論をより理解しやすいものにできるかと思いますし，みな

さまと共に議論もしやすいのではないかと存じます。

連続性という概念

　なぜ連続性なのでしょうか？　誰の連続性？　そして何の？
　それは，思考と行動の連続性なのですが，その性質からいって——発達のそれぞれの時期を差別化して捉えようとする討論，いうなれば対話と，これとを同一視することはできません。その種の対話の重要性はよく承知しているのですが——それとこれとは話が別なのです。後者を前提に組まれたコロキウム——乳幼児保育園・幼児学校の先生方，そして保護者の方々がお集まりのこうした場で，連続性という概念を簡明にご説明申し上げることは，だからこそ有意義で重要であるとはいうものの，そう簡単にはいかないのです。
　連続性は，子どもたちから得られる情報を常に交換し合うことで見えてくる，すこぶる複雑で複合的な現象です。子どもたちの発達レベルがここに達した，あそこに達したという情報を交換しただけで，判別のつくようなものではありません。連続性について語ることは，人間の生そのものに内属する，ある質について語ることなのです。絶えず意味を探求し，自らの過去の，現在の，未来の意味を問うてやまない，人間の生のあり方について語ることなのです。
　子どもが追い求める連続性は，参加すること，「生活のプロジェクト」に関与することと不可分です。子どもの教育が行われる場（家族，乳幼児保育園，幼児学校，そしてそれをとりまいている社会）と，プロジェクトに関わる諸主体は，それぞれの場で何が行われているかを相互に知悉しながら，各自の異なる立場を踏まえて対話し，子どものアイデンティティと意味の探求を助けているのです。連続性とは，何よりも子どもの権利であり，乳幼児保育園そのものの質なのです。連続性は，園のなかで，あるいはその外の世界で，あらゆる時間と空間において交わされるダイアローグを通して，形づくられていくものです。

変化という概念

　変化とは，ある価値なのでしょうか？　それは，どのような変化なのでしょ

うか？　何の変化について，私たちは語っているのでしょうか？

　私は，こう申し上げたいと思っているのです。人間的生を規定する変化，ある断絶（discontinuita）をもたらし，またそのような断絶によってもたらされる変化，変革のファクター（fattore trasformazionale）として作動する断絶こそが重要なのだ，と。一生物として存在するからには避けがたく潜り抜けなければならない変化や，文化的な価値の変化も，そこには含まれています。ある「状態」，あるありようから別な状態，あり得べきもう一つの存在形態への変転。われわれは，自分でそれを引き込んでおきながら，それに引きずり回されているのです。そうした変化を，子どもたちは見つめています。欲しているわけではないのですが，でも，背を向けることもできない。手なずけにくく，悩ましくさえあるのですが，人生にとって絶体絶命な変化。なぜなら生きるとはすなわち変化であり，生を享けたまさにその瞬間から，激甚な変革につぐ変革の時代が始まっているのです。

　変化を権利であると言いましたが，権利であると同時に，それは価値なのです。生は，生きるというその営みは，自らを方向づける意識を伴うことで，ある質を帯びたものになります。変化に寄り添いつつ，それに意味を与えることが必要なのです。子どもたちもまた，それを求めています。その変化に寄り添い，新しいアイデンティティの探求に伴走してくれる誰かが必要なのです。その変化のなかに成長を，新たなアイデンティティの探求を見て取り，それを意味づけてくれる他者がいなければならないのです。他の子どもでもよいし，大人でもよい。子どものなかに起こっている変化を見守り，読みとり，解釈して，それを理解し，評価し，その意義を認めてくれる他者の存在が重要なのです。

私たちが抱え込んでいる子どもと幼年期のイメージ

　ここで問題にしたいのは，私たちが自分のなかに抱えこんでいるイメージです。それぞれの社会集団がその歴史の過程で育んできた表象のシステムが媒体になって，それが私たちのなかに心内化されているのです。要するに，周りの社会が子どもに対してつくり上げた期待，子どもとはこういうものだという期待です。そうしたイメージや表象を介して，それぞれの社会，それぞれの個人

は，子どもたちとの関係をつくり上げてきたのでした。

　さて，私たちの時代——世紀転換期のこの現代，私たちがそのなかで暮らしている今日の文化に眼を向けますと，心理学や教育学の諸文献に書かれ，場合によっては実験的に明らかにもされてきたことと，現実に行われていること，日常生活のなかで試みられていることとの間に，深い亀裂が横たわっていることに気づかされないわけにはいきません。子どもがきわめて有能であること（学ぶ力，愛する力，感動し，生きる力を豊かにはらんでいること），潜在的な可能性が豊かで，生まれたその時から，現実とその可能性に豊かに触手を伸ばす存在であることを，多くの人々が言い，かつ書いてきたにもかかわらず，では実際の行為においてどうかというと，そんなイメージは，ほとんどまったく顧みられていないのです。

学びという概念

　それぞれの個人が，いつ頃から，どのような方法で，自らの知識とアイデンティティを築いていくのかについては，これまでにもたくさんのことが語られてきました。にもかかわらず私たち大人がどのような仕方で子どもと関わっているかを実際に見ていきますと，そのような子どもの可能性など，まるで頭の隅にもないことが歴然と露見してしまうのです。

　教育学的な，あるいは政治的・制度論的な発想に立って子ども期を論じている人々は，多くの場合，子どもは脆くて頼りないものと決めてかかっているようです。子どもが小さかったりすると——特に3歳未満であったりすると——これはもう論外で，何の可能性も期待できず，数えるに足りない存在と見なされてしまうのです。

　1，2，3歳児と，3歳から上の子どもたちとの間に，決定的な一線を引いてしまうという傾向もしばしば見られます。2つの年齢階層はまったく別であると考えてしまうのです。それぞれの特異性に注目することは大事なのですが，まずくすると，小さな子どもを極度に不利な片隅に追い込んで，彼らの権利を事実上侵害もしくは歪曲してしまう危険性もはらんでいます。もしもそんなことになったら，私たちは，小さな子どもを市民社会の構成者，その権利の主体

と見なすことを拒否する社会的・文化的・政治的抑圧の片棒を担ぐことになります。幼児が幼児であるがゆえにもつ独自な可能性が，そのようにしてかき消されてしまうのです。

　乳幼児保育園への差別的な待遇を正当化する論拠として，この二分論は独特な仕方で利用されてもいます。乳幼児保育園のコストは——あきらかに上昇しているのですが——社会や文化への投資とは見なされず，とことん，ただの消費であると考えられています。乳幼児保育園と幼児学校の間には，教員の給与にも格差があります。近年の制度改革で幼児学校の教員の資格要件だけが大学卒に引き上げられ，誰もそれをヘンだと思わないのも，おそらく，この不当な線引きが壁になっているからでしょう。幼児学校の教師がしばしば乳幼児保育園スタッフとの交流や共同討議を嫌がる素振りを示すのも，それで（申し訳など立つはずもありませんが）説明がつくというものでしょう。あの人たちと一緒にやることで低く見られるのではないかという危惧が働いているのです。

　幼児学校を標準化すべしと要求する声が高まり，それをもっと小学校に似たものにしようとする志向が強まりますと，乳幼児保育園と幼児学校の関係を完全に歪んだものにしてしまう有害な傾向が生まれてきます。イタリア国内での乳幼児保育園の数の少なさ，それがあまり人の注意を引かず，社会的・文化的認知度が低いこともあって，乳幼児保育園と幼児学校の間には格差が広がっていき，乳幼児保育園は，下手をするとほかのあらゆる教育制度から引き離されてしまうかもしれないのです。

　乳幼児保育園の独自性とその価値を明らかにしてくれるような研究も，多いとはいえません。世論のなかでも政府の視野のなかでも，乳幼児保育園というのは，往々にして「ケア」や「社会福祉」の一環，高くつくけれど教育的には無価値なところと見なされています。

　このようなわけで，0～6歳の幼児の教育を連続した過程として捉えることを妨げる政治的・経済的・文化的な要因を挙げていくと，これはもう際限もなく多いのです。しかし乳幼児保育園が落ち込んでいるこの悪循環を何としても断ち切らなければならないことも，これまた明白で，それを行うためには，まったく新たに問題を立て直さなければなりません。単に経済や待遇の観点ばかりではなく，子どものイメージ，子どもの権利，子どもの学びのあり方，ど

んな環境のもとで彼らは知を拓き自分を発見していくのか，子どもにとって刺激的で居心地のよい環境とはどんなところなのか，といった問題からあらためて考える必要があるのです。それは，制度としての乳幼児保育園が，どのような質の教育の場として存在しなければならないかを明確にするということでもあります。

　まずは子どもから出発し，子どもができるだけ十全に自分の可能性を発揮できるような方策を熟考する必要があります。その時，その時にはじめて，経済（コスト）の問題，労働条件（スタッフの勤務条件）の問題，社会環境（たとえば保護者の労働時間など）に由来するさまざまな要件との調整にとりかかることが可能になるのです。（教師と親といった）それぞれに異なる要求をもった多様な権利主体の間で，フレキシブルで両方が納得できる解決策を探ろうとすれば，まずそこに起点を据えるほかはありません。このように考えていく時に，その時にはじめて，われわれは連続性について語ることができるでしょう。というよりも，この連続性という概念を再考し，この語に新しい意味内容を与えることができるようになるでしょう。

　連続性とは，まず何よりも，〈6年という〉長期の見通しに耐え得るプロジェクトを立ち上げる，ということです。意味の探索を可能にする，それだけでなく変化と共になおそこに貫いている同一性をも見通す，長期の時間的な視野が子どもに関しても施設（乳幼児保育園と幼児学校）に関しても求められるのです。

　乳幼児保育園と幼児学校の対話は，それぞれがどこで相違していて，どこで共通しているのかを明確に表現できた時に，それに応じて可能になるでしょう。共通しているのは，子どもの声を聴くこと，環境への配慮，対話と参加を重んずること，といった諸要件でしょう。しかし方策と組織の形態には相違があります。たとえば6か月乳児の環境は，4歳児のそれとは異なる仕方で組織されるでしょう。しかしどちらも，子どもたち相互の学びと関わりを励まそうとして，そのための配慮を高度に滲ませた環境であることに相違はありません。

　連続性といっても，標準に準ずることではないのです。ある連関性をもちながら，一貫して発展していく教育の過程を，それは意味しています。だからといって方法や手段がどうでもよいということではありません。逆です。多様な

ストラテジーが探求され，環境が設定されるのですが，それらは共に構築した共通の価値に狙いを定め，同じ目標を追求しています。すなわち，子どもも大人（教師や親たち）も，同じ理解を共有し，この乳幼児保育園，この幼児学校は生活の準備のための学校ではない，それそのものが生活であり，生活の場なのだと思っているのです。先生があれこれの情報を伝えようとがんばる場所ではなくて，先生たちと子どもたちが伝え合いを通して世界を，生活を，理解しようと努め，ともどもに理解を得ていく場，それが乳幼児保育園であり幼児学校なのです。

このように考えていくならば，2つの施設の相異と同一性は最終的に明確になり，相互に尊重し合う関係性が担保されるはずです。このような相互の関係は，両者が意味を共有することによってもたらされます。知識と発達，それを促進するプロセスともいえる教育の過程，学校という場が幼年期の子どもたちにとって果たすであろう役割，学びとの関わりにおいて教えるという行為がもつ意味，そうしたことについての共通の理解が求められるのです。

ということは，よってたつべき理論を明確にする，ということでもあります。それらを突き合わせ，討議し，考察の対象にするのです。

このような考え方に立って目標を立ててきたおかげで，わがレッジョでは，差異に立脚した対話を保障しつつ両者に共通する教育の道すじを見定め，組織することができるようになりました。差異が明確に自覚されていれば，それは討議の対象となり，意見交換を通しての再定義が可能になります。それゆえ乳幼児保育園と幼児学校のいずれもが，対話だけではなく自己の固有の役割の自覚という点でも，この討論から多大な利益を引き出すことができるのです。

懐深く，かつ長い時間的射程で捉えた連続性は——6年間という拡大された時間のスケールで見た時の可能性の展望は——，子どもにとって，すなわち子ども自身の発達と成長にとって重要であるだけではなく，教師の自己形成にとっても，きわめて重要です（教師が相手どっている子どもたちは，0～6歳の，連続した過程のなかの子どもたちとして把握されなければなりません）。また，それは家族との関係においても重要です（6年間という歳月は，親の子育て体験が深まっていく過程でもあります）。その経験はひいては親たちの社会，文化，政治に対する態度にも影響を及ぼすでしょう。乳幼児保育園は「幼児期のイメージ」が

第11章　乳幼児保育園と幼児学校の連続性

そこで育まれていく唯一でこそないが，第一義的に重要な場と考えられるようになります。幼児期というもの，幼児の学校というものがこのような強いイメージで表象されるということは，その発言が耳を傾けてもらえるだけの力をもつということをも意味しています。

この連続性は，以下のような一連の価値の連続性と繋がっています。

- スタッフ自らが行う職能人としての自己形成の価値。
- 教育の価値。ここでいう教育とは，子どもたち，教師たち，父母たちが，それぞれの個人の主観性を尊重しながら，ともどもに行う知とアイデンティティの構築作業を意味しています。各人の思考の道すじは注意深くフォローされ，記憶，記録，足跡を通して，それが再現されるのです。それはまた，徹底的に学びの過程の連続性に機軸を置いて，そこからカリキュラムを立ち上げるということでもあります。
- 参加と同僚間の交流，そこで行われる照合，交換，ネゴシエーションの価値。
- よって立つ状況（contesto）の──空間的・時間的・物質的条件の，価値。

この連続性は，レッジョの場合，それぞれの差異をできるだけ尊重する組織として具体化されています。各施設は，その独自色を気兼ねなく打ち出してよいのです。しかし同時に私たちの組織は，あらゆるレベルでの，対話とコミュニケーションの活性化を奨励しています。複数担任制が採られていますから，複数の教師たちが，同じ子どものグループに関わって一緒に勤務することになります。同僚との職場での研修会，それに親も加えた集まり，さらには施設の垣根を越え，多様な文化的主体の参加のもとに継続的に開催される公的な研究会もあります。このように子どもに関わる大人たちの自己教育の場が豊富に，かつ持続的に用意されているわけです。

乳幼児保育園から幼児学校へ──移行期の問題

移行期をどうするかという時に，私たちはまずこのように考えています。子どもは子どもなりに，これから何が起こるかの見当がついて，そうと理解した

167

上で次の世界を迎えたいと願っているのだ，と（それは，大人だって同じでしょう）。

　しばしば，子どもを決めつけて（大人も，ですが）彼らは自己中心的であるといったりするのですが，実のところ，それは「戸惑い」の結果としてそうなるのです。環境が一変した時に，どんなルールや役割が期待されることになるかを，子どもは，そして私たち自身も，知っておく必要があるのです。

　というわけで，乳幼児保育園の最後の年になりますと，私たちは，子ども，親，教師に，次の幼児学校のようすを知ってもらうように努めています（これは幼児学校の最後の学年でも同じです）。それぞれの主体ごとに関心のばらつきがあることは十分に斟酌しながらも，しかし次の学校の様子がわかって，自分が歓迎されていると感じ，一人一人が大事にされるという心証をもつこと（知らない環境のなかで置いてきぼりを喰ってしまうのではないか，という恐怖は，特に親のなかで強いのです），子どもの希望，その欲求や不安が，この学校でなら聞いてもらえるという安堵感，つまり，自分が尊重され，歓迎されていると感じつつ，この渡りの時期を過ごすことは，当の子どもにとっても，親，教師のいずれにとっても，決定的に重要なことなのです。

　一連の特別行事は，その意味でとても大きな価値と意義をもっています。たとえば，親子連れで幼児学校を訪問し，午前中をずっとそこで過ごすという取り組みが行われています。幼児学校の教師や親のグループとの話し合いの機会を設け，どんな新しいことがあるのか，（でも，やっぱり変わらないことは何なのか）といったようなことが話題になります。

　基本的なインフォメーションと共に，参考資料の提供も行われます（写真やビデオのほかに，5歳児がこれから幼児学校での生活をはじめる後輩の子どもたちに彼らの経験を話して聞かせる，絵や写真のついた小冊子が用意されます）。

　最近では，幼児学校のこれから友達になる同級生と先生たちの名を記した一種の「アイデンティティ・カード」をつくっています。入学した子どもたちに，夏の休み中にどんなことをしたのかを振り返ってもらったりもします（訳注：イタリアの学校は9月はじまりである）。一人一人のエピソードを集めるのです。このように「夏休みの思い出」を語り合うことは，新しい学校での初体験を子どもにとってとても印象深いものにし，前の環境から新しい環境への移行を

第11章　乳幼児保育園と幼児学校の連続性

ずっと容易にすると思うのです。

　こうした材料は6月に幼児学校で催される「新入生」の子ども・親・教師の合同の会合で配布されます。アイスクリームとかお茶とかで雰囲気をつくって，お互いに知り合って一つのクラスになること，これからどんなことが予定されているのか，といったようなことを話し合うわけです。

　8月には個人面談が行われ，また，学校がはじまる数日前には，改めて親と教師が一緒になってそれぞれの子どもをどう迎え入れ，どう対応したらよいかが話し合われます。家族との面談のほかに，教師同士，すなわち乳幼児保育園と幼児学校の教師の面談も行いますが，これはできるだけ乳幼児保育園で行うことにしています。乳幼児保育園には子どもや子ども集団のこれまでの足跡が記録として残されていて，その価値を重視しているからです。

　この面談に際してはっきりと意識しておかなければならないことは，これは子どもがどんな子どもであるかを知らせるための打ち合わせではない，ということです。いわんや「通信簿」のように，その子の評価を目的とするものでもありません。そうではなくて，たまたま乳幼児保育園という一定の状況に置かれた子どもの，その子なりの経験を――その子どもに即して，その子どもに代わって記録した材料を用いて，物語るための集まりなのです。

　乳幼児保育園の教師たちが会話している相手は，自分たちと同じ言語を用い，前述のように，子どもにとってできるだけ居心地のよい環境をつくり出すことを第一義に考えて仕事をしている幼児学校の同輩たちなのです。子どもの経験とその仕事の足跡は，アルバムに収録されています。あるものは個人の，そしてあるものは，グループの記録です。

　最後に，とはいえ重要性において決して最後というわけではないのですが，連続性を支える上での大きな柱は，乳幼児保育園教師と幼児学校教師の定期的な交流です。合同での集会もありますが，それぞれの学校の主催で行われるものもあります。一方から他方への移行に備えて何かの「イベント」を組むわけです。たとえばお別れの，あるいは歓迎の「お祭り」を開催して，双方の先生たちが呼んだり呼ばれたりするのです。

　秋が深まって新入学のオリエンテーションも一段落した頃，教師たちはさらに突っ込んだ示唆と忠告を交換し合うために新たな交流集会を開催しています。

169

何と多くの活動が,そして何と多くの考えが提案され,論議されることか。でも,目標は一つなのです。子どもとその家族を,自分自身の物語,自分自身の歴史の書き手たらしめること,です。その歴史は変化に向かって大きく開かれています。心地よい過去の風を背中に受け,でもその帆は「未来へのノスタルジー」で一杯に膨らんでいます。

第12章
創造性

思考の質として

Creatività come qualità del pensiero（2000）

　われわれが教師である以上，いや教師と限らず，何らかの仕方で教育に携わる大人である以上，かならず自らに問いかけねばならぬ問いは，以下のようなものであろうと，私は考えています。

- どうしたらわれわれは，子どもたちが，自分たちの行為，出会った現象や日々の出来事に意味を見いだすように手助けできるだろうか？
- 子どもたちは，絶えず「なぜ」「いかに」と問いかけてくるのだけれど，どうしたら，それにうまく答えることができるのだろうか？　私に言わせるならば，彼らが探ろうとしているのは，どうやら事物の意味だけではないらしいのだ。彼らは生きることそのものの意味を問いかけているのであって，その探求は，生まれ落ちたその時からはじまっているように思える。私たち大人ならば「生きることの意味」と名づけるであろう沈黙の「なぜ」を，子どもは生まれたその時から問いかけているのではないのか？

　私の考えでは，これこそが中心となるべき問いなのです。
　これは，非常に困難な探求です。今の子どもや若者は毎日の暮らしなかで，さまざまな，おびただしい刺激に翻弄されていますから，困難の度合いはいっそう大きなものになっています。
　家族での体験があり，テレビがあり，いろいろな場所での，いろいろな出会いがあります。子どもにしてみると，それらの，一定の生活周期どころか一日刻みで押し寄せてくる，時には何の繋がりもない有象無象の出来事や情報を，

何とか一つにまとめていかなければならないわけです。家族も，たいていは学校も頼りにならず，子どもが自分一人でそれをやらなければならないこともあります。それでも，子ども（と若者）は，この探求を続けます。頑固一徹に，さんざんに苦しみ，間違えながら，たとえたった一人になったとしても，子どもはそれを続けるのです。やめるということは，すべての可能性を，すべての希望を，過去を，未来の可能性すらをも断念することであるからです。子どもはそのことを知っています。直観で，たちまちにしてそうと見てとってしまうのです。

　生と自己の意味を問うこの探求は，子ども自身のなかから生まれてきます。ですから私たちは，子どもは「なかなかの力を具備した有能な存在」であると考えているのです。生に対して，他者たちに対して，自己と生との関わりに対して，子どもは貪欲な好奇心を燃やしています。ひ弱で，無力で，役立たずの子どもではないのです。もっと違った眼で自分たちを見てほしい，自分たちの知る権利を保障してほしい，人生の意味を独力で，あるいは他の人たちと一緒に見つけ出していく，その手助けをしてほしいと，彼らは求めているのです。私たちは，子どもが無力であるなどとは思いません。子どもはとてもアクティブだと思っています。われわれと一緒に——いや，大人などと一緒にいなくても，ですが——彼らは日々，何かしら理解しよう，経験から意味を，生のかけらを引き出そうと努力しているのです。

　ものごとの意味を理解するのは，大変なことです。どうして？　どうしてそうなの？　答を聞いただけでは，まだ，納得ができません。人生のある段階の，幼い者たちの，特殊な性向ではないでしょう。私の考えでは，人間は，本来的にそうなのです。それは人間に内属する，人間の資質なのです。だからこそ，それはまた，子どもの資質なのです。そんなことを意識して意見を表明しているわけではありませんが，権利上，それは大人のそれと対等な思想なのです。

　子どもたちの「理論」，すなわち彼らが表明する事物の説明は，しばしば「あやまった見解」とか「幼稚な見方」と決めつけられて，聴くに値しない妄言として一蹴されてしまいます。それで子どもは「半人前」として劣等視され，彼が何を考えようがそんなものには何の意味もないと相手にされないのです。これに反して私たちは，子どもの不断の意味探求の旅に同伴することが，どん

なことであるかを承知しています。解答を求めて彼がつくり出す意味，与える説明は，現実とその現実への自分自身の関係性を，子どもがどのように感じ，問い質し，解釈しようとしているかを教えてくれる，すこぶる重要で示唆に富んだ手がかりなのです。

　子どもが考え出すこれらの理論や説明は，しばしば優しさに溢れています。「雨が降るのはね，雨が降るって，テレビの人が言ってるからなのさ」。「イエス様が泣いているの。だから雨が降るのよ」。——こうした言葉を「ミス・アンダスタンディング」などという学校用語の眼鏡で見てはならないと，私は信じています。そんな「たわ言」はすぐさま訂正しなければならない，もっと大切なことを教えなければならない，と先生たちは叫びます。質問はこちらが用意して子どもに与えるもの，もっと多く教え込んでもっと早く理解させることが肝心である，子どもが10分間も花を見つめているなんて，窓辺で降る雨に見とれているなんて，不思議なものに心を奪われて，なぜと呟いているなんて，まぁ，何と無駄なことを。

　子どもが「なぜ」と呟く時は，何かが湧き出している時なのです。子どもは，まだほんの小さな頃から，自分の答を見つけ出そう，解釈の理論を立てようと，努力しています。幼稚だとか，覚束ないとか，そんなふうに言う人がいるかもしれませんが，それこそ箸にも棒にもかからない妄言です。重要なことは，見えないところで起こっていることを理解すること，そしてその理解を大事にすることです。本当に，とんでもなく大事な何かが，深いところで生まれているのです。それはこの志向性，問いを生み出し，その解答を追求しようとするこの意志なのです。それはまさに創造性を特徴づけるもの，類まれな人間固有の資質なのです。

　有能な子どもとは，彼をそのような存在として眼差してくれる大人がいる子どもです。期待の水準こそが，決定的なのです。たとえば私たち，レッジョ・エミリアの者たちは，客観的な観察などという公式を正直なところ破棄してしまっています。主観性・主体性をまず優先し，客観性などというものは，二の次にしています。愛情をこめて，共犯者の眼差しで子どもを見る，その可能性を何にもまして重要視しているのです。「共犯」などという言葉を使いましたが，それはある種の結託，子どもと大人がグルになって，理解と認識への意志

を共有し，共にたたかい勝利の歓びを分かち合う，そんな連帯関係をつくり上げる，ということなのです。そしてこの共犯者の眼が，数々の疑問を生み出すのです。こうやって僕たちが見つめているものの後ろに，どんな「わけ」が潜んでいるのだろう，どんな解釈が成り立つのだろう，花がこのように咲いている「理由」をどう説明したらよいのだろう，どうしてママは花を「花」なんて呼ぶのだろう，花って，そもそも何なんだろうと，疑問は後から後から湧いてきます。でも，その一茎の花のなかに，生きることの意味がぎっしりと詰まっているのです。一本の花と向き合うことのなかに，生きることの意味の探求があるのです。

　われわれの創見だと言い立てるつもりはありませんが，私が「関係性と傾聴のペダゴジー」と名づけてある投げかけをしたいと思うのは，そのような理由からなのです。子どもはもしかすると偉大な探求者なのではないか，旺盛な好奇心と秀逸な才能を発揮してものごとの意味と理由を問い質し，理論的な解釈を練り上げる探求者なのではないか，という疑念から，それは生まれているのです。私たちが関係性と傾聴のペダゴジーをいうようになった理由，他者たちとの関係性のなかでの創造を追求するようになった背景も，おそらくはそのあたりにあったと，今にして思います。

　前にも述べたように，「理解する」とは，すっきりとした解釈を考え出す，ということであって，それは大人でも子どもでも変わりません。——私たち大人の場合は，それを「説明理論」などと呼んでいるわけですが，出来事や世界の事物を意味づける理論を考えるわけです。そういう，納得のできそうな説明のことを，理論と呼んでいるわけです。理論などというとご大層に響いてしまいますが，この語を，日常茶飯の行為を表す語として使っても別段おかしくはないでしょう。となりますと，子どもというのは，なかなかもって「有能な」理論家なのです。

　生後3，4か月の子どもが理論を考え出すなんて，そんなことができるでしょうか？　できる，と考えると，とても面白いのです。そう考えると，子どもへの向き合い方が違ってくるのです。傾聴とか，関係的創造性とか，そうした私たちの発想は，何よりもまず，そこから生まれているのです。子どもが立てる理論はうまく納得するための説明にすぎず，仮説的なものでさえあるので

しょうが，でも，それはただの思想や思想の集合にとどまるものでもありません。「理論は楽しく，腑に落ちるものでなければならない。有用で，知的・感情的・美的に，自分の欲求を満足させてくれるものでなければならない」(Munari, 1993) のです。言い換えれば，それは満足感と美的な感興を呼び起こし，「どうだい，やったぜ」という成就の感覚をもたらすものでなければならないのです。認識行為には美的な側面があり，思考にはそれが欠かせません。そうした思考の質が充足された時に，はじめて「うん，これでよし」となるのです。

その一方でもし可能であれば，ということですが，他の人が聞いても納得してもらえる理論にしたいものです。他の人にも，耳を傾けてもらう必要があるのです。そうすることで世界は，私たちが共に住まう，真に「私たちの世界」といえるものになるからです。そこでは他者もまた，私の知識，私のアイデンティティを構築する一方の当事者なのです。

理論の共有を求めるのは，不確かさや孤立感を解消する秘訣がそこにあるからです。いくつか実例をあげましょう。

「海はお母さんの波から生まれる」。この3歳児は，ある説明を行おうとしているのです。あれこれと考えをめぐらせて，ものごとにはすべて起源があるという思想を紡ぎあげているのです。自分の手持ちの要素をかき集め，それを創造的に活用して納得できる説明に仕上げているわけです。考えを進めながら，それを，他の人たちと分かち合っているわけです。

「お天気は嵐から生まれる」。子どもはここでは「天気 (tempo)」と「嵐 (temporale)」を組み合わせていますが，彼女が期待しているのは，みんなに聴いてもらえること，拒否されないことなのです。思いがけない語の組み合わせで表現をつくり出してしまうのが，この子の才能です。

「風は空気から生まれる。何かを叩くような格好をしているの」。こんな台詞を聞いたら，誰だって「有能な子ども」という表現を認めないわけにはいかないでしょう。

「でもさ，人間って，死んだら死のお腹に入って，そこからまた生まれるんじゃないのかしら？」。意味の探求の，理論の形成の何たるかを，この呟きは鮮やかに示しています。子どもは自分のもてるすべてを，彼女の苦悩さえをも，

そこに注いでいます。彼女の上にのしかかっているのは，身ごもることと死は隣り合わせである，生命はまさにそのようにして生まれてくるのだ，という想念です。

傾聴，耳を傾けて聴くという言葉は，ここでは単に物理的な意味での聞く行為ばかりではなく，もっとメタフォリックな意味を獲得し，単に一つの言葉であることを超えて人生に対する態度そのものと化しています。

傾聴という言葉で意味しようとしているのは，まさにそのことなのです。傾聴とは，一つの態度です。それは自らをある確信に委ねる勇気を要求します。われわれの存在は，もっともっと広大な知の，その小さな一部にすぎないという確信です。傾聴とは，闊達さの，耳を傾け，そして傾けられているという感覚の，すべての感覚をとぎすましてそうしているということの，メタファーなのです。この言葉は子どもだけに向けられているのではありません。傾聴とは，あらゆる他者に対する傾聴です。とりわけ傾聴は，他者の言葉を聴き，また聴かれる時間を要求します。どんな傾聴の行為も，その背後に欲求が，感情があり，また価値・観点の違いを受け容れようとする態度が，それを裏打ちしています。

だから，われわれは耳を傾けなければならないのです。相異を，他者との観点の差異を大事にしなければならないのです。その他者が男であれ，女であれ，子どもであれ，何であれです。そしてとりわけ心にとどめておかなければならないことは，それぞれの傾聴の行為の背後には，聴く側と聴かれる側，その双方の創造性と解釈行為が働いている，ということです。耳を傾けるということは，賛成するにせよ，しないにせよ，とにかく敬意をはらうということなのです。耳を傾けるということは，他者に対して自分を開くということであって，これは生易しい業ではありません。でも，誰もがそれをする必要があるのです。聴き上手であるということは，心底，心が開かれているということであり，何か変わったことがあっても，しなやかにそれに対応できるということなのです。

聴く耳をもつということは，あらゆる学習の大前提です。それは確かに個人の主体的な行為なのですが，しかし，よく言われているように，学習それ自体を反省的に振り返り，行動にフィードバックしていくことで，それはより高い水準に押し上げられていきます。とりわけそれをメッセージとして表現するこ

第12章　創造性

とで，学びは，身についた知識となり，能力へと高まるのです。自分たちの学習の過程を表現に持ち込んで，それを他の人たちとシェアすることは，認識の源である反省的思考にとって，欠かすことのできない条件となるのです。このようなイメージや着想の力が主体によって認知されるようになると，それは表現行為として具象化され，イコニック（図像的）な，あるいはシンボリックな視覚表現となって，その形も発展していきます。ここを起点にして諸言語が，学習が，創造性が発生するのです。

　先に引用した「海はお母さんの波から生まれる」ですが，おそらくこれは，問いに対する答として発語されたものなのでしょう。もしも誰かが，じゃ，それを絵にしてみようよともちかけて，子どもがこの思念をうまく表現にまとめたら，それはより力強くて美しいものになるでしょう。頭に浮かんだことが定着するだけでなく，考え方も変化するでしょう。すべての子どもは，早晩，コミュニケートすることを学ぶでしょうが，重要なのはその学び方の質，どんな仕方で学ぶか，なのです。どのような質の思考が行われ，創造的な発想が生まれているか，ということなのです。

　例をあげて説明しましょう。これは３歳２か月のフェデリカの絵です。馬が走るところを，彼女はどのように描くでしょうか（図12-1参照）。

　フェデリカは，馬の脚が４本であることを承知しています。さぁ，そこでどうするか。彼女は紙を引っくり返して，（透かした）裏面に動いている２本の脚

図12-1

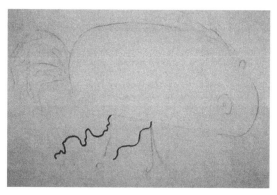

図12-2

を描き加えています（図12-2参照）。

彼女は別な言語を追加して，それらをコード化するすべを学んだのです。表現とは，創造性とは何かが，こんなところにも示されています。

5歳児のほかの女の子も，同じような解決に訴えています。絵を窓ガラスのところに持って行って，写し出された裏面に足を加えています。

ここに示されているのは，多くの子どもたちが遭遇する問題で，2次元の平面でどうしたら3次元の立体の世界を創造できるか，という問題です。認知上でも，表現の次元でも，これはきわめて創造的な瞬間であるといわなければなりません。

こうした例からも，子どもと教師の，さらには傾聴の文化というものの特質が鮮明に浮かび上がってくるのではないでしょうか。一方に控えているのは耳を傾けることを知らない教師という名の大人たちです。彼らが耳を傾けないのは，カリキュラムがあるからです。まちがえたら間髪を置かず訂正すべし，すぐに正しい答を教えなさい，自分で答を探す時間など子どもに与えてはいけないと，この人たちは叫びます。他方，このように考える大人たちもいます。子どもの言うことはじっくりと聴くべきである，と同時に他の手がかりも差し出したほうがよい，子どもが自分の探求を継続し，認識の次元でもコミュニケーションの次元でも，もう一つ，先に進める機会を提供したらよい，と。

人間の精神の独特なところは，一つの言語から他の言語に，一つのコードか

第12章　創造性

ら他のコードに，一つの「知能」からほかの「知能」に切り替えていくその変換の自在さにありますが，そうした諸言語を相互に聞きとり合ってコミュニケーションと対話を成り立たせてしまう才能も，月並みな能力とはいえないでしょう。傾聴という点で，もっとも大きな，非凡ともいえる能力を発揮するのは子どもたちです。彼らは生の断面に，そのさまざまな横顔に，じっと眼をこらしています。寛大に，注意深く，他者たちの声に耳を傾けています。聴くという行為こそがコミュニケーションの土台であることを，彼はいち早く見抜くのです。よく言われているように，子どもたちはコミュニケートし，他者と関わることに本能的に身を乗り出す生物として存在しています。ですから，彼らが自分たちの頭のなかのイメージを表現し，他人にそれを伝えることができるように，私たちはその機会を常につくり出していかなければならないのです。

　ある言語からもう一つの言語へ，一つのメディアからもう一つのメディアへ，一つの経験分野からもう一つの分野へ，そんな転換を繰り返しながら，子どもたちは，他者が自分の存在，自分のアイデンティティの不可欠な要素になっているという思いを深めていくのです。その道をさらに前進するかどうかは，私たちが選択しなければならない価値観の大本でしょう。私たちが日頃から感じていることなのですが，他者との交流（間主観性）は，私たちのアイデンティティ，私たちの理解，コミュニケーションと傾聴にとって不可欠であるばかりでなく，共に学ぶことで集団のなかに喜びが湧き起こり，集団がすなわち学びの場であるという思いが生きた感覚として湧き上がってくるのです。「有能な聴き手」とは，なるほど，こういうことなのだな，と思ってしまいます。聴く力をもち，また聴いてもらえる主体，他者の考えを鋭く受け止めて，自分の考えを豊かにし，新しい集団的思想を生み出していくことのできる知性。これが，私たちが実現したいと願っている革命なのです。子どもがもっている資質を発展させ，他者の思想に耳を傾け，それを共に練り上げる力を育てたいのです。

　「チーム・ティーチング」の底流には，そのような思想が流れています。大学や高校で，そんなことを言いだしても遅すぎます。小学校だって，遅い。0〜6歳の間に，そうすべきなのです。子どもと学ぶということは，何よりも，このような集団の学びの豊かさを学ぶということなのです。教育の戦略を変え，異なる方法を選択すれば，子どもの社会性と行動能力は，かなりの程度まで大

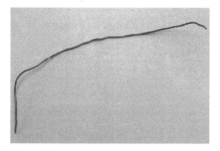

図12-3

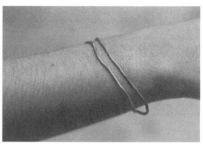

図12-4

図12-5

きく伸びるはずなのです。

　というわけで、私は学習のプロセスは、すぐれて創造的なプロセスであると考えています。私のいう創造性は、思考と対象の間に変化や革新をもたらす新たな連関を構築し、既知の要素から新しい解釈を導き出す、そんな能力を意味しています。

　創造性とは使い古された言葉で、悪用もされているのですが、それこそが人間の思考、人間の行動を特徴づけているものです。創造性の思考におけるは、水の生命におけるがごときものでしょう。ですから、それは教えたりできるものではなくて、ただ励ますことができるだけです。発達を扶けることができるのは、もともと人間にそういう資質があるからなのです。その創造性とは何ぞやを理解したいのなら、子どもの声に耳を傾ければそれで十分です。

　もう一つの例を紹介しましょう。3歳の子どもが針金で遊んでいます。最初にブレスレットをつくりました。椅子の背に結ぶと、駿馬に跨った騎士になりました。と思いきや、馬の両眼に変じています（図12-3，12-4，12-5参照）。

　かくして子どもにおいても大人においても、創造性は、新たなもの、新たな結びつきをつくり出して、思考を大きく転換する革新的な能力として、私たちの前に立ち現れます。

第12章 創造性

　人間誰しもが，周知のように，2つの型の思考能力を具えています。一つは求心的な思考能力で，この思考はどちらかというと反復に向かう傾向があります。もう一つは遠心的な思考能力で，これはいろいろな要素を再組織することが得意業です。先の例から覗われるのはこのような遠心的な思考能力で，子どもは破天荒なやり方で要素と要素を組み合わせてしまっています。固定観念から自由な子どもは，こういう離れ業を易々とやってのけます。

　どうして私たち大人は，遠心的な思考が不得意なのでしょうか？

　求心的な思考能力というのは何かと便利なものですから，それに頼っていれば大過はないのに，なまじ変なことを考えたりすると手も足も出なくなってしまうからなのでしょう。ところが子どもは考えを変えることで可能性の幅を広げることに貪欲です。こっちがよいぞと思ったら，ほかの人の考えでも素直にそれを取り込みますし，何よりも人の話を聴く誠実な耳をもっています。そうはいっても自分の考えが先生や親のそれと違うこと，あるいは言ってはまずい時に言ってしまったとわかると，あまりポジティブとは申しかねる結果になります。子どもの創造的な思考がそれで息の根を止められてしまうわけではないのですが，思考の創造性はお腹のなかに押し込められてしまうのです。創造性は関係性によって育まれるもので，周囲の人々に認められることで，それは公共の財産になります。私たち大人はあまりにもしばしば，この創造性が自分のものであるにもかかわらず，ほかの人との違いが気になって，口を閉ざしてしまうのではないでしょうか。

　ピアジェが言っているように，子どもは遊びのなかで現実をわが手のなかに握りしめます。それを自在に解体したり，再構築したりすることで，自らの求心的思考と遠心的思考を強化していくのです。遊びはよりよく現実と対抗し，あるいは受容するすべを教えますし，創造的に思考し，しばしばあまりに抑圧的でありすぎる現実を避けて通る助けにもなります。われわれのもっとも悲惨な過ちも，こうした遊びと連動して起こります。ですから，遊ぶということが（言葉の遊びや冗談なども含めてですが）人間であることの根源的な要素なのです。子どもから遊びの次元を断ち切ることは（大人でもそうですが），学びの可能性を断ち切ること，学びと遊びというダイアド（至高の環）を破壊することです。

　創造性は個々の個人の思考の質であるばかりでなく，社会的な関係性のなか

で，相互の交渉を通して育っていくものです。つまり，お互いの存在が認められ，自由な表現とコミュニケーションが行われ，創造性が発揮される場（contesto）が必要なのです。聴く人がいてくれる，ということが，創造性が発揮されるための決定的な条件なのです。学校はそのすべての時間，ことごとくの場をあげて，自由な表現が追求されるところでなければなりません。学習そのものが，教育そのものが，創造的でなければならないのであって，創造の時間などという科目を特設してもはじまらないのです。というわけで社会の至るところがアトリエに，創造を鼓舞し保障する場にならなければならないのです。学校も，家族も，社会そのものも。

　大人が有能で創造的でなければ子どもは有能にも創造的にもなり得ないということを，もう一度，思い起こしてください。その時，学校はそれ自体が，偉大なアトリエとなるでしょう。一人の子どもが科学の，芸術の，論理と数学の言語を用いて，知の壮大なエピステーメを立ち上げていく，そんな仕事場を想像してみましょう。

　最後に話を芸術にもっていきましょう。芸術は，創造性ともども，あまりにしばしば生活から切り離されていて，日常的な権利，生活の質としては捉えられていません。教科としてのそれに力瘤を入れることは，メリットばかりではなく，知を専門化し，枠のなかに押し込めるという不幸な結果をもたらしかねません。われわれの社会は分断の論理をひけらかし能力も縦横に区分けしたがる社会です。結びついているものもあえて分離して教え，学科も総合するよりも，むしろ分けることに執着しています。体系になじまないものがあると，すべて排除してしまう。ですから芸術も，さまざまな芸術的諸行為との関係のなかで，つまりは人間の思考の本質と関わるものとして，これを捉え直すことがどうしても必要なのです。芸術を日常のなかのもの，日常生活に密着した創造性として捉えるならば，それはすなわち万人の権利である，ということになるでしょう。芸術はわれわれの生活の，学習し認識する努力のその一部なのです。

　私の話の締めくくりとして，ジャンニ・ロダーリ（Rodari, G.）へのオマージュを掲げさせてください。彼の著書『ファンタジーの文法』（*Grammatica della fantasia*, 1973）の一節に触発されて，私はこの講演の骨子をつくりました。

「すべての者に，言葉のすべての使い方を」と，彼は書いています。——とてもデモクラティックなモットーではないでしょうか。そして，こう続けています。「すべての者が芸術家であるからではない。誰もが奴隷ではないからである」。

(Rodari, 1973)

第13章
探求者としての教師

学校のなかで人が育つということ

*Insegnante come ricercatore: la formazione
in una scuola dell'educazione*（2001）

　この講演は，アメリカ合衆国のセント・ルイスで行われたものである。レッジョ・エミリアの経験に学んでこの町にもそのような学校を育てたいと考えた同市の教師，学校長，大学の研究者たちが数年前に相互協力組織（St. Louis Reggio Collaborative）を結成し，そこがレッジョ・チルドレンとの共催でこの講演会を立ち上げたのであった。

　いろいろな企画を手がけてきたこの組織は，2001年には「探求者としての教師」というテーマで3日間のセミナーを開催すべく決定した。われわれレッジョ・エミリアの者たちにとって，特に私にとっては，飛び切りに重要なテーマであった。私は企画への参加を快諾し講演を準備したが，これはリサーチャー（探求者）としての教師というコンセプトに改めて仕上げを施す絶好の機会にもなった。ちなみに同じ年，私はウェブスター大学のブレンダ・ファイフェ（Fyfe, B.）教授の招きで，同大学の客員教授として，もう一度セント・ルイスを訪ねることになる。

● ● ●

　なぜわれわれは，自分たちの仕事の総仕上げとして，教職者の養成のことを語らなければならないのでしょうか？　動機はかなり明白だと，私は思っています。ドキュメンテーションと探求・研究について語る，ということは——より絞って申しますと，教育研究の本質をなすドキュメンテーションについて語る，ということは，とりもなおさず教職者の養成について語ることにほかならないからです。この教職者養成は一度やってしまえばそれでOKというようなスタティックなものではなくて，教育自体がそうであるように，生まれたその時から一生にわたって続く連続的な過程なのです。かつてのいかなる時代にもまして，今，教育は，そしてまた職能人の養成は，そのような過程として存

第13章　探求者としての教師

在することを求められています。人間形成と職能の形成，そして教育とは，実のところ，私たちが共同で選びとり，分有し，築き上げた価値の上に，他者たちと共に築き上げていく何ものか，なのです。それは，つまりは生きるということ，不断の探求のなかにあって生きる，ということと別なことではありません。

　この「価値」という言葉，これは重要な言葉です。「教育」という言葉は「価値」という言葉と密接不可分であるからです。educare（教育スル）とは，各個人・各社会が内包させている諸価値をeducare（涵養スル）することでもあって，ある観点からすれば，それが教育の第一義的な目的であるといってよいのかもしれません。そしてそのために，それらの価値を可視化し，意識化し共有化する必要があるのです。

　だが，ここでいう価値とは何なのでしょうか？

　これも本当に多義的な言葉です。「教育」「形成」「主観性」といった言葉もそうですが，価値という語も，文化や政治，歴史といった脈絡を踏まえないと定義することのできない文脈依存的な概念です。一つ考えておかなければならないのは，「価値」という言葉はもともとは哲学の分野からきた語ではなくて，どちらかというと経済や文化の世界で育った言葉であるということです。

　可能な定義としては，このようなものが考えられるでしょう。価値とは人間が生活のなかで希求し，それを参照軸にして判断し行動する諸観念である，と。それはまた，私たちがある社会的準拠集団（コミュニティ，社会，文化）との関係に順応するかしないかを決める時の判断の基準でもあります。

　価値は文化を規定するものであり，数ある社会の礎の一つでもあります。どの共同体も価値を共有しています。ですから価値とその帰属する文化とは相互関係にあり，一方は他方を規定するとともに，他方によって規定されてもいます。価値はしたがって普遍的でも，永久不変なものでもありません。われわれの価値を選択するのは，個々人としてのわれわれなのです。われわれがそれらを確認し，それらを支持しているのです。しかしそれを選んでいるのは社会であり，その社会のなかの公共の場でもある，と言わなければなりません。そうした公共空間で諸価値は創造され，前面に押し出され，光明をあてられ，人に伝えられるのです。

われわれレッジョの者たちにとって，学校はそのような場の一つ，諸価値が伝承され，論議され，創造される公共の場なのです。これは学校というものの，そこで働く私たちすべての，もっとも大きな責任の一つで，ですから私たちとしては，そのことをはっきりと心に刻んでいなければならないのです。相手が小さな子どもであればあるほど，学校とそこでの教師たちは，このとてつもなく重大な責務を自覚し，深い責任感をもってことにあたらなければならないのです。
　それにしても，私たちは，一体どんな価値について語っているのでしょうか？
　それぞれの社会，それぞれのコミュニティは，かならず固有の価値定義をもつということを先に申し上げました。われわれレッジョ市立の乳幼児保育園や幼児学校の経験を見ましても，その経験を基本的に特徴づけているいくつかの価値を思い浮かべることができます。
　まず目につくことは，全体的でホリスティックな価値として「主観性」が大きく位置づけられていることです。人格（persona）とか，個人（individuo）とか，そういう言い方もあるのでしょうが，私はあえて主観性（soggettività）という語を採りました。これらほかの2つの類似語よりも相互性と内省性をよりはっきりと前面に出しているように思えるからで，まさにこの二側面こそが主体を主体たらしめるものであるからです。そうなのです。主体とはそのような構成の所産，社会環境と文化に規定された〈自主的にして社会的な構成〉の果実として存在するのです。
　近年の多くの脳科学研究は，いささかセンセーショナルな語り口で，すべての個人がそれぞれに唯一の存在で，ほかに換えがたい主体として構成されていることを解き明かしてくれています。個人というものが，それをとりまく環境との関係のなかで形づくられていくこと，われわれの一人一人をめぐって織り成されている社会的相互作用が（とりわけ人生の最初の数年間において）いかに強力な影響を及ぼすかを，私たちは知悉するようになりました。ですから，「そのようなものとしてここにある，この主観性」にわれわれの感性を研ぎ澄まし，それを受け止め支えることが必要であり，とても大事なのです。
　この価値が方法のレベルでどんな意味をもつのかを見きわめることから，私

たちのストラテジー，その日常的な行動が選択されていきます。それが観察とドキュメンテーション，小集団活動，空間配置，アトリエあるいはミニ・アトリエの設置と運用，等々となって具体化されていきます。こうした選択を通して私たちが何を追求しているのかと申しますと，それは，それぞれの子どもと教師の主観性が他者たちとの人間的な交渉を通して，そして現実との関わりを介して，くっきりと表出されるということなのです。ここで私は，先ほど述べたことを，すなわち主観性というものがどんなに大きな価値を内包するものであるかということを，改めて申し上げなければなりません。主観と主観の関係性，すなわち間主観性ですが，私の見るところでは，これはもう認知の次元（教育学や心理学）の問題であるだけではなくて，何よりも政治の，そして文化の核心的な問題であると思えてならないのです。人類の未来は，個人と他者との関係，自己と世界との関係の如何によって決まる，抜きさしならぬ問題であるように私には思えるのです。

　私という主体が他者とは独立に構成されるのか，それとも他者と共に，他者を介して構成されるのか，お馴染のピアジェ対ヴィゴツキー論争は，結局はそのどちらを選ぶかの問題であったわけですが，そればかりではなく，それは人間と人間性のイメージの仕方，個人主義と競争を志向する社会と，他者たちと共につくられ他者を求めてやまない個人によって成り立つ社会と，そのどちらを人間の社会と考えるのかという観点の相違であったのです。それは教育の，さらには社会の全システムを左右するかもしれない政治的・経済的な選択です。ここでは科学はもう価値中立的ではあり得ません。もちろん，われわれの教育学も，です。それは立場性をもった，一定の諸価値に加担した教育学であらざるを得ないのです。

　この主観性の価値と，それに伴う，相対的であるとはいえそれぞれの個人の唯一性，一回性の肯定は，「差異を価値として捉える視点」と強く結びついています。性，人種，文化，宗教，等々の相違です。われわれが個人であり，われわれがすべて同じでない以上，差異は当然のことです。とはいえ，差異そのものが価値なのではありません。差異を尊重する社会環境と文化，ストラテジー，学校を私たちが創出することができたその時に，差異ははじめて価値となるのです。

差異は，煩わしく面倒なものです。自分と違っているどころか，まるで異質であったりして，しばしば悩ましくさえもあります。私たちはより強く同一性に惹かれます。みんなが同じようだと安心するのです。でも，これはとんでもなく危険なことです。ですからそこはしばらく踏みとどまって自分にこう問いかけることが，大きな意味をもつのです。

- われわれは，何をもって違うとしているのだろうか？
- 同質化という危険なワナをどう回避するのか？
- どんな差異でもすべて受け入れることができるのか？　できないとすれば，どんな差異を？
- 差異を受け入れる教育，というけれど，その目的な何なのか？　結局は異なる者たちを同じにしようとしているのではないのか？
- どのような類の同質性（平等：ugualianza）の概念を，われわれは育てようとしているのか？
- 目的はすべての者を平等にすること，自己の主観性を（だからして差異を）他者たちのそれと統合し，発展させる機会を保証することではないのか？　そこでは自己の主観性には他者たちと共通の要素もあれば，異なる側面（要素）もあることが前提にされている。

　ここに浮き彫りにされているのは，教育のうえでもまた文化全般のうえでも，まさに現代を特徴づけている重大な問題であります。今，私たちが直面しているのは，教育だけでなく，西欧文化そのものの足元を洗っている巨大な移民の波という危機的状況であるからです（人の波は民族，文化，宗教の多様化を招来してもいます）。その一方で（インターネット，テレビなど）コミュニケーション産業が異常に肥大化した結果，大衆社会的な同質化現象が進み，文化がステレオタイプ化する危険も強まっています。こんな世情のなかで学校が絶対に冒してはならない害悪は「均質性」を求める傾向に迎合して「規格化の文化」に寄与してしまうこと，空気のように人々の生活を浸す「柄杓定規（norma）」の文化を生み出してしまうことです。ですから私たちは断固として差異にこだわる必要があります。確かに危険があるにしても，です。ある種の原理主義に流され

ていく危険性はイタリアにもあり，そうなると，差異は分断，隔絶，孤立化の要因になってしまうのですが。

　私たちは生活のなかで，何かしら本能的なやり方で，とりたてて教育的なインプットなどを与えられなくても異なる他者の存在を認識しはじめるものです。しかしながら，これまた生活のなかで，「僕たちとちょっと違っている」「私たちみたいじゃない」人々と出会うことで，ある種の「他者」の観念を発達させ，その他者たちを自分たちよりも劣った者と評価する傾向を発達させてしまいがちです。違っている，ということは否定的なこと，排除し，否認し，除去すべきものとして知覚されてしまうのです。

　われわれが自分たち自身を教育するためには差異を理解しようと努力することが重要で，それを消し去ろうと考えてはならないのです。それは他者たちの語りに，そして一人一人の語りに繊細に耳を傾けるということでもあります。私たちはそれを傾聴の教育学などとも呼んでいるのですが，他者の声に耳を傾けるということは，実は自分たち自身の変化を受け止める，ということでもあります。他者たちとの関係を通して，もっと的確にいえば他者たちとの相互作用を通して，自分たちのなかに変化が生まれてくるのです。

　それは言い換えれば，絶対的とされている真理に固着しない，ということです。疑問に目を凝らし，ああではないか，こうかもしれないというネゴシエーションを，あり得べき可能性を探査する戦略として重視することです。

　あるいは，こう言い換えたほうがよいのかもしれません。それは，この自分という存在を大きく変えていくチャンスなのです。だからといって自分が引き裂かれたと感ずることなしに，です。

　このように差異を捉えることによって，参加という理念，より正確にいえば「価値としての参加」は，より現代的で，より豊饒な意味を帯びることになります。われわれの教育の仕事との関わりでいえば，自らが構成する共同体に自分が一員として参加しているという感覚は，必ずしも家族の範囲に限られるものではなく──それが基本であることは否定しませんが──学校全体に関しても追求されるべき価値であり質であって，それを可能にする空間，言語活動，より複合的な組織と戦略が用意されなければなりません。何を目指しての教育活動なのか，それを明示することが必要なのですが，それと同時に，参加とい

う以上は、そこに不確定なもの、可能性の余地もまた留保されているべきでしょう。

　こういうことを考えてまいりますともう一つ、それと不可分な価値がその先に見えてきます。デモクラシーが、それです。参加という概念のなかに、それがもう表現されてはいるのですが。——学校の教育プロジェクトに対する家族の参加、子どもたちの、教師たちの参加、どれもが民主主義の表現です。

　それぞれの単一体と、それが属する共同体との関係が、ここでもまた問題になります。実際の行為者の側にアクセントを置いてこの関係を律するのが正しいのか、それとも、代議制の原則を重視すべきなのか、というジレンマです。私たちの国では、それが常に論議のタネとなってきましたが、どこでも、それは同じでしょう。学校と学校が位置する社会とが緊密に結ばれていることを、実際、われわれは一瞬たりとも忘れるわけにはいきません。学校は、すべからく文化の伝承に専念すべきところなのか、それとも、われわれがそうありたいと熱望しているような、文化と息のかよったデモクラシーを構築する場なのか、という問題は依然として争点であり続けています。

　「学校と民主主義」は、デューイがかねてから執着してきたテーマでもありました。学校は、誰もが等しく民主主義を経験する場であり、われわれすべてにとって切実な関心事であると彼はいうのです。[(1)]

　たくさんの価値のなかから、最後にもう一つの価値を取り上げましょう。これまたわれわれの立場におそらくは多くの異論が寄せられるであろう問題なのですが、それは、「学習の価値」ということです。これはわれわれにとって非常に重要なもので、ある面ではわれわれの実践の大本となっているものだと、私は考えています。

　学習は——仮に、それぞれの学習主体がプログラム化された時間や様式の閾の外で、自分はこれをやるのだと決めて行うとしましょう——その時、それは教育の意義そのものの反省的な考察を促す「相対性の場」になっていくことになります。そこから教育と形成の新たな道の模索が始まるのです。まさにその

---

(1) 〈訳注〉このデューイへの言及は英語版から採ったもので、イタリア語版には見られない。

第13章　探求者としての教師

ようにして，学習は，可能的にも現実的にも，一つの価値となるのです。

　教育の現場に則していうならば，それは，人間の学習の一筋縄ではいかない複雑性，矛盾と予見のしがたさを受け止める，ということを意味しています。制度の内であれ外であれ，教育と形成の営みには，常にそうした複雑さが随伴します。

　今，いまイタリアの全学校は——苦労と葛藤と多大な危険に苛まれながらも——このような発展の道筋を歩もうとしています。教え中心の学校から，学びを中心にした学校へと，脱皮を遂げようとしているのです。

　学習とは，それ以前にはなかったものの顕現であり，自己の，他者の，主体をとりまいている他者たちの探求なのです。それは自分を世界の前に引き据え，出来事を創出し，状況を生きようとする主体の営みの，その一部なのです。

　教育のプロセスに関与する者は，実のところ，自己の成長・発展と戯れているのですが，それは自らの予期と投企をベースにして遂行されます。教える者は学ぶ者の行為と関わりつつ，自らを変えていきます。教育する者と教育される者，教える者と学ぶ者との間には，常に相互的な力学が働いているのです。そこには参加があり，情熱があり，思いやりがあり，感情の交流があります。美学があり，変化があります[(2)]。

　そこで私としては，「遊びの価値」についても一言申し上げることをお許し願いたいのです。面白さ，感情，心のときめき，これらもまた，本当の認識，本当の教育の本質をなす要素であるはずです。こうして知識は，個人とその外界をより高次な関係のもとに包括するその力によって価値となるのです。感情が，好奇心が，アイロニーが，学ぶ主体と学ぶ対象の相互の対話を彩るのです。

　認識という行為は，われわれの一人一人にとって，創造的な行為，そのなかで個人がより自覚的な責任の主体となり，自由の担い手として自立していく，すぐれて創造的な行為となるのです。知識は——より正確にいえば主観の知は

---

(2) 〈訳注〉上の2連のパラグラフは，イタリア語版を基本にし，それに修正を施した英語版を一部取り込んで訳した。

——個人の責任（応答可能性）と化し，自らをトータルに実現するために，人間とその未来への楽天的な信頼を求めてやまないのです。
　だが，それならば私たちにとって，教師としての自己形成とは何なのでしょうか？

- 学ぶことでしょう。どうして自分たちが教師なのか，それを学ぶことが，私たちの仕事なのです。
- 分別顔，既定性，前もって構成されたもの，確かとされているもの，そうしたものの一切から離れて立場すること。
- 対象と思惟，行うことと振り返ること，理論と実践，感情と知識，両者の往復運動のその現場に降り立つこと。

　おそらく，道はただ一つ，不断の探求，しかも最後まで見つかりはしない道を探り続けることなのでしょう。規則と拘束（そこには不可欠なものもあります）と，他方に感情と，知識への情熱，その危うい均衡を私たちは探り続けなければならないのです。
　レッジョ・エミリアでの私たちの学校の日常生活を鼓舞し方向づけている諸価値のいくつかを紹介したのですが，世界のほかのところでも，同じような理念が追求されていることでしょう。しかしながら，それらは，いま私たちを取り囲んでいる支配的な価値観とははるかに隔たったものです。個人主義，エゴイズム，学歴主義，成功とお金，あげていくと際限がありません。これらの価値とたたかうのは容易なことではありませんし，おそらく，将来においてもそれは変わらないでしょう。だからこそ，なのです。学校は，幼い子どもたちの学校からはじまって，何をおいてもまず，こうした価値に立脚し，こうした価値を追求する教育の場として存在しなければなりません。学校がこうしたタイプの学校であるためには，勇気と一貫性が必要です。心と情熱，理性と感情，決意に裏づけられた厳しい労働が求められます。しかし与えられるものも，また小さくはありません。何にもまして，教師であるとはどういうことかについての底深い覚醒がもたらされるのです。

第14章
境界を越える

ローリス・マラグッツィとレッジョ・エミリアの教育の歩みを振り返る

Attraversar confini: riflessioni su Loris Malaguzzi e l'esperienza educativa di Reggio Emilia（2004）

　記念日は，私たちの人生のなかで，一体どんな意味や価値をもつものなのだろうか？　アイデンティティと，そして未来を探求する旅のなかで，記憶がもつ価値とは何なのだろうか？

　今，レッジョ幼児学校創設40周年を迎え，その意義をあらためて考えようとすると，あれこれの疑問が思わず噴き出してくるのだが，上記のような2つの問いもそのなかには含まれている。そもそも「記念する」という動詞からして，すんなりとわれわれの胸に落ちるとは言い難い。過去を背に負いつつも，未来に眼を凝らそうとしているわれわれの意図を，この動詞は十全に表現するものではない。

　どんなイベントを組んだら，この節目をうまく性格づけ，意義あるものにすることができるだろうか。われわれが選択したのは，多元方式だった。さまざまなきっかけがあり，いろいろな間口があって，それらが互いに重なり合って，この記念祭をレッジョのそれ，イタリアの，世界のそれとして意味づけるだろう。その核として大きく浮かび上がるのは，乳幼児保育園や幼児学校の歴史そのものよりも，むしろ，その特徴をなしている構造的な価値や思想の選択であった。それらはこれまでも他の現実，他のジャンルとの交流を通して，他の知と文化の世界との対話を通して豊饒化されてきたものである。

　「越境」は，われわれの軌跡の意義をよく表したメタファーであり，同時にまた，未来への予兆でもあった。人間を紋切り型にして，馴れ合い的な同化，排除と分離，あるいは孤立の状態に押しとどめ，対話不在と危険な文化的レイシズムの虜にすることも多い文化的・心理的・地理的な壁，それを乗り越えなければならないのだ。

　「越境」は2004年2月に開催した国際集会に，われわれが付したタイトルでもあった。そこには出会いの場という意味合いが，若干は含まれていた。世界中からわれわれの仲間や友人たちがやってきて，一緒にこのイベントを盛り上げようとしてくれている，ということである。

私たちは1年以上の時間をかけて入念な準備をした。なにしろ市立学校に勤務する人たち（約500人）ばかりでなく，全市の保護者たちを巻き込んだ一大行事であったのだ。レッジョでもそうだし，国内・国外のどこでもそうだが，今日，教育をめぐる問題はあまりにも複雑で，矛盾や困難が山積である。そんななかで教育とは何かを問いかけ，手探りしている世界中の人々がここで出会って対話し，お互いの立場を確かめ合う，そんな機会の一つがこの会議なのだ。

　教師やペダゴジスタたちの力の入れようは尋常ではなかった。自分たちが知っていることを，この際，整理して筋道立てなければならない。自分たちがやってきたことを説明し，イメージ化して，参加者も一緒に考えてもらえる形にしなければならない。子どもも親もその作業に手を貸した。

　語りへの情熱，自らが身と心を浸したあの空間を，いま一度，他者たちの前に開いて示したいという欲求は，尋常なものではなかった。自分たちが語りかけようとしているその他者たちは，異なる経験を生きた人々でありながら，にもかかわらず，こちらの話を介して彼らもまた賽を投げる覚悟でいる人々なのだ。

　というわけで，自己鍛錬にはもってこいの機会ではあったが，のしかかる責任も大きかった。間違いなく不安も大きかったが，ポジティブな緊張感もあった。私たち，できるのかしら？　私自身ひそかにそう自問したのであって，日が迫るほどに，焦りの色は濃くなるばかりであった。

　私自身はスピーチをするように要請されていた。ローリス・マラグッツィ以来，われわれの仕事を標づけてきた対話的な探求，それについて一筆書きで述べよ，という要請である。確かにこのパイオニア的な思想家によってレッジョの関係性を重視する教育理念（「関係性の教育学」）が方向づけられたといえるのであるが，それはまた，諸文化のインタラクションと交流を経験の酵母として重んずるということでもあった。

　このスピーチを準備する作業は複雑で，ある意味で困難なことでもあった。われわれの経験の骨格をなしている諸概念や諸価値を，それらが相互に響応し合うような仕方で総合的に叙述する必要があり，まずもってそれが難題であった。しかしこのスピーチを私にとってとりわけ意味深いものにするもう一つの動機があった。その日は（4日間の大会の間の1日であったのだが）ローリス・マラグッツィの没後10周年にあたっていた。ずっしりと重い責任を肩に感じながらも，24年という長い歳月の記憶がこみ上げてきて，その日の朝，私の喉は締めつけられていた。

　世界中から参加した1,200人の人々の眼差し，もう何度も会ったことのある友人たちの微笑み，そして一緒に集会を用意した同僚たちの激励に送られて，私は演壇に立った。こみ上げてきたのは，今度は歓びであった。

第14章　境界を越える

　それは伝染性の歓びであった。そう，誰もが，マラグッツィを想い起こしながら，そこに集っていたのだ。彼の大好きなやり方で。未来に眼をこらしながら。世界中の子どもたちの人生の質が今よりももっとよいものになることを願い，そのことのために何かをしようと願いながら。

● ● ●

　一人の学究，一人の哲学者，一人の探求者，たとえばローリス・マラグッツィのような一人の人間について語る時の語り口は，いくらでもあるように見えるのですが，セルギオ・マンギ（Manghi, S.）さんがおっしゃっているように，実のところは2つきりしかないのかもしれません（Manghi, 1998）。一つは，人とその仕事を，私たちの前に置かれたもののように，つまり客観的な，完結したものと考えるやり方です。もう一つは，そうした仕事を，あくまでも私たちとの関係において，私たちの一部として語る，というやり方です。それはまさに私たちについて語っている言説であり，私たちと共に，私たちの内部で，なお持続し発展する仕事，われわれがそれを引き取って意味づけていかなければならない何かであると捉えるのです。

　翻って現代という時代を見ますと，その記銘碑はあまりにも個人を焦点化して集団を後景に退け，あたかも孤独なリーダーが独りで勝利をおさめ，その人がユニークであるということは，対話の能力などよりも，むしろその孤高の資質によるものであるかのように言い立てるのですが，そんなご時勢であるだけに，マラグッツィへのオマージュは，すべからくわれらと共にあるマラグッツィであることが相応しいと思うのです。実際，マラグッツィにおいて際立っていたのは，われわれは共にある，共に教育のプロジェクトを立ち上げているという感覚です。この「われわれ」は境界を越え，共に夢見，出会うことで，対話し相互の絆を深めることで，希望を紡ぎ，変革への怒りと歓びを分かち合うわれわれなのです。

　境界を越える。マラグッツィは越境を愛しました。2つの世界の，その境目に居ることを好みました。境界というものは，一度立てられたらもう動かしようのない絶対的なものではなくて，出会いと交流の場として捉え返されます。そこでお互いの知見がとりかわされ，教え合うことで相互が豊かになっていく

のです。

　私たちは彼と共にたくさんの走路を走り，たくさんの境界を越えました。私たちは，マラグッツィのお得意の表現でいえば，「創造的なずらし」の「術」を学んだのでした。これが，彼の死を一巻の終わりと受け止めない助けになったのです。一緒に築き上げてきたものを暴力的に中断する奈落のようなものと考えずにすんだのです。

　彼なしでやっていけるなんて，想像もできなかった10年前の自分を思い出すと，今でも痛ましい気持ちになります。彼という案内人なしに，このまま道を探り続けるなんて，そんなことができるはずないじゃないか。あの時の失意と憂愁は，未だに私のなかでうずいていますし，乳幼児保育園や幼児学校の仲間たちも，きっと同じでしょう。とはいえ私たちは，そのまま「私たち」であり続けよう，共にあると感じ続けようと心に決したのでした。たとえ戦略や目標が目まぐるしく変化しても，いくつかの基本的な価値はどこまでも守ってやるぞと思ったのです。

　私たちは長期的な展望に立った，ゆったりとしたリズムの教育プロジェクトを追求しました。短縮された時間で，くるくると変わる目標に向かって疾走することが，よいこととされているらしいご時勢に背中を向けたのです。

　私たちは過去を自覚し，未来に応答し得る現在をつくり出そうと努力しました。何にもまして，自らを何ごとかをなそうとする投企の主体として自覚するように努めました。単に幼児の教育ばかりではなく，人間そのもののありようを探求しようとしたのです。この自覚は，誰もが選択を行わなければならない，教育方法のレベルでも，倫理や価値のレベルでも，今も昔も，われわれにとって選択は不可避である，という理解に立脚するものでした。

　学校も，教育実践も，中立ではあり得ません。それはある立場への加担であり，人間をテーマとする，いや，人間と世界の関係，世界のなかでの人間のあり方，自己とは独立に存在する他者たちとの関係性を中心的なテーマとする一つのプロジェクトに，決定的に深く関与することなのです。ペダゴジーは選択を意味しています。ここでいう選択とは，何が正しく，何が誤っているかを断ずる判断のことではありません。選択とは，疑わしさ，不確かさを回避しない勇気なのです。それは何ごとかに身を挺して，その責任を引き受けることなの

第14章　境界を越える

です。

　私たちはここレッジョの，そしてイタリアの仲間たち，世界の至るところの同僚たちとの，しばしば緊張をはらんだ討論に支えられて，この選択を行うことができました。ですから，私は感謝を込めて，私たちの選択を支持し賛同してくださった方々，また厳しい批判を投げかけてくださった方々に対しても，私の，私たちの心からのお礼の気持ちを表明させていただきたいのです。

　この方々のお力添えで私たちは自らのアイデンティティを――ただし変化に対して開かれたアイデンティティを，構築することができたのです。私たちは，自らの示差的な特徴（differenze）をつくり出したのです。各自のこの示差的な特徴は，かつてのどの時代にもまして今日，私たちが差し出すことのできる最大の価値になっています。そのように自覚し，その責任を引き受けることが，今日における真の連帯なのではないでしょうか。地理的・文化的にどんなに遠く隔たったところで仕事をしていようと，この地球に生を享けた人類であるというそのことによって，私たちは事実上，同じ運命共同体に繋ぎとめられてしまっているのです。

　これらの選択のなかの，さて何を例にとれば，それがもたらす意味の広がりをみなさま方に納得していただけるでしょうか？　いの一番にくるのは，おそらく子どものイメージ，それから学習の理論ではないかと思います。私たちの実践は，まさにこの2つによって方向づけられ，かつ導かれてきたのです。

　私たちが選択した立場，もっといえば自らの哲学の核にしているものの一つが，子どものイメージ，有能な子ども，というイメージであることは，広く知られているとおりです。

　でも「何において有能なの？」と，私たちはよく質問されます。納得できるようなお返事を見つけ出したいですよね。子どもをよく見て，会話もして，考えるわけです。子どもは本当に有能なのです。関係をつくるのが，コミュニケートするのが，あえていえば生きるのが，とっても上手なんです。生まれたばかりの子どもは，まさに人間の「可能態」なのです。それは気づきの如何，意志と勇気，政治的な諸要因によって，その命運が大きく左右されてしまう，そのような可能性であり，希望の原理なのです。

　子どもたちは，私たちとは異なる思考や理論のパラダイムにしたがって世界

197

を解釈し行動します。感情の動きも，私たちの通念からすると気まぐれです。

　子どもたちは，「私たちの」未来ではないのです。私たちは，あまりにも「私たちの未来」を彼らに押しつけて，その夢をねじ伏せています。大人の期待を裏切る人間になる自由を，彼らから奪っているのです。子どもたちは，「私たちの」現在として，ほら，そこにいます。

　子どもは未来の市民ではありません。生まれたその時から市民なのです。しかもとっておきに重要な市民なのです。その身に「可能性」を宿し，「可能なるもの」を表象する市民，それが子どもです。レトリックなんぞではありません。断固として，私はそう思うのです。

　子どもは，今のまさに今，権利の，価値の，文化の，そう，子どもの文化の，担い手として存在します。子どもの文化とは，子ども期についての私たちの知識であるだけではなく，子ども自身の子ども期の知識なのです。どう存在し，どう生きるかをめぐる，彼らの側の自己意識なのです。

　われわれの歴史的責任を考えるならば，ただ以上のことを言い立てているだけでは済まされません。子どもたちを受け入れ，彼らがもっている巨大な可能性――人間の権利を打ち立てる巨大なポテンシャル――と対話することのできる文化的・社会的・政治的・教育的な状況をつくり出していかなければならないのです。そこでは，子どもにまつわる先入見の脱構築と乗り越えが要求されます。新たな子ども期の文化が，新しい人間の文化が，私たちの――教育者の，親の，すべての大人のアイデンティティの建て直しが求められるのです。

　子どもの解釈やものごとの知り方は，われわれのそれとは異なる思考のパラダイムにもとづいています。確かに私たちとは感じ方も考え方も違っていて，だから，大人がなじんだやり方とずれていたりすると，不都合な脱線と見なされてしまうのです。

　今やグローバリゼーションの時代，人間や市民という概念も，私たちはそれを再定義しようとしています。出直すべきその出発点は子どもです。その心豊かな人間性です。意味を問う彼らの声に新たな回答を見つけだそうとする，そんな私たちの努力です。この地球化の時代は，かつてのどんな時代にもまして，人間そのものの概念の書き換えが求められる時代です。より複合的な人間像を果敢に探求する，そのための条件が成熟しているのです。

第14章　境界を越える

　私はロマンティックなアプローチを推奨しているわけでも，子どもを清浄無垢な存在に見立てる童心主義に擦り寄っているわけでもありません。子どもとの真の対話が，通念の帳(とばり)を踏み越えていく，その名に値する対話が必要であるといっているのです。西欧思想の課題であるパラダイム転換は，かつてないまでに今，子どもとの，児童心性との対話から，その根源的なエネルギーを汲み取ることができるという確信を私は抱いているのです。

　「有能な子ども」という概念に私たちが与えている解釈は，私たちが共有している一連の価値と密接に結びついています。とりわけインタラクションと対話は，われわれと子どもとの関係，大人との，都市との，総じて他者との関係を規定する本源的な要素です。この価値を暗黙の目標にして，私たちの選択は行われています。

　マラグッツィが力をつくして私たちに嗾(けしか)けていたことの一つは，理想の組織をつくることでした。それは自分たちの理論的前提に合致するだけでなく，何よりも，とことんまで躍動する組織であること，自らをピンチに追い込んででも自己更新をためらわない組織であり続けることでした。変化を許容する組織，絶対に再生産の論理なんぞではなく，革新を，絶えず何かを生み出していく創造性を佳(よ)しとする組織です。そのような組織に求められるのは，聴く能力であり，危険と冒険をすら価値として受け入れながら，どこまでも創造性を支え貫く能力である，というのです。教育の組織や制度がそのようなものであるためには，反復と標準化の論理に従うわけにはいかない，組織のなかで日常的に起こる思いがけない事件や混乱に向き合える能力こそが重要です。そのことを理解してくださる方は，組合活動家や政治家のなかにはたくさんおられますし，そのような見識をおもちの方はほかにも少なくはないはずです。

　私たちの学校を動かしている教育の原理を，マラグッツィは好んで「関係性の教育学」などと名づけていたのですが，それは学校建築との関わりのなかで気づかされたことでした。建築が「関係的」だと，そのなかでの対話はいっそう容易になり，フランクになるのです。稔(みの)り多い対話と交流は，そこで終わったわけではありません。今では，それがもっと裾野の広い探求のプロジェクトになっているのです。プロジェクトはもう学校建築のプロジェクトにはとどまらず，子どもたちの，大人たちの，彼ら・彼女たちの世界への住みつき方を研

究するプロジェクトになってしまっています。

　私たちは同じような仕方で，いろいろな分野の方々との対話を行っています。心理学，人間科学，生物学，神経生理学，芸術と工芸意匠などなど。みなさん方，どなたも私たちとの共同研究を受け入れ，一緒に問いを立て，それぞれの役割に応じて一緒に研究を進めてくださっているのですが，よくある学者の知と教育者の実践知との上下関係はそこにはまったく見られません。研究の旅はびっくりするような予想外のことばかり，愉快で面白いものになっていきます。何しろ子どもの世界の研究ですからね。子どもたち自身が研究の主役として躍り出てくるし，そうでなければならないのです。

　「探求する学校」。マラグッツィや私たちの心にあるものを，この表現はかなり言い当てていると思います。私があえてこの言葉をもち出すのは，それがわれわれの学校の特徴をよく表すものであるからですが，一般に流通している言葉に対抗して，この種の「造語」をつくりたがるわれわれの悪癖は，しばしば顰蹙（ひんしゅく）の的にもなっています。私たちもそれはわかっているつもりなのですが，しかし自分たちのボキャブラリィをつくることで，私たちが自分たちのアイデンティティを形づくってきたこともまた確かなのです。とりわけそれが共通の価値と意味，共通な選択，開かれた「私たち」——他者との出会いと対話を通して自在に変容するアイデンティティを形成する方途として用いられるとすればなおさらです。

　もう一つ，そのつっかえ棒になってくれるのが，ユーモアなのです。私たちがドグマチックになってしまいそうな時など，その功徳は特に甚大です。私たちの批評と自己批評の導き手，それがユーモアなのです。これもまた，私たちが子どもたちから学んだ宝物でした。みなさまも心当たりがあろうかと存じますが，子どもたちは，とことんユーモラスであり続ける，不思議な才能の持ち主なのです。(1)

　私たちは境界を越えようとしましたが，同時にまた，その狭間にとどまろう

---

(1)〈訳注〉上の2連のパラグラフは，英語版のみにあり，イタリア語版には見られない。

第14章 境界を越える

ともしました。歴史的に二律背反と見なされてきたもの——たとえば仕事と遊び、現実世界と想像世界の前で、私たちは感情と認識を、創造性と合理性を、プロジェクトと計画性を、教育と研究を、個人と集団を、硬い科学と柔らかな科学を、あえてごた混ぜにしたのです。

私たちは懸命に子どもたちを観察し、また子どもたちと共にある私たち自身を観察しました。そうする過程でだんだんにわかってきたことは——それをもっとはっきりさせようと努力したわけですが——このような二元論的な思考方法は子どもたちのものでも、大人たちのものでもない、ということです。それは「科学的」とは感情も、情熱も、魂のうずきも交えないことであると信じ込んでいる人たちの独断にすぎないのです。そういうものをすべてとり払ったら科学はより真正で、より客観的なものになる、と、この人たちは信じています。私たちはまるで反対に、理性と感情、学習と快楽、疲労と歓び、自己と他者は両立可能であるばかりか、相互に促し合って生成するものであり、それらは共に創造する自由——したがって学ぶ自由に由来する強力な力に支えられているのだと、言いきって憚りません。未知であることの自由、疑う自由、よくわかっていないからこその自由、不自然な縛りなど受けなければ、子どもには、そうした自由が具わっているのです。

このような前提を立てますと、常に論争の的になっている核心の問題——教えることと学ぶことの関係に対する私たちの選択もたいへん明瞭になってきます。このことについてはマラグッツィも、こんなことを書いています。「教えの目標は、学びを生み出すことではなく、学びの条件を生み出すことなのだ。学びの条件、これこそが問題の焦点である。それが学びの質を決定する」。

この主張を支える支柱となる道具と装置が、われわれの場合でいうとドキュメンテーション、すなわち記録するという行為なのです[(2)]。記録の作成は——国際的な教育学文献のなかでは事後に残される事柄の証言として、あるいは行為の過程の追跡的な再構成という文脈で問題にされることが多いのですが——私たちの場合はそこに独自な解釈が施されていて、記録行為は教えの、それゆえ

---

(2) 〈訳注〉イタリア語では documentazione。英語の documentation 以上に azione (action) = 行為であることが強調されることになる。

に学びの過程の内部に組み込まれているのです。

　La documentazione *in process*——すなわち事後ではなく過程でその記録と解釈が行われることによって，子どもたちの問題意識と教科内容との関係がより鮮度の高いものになり，過程そのものの方向が変わるというドラマが出来し得るのです。

　ですから documentazione は，単に教える時の道具として有用視されているだけではなく，記憶と省察をよりよいものにするエピステモロジカルな用具となり，子どもの認識過程，子どもたち・教師たちの教授と学習のプロセスを集団的に変える契機にもなり得るのです。こうして教えることと学ぶことは相互的な行為になっていきます。教師は文化を継承し媒介するというその役割に加えて，観察し，記録し，解釈するその能力によって，学びと教えのより高度な可能性を実現することになるのです。

　レッジョでの（それ以外のものも，ですが）仕事を，同僚たちと再考していて最近になってわかってきたことは，探求されるべきさらに深い層が存在するということです。たとえば，つくられた記録は当然，評価と自己評価の手段になっていくでしょうから，それは反省の，解釈の，対話の，理論と実践の相互媒介の契機にもなっていくわけです。このようにして記録作成は，たがいに分かち合える意味をつくり出すための評価の戦略となることもあるのです。

　おそらく私たちにとっての documentazione は，むしろ可視化や共有という概念で把握するほうが適切なのかもしれません。それは他にも多々ある閾を乗り越えて新しい出会いをつくり出すわれわれの力量を陶冶する重要な文化的・政治的機会であると同時に，他方，それは多くの参加者たちの行為の足跡を共有可能な物語や記憶として対象化し，グループのアイデンティティを構築する効果的な形式としても現象するのです。

　これらのすべてが，膨大な時間を要する営為であることは，今も昔も変わりません。子どもたちに，そして私たち自身にも，十分な時間が与えられるように，私たちは努力し，そのための方途を選択してきました。私たちは頑なに0～6歳児プロジェクトを擁護し，子どもには子どもの時間を，と叫んできました。早手回しの促成栽培主義で，子どもの時間を圧迫してはならないのです。

　私たちは，参加についても多くを語ってきました。レッジョの学校は，当時

第14章　境界を越える

のイタリアでは他の領域でも湧き立っていた民衆参加の落とし子として生まれたものですから，そのアイデンティティの基本をなす要素は家族の参加であると明言しています。さらに年輪を重ねるなかではっきりしてきたことは，この参加こそが，子どもたちの，そして大人たちの学習過程とアイデンティティを形づくる本質である，ということです。参加を通して，子どもたち，教育者たち，親たちは，それぞれが固有の存在として息づくのです。参加とは他者と歩みを共にすることであり，自分が共同性のなかにいるという感覚が，そのなかで培われるのです。

　参加型デモクラシーの失敗をあげつらう議論が，学校の内外を問わず声高に交わされる時代に，私たちは生きています。顔を見合わせてげんなりすることも多いのですが，だが絶対に参加の理念を手離すことはできないことを，がまん強く主張し続けていかなければならないと私たちは感じています。学校の，教育の，デモクラシーの概念そのものが，まさに参加ということのなかにあるからです。

　実のところ，すべての主体には，その主体に特有な潜在的文化能力が示されています。学校その他の教育機関は各人のこのような固有性を見逃さず，それを保護しなければなりませんが，それはこれらの固有性が相互に触れ合い，相互作用することのできる環境を設定することによって，初めて可能になるのです。なぜなら，そうした固有性は，出会いによって初めて顕在化し，自らを育てるものであるからです。

　こう見てくると，学校は，一種の広場となること，多様な意見，多様な観点がそれぞれに発言権を保障されること，学校が教育の場として存在し得るのはまさにそれゆえであることに，私たちは気づかされるのです。ここでいう教育の場とは出会いを通して文化が紡ぎ出される場所にほかなりません。子どもの文化が生み出されるだけでなく，子どもによって，文化が紡ぎ出されるのです。

　マラグッツィもまた参加を通して——言語と思考，さまざまな知的諸分野の関係性，間領域性と共同性，「なすことによって学ぶ」（デューイ）など，そうした諸主題をめぐる論争に肩入れしながら，彼のもっとも重要な2つの業績，すなわち「100の言葉」と「アトリエ」の思想を生み出したに違いないのです。

　「100の言葉」については，われわれの展示や論説のなかで，あるいはビデオ

203

やそのほかの資料のなかで，たくさんのことが書かれ，語られています。だが少し念押ししておきたいのですが，ここでいう100の言葉は，子どもの，あるいは人間の，100の，1000の表現能力，コミュニケーション能力を単にメタファーとして並べ立てているわけではないと思うのです。私たちの考えでは，それはすべての言語活動の対等性，それらがひとしく重要でひとしく品位あるものであることを明確化し，そのことの理解を確固としたものにするためのストラテジーなのです。知的良心を構築する上で，それは何にも増して不可欠な要件であるからです。

　それだけではありません。長年の経験，省察と討論を通して，私たちは確信を深めているのです。どんな言語活動にも，一般に科学的とされているそれのなかにも，詩的な表現が存在することを。概念や命題の間にも，それらを結びつける高度に美的な要素が介在していることを。

　教えるという行為（それを補佐するのが documentazione なのですが）に担わされている役割は，多様な言語活動間のこの交流を促進することであり，異なるそれとの出会いを通して，それぞれの言語活動が自らの限界，自らの沈黙，自らの欠如を発見して，相互に高め合うことではないでしょうか。美とは，そのようなものです。「部分存在であることの魅惑」，それが「知の美学である」と，グレゴリー・ベイトソンならば言うことでしょう（Bateson, 1972）。

　多様な言語活動間のエコロジーとは，そのようなものです。テクノロジカルな思考の根本にあるのも，このエコロジーだと，われわれは考えています。コンピュータやニュー・テクノロジーは，単にあるものとあるものを加算するだけでなく，乗数計算によって，思いがけない何かを創造する「メディア」だと思うのです。それは創造性の時代を告げる導きの星ともいえましょう。

　さて，「アトリエ」ですが，これは学校のメタファーです。コミュニケーションの，つまりは100の言葉の発達を目標として総体の活動が行われている，そんな場としての学校を表すメタファーなのです。私は，アトリエとラボラトリオ（ワークショップ）は区別する必要があると考えています。これは「単なる語の置き替え」ではなく，教育上の概念として異なるものだと思うのです。

　学校の内外を問わず，ラボラトリオ（ワークショップ）について，今日では多くのことが語られていますし，論戦も開始されています。多くの人々が抱いて

第14章　境界を越える

いる疑念は，ラボロトリオとは，つまりは校外の，もしくは課外の，「つけたし」の教育活動のことをそう呼んでいるだけではないか，ということです。となると表現のための諸言語は，つまりは認識のための諸言語の「つけたし」として，その外辺に位置づけられることになります。これに対してレッジョの「アトリエ」は，単に表現言語の発達だけを目指しているわけではありません。それは認識活動のストラテジーでもあり，知識を構造化し学習を組織（有機化）する様式でもあるのです。学校なるものが中心に鎮座し，その横に，とり外すこともできる「100の言葉のアトリエ」がお供え物として控えているわけではないのです。あるのは「探求の場としての学校」であり，アトリエは，学校がまさに探求の場として存立するための，その本質的な構成要素なのです。このような考え方にたって，子どもと芸術，子どもと芸術家の対話の可能性を模索する努力が今も続けられているのですが，それを裏打ちしているのは，美がすなわち感覚に訴える力を帯びた知識である時に，対話はより豊饒なものになるという確信です。

　「子どもたち」について語ってまいりましたが，私たちのいう子どもたちは，言外に，子どもたち，少年少女たち，若者たち，大人の男女のすべてを含んだ子どもたちなのです。子どもの感度は確かに抜群ですが，子どもとて，人生のほかの時期とは無縁に子どもであるわけではありませんし，人間であることに変わりもありません。子どもとして存在するということは，人間の可能性を表すもっとも美しいメタファーなのです。人間を人間たらしめる可能性もあれば，そうした足取りを断ち切り，子どもを文化の模倣に追いやってしまうこともあります。子どもの可能性を断ち切ることは，子どもだけではなく，人間を破壊することなのです。その傷の跡は，創造性の破壊という形で学校の卒業後も持続していきます。マラグッツィがアトリエリスタや教師たちと「アトリエ」をはじめた動機は，これを措いて何があったというのでしょうか。

　そろそろ話を締めくくりましょう。私の考察の偏りについては，お詫びを申し上げるほかはありません。ずいぶんと多様な文化と教育についての考え方をおもちの何百人もの方々にお聞きいただける言葉を探しつつ，私はこの講演を用意させていただきました。

　私がここでお話ししたことは，今日の学校訪問と明日のセッションでさらに

深めていただけるものと考えています。どの幼児学校，どの乳幼児保育園に行かれましても，他の学校のそれと通じ合うものを，みなさまはご覧になることでしょう。全体のその一片が，そこに映し出されていることでしょう。

　このようにレッジョ・エミリアは自らを映す一幅の万華鏡で，そこに私たちも映し出されています。しかし私がとりわけ見ていただきたいと思っているのは，そこでの実践に映し出されている知的な誠実さと情熱です。教員はもとより，この事業に携わっている当事者すべての，誠意と情熱です。

　マラグッツィは，彼が教師たちに抱いている絶大な期待を，決して隠すことはありませんでした。彼を知る者は，彼が教師に対してどんなに要求がましく，峻厳であったかを脳裏に焼きつけています（まず誰よりも，自分自身に対してそうだったのですが）。同時にまた，教師への深い尊敬と感謝を彼がそのような行動によって表現していたことも，よく承知しています。尊敬を，具体的に挙動として表すのが，彼のいつものやり方でした。一緒にたたかうこと，一緒に怒り悲しみ喜ぶこと，一緒に公的な場で意思表示をすること（全国保育者連盟の友人たちは，よくそれを覚えています），それからもっと小さな，しかし本質的な日常の細部でも。子どもを信ずるということは，教師を信ずることであったし，今でも，それは変わりません。

　だから，教師の知性，才能，可能性を，彼は信じ抜きました。教育，文化，政治のすべての領域で責任ある行動の主体となること，子どもたちと共に自ら選んだ行為の主体たらんとする，その強靭な意志を信じました。保護者と子どもたちに対する尊敬も絶大で，楽天的な希望の眼差しで彼らを見つめていました。

　この尊敬とこの信頼，それを私たちもまた抱き，抱き続けることができますよう，私は強く願わずにはいられません。われわれが向き合っている未来が，より困難で背理に満ちたものであるにもかかわらず，です。

　だからこそ，マラグッツィの記憶に捧げられた今日というこの一日は，レッジョ・エミリアの教師と学校に捧げられる一日でもあるのです。

第15章
共に食卓を囲むひとときから
学校の文化が生まれる

Il pranzo a scuola come esperienza educativa nell'ascolto di sè e degli altri（2007）

　「100の言葉」が理論として語られる時，この理論の意味が十全に発揮される場の一つが乳幼児保育園や幼児学校の食の現場，その「味のアトリエ（L'atelier del gusto）」であることに思い至る者はほんのわずかだ。

　レッジョ・エミリアの乳幼児保育園と幼児学校が，AUSLとマラグッツィ・センターとの共催で「食の言語」に関する研究集会の開催を決定したことは，そうした状況を睨んだ上での重要な決断であった。レッジョの教育実践をそのようなものたらしめている基本的要素の一つとして，あらためてその食を見直すと同時に，現代の学校と社会における食の基本的な役割を明らかにする，という意味でも，この集会は意義深いものであった。

　食育とは，参加への教育であり，生きることそのものに向けられた教育である。集会では，数多くの報告者たちによって，そのことが明らかにされた。コックさんたちは，心を込めた毎日の食事で，そのことを示してくれた。

　私をこの集会の話者として招請してくださったのは，マッダレーナ・テデスキー（Tedeschi, M.）さん（レッジョ・エミリア市乳幼児保育園・幼児学校ペダゴジスタ）で，そのお骨折りに私は多くを負っている。

　それから，コックさんたちの示唆。報告の中味を用意する上でも，それからもっと多くのことでも。

●　　●　　●

　「教育的体験としての学校の食事――自他への傾聴を学ぶ場として」という

---

(1) この集会に際して Cavallini, I. and Tedeschi, M. (eds.) (2007) *I linguaggi del cibo : Ricette, esperienze, pensieri.* Reggio Emilia: Reggio Children. が刊行されている。

演題をいただいて、私はしばらくの間物思いに耽りました。レッジョ・エミリアの乳幼児保育園・幼児学校でのさまざまな経験が思い浮かんでくるのです。回想するにつれて、鮮明にそうとわかるのですが、食事が提供されるということ、みんなで一緒にお昼を食べる、その時間と空間が存在するということで、学校は学校になっているのです。

　もう少し丁寧に申し上げましょう。

　学校での昼食とその準備は、ただ食を提供するという副次的な機能を果たしているだけではないと、私は確信しています。学校が存在し、学校が学校となるための、それは不可欠な要件なのです。私がここで学校と言っているのは、乳幼児保育園や幼児学校だけではありません。いわゆる「学校食堂（mensa scolastica）」を置こうとしている学校は、どんな学校であれ、単に学科を教える学習、あるいは学科をまたがる学習にとどまらない学びの機会を——生きること、他者たちと共に、そして他者たちのために生きることを学ぶ貴重な機会を提供している、と思うのです。

　以上に申し上げたことを裏づけるために、こうしたスタイルが「生み出された時代」に思いを馳せていただきましょう。レッジョでは多くの学校がそうなのですが、ここで取り上げるヴィッラ・セッソ（Villa Sesso）の幼児学校も、戦争直後の時代に住民たちが強く望んで創建し、運営してきた学校でした。

> 　子どもたちを食べさせなければいけないからね、まず、大きな鍋を用意して、それから大人数分の料理ができるような炉を何とか造ったわけだよ。窯があるから特別な日にはお菓子だとか、トルティージャ、フラッペ（謝肉祭用の細長い揚げ菓子）なんかをつくって、子どもたちを喜ばせるわけ。子どもたちが家から持ち寄った砂糖、小麦粉とバター、それと私たち女衆が冬の間につくったマーマレードでケーキをつくったこともあるよ。それをパン屋に持ち込んでケーキにしてもらうのさ。私たちは野菜畑をつくったから、野菜は新鮮でね、ビタミンなんかは、たっぷりだった。3か月ごとに、Azimondi（不詳）さんのところにいってね、国際支援物資を受け取ったが、粉ミルク、パスタ、コメ、油、肉の缶詰などだった。自転車に荷車をつけてね、家に持ち運んだよ。　（アッチリア・オルシーニ[2]）

---

(2) 1945〜54年、マルティリ・ヴィッラ・セッソ幼児学校でコックを務めた。

これらの学校は，住民たちの切実な要求に押されて，またUDI（イタリア女性連盟）の肩入れもあって戦後すぐの時期に設立されたものですが，女性に支援の手を差し伸べることと同時に，子どもたちにこれまでとは違う教育を受けさせることを目的とするものでした。

　これらの学校はどこも台所を備えていて，子どもたちに心のこもった食事を提供することのできる学校でした。この時代の子どもたちの多くは確かに空腹を抱えていましたから，まずは食べさせる必要がありました。家で毎日，十分な食事にありつけたわけではないのです。食べものにも飢えていましたが，彼らは愛情，優しさ，思いやりにも飢えていました。懇切に目をかけてもらいたかったのです。

　毎日，全員に食事が配られたのは，そのことがよくわかっていたからでした。果物，野菜，卵，どれも，在地の農民たちが収穫したものでした。

　そのことがよくわかっていたからこそ，親たちは名乗り出て台所を預かり，料理の腕を振るったのでした。心を込めた食事を用意することで，地域の教育を担うその一人になっていったのです。こうして毎日の食事は，手厚い配慮のもとで食べ，そして食べさせる，大人と子どもの共生の様式になっていったのです。

　こうして子どもの教育が媒介となり，地域の人々の学校への参加意識は格段に高められていったのですが，その特徴は，かならず何らかの形で教育のあり方全体に跳ね返っていくことになります。

　そうした経験が下地になっていたのでしょうが，1963年に最初のコムーネ立幼児学校が建設された時，そこには立派な調理室があり，その隣が子どもたちの食事コーナーになっていました。はじめから建築計画に，そうした空間がはっきりと特定されていたわけです。地下に押し込められた目立たない食堂ではなく，他の作業にも使う机を使っての慌しい給食でもなく，ちゃんとそのためにつくられた食堂で食事をとるのです。この食堂は公共空間で，簡単にアゴラ（広場）に一変しますし，お祭りや集会のための広間にもなります。しかし第一義的には，それはどこから見てもそうとわかる，みんなでお昼を食べるための空間なのです。

　その間にも，経済と社会の状況は大きく変わっていきました。子どもへの食事サービスは，依然として家族の人々，特に女性たちの援助に頼るものであり

続けましたが，反面，子どもがよい学校で充実したサービスを受けることが，その権利としてうたわれるようになり，学校における食の質が，学校そのものの質を判断する確かな目安として脚光を浴びるようになったのです。

ただ食事を提供するだけでは，もう済まされません。要求はもっと高度なものになりました。学校の食事は，ただ家庭に代わって食べさせていればよいというものではありません。それは子どもに，愛情を，注意と思いやりを，心身の両面で示すものでなければなりません。家族の人々は，とりわけ母親たちは，子どもがおいしく食べてくれることを，そのためにいつも心を砕いてくれる誰かがいてくれることを信じたいのです。子どもたちは，食べものの香りと色を感じただけで，もうそれだけで，うっとりとしてしまうものです。そんな食事はすなわち「味のアトリエ」と化し，そのなかで，子どもたちの感覚は（それゆえにその認識能力は）鋭く研ぎ澄まされていくのです。

数年後には，同じような動きが乳幼児保育園でも起こっています。食事は保育と教育の質を証明する決め手と見られるようになります。一人一人の子どもへの向き合い方，その対応能力の如何が，何よりも食事に現れているというのです。学校の食事は単にそれだけのこととしてではなく，教育総体のその表現として重視されるようになったのです。

この間，コックさんたちの甚大な努力によって，教師と親，あるいは小児科医，食事療法士，ペダゴジスタや建築家との対話が重ねられ，食の質とは何かということの共通理解が形づくられていきました。多様な専門家と間領域的な対話を重ねてはっきりわかったことは，食と教育との根源的な繋がりでした。

そんなわけでレッジョ・エミリアの自治体とその諸学校は，学校での食の意味とその教育的・文化的・社会的・文化人類学的な価値を，現代のポストモダン状況に則して考察する機会をもつことを考えたのです。

食や食生活に関する知識は多領域にわたるものですから，このような交流によって，私たちは大いに視野を広げてきましたし，それは今も続いています。市とその学校の関係者たちは，長年にわたって，それらの知識や経験を，実践的に検証し続けてきたのでした。心理学者や精神分析学者の研究から，私たちは，摂食やそれと結びついた行動をあくまでも「自然」事象と見なすべきであることを教えられました。それは生物としての子どもや大人が，その生命体と

しての理法にもとづいて営んでいる完全に「自然」な行動であると、その方々はおっしゃるのです。でも、ですね、そのような「自然」がどのように解釈され、生きられるかといえば、その様式を具体的に規定しているのは、歴史であり文化なのです（たとえばの話、女性の仕事と授乳・保育との関係、子どもの権利と母親のそれとを「どう両立させるか」という問題、どれ一つをとっても時代や社会と無関係ではあり得ません）。

なるほど新生児にとっては、いわゆる口唇期はリビドー的進化の最初の局面をなしているといってよいでしょう。生まれ落ちたその時から、口蓋は、子どもが生命を感じ、外的世界と関わる基本的な手段になっていて、快楽もそこから生まれています。吸うことの歓び、口に含むことの、そして少し大きくなると咀嚼することの快楽が、これに加わります。これが基礎になって口唇的な感受性が発達し、場であるところの口と、対象であるところの食べ物が関係づけられ、そうした認知作用を通して、われわれは世界との関係を構築し、体制化し、汎化し、もしくは忌避する、そんな歩みを続けることになるのでしょう。

子どもは本来的にこのような素質、このような反射神経をもって生まれているのですが、しかし彼は、今度は経験を通して、口という性感帯と結びついた快楽の世界を学習することになります。というわけで口と食べ物との関係は、確かに生理的必要を充足することと不可分ではあるのですが、他方で快楽の追求とも結びついています。食、快楽の追求、そしてコミュニケーション。この三者はしっかりと結合していて、相互に切り離しがたいのです。

このことは、私たちにとって非常に重要です。

つまり、食と食生活には（飢えを癒すという）単なる機能だけにとどまらない、もっと快楽主義的な、すなわち快楽と関わる次元がある、ということです。家庭においてであれ学校においてであれ、子どもの食生活について語ったり、その献立を考えたりする時に、これは一刻も忘れてはならないことだろうと思います。

こうした素質は、文化や教育の場——家庭や学校——を通して、能力になっていきます。すなわち、それは言語として働き、コミュニケーションの様式になるのです。この言語の力を介して、子どもたちは環境に、文化に、さらにそれを通して世界の声に耳を傾けるのです。

こうして口はすなわち関係性が形成される場に、食べ物はすなわちある言語活動に（レッジョのお得意の論法でいうと）「100の言葉」のなかのその一つになっていくわけです。人はそれを通して愛情を、いや愛情だけでなく知識や文化をも、相互に伝え合うのです。
　さまざまな風味（sapori）と、さまざまな知識（saperi）が、食べ物のなかで一つに溶け合います。食べ物の知と言葉は、子どもの知と傾聴の能力に向かって語りかけ、対話するのです。実際、その言葉は「傾聴」され、解読され、解釈され、聞き手に影響を与えるのです。耳だけでなく、口と舌で、小さい頃から育て上げられた味覚と期待の図式で、それは受け止められるのです。
　大脳生理学の研究によれば、味覚は非常に早くから発達するのですが、味覚単独ではなく、嗅覚と触覚がそれと一緒に発達しているのです。複数の感覚が共犯関係にあり、一つを思い起こすと他も想起する関係になっていますので、食にまつわる子どもの経験は、どんなに小さな子どものそれであっても、単なる栄養の摂取にとどまるものではあり得ず、どちらかといえばホーリスティックなものになっていくのです。
　よく、こんなことを言います。子どもも、われわれ大人も、食べる時は「眼で食べる」ものだ、と。味わう前に匂いを嗅いだり、食べ物に触ったりもします（特に子どもは、手でいじくるのが大好きです）。そして最後に、パクリ、モグモグとなるのです。このモグモグは快楽いっぱい、味覚以外の感覚もすべて感応し合ってのモグモグなのです。何を食べているかだけでなく、食べている時間とか、すべての要素が関係し合って成立するトータルな経験なのです。

　というわけで子どもには（つまり人間には）食べ物とのよい関係を求める性向があり、それは単なる生存のための実用的な食事ではなく、もっとトータルな経験としての食事を求める志向である、といってよいでしょう。この食との関係は、文化的な要因によって（マクロな文化とミクロな文化、ミクロな文化の一つが家族の食習慣）変わりますし、とりわけ政治、経済、教育の影響が原因になって、大きく変わっていく場合もあります（低開発国での飢餓や、先進諸国での拒食症や過食症がそれです）。そこでは単に実体的に食と人間の関係が変容するだけではなく、食が一種の記号となって、意味するものと意味されるものの関

係をすっかり変えてしまうのです。こうした重要で，かつ基本的な問題については，私よりももっと適切な専門家の方に論じていただくほうがよろしいのでしょうが，政治や文化と食の交点で，場合によってはこのような「病理学的」な諸現象も生じ得る，ということです。

　ここでは異なる側面にレンズを移して，自分たちの経験からいっても，心理学や人類学の研究からいっても，これは確かだといえそうなことに話の重点を絞ることにします。食はどんな文化を見ても，ほとんど常に社会的な行為として営まれている，といってよいのではないでしょうか。それは社会的営為であり，人間は食を通して「共同性の感覚」を培い，社会的存在になっていくのです。一緒に飲食することは，一人でただ黙々と飲食することとは明瞭に異なります。他者と「共に喰らう」という所作は，食に単なる機能的な定義を超えた内包を与えるものであり，この行為にコミュニケーション的な価値を付加するものなのです。人間の召命として「共生（conviviale）」ということがいわれるのですが，convivioという語幹には，「共に喰らう」という所作が含意されています。[3]

　その点からいっても食は高度に文化的な現象なのであって，単に食物摂取という観点からではなく，個人が社会に位置づくその様式として，それにまつわるすべての要素と共にこれを定義していかなければなりません。食物そのものと，それをめぐる文化の相乗作用で，対象物はシンボリック的な価値を帯びたものになり，こうして食は一つの言語活動となるのです。

　お腹を空かせた人に何かを食べさせる行為は，生命を与える行為として，くっきりと人の瞼に残っていきます。生まれたばかりの子どもに乳を含ませ，

---

[3] 〈訳注〉*Deschooling Society*（1970）（東洋・小澤周三（訳）『脱・学校の社会』東京創元社，1977年）の著者として著名なイヴァン・イリッチ（Illich, I.）は，同書に続いてla convivialité（フランス語版。英語版では，Tools for conviviality。ともに1973年刊）という著作を発表している。convivialeとは，（質素な）聖餐を共にする信徒の共同体に由来する語で，小さな共同体での人間的な関わりを通してこそ，個人は自らの自立を勝ちとることができるのだという主張を込めて，イリッチはこの語を使っている。日本語版『コンヴィヴィアリティのための道具』（日本エディタースクール，1989年）の訳者，渡辺京二氏は「原語のあのたおやかで強靱な肉感性からほど遠いこと」をもどかしながらも，この語に「自立共生」という訳語をあてている。

食べ物を与える母親の姿はいうまでもありませんが，食事を用意している人，空腹を抱えている人を見ると，誰もが同じような思いを抱くものです。料理をしている人は，すなわち生命を与えているのであり，その行為が単に「生きるための糧（sostentamento per la vita）」を提供するだけでなく，生きる理由（ragioni di vita）を教えていることを知っています。

　そう思ってみると，母親たちの，世の大人たちの行動や態度は，とてもよく理解できるのではないでしょうか。「子どもたち，とってもよく食べてくれたの」と，そんな時は満面の笑みを浮かべて言うコックさんたちの，あの幸福そうな眼や，（この子は野菜を食べてくれない，これこれの食べ物は受けつけてくれないと，お母さんがいつも嘆いているその子どもが）とうとうこれを食べてくれたと報告する時の，あの喜びに弾んだ彼女たちの声も，なるほどとばかり腑に落ちます。

　そのような調理師たち――生命の授け手であるコックさんたちは，子どものなかに共生の感覚を育て，その文化的アイデンティティを構築する不可欠の当事者であると同時に，また母親や家族の貴重な相談相手でもあります。

　「コックさんとは」と，まだ幼い私の孫は言っています。彼によるとコックさんとは料理人だけでなく，「僕のために食べ物をつくってくれる人」みんな，なのだそうです。この僕の面倒を親身に見てくれる人は，みんな，コックさんなんだ，と，彼は言いたいようなのです。子どもはそうすることで，匿名性から逃れ出たい自分の願望を表明しているのです。「均質化」された給食もイヤだけど，すべての子どもを顔のない存在にしてしまう，あの学校の物語はご免だと言っているのです。

　「コックさんたち」は，子どもが環境にうまく適応できずにいる時に，教師と示し合わせてあれこれと配慮する同盟者ですし，親にとっても頼りがいのある相談相手です。子どもが保育園に通いはじめた頃などはなおさらで，（子どもにも大人にとっても）よりよい日々はこの共同の仕掛け人を得ることで創出されていくのです。

　それだけではありません。料理が文化の場であること，その食文化がすぐれて場の文化であることは，繰り返し指摘されている周知の事実です。

　料理が教育であり文化である以上，その料理を行うコックは教育と文化の専

門家でなければなりません。私の考えではコックと調理場は乳幼児保育園には不可欠ですし，幼児学校にとっても，それを手離すことは決定的なマイナスです。この専門家たちの努力によって，食に新たな価値が付与されるのです。美学的な価値というのでしょうか，ある種のケアから生まれる価値，私としてはprefigurativa とでも呼びたいような，芸術家の時間から生み出される，それは価値なのです。prefigurativa とは，前もって思い描く，ということですが，子どもたちの共食の喜びを思い描き，そこでの一つ一つの動作を予想し，食べ残されてしまう可能性，食べながら交わされるであろう会話，そうしたテーブルに現出するであろうすべての情景を計算に織り込んで，彼女たちは献立を用意します。

　私が思うに，昔と違って今日では，これを贅沢などと見なすことはできません。それは，教育の質を規定する大切な要素の一つなのです。学校が教育の場である以上，コンビビアリティ，食と食事は（それと共に形づくられる学校の時間ともども）以前とは異なる意義を帯びたものになっています。

　このように見てくると，そうした性格をもつ学校の食事を，家の食事の単なる肩代わりとして位置づけることはできなくなります。「家での食事」は少人数の子どもと家族の人たちの日常の茶飯事として行われ，確かに一緒に食してはいるものの，食べ方はたぶんに「個人的」で，「コンビビアル」というよりも，どちらかというと「セルフサービス」に近い食事になっています（最近ちょっと孫に伺いを立ててみたのですが，学校の食事に相当する家での食事は，まぁ，日曜日の食事，それからおじいちゃんとおばあちゃんの家に行った時かな，というのがその子の答でした）。

　ですから学校の食事は単に食べる時間としてではなく，あくまでも共生（convivialità＝cum vivere）の契機として，共にパンを分かち合う（condividere＝dividere con, compartire）行為として，理解されなければなりません。食事は心を込めて準備され，心を込めて提供される贈与であり，このケアの行為は，朝から食材の香りを吟味し，子どもたちの喜ぶ顔を想像してはにんまりとする教師やコックさんの力によって現実のものになるのです。それは日常生活の時間に刻み込まれて，そこにリズムを生み出します。柔らかにみんなを包んでくれる，コンビビアルで，何だか，ほっとするようなリズム。コンビビアルといえ

ば，一日のどの時間もコンビビアルなのですが，食事のための特別な空間が設置されていて，子どもたちが仲良くなれるように配置がデザインされていたりすると，このコンビビアルの度合いはさらに特段のものになります。配膳などを手伝って，子どもたち自身がこのコンビビアリータを「組織する」時も，やはり同じです。大好きな友達と並んで腰掛けたりしたら，もうそれだけで，楽しいお昼になることは見え見えですから。

　この日常の儀礼がもっている教育的価値については，学習の機会であるとか，よい作法，よい食卓作法をお説教するよいチャンスであるとか，まぁ，いろいろなことが言われていますが，それはどなたか，他の方々がお話しくださることでしょう。とりあえず，私は，2つのことにご注目いただきたいと考えています。どちらも，学校での食の質を論ずる時に，改めて留意しておきたい問題です。

　一つは神経科学の方面で指摘されていることで，特にジャコモ・リッツォラッティ（Rizzolatti, G.）教授やガッレッセ（Gallese, V.）教授が推進されている反射神経に関する知見に由来するものです（Rizzolatti and Sinigaglia, 2006；Gallese, 2007；Rizzolatti, Fogassi and Gallese, 2006）。他者の感情を理解する上で，反射神経のメカニズムがたいへん大きな役割を果たしていること，それがかなり大きな前提条件になって，個人の間に感情移入的な関係性が形づくられるという事実を，それらの研究は示しているのです。

　このような研究に照らして，私は食事というものを，とりわけ学校の食事というものを再考したいと思っているのですが，もしかするとこれは一種の共鳴作用ではないか，反射として呼び起こされる感情移入ではないかと思うのです。とすると，仲間との関係のなかで一人の反応が他の者にも伝わって，感情の共有が行われる，乳幼児保育園のまだ小さな頃からそのような感情の絆が形成されていく，そのうってつけの例がここに見られるのではないかと思えるのです。

　私が重要視したいのは，この食によって（われわれが食と呼んでいるこの長期のプロセスを通して）自ずと感情が分かち合われるようになる，ということです。

　栄養の質という側面と，美的・感情的な側面を繋いでくれるものを，私は食文化（gastronomia）と呼んでいます。「心のこもった」食事といえば，思いやりと注意深さのこもった食事，食欲をそそる食事ということなのでしょうが，同時にまた子どもが自分の味覚を磨き，より自制的に食と関わるようになるこ

第15章 共に食卓を囲むひとときから

とも，学校の食事の大事な目標であるといわなければなりません。
　学校の食事は好都合なことに，他の子どもたちと一緒に食べるわけですし，一緒に食べる以上はそれなりのルールも必要になりますから，その意味ではまことに教育的な食事です。しかしルールということになると，それとは違う行動や，言うこと聞かずの態度が，表面化します。違いはもともとあるのですが，だが何にもまして，それは社会的に発明されるものです。出会いがあり交流があるから，違いが違いとして顕在化するのです。子どもは，食べ物で叱られることはないこと，食べ物を前にして，脅されたり叱られたりはしないことを，学びます。食べ物は，子どもたちの多様な好みを十分に分析し，個人の選択の余地を残すようにして，準備されています。もしもイヤだとはねつける子どもが出た時の，とりなし方もあらかじめ織り込まれています。そのための特別な場所に，友達同士が和気藹々と集って，笑いさざめきながら料理にかぶりつくのですから，たいていのことはすらすらといってしまうのです。
　献立について親たちと話し合う時は，どんな食品を，どのように調理して，と，話は献立全般に及びます。思いがけない料理が出たりすると，あら，そんなご馳走を，と話題が広がって，その人の文化的背景があぶり出されて，よい交流の機会になったりします。私たちの文化的アイデンティティが遺伝子的に刻みつけられた不動のものではなく，絶えず変化し，再規定されていくものであることが，そんなやりとりを通して明らかになっていきます（必ずしも，食に限ったことではないでしょうが）。

　共に食卓を囲むという理念の根底には共生の思想があるのですが，それが特に強く実感されるのは，互いに異なる文化を背負った親たちが一堂に会して食を共にした時でしょう。出身の異なるそんな親たちが，一つの言語の，誰にでも理解できて，誰もが共有できる語彙とアルファベットで，お互いに表現し合い，お互いにコミュニケートする，そんな場面が現出するのです。そんな時なのです，みんなが自分を迎え入れてくれていて，自分もまた，みんなを迎え入れていることが骨身に染みてよくわかるのは。

第16章
現代都市における教育とグローバリゼーション

Educazione e globalizzazione nella
città contemporanea（2006）

　グローバリゼーション，多文化主義，シティズンシップといった諸テーマは，20世紀の終わりにはもう重大な問題として浮上していたのであるが，近年では教育の世界でも，その意義や重要性がますます明瞭に認知されるようになった。この問題は本章とそれに続く第17章ばかりでなく，この10年，レッジョの幼児教育界が最重点課題に指定して取り組んできたテーマでもあった。

　希望するすべての家族と子どもたちに機会を提供すべく施設を拡充するとともにその運用を弾力化することを目指して，さまざまな社会的・政治的・行政的措置が講じられてきた。家族の多くはいわゆる「新しい」家族——家族構成も，民族的出自も文化も異なる文字通り多様な家族である。

　幼児学校はますますもって新しい市民を受け入れ，レッジョに多民族，多文化都市という新しいアイデンティティを与える基本的な場となった。文化的にもまたこの路線が追求され，ローリス・マラグッツィ記念国際センターの活動もまたその一つの環となった。センターは市に対しても，また間文化性，間領域性，シティズンシップの教育など，レッジョを場として追求されてきた実践に熱い視線を送る世界各地の対話者たちに対し

---

(1) 本章は2006年5月20日，レッジョ・エミリア市のローリス・マラグッツィ記念国際センターで行われた研究集会「現代都市における教育とグローバリゼーション」の基調講演を再録したものである。レッジョ・エミリアで幼児学校に通っている3〜6歳児は5,000人で，これは複数の教育制度が並存していることによって生まれた重要な成果である。それらには市立幼児学校，FISM（Federazione Italiana Scuola Materne）の諸学校，そして国立の学校が含まれている。

　この集会はレッジョ・エミリア市とFISM加盟の幼児学校と乳幼児保育園によって共催され，マノドーリ財団の後援を受けて行われた。混成型の学校制度のもとでこの町は異なる豊かな教育の経験を積み上げてきた。それぞれに独自性を保ちながら多様性が共存するそんな町の姿が，このような集会のもち方にも表れている。

第16章　現代都市における教育とグローバリゼーション

ても，現代のこの複雑で矛盾山積の状況のなかで学校は何をなし得るのか，何をこそなすべきなのかを模索する自分たちの姿をさらすことで，今日における学校の役割を問い続けてきたのである。

レッジョ・チルドレンが市内のまた全国の他の主要団体との共催で行ってきた2つの研究集会はこうした意味合いのもとで実施され，今日の教育の最大のテーマ，すなわち民主主義を市民として生きるとはどういうことなのかを追求し，考察する一助たらんとするものであった。

●　●　●

現代における教育の価値とは

この集会にお越しいただき，私の問題提起をお聞きいただけることを，本当に心より感謝申し上げます。この問題提起は私個人の研究から生まれたものではなく，ここレッジョで，そして世界のほかの国々で，急速に進行するグローバリゼーションが教育と学校にもたらす意味を理解しようとされている多くの同僚の方々との交流の結果として生まれたものであります。

最近も多くの対話をさせていただいているのですが，そのなかで一つ引用させていただきたいのは，2005年の11月にバチカンで開催されたセミナーであります。たまたま私はそれに参加する栄誉に浴したわけであります。

ジョイント・ワーキング・グループ方式で行われたそのセミナーの題目はずばり「グローバリゼーションと教育」でありまして，主催は法王庁科学アカデミーならびに法王庁社会科学アカデミーであります。36名の出席者はヨーロッパ諸国，南北アメリカ，アフリカとアジアからの参加でした（アジアのなかには中国からの方もおられました）。

3日間のワークショップの間，いろいろな国々のいろいろな専門の方々がグローバリゼーションの教育への影響，コミュニケーション技術と情報テクノロジーの役割，移民とその子どもたちの教育，教育と研究の人間学的基盤等々の問題について，貴重かつ多様な発表を行ってくださいました。

ここでの発表と討論の質の高さ，テーマへの多彩なアプローチと浮上した問

いは実に示唆的なものでありましたから，私は，自分が参加することのできたこの特筆すべき出来事から今日の話をはじめさせていただきたく思うのです。

テーマは多岐にわたっていて，しばしば観点も異なっているのですが，そのなかで参会者たちの関心を集め，強い関心と論議の的となったいくつかの問題を選んで，それについて述べさせていただきます。

まず第一は，グローバリゼーションという概念そのものをどう考えるか，ということでありました。この語は一種ロールシャッハ・テストのような趣がありまして，見たところ曖昧でいろいろな姿に映ります。背景を変えますと，形の意味が違ってきてしまう。ある人には万能薬に見えるものが，別の人にとっては荒涼たる廃墟になってしまうわけです。ただし誰もが文句なしに認める明らかな特徴もあります。グローバリゼーションの顔，それは流通であり，移動であります。資本の，生産物の，食物の分配と消費の，商品の，サービスと労働の，地理的・政治的境界を越えた移動，それがグローバリゼーションの顔なのです。

これはかつての国際化という概念とは大いに異なっています。国際化は確かに資本，労働力，知的財産の異なる国民経済間の移動を意味していますが，しかしそのナショナル・アイデンティティがなくなっているわけではなく，交易は統制され管理されています。

グローバルであるということは，これに反してデリバティブではないということ，本来あったものの派生ではない，ということです。境界は跨がれたのではなく，溶解してしまうのです。ですからグローバリゼーションは単なる経済だけの概念ではなく，むしろすぐれて文化発展という局面で大きな意味を帯びているのです。

繰り返して申しましょう。グローバリゼーションは経済によって触発されたものではありますが，その結果は経済の世界を超えて広がり（おそらく，そのことの理解はいまだ不十分であると思われるのですが），とりわけ社会的諸関係とその組織的構造に深刻な変化をもたらしているのです。学校もまた，その渦のなかに巻き込まれています。

顕著な表れとして，とりあえず2つの現象を挙げておきましょう。

第16章　現代都市における教育とグローバリゼーション

- 国境なき情報の氾濫。コミュニケーション網の発達は地域を越えて人々を繋げ，新しいイメージ，よりよい暮らしをしたいという欲求，欲求を充足してくれそうな文化への期待を創出します。
- 移住者が（移民や難民が）かつてない規模で増大します。

　グローバリゼーションの結果として，世界のすべての地域が増大する移民の波に呑み込まれることになりました。他国に移住しようとする人々の出身国，それを迎える国々，また他の国々も移動の中継地となることによって，この動きに巻き込まれました。
　そうせざるを得ない事情を抱えて移住した人もいますし，望んでそれをした人もいます。追い出されて移住した人々もいます。移民と，それから難民です。一筋縄では括れない困難で，悩ましくもある現象です。カナダ，アメリカ合衆国，フランス，スウェーデンなどの諸国では，今や移民の子どもたちが人口の増分を支えていて，おそらくは将来の活動人口の過半を占めるであろうと予想されています（この意味で象徴的なのは中国の場合で，この国では1億5000万人が国内移民であるといわれています）。
　これが社会と文化にもたらす変化の大きさは，その1万年前，農耕の導入によってもたらされたそれにおそらくは匹敵するものでしょう。だが，これは若干の重要な問いを提起するものでもあります。

- グローバリゼーションは，社会的公正をより確かなものにする契機たり得るだろうか？
- それとも，それは新型の資本主義にすぎないのだろうか？
- それとも，国境なき帝国主義の？

　まことにアクチュアルな問いではあるのですが，簡単に答の出せる問題でもありません。
　世界の多くの専門家たちは，グローバリゼーションは時代を大きく変えるものであると考え，それは思考のパラダイムの転換を要求すると述べています。世界を解釈するその構図が根本的に変わってしまうのです。それは価値や倫理

にも波及するというのです。「パラダイムの転換」について語ることは、個人と社会がこれから歩まなければならない長く険しい道について語るということです。それがどうなるかで、社会のあり方は、またそのなかの個人の行動は、大きく左右されることになるでしょう。

その一例ということになりますが、文化のパラダイムもまた変化します。文化というものは本質的には変わらないものであると、今までは考えられてきました。変わるとしてもその変わり方はリニア（単線的）なもので、予見やコントロールが可能なもの、そして伝承も可能であると信じられてきました。本当にそうであるかどうかはともかくとして、そう思われてきたのです。

国際ワークショップの参加者たちが一致して認めていたのは、この文化という語が大きな意味変化をとげているらしいこと、もっとはっきり言ってしまえば、文化は変わるものである、ということでした。どうも、そう考えざるを得ないようなのです。文化はスタティックなものではない。それは「所与」のものではなくて、過程的に形成され、変容していくものである。文化の価値とは、他文化との対話を決して放棄しない、ということであり、仮にそうした価値が見失われると、その結果として、文化の深い意味もまた失われてしまうというのです。

自閉し自らを孤立のなかに封じ込めるのではなく、交流と対話の渦中に飛び込んでいくことのなかにまさに己れの文化のアイデンティティがあると自覚することから、この対話への志向は生まれてきます。ただこのようにして、このような変化に向かって開かれた対話をベースにして歩みを進めることによってのみ、人は類としての人間の一者性、そしてその人間がこの地球という遊星とどう関わるかについて、何かを考えることができるのでしょう。

文化の統一性と文化の多様性が重なり合っているという事実、これは非常に基本的なことだと思います。「ローカル対グローバル」という図式に、この明白な事実が投げかけている意味を見てとるのは容易です。こうした二律背反は現実によってすでに乗り越えられてしまっているのです。前にも申しましたように、ローカルなものを区切る地平線は急速に変容し、影が薄くなってきていますし、今後、その傾向はますます進むでしょう。どうしたらその時、この持続的な不安感、出来事の前でなすすべもなく、眼を塞いでうろたえたくなる感

第16章　現代都市における教育とグローバリゼーション

情を克服することができるでしょうか？　気持ちを切り替えて，それらを脅威としてではなく，吉兆として捉え返すことができるでしょうか？

　実際にはもっぱらこのようにして，地域社会は他文化をより受け入れるようになっていきます。「新しいローカル文化」などと呼ばれているものは，特にそうです。各個人，われわれの一人一人，とりわけ，子どもたちや若者たちは，誰もが肥大化したマスメディアを介して流布されるイベント，物品，モードの洪水にさらされて暮らしています。それはローカルとグローバル，時間と空間の境界線を一気に吹き飛ばしてしまいます。このような状況のなかでは私たち一人一人が自分たちの文化の解釈者となり，語り手となり，新しいローカル文化を自分なりのやり方で統合していく以外にないのです。

教　育

　教育の核心は，どうやら，このあたりにあるようです。

　人間社会は目まぐるしいばかりの相互間の差異にもかかわらず，ある目標を共有してきましたし，それは今も変わりません。自らの価値，能力，感性を次なる世代に伝承しようと欲し，実際，それをやってきたわけです。文化のもっとも深い内側で，こうしたことが起こったのです。

　今日，このグローバルな地球環境のもとで，子どもや若者を教育し，その文化に介入するとはどういうことなのだろうかと考えてまいりますと，それはますます多様化し複雑さを増していくこの世界に彼らと手をとりあって——そう，単に彼らを対象として，ということではないはずです——「コミット」することではないでしょうか。さてそうなると，そもそも「知る (sapere)」ということは（したがって「できる (potere)」ということは）どういうことなのか，伝統的な教える者と教えられる者の関係，理論と実践の相互関係なども本質的に問い直されることになりますし，何よりも市民としてのあり方，よき市民という概念が変更を迫られるのです。翻って現実を見ますと，教育という制度は（フォーマルかインフォーマルかを問わず）総じて国民国家の公民を（つまりローカルな産品の消費者ではなく国民を）養成することを目的にして行われてまいりましたし，今も依然としてそうであり続けています。

しかし，この現代という時代にあって，世界のよき市民を教育するということは，どういうことを意味するのでしょうか？　教育にグローバリゼーションを付けたすだけではだめで，グローバリゼーションへの教育，といったようなものを考える，ということなのでしょうか？
　しかしグローバルということと，地球市民ということとは，違うのでしょうか？　グローバルとユニバーサルは？　ユニバーサルといういい方でいいのか，それともマルティバーサルとでも呼ぶ方がよいのか？
　教育について語っていますと，倫理に関する非常に痛切な問題に面と向き合うことになってしまいます。文化や宗教と結びついたローカルな諸価値を尊重しながら，なおかつ，普遍的な価値を共有するということが，どうしたらできるのだろうか？　その普遍的な価値なるものが，自民族中心主義的な，たとえば西欧のドミナントな文化と結びついたものであることを免れるために，何が必要なのだろうか？
　これは，親であれ，教師であれ，はたまた一般市民であれ，教育に関心を寄せるみなさん方すべてに考えていただきたい大切な問題です。

学　校

　学校は非常に重んじられてきて，公教育の場として，その役割を担ってきました。多くの方々がアフリカで，東アジアで，欧米の国々で，社会と経済の向上が，識字水準もさることながら，より本質的には教育のあり方，とりわけ学校制度の質といかに密接に関連しているかを語ってくださいました。
　とりわけ明らかになったことは，どこで生活するにせよ，子どもや青少年にとって絶対に欠かせない資質は，単に学ぶだけにとどまらず――つまり学ぶことを学ぶだけではなく――他者と共に思考し，労働し，生きることを学ぶ，そうした能力を身につける，ということでした。多様性からの，そして多様性のなかでの学び，ということです。違う民族の，違うタイプの人々，言語も文化も異なる人々の間での学習，ということです。これは日常の，あらゆる場所，あらゆる時間に則して追求しなければならない教育の課題でしょう。たとえば，対等にする，ということをどう考えたらよいのだろうか？　相互に立場の異な

る者たちにとって，対等とは？

　学校はこのようなことを考えるための，お誂(あつら)えむきの場所であるといってよいでしょう。そうした意味で，学校は，近年は失いかけてきた社会と政治と文化の中心としての地歩を，ここに至って回復しているかのようです。グローバリゼーションは社会と文化と価値の繋ぎ手としての学校の役割を必然的に大きなものにしているのです。

　こうして学校は，複数の文化が対話しネゴシエイトする絶好の場所になるのです。学校は教育的観点からも，また経済的にも，文化の境界を跨ぐ能力を培い支えるようにならなければなりません。何を言いたいのか，と，ご不審に思われるかもしれません。子どもたち，若者たち，そして教師たちが一緒になって，新しい知性の形を（異なる思考を繋げ，編み合わせる新しい知性を）つくり出そうではないか，ということです。多様な言語を正当に評価し，特に非口頭的な（アナログ）言語活動を大事にし，メタファー，イメージ，可能性への想像力，異なる思考への包摂力を励まし，高める，ということです。

　したがってこれは集団で，集団として分析を行い，論理化し，コミュニケートしつつ協働する能力の高度化を示すパラメーターにもなっていきます。地域の言語遺産や歴史遺産，文化遺産にも眼を向けていくことになりますし，もっと広く，それを人類の歩みの一コマとして捉える感受性も育てていきたいのです。自分とは異なる他者たちの存在を知り，自分たち自身も，振り返って見れば多様であることを感じとってほしいのです（Lévinas, 1961）。

　多様性を自覚するということ，私たちの多様性を知り，人間の多様性を知るということは，ですから責任なのです。しかし多様性は人間関係の一つの側面にすぎません。共同性，連帯，コミュニケーションなどの諸価値がもう一つの側面からそれを補足しています。それらは互恵的な人間関係を求め，探求するのです。

　これは困難に満ちた，ひどく複雑で，緩慢な過程です。自己の内面と他者に注がれたこの視線は，自らは地球人であると僭称(せんしょう)しながらしばしばエスノセントリズム（自民族中心主義）に凝り固まり，被差別者を分離し排除してやまない支配文化の思考を掘り崩します。同時にわれわれはさらに注意深く眼を凝らして，人間中心主義の罠をも避けて通らなければならないでありましょう。

初等教育の学校

　その会議のほとんどすべての発言者がグローバリゼーションを方向づける（もちろん，単に経済的に，ということではありません）重要な要素として，学校教育に言及していたのは注目に値することでした。しかも，初等教育の充実が一国の経済と文化の発展をもたらす基本的な原動力だとおっしゃっているのです。経済的最貧国のなかでも初等教育に多くの資金を投じた諸国は，中等教育もしくは大学を優先した諸国よりも（アフリカにはそういう諸国も多いのですが），よい成果を上げている，と各種の研究・統計は示しています。

　初等学校（幼児学校は，当然のことながら初等学校として位置づけられるべきです）が，学校教育全体を底上げする重要な要素になっているわけです。

　これは，われわれ全員にとって非常に重要な，私たちの未来に対する責任を問いかける命題です。まさにこの命題を受けて立つかのごとく，私たちの町はある選択を行ってきました。町は幼児の学校を（ここでいう幼児の学校とは，小さな子どもたちの学校で，そこには乳幼児保育園も含まれます），たんに社会・経済的なリソーシスであるだけでなく，文化的にも巨大な可能性を秘めた宝であると考え，長年にわたってこれを盛り立ててきたのでした。

　幼児の学校が文化的なリソーシスなのは，以下の理由にもとづきます。

- 社会を，そして都市を自己変革に向けてつき動かしていく創造的な力として，子どもを捉えるべきこと。

　社会を変えるのは，子どもたちのためではありません。子どもたちと一緒に，社会を変えていくのです。子どもは生まれたその時から，十全な権利と文化をそなえた主体として遇されなければなりません。

- どの子どもも，またどの家族も固有の価値と文化をもつ主体であり，複数性に対して開かれ，またそれを推進しようとする場のなかで，自らの文化と信条を表明し，互いを認知し合う権利を有しています。制度は一枚岩ではなく，そのなかにはいろいろな考え方の人々が混在しています。そのことを認め合

第16章　現代都市における教育とグローバリゼーション

うことが，社会を変えて民主主義をつくる，ということなのです。
- 絶えざる探求を続け，それを尊重すること。ドミナントなモデルにもとづく標準化や，帝国主義的な平準化を回避しなければなりません。探求は，オリジナルな仕方でのアイデンティティの探求でなければなりません。それぞれの学校が，それぞれの仕方で世界を考え，世界のなかで考えるのです。

では教育は，われわれの自己教育は，どのような価値を目指して行われる，というのでしょうか？

これについては，もう多くを語ってまいりました。非常に明らかなことでもあり，おそらく，みなさん方がすでにご承知のことばかりです。それでも最後に，みなさん方に少しご注目いただきたいと思っていることを，二，三，付け加えさせていただきます。

- 偏っていることの価値。自分たちの見方の偏りをそれとして見据えることができるから，われわれは他者の見方をも批判的にでも受け入れることができるのではないか，という問題（真正さと偏りは常に不倶戴天の敵なのか？）。
- 他者に耳を傾けるだけでなく，「自分の声を聴くこと」，自己分析が重要である，ということ。それは自分を自由にして，対話を，真正な対話にしていくための方途でしょう。
- 自由の価値，いや，これは自由のリスクというほうがわかりやすい。このリスクを懼れるがゆえに，あえて自分の一者性，創造性をなげうってしまうのです。確からしさから自由であることは危険を伴うことでもあるので，人はしばしば権威のお墨付きがあり，成功を保証されたモデルのほうを唯々と受け入れてしまうのです。その代償として，知性を，参加と民主主義を，誰かの手に委ねてしまうわけです。

最後に，たくさんの方々にお礼を申しあげたく存じます。

ご清聴くださった来会者のみなさま，この間，私と苦楽を共にしてくださった教職員，ペダゴジスタ，父母の各位，それから共にこの研究を進めてくださった同僚のみなさん，とりわけ今回の講演の下準備に協力賜り，執筆を支え

てくださったパオラ・カリアーリ（Cagliari, P.；レッジョ・エミリア市幼児学校・乳幼児保育園担当ペダゴジスタ（当時）。）さんに心よりお礼を申し上げます。

第17章
教育におけるシティズンシップの訓練

L'esercizio della cittadinanza in educazione（2007）

　2007年にイタリア公教育省から幼児学校ならびに小中学校教育課程のための「指針」が公布された。全国幼稚園・保育園教職員連合（il Gruppo Nazionale Nidi Infanzia）はこれを受けて一連の集会を企画し，幼児学校にとってこの試案がどのような意味をもつのかを当事者として考察し評価する一連の討議を行うことにした。

　皮切りとして，2007年10月11日から13日までの3日間，レッジョ・エミリアのローリス・マラグッツィ記念国際センターで，雑誌 *Bambini* との共催で「子どもである，ということ──文化・教育・学校」と題するセミナーが開催された。以下はここでの私のスピーチである。

●　　●　　●

ちょっと前置きを。

　私は，同僚のみなさん方と共に，この「インディカツィオーニ（幼児教育カリキュラム作成諸指針，以下「指針」と略記）」の起草に参加した者の一人であります。ですから，私もまた，その責任の一端を担っているわけです。

　私からみても，至らない点が多々見られる文書なのですが，私たちにとって

---

(1) 正式な名称は *Indicazioni per il curriculo per la scuola dell'infanzia e per il primo ciclo d'instruzione,* Ministero della Pubblica Istruzione, Roma, settembre 2007.
(2) 〈訳注〉幼児学校および小中学校のカリキュラム策定のための「指針」であるが，カリキュラムは国ではなく各地方・各学校の自主裁量によって決定されるべきであるという原則を掲げ，国はそのための諸「指針」のみを提案し，2年間の討議を経てさらにこの「指針」も改訂するとしている。だが2007年8月に発令されたこの「指針」自体も，それに先立つ2年間の討議を経てまとめられたものであり，カルラ・リナルディは現場人として，そのための委員会に参加している。

はまだ中途半端な文章なんだと思って読んでいきますと、可能性の芽のようなものもまた、少なからず含まれているように思えるのですが、いかがでしょうか。

　中途半端であると思う理由は、少なくとも2つあります。

- 2年間という限られた時間のなかでの実験と討議の結果として公表された文書であること（この討議の過程で、全国幼稚園・保育園教職員連合は重要な役割を演じました）。
- こうした過程を経て改善された点、変更された点もありますが、それでも私は、これはあくまでも未完のものであると考えたいのです。未完であるということは、それぞれの現場の受け止め方に相違があり、各自が自分の責任で自分なりの解釈を行う余地がある、ということです。

たとえば「指針」の次の一節。

　　「教育制度は、より広範でかつ複合的な人間の共同社会の、すなわち国の、
　　　ヨーロッパの、あるいは世界の建設に意識的に参加する市民の育成を目指す
　　　ものでなければならない。」
　　「学校とは過去と未来、記憶と企図が交わりつつ現在が織り上げられていく場
　　　にほかならない。」

　「指針」の文中で「新しいシティズンシップ（la nuova cittadinanza）」という語と再会できたことは、私にとってはとてもうれしいことでした。理由はたくさんあるのですが、とりあえず2つを挙げます。

　まず一つは、学校は憲法に規定された市民（cittadino）を形成する基本的な場であるとして、その役割を非常に重要視していることです。「指針」のテキストは、この重要な任務を担う学校のなかに、幼児の学校を含めているわけです。これは私たちすべてに、とりわけ教師たちに、大きな責任を課するものです。その仕事はより長い射程のもとで行われる、より複雑な仕事なのです。もう専門の学科を教えていればよいということでは済まされない。教育者である

第17章　教育におけるシティズンシップの訓練

ことの責任が問われるのです。もちろん、教師だけではありません。この仕事の意義と困難さをよりよく理解できる人々がおそらく私たちの周りにいるでしょうから、その人々と手をつないで、この困難な課題に取り組むのです。家族はもとよりですが、子どもが暮らす場はほかにもいろいろありますから、そこでのさまざまな人々との協働が必要になります。

　第二に学校は（幼児の学校も含めて、ですが）「あらたな市民性」の概念を定義する上で何らかの貢献をなし得るし、また、そうしなければならない文化の場の一つとして同定されていることです。実践を通して、同時にまた、その理論化を通して、です。

　このようなセミナーで、とりわけ「指針」をめぐって討論を進めていく時の私たちの課題は、以下のような問いの形で設定されるのではないでしょうか。

- 今、シティズンシップとは何を意味するのか？　何かの地位？　あるプロセス？　それとも、その両方？　それとも？
- 今、市民とは、誰なのか？
- その権利、その義務は何なのか？　どのような自覚と、どのような責任が求められるのか？

　それはつまるところ、市民を教育するとは――都市の、ヨーロッパの、世界の市民を教育するとは――何を意味するかを理解することと同義です。――そんなわけで私たちは、最上級にややこしい議論の一つに足を突っ込んでしまったわけです。とはいえそれは、私たちの社会の未来に関わる、もっとも基本的な問いである、といわなければなりません。

　このような問いが提起され論議が交わされたのは、学校の歴史を振り返れば、今にはじまったことではありません。幼児の学校の場合は、特にそうです。とりわけ私が思い起こしたいのは、1970年代というあの稀有な時代、政治の世界にも文化の世界にも熱い風が吹き荒れていた、あの激動の時代です。あの頃の記憶は、今もなお、われわれの多くの者のなかに生々しく息づいています。

　まさにこの頃に、子どもは権利の主体と考えられるようになったのです。生まれながらにして「市民であるところの子ども」という観念を、私たちは高く

掲げることになったのです。子どもは，ですから，単なる私的な主体——誰かの息子・娘であるだけでなく——市民である，というのです。この新しい権利主体の舞台への登場は，それそのものが，計り知れぬほどに巨大な文化的・社会的・政治的意義を帯びた事件でした。市民としての子どもは，市民概念それ自体の見直しを要請するものでしたし，とりわけ子どもを受け入れる社会的・教育的な場は，どこも自らの組織の問い直しを迫られたのでした。学校だけではありません。諸々の病院，劇場，プール，広場，街角，われわれの居宅にしても，そうです。参加，民主主義，権利と義務の関係についても，その考え方を問い直す必要が出てきます。一人の市民であるということ，シティズンシップ（cittadinanza），ひいては民主主義そのものの概念を，伝統的な限界を超えた地平で再定義しなければならなくなるのです。

　もはや，限界のなかに踏みとどまることはできないのです。私たちが子どもという存在を「有能な主体」として捉え，何にもまして「学ぶこと，生きることにおいて有能な子ども」と規定する時，そして「子どもには人権がある」という時に，私たちは伝統的な民主主義の通念よりもはるかに変革的な何かを主張しようとしているのです。

　まず「有能な子ども」という定義ですが，これは子どもが（すべての子どもたちが，ということです）学ぶ能力をもっていること，同時にまた，生きる権利と教育への権利は不可分である，ということを明確にうたっています。ですから，社会はその一員として生まれてきた子どもの学びの権利を保障する責任がある，家族だけにそれをおっかぶせるのは，もってのほか，ということなのです。

　そこで，第二の「子どもが生まれながらにしてもつ権利」ということなのですが，ここで明らかにしようとしていることは，確かにちょっと複雑です。複雑ですが，それはかつてないまでにリアルな問題として，私たちの前に置かれているといってよいのではないでしょうか。子どもの市民権を認めるということは（すこぶる耳慣れない言説で，奇矯な言辞と受けとられるかもしれません。選挙権のような法制上の市民権だけを市民権と考えるならば，そんな権利は存在しない，ということになるのでしょう），これは「そのほかの者たち」と一括りにされてきた有象無象，女たち，貧困者たち，被差別者たち，要するに「法制上の市民権」の埒外に置かれてきた「異質な」他者たちを真ん中に押し出して市民としての

第17章 教育におけるシティズンシップの訓練

権利を考えよう、ということなのです。「人間の生存にとって絶対に必要なものの充足のためには、断固として連帯を拒まない」(マルク・オジェ (Marc Augè) の言葉です) という誇り高い理念がそれを支えているのです。

　一群の教育思想家、知識人たちの貢献が、このような転換にあたって基本的な役割を果たすことになりました。ローリス・マラグッツィ、ブルーノ・チアーリ (Ciari, B.)、ジョルジオ・ビニ (Bini, G.) といった人々を筆頭に、数多くの著名な知識人たちが多難で山坂の多い討議を通じてこの概念の彫琢に参加し、「子どもの学校」という考え方を打ち出すことになったのです。

　「子どもの学校」という定義は、文化的にも政治的にも、大きな転換を示唆するものでした。子ども向けの学校ではなくて、子どもの学校なのです。この「の」が、はなはだ革命的です。子どもは公的な、歴史的な主体である、と、うたっているわけです。子どもは文化的な主体としての地位を承認された社会的カテゴリー、権利の主体であると明言されているのです。

　これは、私たちのすべてが責任をもって受け継いでいかなければならない文化的な遺産です。子どもは権利だけでなく、文化をもつ主体でなければなりません。自問することを忘れない文化、なぜと問いかけ、驚き、感嘆し、信頼する文化、他者の文化を自らのアイデンティティとして、というよりも自分たちの複合的なアイデンティティとして取り込むことのできる文化。子どもは――すなわち子ども時代を過ごしている同時代の社会構成員たちは、単に文化や知識を伝達する対象ではないのです。彼らもまた、自らの文化をもち、自らの知を貯えた者たちであることが認知されなければなりません。

　この時、歴史は、より正確にいえば複合的な諸歴史は、一本筋ではない仕方で歩みを進めることになるでしょう。諸国の歴史と、諸地方の歴史、産業と文化の歴史、経済の歴史、個人には個人の歴史があり、地域にはその地域の歴史があります。それは変容を重ね、時には既存の前提、すでに得たとされているものを否定しつつ進んでいく曲折に満ちた歴史なのです。

　私は、主役としてこの歴史の瞬間を体験された、この場にいらっしゃる他の方々と共に、偶然にこの時代を自分の眼で見ることができたわけであります。

233

また私はこれまた偶然にも、この時代にそうした思想、価値、コミットメントを一貫して追求してきた（レッジョ・エミリアの）教育・政治・文化の経験を間近に体験することができたのでした。ですから私はこうした議論の場では、このような歴史とその意味に、改めてみなさん方の注意を向けていただきたいと願わざるを得ないのです。われわれにとって今、何が可能か、何をこそなさねばならぬのかを突き止める上で、それがどうしても必要だと思うのです。

　今なお、何が可能で、私たちは何をなすべきなのでしょうか？
　学校には今なお、文化のエージェントという大切な仕事があると、私は思っています。とりわけ幼児の学校は、この点でひときわ抜きん出た役割と力量をもっています。今回の指針も、そうした役割をより高めるバネになると考えてよいでしょう。確かにそれは大きな契機となり得るものだと思います。シティズンシップの理解を変え、それを新たに定義し直すことは、どの階梯の学校であれ、学校というもののアイデンティティを根本的に変え、その活動の背景となる社会的・文化的環境の質をも一新する、その出発点となるからです。

　今日の学校が、特に幼児の学校が直面している困難な状況は、私も承知しています。困難は経済的・物質的な困難であるとともに、アイデンティティに関わるものでもあります。理解できないわけではない反対論や懐疑論があまりに多くて、みなさん方のなかにもそれに引きずられる方が少なからず出てくるであろうことは、私にも想像がつきます。しかし大局を考え、広い視野のもとで行動すること、豊かな戦略で希望ある未来を追求することは、教育に携わる者の義務ではないかと私は思うのですが、いかがなものでしょうか。

　しかし学校が自らを変えようとすれば、必然的に子どもから出発することになる、という事実を、私もまた承知しています。子どもを単に「学童」として、つまり学ぶ生徒と考えるのではなく、彼らも何かを知っていて、生活にまつわる大いなる問いを自分なりに深めようとしている主体であることを認めて、その声に耳を傾ける必要があるのです。

　ですから子どもとは、人間であることの（人間として存在することの）表現以外の何ものでもなく、常に問いかけ、常に自問することを知っている存在、そしてわれわれの間の最初の「異邦人」なのです。ルールにも、約束事にもなじ

まない「部外者」であるところの異邦人，こうと予想を立てることはできるのだけれど，実は予見しがたく，いつも私たちの予想の裏をかく面倒な相手，私たちのパラダイムのなかにうまく収まらない異邦人なのです，子どもというものは。

ですからローリス・マラグッツィは子どもを形容する時に，好んで「手強い子ども」などと呼んでいました。

子どもは，その「外部者性」によって（フロイド風の言い方をすれば）「われらの内なる異邦人」を啓示するともいえるでしょう。それはわれわれの一部であり——私たちが承認したがらず，受け入れたがらない，もしくは，そうすることができない「われらの内なる他者」なのです。

われわれが子どもを教育できるとすれば，それは私たちが自分自身を教育できた時であり，彼らがどんな眼で私たちを眼差しているかを知り，その眼で自分たち自身を見ることができた時なのです。われわれの社会的な行為と存在様式を特徴づけている背理，暴力性，首尾不一致を仮借なく暴き出す眼をもった時なのです。

視座を相互に転換することの訓練，他者の眼で自分を見ること，それは他者のパースペクティブを自分たちのそれのなかにとり込み，自分たちのパースペクティブを他者に押しつけようとする欲望を放棄する，ということです。

要約していえば，市民性の陶冶という遠大な事業は，まずは子どもから，子どもとの付き合いからはじまる，ということになるでしょうか。

これが文字通りの前置きであり，全世界的な規模で展開されることになるであろう，とてつもなく困難な大事業，チェルーティ（Ceruti, M.）教授が「パラダイムの転換」と呼ばれた課題に迫るための，ほんのとば口の作戦にすぎないことを私は承知しています。しかしこの前置き，この「誓い」を胸に秘めることによって，私たちは，おそらくは文化のたたかいの前線に躍り出て現代の最大のテーマのいくつかと対峙することが可能になり，今日の生が抱える諸困難のいくつかに解決の糸口を提示することができるかもしれないのです。そしてそこからなのです，新しい市民性の概念が立ち現れるのは。

かくして現代の諸テーマは，それそのものが教育の諸テーマとなります。わ

れわれのカリキュラムはそれらの諸テーマをめぐって書かれ，新たなシティズンシップを目指す私たちの教育的行動を鼓舞しています。

多文化主義

　いうなれば，これは差異，われわれの間の相異に関するテーマと考えることができるでしょう。新しいシティズンシップという時，これはその要の石の一つとなるものです。多文化主義というテーマにしっかりと向き合うこと，複雑性を，自分たちのなかの差異を受け止めて生きることは，教育のもっとも重要な課題であると，私は考えています。それは分断と差別，排外主義と自文化中心主義を克服する文化のたたかいを意味しています。

　そうです，私たちは学ばなければならないのです。個別的なものと普遍的なものの間の緊張関係を。――私たちは，それを，子どもたち・若者たちと共に学ばなければならないのです。

　これは（「指針」が述べているように）複数性を学ぶ，ということでもあります。アイデンティティをただ一つのものとして捉えるのではなく，複数のものと考えることです。対立ではなく，共生（連帯）をこそ目指すべきなのです。

　それは多数性をパラダイムとすること，対立のパラダイムを連帯のパラダイムに転換することです。これはレトリックでは，まったくない。生物界の生命は，そのようにして生きてきたのです。

　同僚のパオラ・カリアーリ（Cagliari, P.）とデアンナ・マルジーニ（Margini, D.）が，言ってくれました。「みんなのなかに，世界は複数なんだという感覚を育てたい」と。そうなのです，世界は，それぞれに違っているのですから。他の国々と違っているだけではない。早い話，私たちの一人一人だって違っている。タイプが違う，文化が違う，宗教が違う，などなど……。そうであるからこそ，お互いに交換し，対話するのです。

連帯，とりわけ認知的な連帯

　私が連帯を，とりわけ認知的連帯（solidarietà cognitiva）を，第二のテーマと

して取り上げねばならぬと信ずる理由はまさにここにあるのです。

連帯というパラダイムは——それが生物的・認知的・感情的に深く根を張ったものであるがゆえに——ある分野の知を分野横断的な知に繋ぐ，その繋ぎ目を理解するのに役立つのです。それは文化的な対象を（専門知であれ，その他のものであれ），連関の輪のなかに繋ぎます。ということはすなわち，「越境する」ということであり，エドガール・モラン（Morin, 1999）の言葉を借りて言えば「自分がその一部であるところの宇宙との紐帯を手離さない」ということです。おのれの城に立て籠もるのではなく，全体との関連のなかに置いて，そのなかで相対的に自らの特殊性・専門性を同定していく，ということです。こういう戦略をジェローム・ブルーナーは「イクスパンション（＝ネットワーク化）」と呼んだのですが，それは子どもたちが大好きなやり方です。

ずばり言ってしまいますと，子どもたちはとてもシステマティックで，とてもホリスティックな思考者なのです。何で繋がっているのか，要素と要素を結んでいるものは何なのかを，いつも誇らかに探索しています。

実際，彼らの探求が事物の繋がりの，関連の探索でないとしたら，あれは一体何だというのでしょう？

私は思うのですが，われわれの「現場での日々の経験」は，間領域性の深い意味を問う近年の議論に重要なテスタビリティ・ゾーンを提供するもの，といってよいのではないでしょうか。それはまた，チェルーティ教授が指摘され，グレゴリー・ベイトソンも記している美学概念の新たな定義にも資するものです。美学とはたとえば生命のような，結合する要素に対する感受性であり，だから，知にも美学が働くのです。

相互性とオートノミア〈自主性〉

このような言葉をそれが曝されている乱用から救い出す時——その意味をもっとも深いところで新たに蘇らせるような実践を行う時——学校は，教師たちに，学生たちに，子どもや親たちに，そして文化に，傑出した訓練の機会を提供することになるでしょう。

チェルーティ教授が語っていらっしゃる相互性は，未完結性から生まれてく

るものです。それぞれの分野の歩みを基礎づけている知が，その底で根源的に繋がっていることの発見でもあります。それだけではありません。何よりも学校がおのれ自身の様式を自覚し，その舞台の上で行動する者たちと，それを取り囲んでいる地域環境との繋がりに気づかなければならないのです。こうして，関係性のもとで，相対的なものとして定義されたオートノミアの概念が成立することになります。こうして自らの環境に対する責任を自覚し，それを引き受ける自主性，そのなかで自身を訓練するオートノミアが生まれてくるのです。

　オートノミアをこのように——すなわち，分離ではなく，相互に依拠し合う関係性と——捉えますと参加をどう理解するかが次なる重要テーマになってきます。

参　加

　参加という概念を更新し，これまでとは異なるものにすることが，シティズンシップという概念を再考する時の必須の手がかりでしょう。

　参加を prendere parte（「役割の取得」）と考えるのではなく，essere parte（「役割の，そのあり方」）として考えよう，というわけです。それはプロセスのなかで単に一役を演ずるのではなく，ある仕方で存在する，ということなのです。学校で参加という時，それを家族の参加に短絡して理解してはなりません。それはむしろ生徒の，教師の，親のあるあり方をいっているのです。そこでいう参加とは，委任の，ヒエラルキーの反対物なのです。

　それは，ある存在の態様，一つの学校がそれらすべての人々の参加によって成り立っている，ということなのです。

　参加がこのような仕方で行われているところでは，かならず変化が，言葉の積極的な意味での変化が起こります。すべての人々が参加することで，変化への，学びへの，共に向上することへの道が拓けるのです。このようにして生まれるのが，全員のための文化と教育の場，教育の共同体（comunità educante）なのです。

　こうして学校は「教育の共同体」になるのですが，しかし同時にまた，それは共同体のための「教育の場（un luogo educante）」ともなり得るのです。シ

ティズンシップはそこではもう単なる地位（uno status）であることを超えて，ある恒常的な過程（un processo permanente）として，すべての人々が，子どもたちを筆頭とするすべての人々が，当事者としてそこに参加する永続的なプロセスとなるのです。

　教師と学校が，このような諸テーマをパラダイムとして，子どもの行動に寄りそいながら自らの行動を方向づける時，私たちにも，また子どもたちにも，もっと広い，もっと多角的な展望が開けてくるのではないでしょうか。

　以上のような前提を踏まえて，私たちはこのように考えることができるのではないでしょうか。

- 一日をどう組織するか，ということですが，一日をいろいろな出来事の集合としてではなく，一つの流れ，ある連続した過程として捉え，子どもたち・大人たちが共同でその組織と規則の意味を考え，ともどもに討議し決定するプロセスとして考えたいのです。
- 空間，環境は，容器ではなくて内容です。環境は，子どもの自治と主体性，一人一人の子どもの時間を尊重するものでなければなりません。
- 遊びと学び，ファンタジーと現実，教師と子どもたち，そして子どもたち相互の間に響き合う関係を（訳注；響き合う関係＝solidarietà，直訳は「連帯」）。
- 参加型のドキュメンテーション（そこでは記録行為は過程そのものの一部となる）を。それは子どもの学びと教師の学びを同時的に支えます。子どもと連帯した記録行為，という考え方です。
- 集団。子どもたちが，そして大人たちが共に連帯して形づくる学びの集団。
- 学校を中心にして形づくられる市民的共同体。子どもたちと大人たち，教師，親，さまざまな民族的・文化的出自の市民たちが形づくる共同体。そこでは子どもたちのために，そして子どもたちと共に，凝りかたまった偏見を正し，他者の声に耳を傾け，彼らを迎え入れる努力が行われる。
- 学校は，そこで子どもたちが，そして家族の人々が，ともども連帯の思想を培い，市民としての訓練を重ねる具体的な場，そして参加する民主主義の思想を実現していく場として存在しなければなりません。代理制民主主義との

対話を繰り返しながら。

　学校は希望を語る場，教育のユートピアが人々の共有可能なユートピアとなる日を，希求し続ける場。
　自分たちを，未来を奪われた現在の奴隷にしないための力を，モチベーションを，楽天主義を発見することのできる，そんな場所。
　教育する者，教育という行為になくてはならぬもの，それは未来です。そうでなければ，教育なんて，ありません。
　子どもたちは，われわれに未来を与えます。私たちは勇気をもたなければなりません。未来への勇気を，より好ましいユートピアを追求する，その勇気を。

補章 1
教育的プロジェクトの構築

ガンディーニとカミンスキーによるインタビュー

The construction of the educational project: an interview with Carlina Rinaldi by Lella Gandini and Judith Kaminsky (2000)

　レッラ・ガンディーニとユディス・カミンスキーがこのインタビューを申し込んでくれた時のことを，私はよく覚えている。もうすこし正確に言うと，二人は，レッジョの市立学校を訪問するスタディ・グループの人たちに私が毎度話している内容を，インタビュー形式にまとめてみないかともちかけてくれたのである。「スタディ・グループ」というのは，学校を訪問して，われわれの経験を知りたいと希望されている方々（教師，研究者，政治家，行政担当者など）を指して，私たちが用いている語である。世界中のあらゆるところから来られた方々である（ニュージーランド，中国，オーストラリア，南北アメリカ，ヨーロッパなど）。教育の問題に高い関心をはらっている地域から来られた方が多いのであるが，まるで逆と言わざるを得ないところからの来訪者もいて，何ができるかを心秘かに模索されているのである。

　1994年から2004年にかけて，レッジョを訪問したスタディ・グループは112団体，約1万4,000人で，79か国にまたがっていた。100名から150名くらいの構成で，通常は同じ国からの人々であった。来訪者のアイデンティティは多様で，たとえばラテン諸国とアングロ・サクソン諸国では，時にはアプローチの顕著な差異が見られることもある。しかしそれらの人々が共通に望んでいることは，より深くレッジョの実践を知りたい，その特徴をつかみたいということであった。何がレッジョをレッジョたらしめたのだ！といった具合に。

　こうして，これらの方々の質問に導かれながら，われわれは自分たちの物語を組み立てることを覚えた。それらは私たちの独自な立ち位置と，何がしかそれが異色であることを告げていた。私たちは来訪者たちの文化と経験を聞き，同時にそのことによって自分たちのアイデンティティとそれを規定している歴史的な理由をより明確に意識するようになったのである。グループの方々のおかげで，われわれは困難であえて流れに逆らうような選択を行ったことを，あらためてそれでよかったのだと認め，このようなコ

ミュニティの投企のその片棒を担ぎ得たことをうれしくも思い，誇りにも感じた。それは単にわれわれだけの経験としてあったのではなく，市そのもののそれであったからだ。

私はいろいろな集まりに招かれて自分たちの実践を紹介する講演をさせていただくことが多かった。そんなわけで話の準備のために書き溜めたノートが，手許にたくさん残っていた。だからレッラ・ガンディーニとユディス・カミンスキーからこのインタビューをやりましょうと誘われた時，10年以上にわたって私が書き散らしたこのノートをまずは一緒に通読することにしたのである。

インタビューでの質問の大部分は，私が実際に受けた質問を反映している。しかし，表立ってそうと訊かれたわけではないけれども，私のほうであえてこれは言っておきたいと思う意見表明のような言述もいくらかはある。一例は子どもイメージの問題で，これは私たちにとってはすべての土台といえるような大問題であったし，今もそうであり続けているのであるが，どういうわけか質問を受けることはめったにないのだ。

そんなわけでこのインタビューを読まれた読者の方々には，私が見た限りでレッジョの経験の核をなすものと思える要素の数々をご覧いただくことになるだろう。子どもと子ども期のイメージ，教育と学習の概念，子どもと教師の関係性，子どもたち相互の関係，家族，そして町との関係，ドキュメンテーションがレッジョ・エミリアの市立学校において教育の質を高める手立てとしてどんなに大きな役割を担っているのか，といったような話題である。これらは本書のほかの章でも繰り返し言及されているテーマではある。われわれがほかの経験と対話しようとする時，どうしてもこれらの要素がベースにならざるを得なかったからである。

このインタビューのなかにローリス・マラグッツィの著作の，そして私がその影響を受けた著作家たちの，ピアジェとヴィゴツキーからガードナー，ブルーナー，ホーキンズ（Hawkins, D.）に至るたくさんの方々の影響を見てとることは容易だろう。イタリアの思想家ドナータ・ファッブリ（Fabbri, D.）とアルベルト・ムナーリ（Munari, A.）はもとより，ベイトソン（Bateson, G.），モラン（Morin, E.），そして社会構成主義者たちの書物から得たものは，私にとってとりわけ重要であった。最近の私はポストモダンと呼ばれている著者たち，それからウンベルト・エーコ（Eco, U.），イタロ・カルビーノ（Calvino, I.）の著作物にも熱を上げている。ジャンニ・ロダーリはずっと愛読していて，ローリス・マラグッツィと共にお会いして時を過ごす光栄を体験した。これらすべての方々，私がお名前をあげることのできなかったほかの方々，さらにこの間の年月，私と付き合ってくださった同僚の各位に深甚な感謝を捧げたい。常に友であり同僚であったアマリア・ガンベッティ，私たちに寄せられるすべての質問を手際よく整理し，スタディ・グループのためのプロジェクトと呼べるような便覧をつくってビジ

ターとの対話をできるだけ機微に触れたものにしようとしてくれたパオラ・リッコ（Riccò, P.）とエマヌエラ・ヴェルカッリ（Vercalli, E.）にも深い感謝を。

しかし長年にわたって私たちの対話を仲介してくださったレスリー・モロウ（Morrow, L.）をはじめとする通訳の方々への謝辞を抜きに，この章の序を閉じるわけにはいかない。何しろ，ここレッジョで使われている言語を，うまく外来者に伝えるのはしたたかな難事業なのだ。イタリア内外の教育学で特殊な使われ方をしている言語コードに私たちなりの解釈を加えてずっと長年口にしている間に，それは一種の地方語というか，専門用語と化してしまっている。翻訳であるから，「裏切る」というわけにもいかない。ローカルなものを，そのアイデンティティを消去することなく，グローバルなものにしなければならない。レスリーと彼女の同僚たちは，見事にそれをやってのけた。私の感謝を，私たちの感謝を，この人たちに伝えたい。

●　●　●

――レッジョ・エミリアのあなた方のお仕事を拝見していますと，ある特異な子ども観が現れていますね。それが，ご研究や実践の指針になっているように思えてなりません。

誰もがそうですが，あなたにせよ私にせよ，一人一人の親たちにせよ，みんな，ご自身の子ども観をもっています。それをもとにして自分なりの教育理論を立てているわけです。個人的な経験にもとづく部分も，社会や文化の一部として身につけてしまった部分もあることでしょう。気づいているかいないかは別にして，私たちは理論なしで生きることはできません。子ども観には多様なものがありますし，子ども期のイメージだって多様です。精神分析とか，あるいは心理学や社会学をちょっと思い浮かべれば，すぐにわかることです。それらの理論はまったく十人十色なのですが，それでいてみんな，同じような特徴をもっています。子どもを，はじめから弱い主体であると決め込んでしまっているのです。子どもは権利ではなくて，必要（欠如）を抱えた人間であると決めてかかっているのです。

---

(1) 〈訳注〉traduire, c'est trahir（翻訳するとは裏切ることだ）という，よく知られたフランス語の冗談を念頭に置いている。

こういう立場が広く認められていくのは，おそらく，ある種のイメージにとってそれが好都合であるからでしょう。母性とか，女らしさとか，家族のイメージといったようなものですが，それとよく「ツマが合う」のです。われわれの子どもイメージ，子どもを強くてパワフルで，生まれたその時からもの凄い力を秘めた存在であると考える私どもの子ども理論なんかよりも，ずっと扱いやすいものであるからでしょう。そういう意味では私たちの立場は構成主義や社会構成主義のそれと同じです。子どもを突き動かしている力って，ほんとにすごい。何しろ100億ものニューロンが犇めいて，成長してやるぞ，成長という大仕事をちゃんとやってのけるぞと意気込んでいるわけでしょ。何でも手当たり次第に物事の理由を探索したがる，あの好奇心の強さにはほとほと呆れてしまう。こんなふうに待ち受けていれば，大人ならきっとこうしてくれるぞということも，ちゃっかりと心得ています。僕は，私は，こんなことを知っているぞ，こんなことができるわよと示したがりますし，訝ったり驚いたりする特有の能力をもっていますから，それを発揮して私たちをあっと言わせたりもします。

　子どもは本当に生まれたその瞬間から，パワフルな存在なのです。というのも，子どもは世界に対してのっけから開かれていて，自分で知識を構成できるからです。私たちは子どもを全的な存在として捉えています。どんな方向に触手をのばしていったらよいか，生きるために何を知ったらよいかを，子どもは感知できるのです。これが有能な子どもでなくて，何だというのでしょう！

　有能な子どもは他者と関わることにおいても有能です。深い尊敬をもって他者たちと接し，葛藤や過誤を承認します。世界によって構成されながら，そのことを通して自らの世界を構成していくのです。自分という存在を構成することにかけて，子どもはほんとに有能です。彼らは現実に解釈をほどこして理論を構築することにも，仮説やメタファーを立てて現実の理解をより深めることにおいても，したたかです。

　しっかりとした価値観をもち，連帯を育てることにおいても，子どもは達人です。新しいもの，異なるものに対して，子どもの心はいつも開かれています。子どもは単に未来の存在であるからではなく，常に現実を再解釈し，いつも新しい意味をそこに盛り込もうとしているからこそ，未来の建設者であり，その

手に未来を握りしめているのです。

　子どもは諸権利の建設者であり，その所有者です。自らのアイデンティティ，独自性，差異の尊重を，彼らは断固として要求します。子どもが権利者であるということは，社会が子どもたちに与えた権利を単に承認するということにとどまるものではなく，より積極的に，ある環境を，すなわち十全な意味での「傾聴の文化」を創出するということなのです。それぞれの個人が（だからして一人一人の子どもも）かけがえのない一者であることを，その主観性を，受け入れなければならない，ということです。と同時に，自己生成的な空間，それぞれの子どもが新しい諸権利を創造し構築することのできる空間が保障されなければなりません。

　このような子ども期の「re-cognises（見直し）」は（ここでいう re-cognises とはすなわち「re-knows（再―認知）」であり，「re-understands（新たに理解する）」ということでもある），単に子どもを社会的主体のアタマ数に算入するということではありません。それは社会的主体のあり方そのものの変容を意味しています。なぜなら，子どもの権利を見直すということは，万人の権利を改めて捉え直すということでもあるからです[(2)]。

　教育との関わりで申しますと，こうしたタイプの理論は，われわれに対して，学習者の主観性の尊重を要求するもので，これはペダゴジカルな立場からいっても，それだけでなく価値，社会政策，文化という観点からいっても，極度に重要なポイントだと思います。教育者である私たちの責任は非常に大きなものになっていくわけです。

――あなたのおっしゃる子ども像は，ほんとうに魅力的です。

　ええ，そうなんですよ。最近の生物学や神経科学の研究成果も，私たちの哲学に示唆を与え，それを支えてくれています。知識はどのようにして構成されるのだろうか，とか，われわれはどのように学ぶのだろうか，といった本質的な問いに答えようとすると，これが貴重な道しるべになってくれるのです。

---

(2) このパラグラフは，英語版編集時にリナルディが追加した。

こうした学問分野に学ぶことで，私たちはいくつか，極度に重要で刺激的な情報を得ることができました。たとえば，
- 人間の脳は極度に可塑的であること。
- 生後の最初の7〜8年にニューロンが増加し，それによって実質的に無限の発達が可能になる。
- 遺伝子情報だけでは，これらの何十億ものニューロンの結びつきは成立しない。結びつきの多くは，外部世界との相互作用を介して起こっている，ということになる。

このことから，わかることは，
- 人間の脳，そして個々人の頭脳の独自性。
- どのような機会が用意されているか（コンテクストの質）が，したがって個人とそれをとりまく環境との間に響和的な相互性，両者の間に自然な相乗作用があるかどうかが重要であること。

　このような発見が意味するところは，広域にわたります。それは語のもっとも真正な意味でのエコロジカルな教育がどんなに不可欠なものであるかを証明しています。逆に言いますと，子どもの巨大な力に見合う教育的なコンテクストが欠けていると，人間はその頭脳を眼一杯に使う機会を逸し，人間本来の能力は徒に朽ちてしまうかもしれないのです。

――そこで教育と学習の概念を大きく切り替えていかなければ，と……

　そうなのです。学習は知識の伝達や注入によって起こるものではありません。それは構成のプロセスなのです。その過程で各個人はものごとの，他者の，自然の，出来事の，現実の，人生の意味を考え，「なぜ」を問い，自分用の理屈を組み立てていきます。この学習過程は確かに個人的なものではあるのですが，しかし他者たちが立てる推論，説明，解釈，意味づけは，われわれが自分の知識を構築する時の不可欠な条件ですから，それはまた関係性のもとでの行為でもあって――つまりは社会的構成のプロセスなのです。

補章1　教育的プロジェクトの構築

　学習のタイミングやスタイルは個人のもので，それをほかの人に合わせて標準化するわけにはいきません。でもその自分自身を真に自覚するためには，他者が必要なのです。
　理論的にも実践のレベルでも基本的ないくつかの問いが，ここから導き出されることになります。

- 社会的な知識と個人の知識形成とは，どう関係し合っているのだろうか？
- 大人と子どもの関係は，どのようなものなのだろうか？　一方に何かの知識をもっている大人がいて——ここで私たちが知識と呼んでいるのは現実の解釈であり，その現実は常に進展していくものなのですが——他方にその知識を得たいと思っている子どもがいて，ただしその子どもはその子自身のやり方で，自分がやりたい時に，そして何よりもそれを再創造し，それを変成するような仕方で学びたいと思っているとして，その時，大人は子どもにどう関わったらよいのだろうか？
- 教えることと，学ぶこととの関係は，どのようなものなのだろうか？

——つまり子どもたちと関わる教師の役割は，どのようなものなのか，ということですね？

　教師は，大人の役を捨てるわけではありません。ただし知識や文化の単なる伝達者であることを脱して，その共同の創造者になろうとする時，教師は大人の役割にちょっと変更を施すのです。われわれ教師は，自分をわざと笑い者にして，この役を遂行するのです。わからなかったり間違ったりしても，恥ずかしくなんかないよ。子どもと一緒に大っぴらに驚いたり好奇心を燃やしたりもします。真に知ること，創造する行為には，それが欠かせないからです。こんなことをやってのけるのは，「したたかな」教師です。負けず劣らず「したたかな」子どもを相手どるのですから，教師のほうだって「したたかさ」が必要です。こうして学校は探求の場になっていきます。探求の主役は，子どもたちです。教師がそれに伴走するのですが。
　子どもたちは自分たち自身の理論，解釈，問いをもっているのであって，彼

247

らは知識を構築する過程の主役の集合体なのだと，私たちは確信しています。とすると，教育実践を語る時のもっとも重要な動詞は「語る」でも「説明する」でも「伝達」でもなく，「聴く」であるはずです。「聴く」ということは他者に対して，他者が言おうとしていることに対して，開かれているということであり，われわれの全感覚を傾けて100通りの（100よりももっとたくさんの）言語活動に聴き入るということを意味しています。聴くは，能動的な動詞です。それは単にメッセージを記録するだけでなく，解釈するということなのです。メッセージは聴く人がそれを受け取り，評価することで，まさにその瞬間に意味を帯びるのです。聴くという動詞は，相互的な行為を表してもいます。こちらがきちんと耳を傾ける時に，話し手も自らの言葉と思想をもつ存在になるのです。コミュニケーションは，思想に形を与えるもっとも重要な手立てであるからです。傾聴を介して成立するコミュニケーション行為は，それに参加する者たちをより豊かな世界に誘い込みながら，意味を産出し，対話者の双方を変えていくのです。

　教師の仕事は何かといえば，それは子どもたちの好奇心を刺激し，理論と探求を励ますような環境をつくり出すことでしょう。子どもたちが心を許して気持ちよく学習に参加できること，探求意欲を掻き立てられ，自分の感じ方や思考のプロセスが丁寧に汲み取られていると思えること，子どもがそんな気持ちになれる条件をつくり出すことが教師である者の役割でしょう。とにかくそこにいると寛げること，どんな場面でも話をしっかり聴いてもらえるし，子どもが興味を刺激されてわくわくした気分になれる，そんな環境です。どうやったら教育プロジェクトをもっともっと面白く展開できるか，そんな思案を絶やさないことも，教師の，あるいは教師たちの集団の，役どころです。これは教師の仕事を特徴づけているほかのいろいろな側面とも連動しています。聴くこと，観察，ドキュメンテーション，解釈などです。

　私たちの学校イメージをメタファーで表すとしたら，建設の現場とか，常設の実験室あたりではないでしょうか。子どもたちと教師の探求の呼吸がぴったりと合って，常に何かが構築されていく，そんな工事の現場です。その時の教師は，知識に対する気づきを構築しているのです。個々の子どものなかで，あるいは子どもたちの集団のなかで，だんだんに理解が深まり，知識や技能が構

造化していきますでしょ。個人やグループのアイデンティティも形づくられていく。そうした過程を見ながら、知るということはこういうことなのだな、人はこのようにして知識を構造化していくのだな、ということがだんだんに見えてくるわけです。「認識についての認識」といったらよいのでしょうか、私たちは自分たちの哲学の礎石を、そのような問題意識に導かれて築いてきたような気がします。教師の、したがって学校の第一義的な仕事の一つは、子どもが、あるいは子どもたちの集団が「学び方を学ぶ」その援助者になるということです。子どもたちはもともと関係性に対して、ですから共に知識を構築するという行為に対しても、そこに触手を伸ばしていく天性を具えているのですが、それをもっと豊かに育んでいこうとしているわけです。

　そこで教えることと学ぶことを、私たちの哲学はどう関係づけているのかという先ほどの問いに立ち返ることになりますが、われわれの長期の経験と掘り下げた分析からいえることは、教授と学習の関係はあくまでも補足的なそれであるということです。その点で私たちはヴィゴツキー、ブルーナー、社会構成主義者のみなさん方の理論に親近性を感じています。この補足的な関係性はマラグッツィ先生がことあるごとに言っていた定言「子どもが自分で学べることを教えてはいけない」に見事に要約されています。

——そういう脈絡のなかで成立する子どもたち相互の関係性は、どのようなものなのでしょうか？

　仲間集団と小グループでの仕事が非常に大きな役割を演じていることは、明白です。この力と力を相乗させる関係から生まれる連帯感は強烈なもので、それがグループのダイナミズムを育て、子どもたちの間の差異が浮かび上がってくるのです。その差異をつき合わせていきますとね、そこから、それはもうとても面白いネゴシエーションや交換行為がうじゃうじゃと湧いて出るのです。
　子どもたちの関係が磁場になって、そこで理論とか、現実の解釈とか、理解とかが共同の作品として構築されていくわけです。小グループでの仕事は繋がりの源泉となり、思想が形成され、表現され、「他者」の異なる解釈と対比される現場となるのです。新しい着想が飛び出します。意味がネゴシエートされ

ます。「100の言葉」が花びらを開いて咲き競うかもしれません。子どもたちの関係がこのようなものになりますと、アイデアの貸し借りも活発になります。先生が直接そこにいようと、いまいと、そんなことは無関係です。何かにつけて、意見がぶつかり合い、模倣が行われ、子どもたちの寛大さを見せつけられる機会も増えてきます。こういう状況のもとで、子どもたちは無上の喜びを経験することになります。自分のちょっとした知識が、このコミュニケーションと交換のネットワークのなかでほかの友達の異なる意見を吸収することで見違えるような成長を遂げ、自分のところに跳ね返ってくるからです。

　このようにして個人の思考と集団の思考の両方が、成長し前進するのです。意見のぶつかり合いや論争が、このシステムのなかで基本的な役割を演じています。それは個人の思考を基本に置いてそれを前面に立てるのですが、同時にまた知識が構築されるプロセスに新たな意味を与えてもいます。それというのも、知識は同質性よりも異質なものが混在する環境のなかでより目覚しい発展を遂げるからです。また、異なる解釈が相剋し合っている時はどうしても自分の立場を論理化して説明しなければなりませんから、それが媒介になって、メタ認識（つまり認識についての認識）が行われるからです。自分の知識に違った角度から光を当てて、それを「知り直し」、ほかの人が差し出してくれる新しい、異なる見解でそれを補強することができるからです。

　これはとても複雑な問題ですが、同じように複雑なのが心理的なダイナミズムです。グループの構成、たとえば年齢、性別（男女別か、一緒か）、グループの人数、使っている場所、トピックスが身近か遠いか、子どもたちの興味関心の度合いといったような要素で交換のあり方は違ってきます。子どもを理解するのは長い時間を要する困難な仕事で、われわれは結局のところ、子どもたちと一緒に働くことを通してそれを学ぶほかはないのです。それはまた、新しい、それまでとは違った仕方で、私たち自身を理解するということでもあります。子どもの声を聴くのは難しい仕事ですし、私たちが観察したことを総合的な仕方で解釈するとなると、それはさらに難しい。絶えず他者たちと関わり合い、議論しながら仕事をすることって、教師にとって決して簡単なことではありませんよね。すぐれたバランス感覚が必要だし、他者に対していつも心を開いていなければいけませんものね。

補章1　教育的プロジェクトの構築

　教師の役割が変化を要求されると言いましたが，そのことのなかには，子どもたちに，本当の大人のイメージ，一貫した大人の姿を提示するということも含まれています。なぜなら，子どもたちは大人たちが彼らを信頼してくれることを心から希求しているのですが，それは，大人が自分たち自身を信頼し得た時にはじめて起こり得ることであるからです。子どもたちは賞賛されなければなりませんし，探求を励ましてくれる教育的環境のなかで生活しなければなりません。学校はその定義からいっても，学びが，知識が，産み出される場であるべきです。子どもたちと大人たちが，ともどもに文化と社会の価値と象徴の体系を体験し，創造し，再創造する，そんな場所でなければならないのです。学校がこのようなものになることで，それははじめて真に文化が，学びの文化が生み出される場所となるのです。

――あなた方の仕事では，観察がとても大きな役割を果たしているようですが。

　観察を中立的なものにしてくれる客観的な見地などというものは存在しない，というのが私たちの理論的大前提です。見地というのは，いつだってパーシャルなもの（偏差を含んだもの）です。観察だってパーシャルです。しかしそれは限界ではなく，強さなのです。ファッブリ（Fabbri, 1990）やムナーリ（Munari, 1993）が指摘しているように，われわれはしばしば主観性に怯えてしまう。なぜなら，主観性は責任をとる，ということと直結しているからです。なるほど，われわれが客観性を求める心的な動機は，しばしば責任をとることへの恐怖と結びついているのではないでしょうか。ですから，子どもを見る客観的な大人の視点なるものがあるわけではないのです。そうではなくて，われわれが前にしているのは，それぞれに違う観点に立脚して現実の像を構築しているたくさんの主観であり，その主観の相互作用が行われている世界なのです。なぜかとなれば観察とは，現実を知覚するということよりも，むしろ現実を構成することであるからです（教育という行為が，他者と共に世界を意味づける行為であるように，です）。ですから観察はばらばらな個人の行為ではなく，お互いに裨益し合う関係性なのです。何が起こっているのかを一緒に知っていく，そのための行動であり，関わり合いであり，プロセスなのです。

観察するということは，何よりもまず，選択するということです。ですから観察するフィールドを限定することが不可欠です。何を観察するかを決めるのは，まずは観察者の責任ですが，だがそれが集団的に共有された選択であれば，なおのこと，よいでしょう。どちらにしても観察の動機ははっきりしていなければなりません。観察は，過程であるだけではなく，それそのものが解釈でもあります。何かを観察することで，自分たちの理論や仮説の当否を判断する目安が得られるのです。

——あなたの見方からすると，教師の観察はどうあるべきとお考えですか？

　観察のツール（tool：手だて，道具）ということで，私たちがまず考えるのはドキュメンテーションです。何が起こったかを，写真，スライド，ビデオ，手帳，テープ録音といった手段で記録していきます。観察が解釈をも意味するものであるとすると，記録にあたっての媒体の選択は，おそらく，観察総体の質と無関係ではあり得ないでしょう。同じ一連の行為や同じプロセスを，ビデオ・カメラで撮影した場合とカメラの写真にした場合，あるいは録音したり文章で描写した場合では，仮に記録者が同じ人であったとしても違った見え方になるはずです。だからといってドキュメンテーションの価値がいささかも害われるわけではなく，ただもっと多くのドキュメンテーションがあったほうがよい，証言はできるだけたくさんのほうがよい，ということを意味しているにすぎません。
　どの記録の断片も——ビデオ，スライド，録音テープと多様なものですが——子どもたちがたどった道すじを解釈し，それに彼らが与えている意味づけや，彼らなりに工夫をこらしたシンボルやシンボル体系を理解しようとする時の基礎資料となるものです。私たちはいわば探偵に変身して，子どもたちの足跡を追い，彼らがとった方向，私たちを引き込もうとしている方角を察知していくのです。このように実施され（そして記録された）プロジェクトには，子どもたちの思想，理論，欲求がたっぷりと詰まっています。
　といっても，それが見えるようになるためには，いろいろな記録資料を深読みして，深い解釈をくだすことが，どうしたって必要です。この読みと解釈は，

補章1　教育的プロジェクトの構築

集団で，対話と交流の豊かな土壌の上で行われる時に，よりいっそう価値の高いものになります。解釈する人は多ければ多いほどよい。それだけ多彩で膨らみのある意見の交換が期待できるからです。この過程で恩恵を受けるのは子どもたちばかりではなくて，教師たちなのです。そこでの教師はもう偉そうに解釈を下す人でも，単に意味づけをしたり，学習の流れを組織したりする人間でもない。彼女たちは参加者なのです。自分たち自身が，このプロセスの受益者なのです。記録された資料を読み込んで，集団で，ああじゃないか，こうじゃないかと自分たちの解釈を立てる時は，もういつだってどきどきものです。議論する，自分の意見を言う，ほかの人の考えを利用させてもらう，そうやって，まるで子どもたちと同じようにダイナミックな思考の場を一緒に組み立てていくのです。子どもだけではなくて，私たち自身の思考が，このようにして鍛えられ育っていくのです。

　自分たちが観察したこと，記録したことに解釈を加えていく作業は，教師や，その教師が子どもたちと共に行う活動にとって重要であるばかりでなく，親たちにとっても，きわめて重要なのです。このような仕方でドキュメンテーションに触れていきますと，親の参加の仕方が成長というか脱皮というか，それまでの参加とはまるで違った質のものになってしまうのです。やっていることの意味が一変してしまうわけです。ドキュメンテーションを見せられますとね，親はもう眼を疑ってしまうのです。でも疑いようもなく，子どもたちのもの凄い能力が，ちゃんとそこに，眼に見える形で示されているのですものね。これはもう文句のつけようがない。子どもの底力をそうとわかってもらうためには，それを表現にもちこんで感じてもらう以外にありません。そんなことをしていると親のほうも刺激されて，子どもの教育に探求者として参加するようになるのです。自分の子どもが学校でやっていることに興味をもつだけではなくて，「どうしてそんなふうに考えるのか」，つまり子どもたちが知識を構成する道すじや，彼らが自分の行為に与えている意味についても，関心をもちはじめるのです。関係するみんなが，自分たちの共同の行為として——そして何よりも価値として——教育に参加し，それを構築する当事者になっていくのです。そうした変化を呼び起こす契機として，ドキュメンテーションは機能し得るのです。

　このようにドキュメンテーション（と観察）は，深いところで価値の問題と

結びついています。本物の民主主義を身をもって経験する機会を，それは提供するのです。なぜなら，民主主義とは，交換（交流）ということでもあるからです。交換・交流が可能なのは，双方の相異や主観性がはっきりと見えているから，そうと認識されているからです。差異や主観性が対話のなかにある時，それは教育的な価値となります。言葉で謳われるだけでなく，生きられた価値となるのです。

　ドキュメンテーションや，観察の過程で作成された諸資料は，子どもにとっても重要な道具なのです。大人たちの間でそうであったように，子どもたちもそれらを介して新しい光に照らして自らを見直し，自分たちが直接の主人公であった経験や出来事に立ち戻って，それを追体験したり解釈し直したりすることができるのです。この種の作業は認識の新たなダイナミズムを生み出します。自分自身，そして他者に対する自分の関わり方について，新しい，これまでとは違った見方ができるようになるからです。これは大人と子どもを問わずにいえることです。

　あるプロセスを体験して，ドキュメンテーションを通して，その模写を（ということは模写された自分を）見るということは，つまりは他者の思考のなかに映し出された自分を見るということでもあって，これはちょっと目の眩むような経験です。えっとびっくりしたり，ヘンだなと思ったり，もうちょっと知りたいと思ったりします。これは自分自身をもっとよく知りたい，ということにも通じています。

――観察やドキュメンテーションと並んで，あなた方がよく使うのは re-cognition という語ですが。[3]

---

(3) 〈英語版の英訳者注〉イタリア語の原語 ricognizione は，英語でいえば recognition（認識），reconnaissance（認定），acknowledgement（承認）を意味する語だが，レッジョではこれをハイフン付きの ri-cognizione と表記していて，そこに新たな，あるいはより深い意味を付与している。それは「何かを知り直す」ことであり，自分たちの考えを他者の考えと突き合わせ，討議し，読み直すことを通して「自分が漠然と知っていることを自覚的に意識化する」ことを含意している。こうした含意を一語で表そうとすれば，このような型破りの英語表記を用いるほかはなく，私は re-cognition を訳語とした。

ええ、これも私たちの哲学の基本語彙になっています。

前にも言いましたように、私たちは子どもは有能であると考えています。これは探りをいれなければならないと思うことがあれば、何ごとについても、子どもは自分が知っていることをすべて動員して理論を立てるわけです。ものごとにはこんな意味があるのかもしれないと、子どもの一人一人がそれぞれに手持ちの仮説を立てているのです。これらの仮説は、子どもたちの個人的な体験から引き出されたものですが、彼らはそれを、他者とコミュニケートしたいのです。大人が相手のこともあれば、同じ子ども同士のこともあります。

子どもたちは議論好きですし、言い争いも大好きです。ほかの人の考えに耳を傾けるすべを心得ていて、気にいれば、それをちゃっかり自分の考えにしてしまいます。考えを変えたって、そんなのへっちゃら。新しいもの、知らないことに、決して物怖じしません。そのことに確信をもっていますから、私たちは、話し合いのある種のスタイルを採用することにしています。子どもたちはグループになって（たいていは小グループですが）ある論題をめぐって自分たちの考えをシェアしたり、プロジェクトに提案されているさまざまなテーマについて、仮説や解釈を考え出していくのです。

Re-cognition は、ですから、いろいろな他人の考えをただ単に取り込むことではなく、他者の知識を媒介にして、自分自身の知識を豊かにしていくことなのです。自分が知っている何かをほかの人と共有したとしますね。それは、単にその知識を他人に転移したのではなくて、その瞬間、自分でもう一度、それを練り直しているわけですよ。もう一度、それを思い起こして、それを再編しているわけですよ。ほかの人にも通ずるように。こんなふうにすると、元の知識はもう前のままではない。コンテクストが変わると、考えていることも変わるでしょ。知識だって同じですよ。再—認知（re-cognition）は学習の一コマごとに起こっているのです。他者との交換から、そして継起する時間から、刻々に意味を引き出しているのです。このように再—認知を重ねていくことで、子どもたちも、大人たちも、自分と文化を肥やしているのです。教師にとっても、それは教師として豊かになっていく大事な土壌です。

基本的にいえば再—認知とは、起こった事柄にもう一度立ち戻って、それを理解しなおす、ということでしょう。前に組み立てた関係がどのようなもので

あったかを，それにもう一度強いハイライトを当てて点検し，批判し発展させるのです。最終的に，まったく新しい構造になっていくこともあります。ですから再―認知は子どもにとっても教師にとっても非常に重要な概念なのです。子どもたちの理論や仕事の分析を踏まえて考察を行う時もそうですが，それだけでなく，教師が共同で仕事をする時の方法的な手続きとしても，これが欠かせません。再―認知とは，自分の知識に対して，またそれがどのように組み立てられたものであるかを自覚的に知ろうとする努力であり，それは教師にとっては常に変わらない職能開発の定法であるともいえるでしょう。

――レッジョ・エミリアでは，あなた方は「プロジェクト」という語を使われていて，「カリキュラム」はあまりお好きではないらしい。もうちょっと説明していただけますか？

こう考えてはどうでしょうか。
- 学習はリニアな仕方では進行しない。その進行は決定されたものではないし，決定論的な性質のものでもない。予見可能な段階を踏んで順々に進んでいくわけではないのである。その進行の仕方はむしろ同時的であり，立ち止まったり後退したりして，その動きはジグザグである。
- 知識は集団的なプロセスのなかで構成されていくものだ。他者たちの理論や仮説に育まれて，また他者たちとの葛藤を経て，それぞれの個人が育っていくのである。時には同意し，時にはそれじゃダメだよと言われながら，破片を繋ぎ合わせるようにして，ほかの者たちと一緒に知識を構築していくのである。はやい話，われわれの現実解釈の図式に改訂を迫るのはいつも決まって葛藤やトラブルなのであって，それは，子どもの場合も大人の場合も変わらない。
- 子どもたちは自分たちの理論を産出する。この理論が，彼らの探求のバネになるのだ。それには固有の価値と意味があり，また固有のタイミングがある。それらが相俟って学習の過程を意味ある過程たらしめ，それを方向づけているのである。このタイミングを理解し，尊重し，支えることが非常に重要だ。

補章1　教育的プロジェクトの構築

　結論として「カリキュラム」は（それに対応する「カリキュラム計画」とか「学習計画」などという言い方もそうですが），子どもたちの知識構築の過程を支える複雑で多角的なストラテジー（戦略）を表現するものとは言い難いのです。このストラテジーという語，こちらは重要ですから，ちょっと立ち止まって一考しておきましょう。ストラテジーは計画と同じように調整された一連の作業を順繰りに行うことです。しかし計画と違って戦略は，はじめの仮説に排他的に拘泥することはしないのです。第二段，第三段の決定や選択は，事業や，目的そのものの進展状況を睨んで行われます。ストラテジーは構築され，再─構築されるのです。ストラテジーはトラブル，不意な成り行き，過誤などを逆手にとって自らを変容するのです。戦略という時，その主体が子どもであれ大人であれ，不確かな領域をアタマに入れて行動する能力が絶対に必要で，傾聴，フレキシビリティ，好奇心といった資質も要求されます。ストラテジーは子どもの行動様式に顕著に見られるものですが，真の知識構築や創造の営みは，いずれにせよ戦略的であらざるを得ないのです。

　子どもと大人の対話のなかでかもし出されるこの複雑な状況を名指しし，はっきりしているようでいて未決定でもある多元的なレベルでの行動を叙述する用語として，われわれが「プロジェクト」や「プロジェクト活動（progettazione)」（訳注；progettare〈企てる〉と azione〈行為〉の合成語）という語を好んで使う理由は，まさにそこにあるのです。

　「プロジェクト」はダイナミックな過程，自在な旅の足どりを思わせる言葉です。それはコミュニケーションのリズムによく感応し，子どもたちの探求の呼吸と意味をビビッドに伝えてくれます。ですからプロジェクトの持続は，間に一息入れて休んだり，中断してまたはじめたり，短くもなれば長くもなる，加減して中くらいにすることだってできます。

　プロジェクトをどう実施するかは，あくまで仮説としてこうだろうということであって，「こうでなければならない」というようなものではありません。それはとり得る方向を示唆する何千もの仮説のなかの，その一つなのです。何よりも仮説を立てていると，こうかもしれない，こうやったらこうなるかも，という期待と興奮が高まってきて，予期しない事態を，自分の予見能力を鍛えるための資源として歓迎する道すら開けてくるのです。予見能力が高まれば，

257

子どもたちの間で起こったことをよりよく観察し解釈する私たちの能力も高まることでしょう。このようにして観察，記録，再—認知という3概念は，強く，かつ意味深く繋がったものになるのです。

　プロジェクト活動は，思考の方法でもあります。それは関係をつくり出し，偶然な出会いを，言い換えれば「他者の空間」を，要素として組み込んでしまう能力を意味しています。自己の空間は，他者たちと関わる過程で他人の思考を自己のなかに繰り込んで自らの限界を超えてしまうのです。

——関係性とインタラクションを基本に置いた学校，探求を子どもと教師双方の基本的な活動スタイルと見なして重視している学校のなかで，教師の「職能開発（professional development）」という語は，どんな意味をもつことになるのでしょうか？

　この言葉も，他の多くの語と同様に，旧来のステレオタイプな用法と区別して，定義し直す必要があります。このステレオタイプの出元をたどっていきますと，例の course of study に規定されている教育の思想と慣行，まず教師のアタマに思想を注入して鋳型にはめてしまう，ついでその教師が子どもに思想を注入して，決められた目標と方法に合わせて子どもを鋳型にはめるという，あの教員養成の理想像です。この流儀でいきますと，すべてはなんとも明快で一貫していて，前もってのお見立てどおり，何もかにもがパッケージ化されています。成果は保証されている——と，少なくともそう思われています。しかしこの方法は探求（研究）とも省察とも観察ともドキュメンテーションとも，疑問とも不確かさとも，真の教育ともまったく無関係です。子どもとも，いっさい無関係です。

　「職能開発」という言葉は，このプロセスの機微を十全に伝える言葉ではありません。「日々の営みの実存性」とでもいったらよいのでしょうか，私たちの仕事を深く特徴づけている呼吸や態度といったようなものが，まったく伝わってこないのです。私たちは職能開発というものは，何よりも探求と自己変革として，子どもとの関わり方を質の高いものにしようとすればしっかりと培っていかなければならない礎であると考えています。職能開発は，一人一人

の教師の，そしてまた学校で働くすべての労働者の権利なのです。相互に聴き合う関係を創出し，子どもの現実に刻々に起こっている変化に最大の注意をはらいつつ，ダイナミックに自分を変えることのできる有能な教師をもつことは，子どもの権利でもあります。職能開発は学校のすべての教職員の権利であるということを，私たちはこれまでずっと言い続けてきました。この集団は自分たち自身の要求と権利をもつ新たな主体になっていかなければなりません。学校で働く者たちすべては，思考する権利をもっています。一緒に働く仲間として，相互に対等な同僚として，共に計画し，活動し，解釈する権利があるのです。

　同僚性ということがよく言われますが，これは個々人の思想の総和ということではありませんし，少数者や多数派の考えに振り回されるということでもありません。そうではなくて，もっと新しい，一緒に考えて，共に築いていこうとするやり方です。ですから，それぞれの教師には個人の権利があり，そしてまた集団を主体とする権利があるのです。仕事面での，そしてまた組織面での教職員の権利のなかで，もっとも重要なものは何かといえば，それはまさにこの同僚性の原則にもとづいて，子どもと，仕事仲間と，そして親たちと関わることができる，ということでしょう。

——そんな働き方を実現するために，どんな条件が必要になりますか？

　職能開発は個人の権利であるとともに集団の権利であると私たちは考えていますが，そこには以下のようなものが含まれています。
• 日常的な仕事の条件
　労働条件は，傾聴，観察，リサーチ，記録を可能にするものでなければなりません。これらの作業は，どれもが，子どもや子どもたちの集団を育てる上での基本要素であるからです。組織の課題と目されていますが，これは倫理の問題でもあると私は思っています。環境について言いますと，学校の空間は合理的でよく考えられた，しかし温かみのある空間でなければなりません。教師や教師以外のスタッフが自由に動きまわり，子どもたちと一緒に活動しやすい空間であってほしいものです。ということは子どもと大人の人数比率も適正で，大人と子ども，あるいは子どもたち同士の関係が実のあるものになるように配

慮されている，ということです。ばらばらなエピソードの集積ではなくて，一日がある連続した物語になっていくような，そんな場であってほしいのです。そのためにも二人の教師がペアを組んで，同じグループを長時間にわたって担当する体制が必要です。ペアの教師たちは，日，週，年，もしくは数年の単位で，子どもたちと伴走します。二人担任制は子どもたちの学習のプロセスを異なる眼で観察するためにも，またそれを記録して解釈し，どうしたらプロジェクトを発展させていくことができるか，その手がかりを見つけ出す上でも必要なことなのです。教師の役割に伴う，これらは必須の条件であって，複数の教師が共にプランを立て，考えを共有しながらその時々の決定を行っていくこと，われわれが教師として仕事をしていく上で，これはもう絶対に欠かせない条件であるといわなければなりません。

　学校での毎日の生活は教師の観察と解釈，評価によって吟味され，検討されます。子どもたちと共に活動し，彼らと共にそれを振り返る，その手ごたえを指標にして，プロセスは弾力的に変えられていくのです。教師にとって，これ以上に確かな羅針盤はないでしょうが，それだけでなく，子どもにとっても，家族にとっても，それは安心をもたらすのです。

・時間と空間

　傾聴，観察，記録は，われわれの仕事にとって必須なことではありますが，それだけではまだ十分ではありません。起こったことを解釈しなければ，その出来事が投げかける意味を私たちみんなのものにすることはできません。解釈という作業は，子どもにとっても教師にとっても，その仕事，その成長のプロセスを前に押し進めていくための大事な踏み板なのです。ですから毎日，それから週ごとに先生たちが解釈，仮説，疑問を話し合う時間と空間を確保する必要があります。この集まりには，学校のほかの同僚たちにも参加してもらうといいですね。

　毎週，学校の教職員たちはミーティングを開いて対話し，各クラスのドキュメンテーションを見ながらそこでやられている活動について，ああではないか，こうではないかと議論し合っています。みんなが集まる公式の会ですから，学校運営に関する幅広い事柄が話題として取り上げられます。1週間のスケジュールのなかに，こうした会合のための時間（1週に2時間半）がしっかりと

組み込まれているわけです。会合は午後，大部分の子どもたちが帰宅した4時過ぎを設定しています。当番のスタッフが議論のしやすい場所を選んで，ビデオ・デッキなど，必要な機材を用意します。もっぱらインタラクションが重視されます。教師と協働するスタッフ全員，時には他校のメンバーも加わっての議論ですから，お互いに打ち解けて話し合えるということが何よりも必要です。

• 父母の参加

　父母との集まりは，それが公式ばった儀礼に堕して単に通り一遍の報告に終始したり，最悪の場合，評価の言語を振りかざしての子ども非難になったりすることがなければ，そしてそれが個人的というよりも集団的な性格をもつ話し合いとして行われるならば，教師にとって職能開発のもう一つの重要な形式となるでしょう。ドキュメンテーションの助けを借りて子どもたちの学びのプロセス，彼らの立てる秀逸な理論や知性が披露されシェアされるのです。うちの子がどうした，こうしたではなく，すべての子どもたちの能力が可視化され，コメントされ，共同の解釈に付されるのです。それぞれに異なる文化と主観を踏まえた見解を比較し，違う意見に耳を傾け，共通の合意に到達するのです。これもまた，父母との対話のなかで豊饒化し再定義される教師の専門性の一部であるといわなければなりません。

――このような職能開発によって，教師のどのようなスキルが育っていくのですか？

　私たちはまず第一に幼児教育にたずさわる教師を，現代の文化に関わる当事者の一人として，この文化を批判的な眼で問い，分析することのできる人間として考えていかなければなりません。読書を好み，映画や演劇に興味を寄せ，そうした経験を大事に記憶していて，好んで論じ，批判的に吟味する，そういう資質の持ち主として考えていかなければなりません。好奇心の強い，知的に能動的な人間で，知識への受動的なアプローチを嫌う，知識を単に「消費」するのではなく，他者たちと共にそれを構成することを好む，そんな人間たちです。教師をこのような存在として考えることは，前提であると同時に目標です。

　自分の人生の歩みのなかで，新たな意味と価値を，一方でコンベンショナル

な境界の内部で、だが他方ではそれを超えて探求してきた多様な男女との出会いがあってこそ、教師の職能形成は成就されるのです。

それは科学者、建築家、映画や演劇の演出家、音楽家、詩人などとの領域を超えた出会いという形をとることもあります。これらの人々の専門的な知識が、私たちを裨益(ひえき)するだけではないのです。その人々の仕事の仕方、学習のプロセス、自分が選んだ仕事の仕方に与えている意味や意図が、私たちを刺激するのです。その情報を解釈してアダプトするのは、私たちなのです。

これらすべては、もし私たちがそれを自分たちの実践のなかに組み込むことができれば、教師としての仕事の能力を一段と高める有意なバネとなるはずのものです。私たちの仕事は、子どもがこれと似たようなやり方で、つまり自分のストラテジー、自分のスタイルとタイムテーブルを大事にしながら、彼らを取り囲んでいる文化に切り込んでいく、その冒険を助けることです。子どもはこの点で、なかなかもって有能です。われわれは知識の領野と経験の領野がダイナミックに噛み合う流れを構築することによって、子どものこの「旅」を支えなければならないのです。

「知識の領野」という言葉で私たちが考えているのは、文化的シンボルの体系です。これを介して子どもは、歴史的に確立した体系的知識の世界——それが学校の主要な関連分野とされているのですが——に導き入れられるわけです。このようなシンボル体系を適用し、解釈し、想起するからこそ、子どもは成長し、芸術、科学、あるいは諸般の生活をより深く理解し、より能動的に経験できるようになるのです。異なるシンボル体系は、異なる経験のコンテクスト、あるいは異なる経験の領野と対応しており、子どもたちは自分たちなりのストラテジー、欲求、タイミング、疑問、好奇心を引っさげてそこに踏み込んでいくのです。自分で考え、やってみたいというのは、子どもの切なる願いですが、しかし彼らはとりわけ、仲間と一緒にそれをやりたいのです。

教師に求められるのはセットされたプログラム、あらかじめ定められたカリキュラム、お決まりの必修コースを破棄して、その努力を子どもたちとの関わりに向けることです。教師は一方では文化的シンボル体系の明瞭な地図を念頭に置きながら、この布置が絶えず表現されながら変えられていることをも意識していなければなりません。と同時に、子どもたちが日々の暮らしのなかで出

会う世界の断片を自分の理解の版図に組み込むために、どんな思想と行動を編み上げているか、その手だてや道すじ、彼らに独自な様式を決して見失ってはなりません。

　最後に一言。

　思えばたくさんの人々との、文化との、理論との出会いがあり、その出会いに助けられて、私たちはレッジョ・エミリアの経験を紡いできました。本当にたくさんの思想の交換があり、たくさんの意見や示唆をいただきました。だからこそ、私たちはわれわれの経験を特徴づけている、あの探求と変革のセンスを育てることができたのです。ですから、そうしたすべての方々に、われわれは今ありがとうと申し上げたいのです。

補章2
組織と,方法と

ボルギとの対談:レッジョの歩みを語る

The organisation, the method: a conversation with
Carlina Rinaldi by Ettore Borghi(1998)

　エットーレ・ボルギ氏から電話でこのインタビューを申し込まれた時,私はかなり狼狽した。理由はいろいろあるのだが,第一の理由は何といっても対談相手である。あの敬愛するボルギ氏が聴き手だというのである。彼は私の町のもっとも聡明な評議員であるだけでなく,豊かな学識で知られる哲学者であり歴史家であった。

　市の教育・文化担当評議員としてのボルギ氏を知る以前に,わが町の古典高校で彼がどんなに優れた哲学教師であったかを,私は知らされていた。ボルギ氏ほど学生たちの敬愛を集めていた教師は稀であったし,同僚たちからも教養とモラルの先達として重んじられていた。彼が評議員に就任したのは,私がペダゴジスタとして市の学校で働いて何年かした頃で,はじめて会う氏の誠実そのものの態度に,私は深い感銘を受けたのであった。学校現場の主役たちへの深い敬意と,誠実にその声を聴こうとする姿勢が,そこには滲んでいた。彼とマラグッツィの対話はとりわけ豊かで興味深いもので(1980年代の初めの頃であった),教育,哲学,文化の諸問題をめぐるわれわれの討論は,信じられぬほどに興趣尽きないものであった。

　氏の歴史家としての才能と,市立学校の歩みに対する強い好奇心——これは教育への関心である以前にまずは文化と政治に絡んだ関心であったが——は言葉の端々にもうかがわれた。こうして市当局と市立諸学校との関係はより緊密さを増し,相互の理解も深まった。後年1998年に,ボルギ氏がレッジョ・エミリア市立学校の最初の歴史書の編纂を託されたのは,このような事情を背景としてであった。この間の経験を共にした当事者たちは,まずは彼に白羽の矢を立てたのであった。行政担当者たち,教師たち,父母たち,彼ら・彼女たちは自分たちをこのような経験に向けて駆り立て,その選択を導き,かつ鼓舞した諸々の価値を,一巻の歴史のドキュメントに集約して世に問いたいと欲したのである。

　この件にちなんで委員会が特設され,そこで,レッジョの経験の歴史を「形づくって

きた」各層の代表者，教育者，父母，行政担当者，その他一般の市民といった人々とのインタビューを行うという決定がなされた。このインタビューは単に記憶をもとに足跡をたどるだけでなく，その長征の途上で人々がどんな意味と「内なる」意味をそこに盛り込んできたかを探索する試みでもあるという。私がボルギ先生から電話をいただいた時に感じたあの激しい心の揺れは，まさにそこに理由があった。

　思い起こすことへの恐怖，あの甘美で残酷な記憶に，私は溺れてしまうのではないかと恐れた。だが話をしている間に，その危惧は，すぐに晴れた。自分もその当事者であった生活と仕事の旅，そこに流れている思想をあらためて捉えかえすことができたように思えて，私はうれしかった。質問はくせ球だったが，ずばりと的を衝いていた。会話は録音されて，後で，それは原稿化された。起こし原稿を読み返した私は，その精度の高さに眼を見張った。訂正したり，修正したりする必要は，ほとんどなかったのである。

　これは非常に息の合った会話であったことの証左であると同時に，的確なリードのもとで対談が行われたことの結果だろう。かくしてそれはレッジョの歴史研究機関Istorecoの出版物『ある現在形の歴史（*Una storia presente*）』に収録されて，その1章となった。出版を要請し助成したのは「レッジョ・チルドレン友好協会」であった。レッジョの学校を直接に経験した人々と，これらの学校のなかに市のアイデンティティがもっとも生彩ある形で表現されていると評価する人々が集まってつくった協会である。

　本を制作するためには，大変な労力が必要だ。物語の主役であり，女性評議員でもあるロレッタ・ジャローニ（Giaroni, L.），アェッタ・ベルターニ（Bertani, E.），イオーネ・バルトーリ（Bartoli, I.），サンドラ・ピッチーニ（Piccinini, S.），それから教師たち，それを補佐した職員たち，ペダゴジスタたち，そして父母たちは，一つのコミュニティが書くことのできるもっとも美しい物語の一つを，レッジョ・エミリア市と，われわれ一人一人のために，書き残してくれたのである。それはまだ決して書き終わっていない，だからわれわれのそれぞれが書き加えていくことのできる，理想とユートピアの物語なのである。

●　　　●　　　●

エットーレ・ボルギ（以下，E. B.）：カルラ，君が自分自身で親しく関わったいろんな事柄について少し聞かせてほしいんだ。学校の，通常は託児所（asilo nido）とか幼稚園（asilo d'infanzia）なんて呼ばれてきた幼児たちの学校の歴史について，もう少し明らかにしたいのでね。もう少し正確に

いうと、こうした学校はそもそも学校の範疇とは考えられてこなかったわけだよね。そもそもの考え方が間違っているから、それが一連の無視に繋がっていく。6歳以下の子どもの保育サービスは社会福祉ということで括られて、何十年もの間、博愛家の気まぐれに委ねるか、内務省統括の事業ということになってきたわけだけれど、実際には内務省なんて、何一つ、やってはいない。一般的にはそういう状況であったわけだけれど、レッジョの市立学校は、活動を開始したその時点からはっきりと自分を学校として位置づけていたのだろうか、それとも、だんだんにそうなっていったのか？　どちらにしても、こうしたアイデンティティの根本にあるものは何なのだろうか？

カルラ・リナルディ（以下、C.R.）：もう出発段階ではっきりしていた、といってよいと思います。はっきりそういえるのは、ローリス・マラグッツィと一緒に何度もそれについて考えた記憶があるからです。彼は「幼児の市立学校（scuole comunali dell'infanzia, dell という属詞が強調されている）」という言葉に、とてもこだわっていました。それは教育の場所としての――過程のなかにある、つまり継続していく教育の場としての学校、という理念を強調した言葉です（これについては後述することになるだろう）。つまり教育という言葉は、子どもだけに当てはまるものではなく、大人にも、教師や親にも当てはまるプロセスである、ということですね。教育を連続したプロセスと考えるこのような見方は、当時の学校概念からするとまったく突拍子なものでした（私が言っている当時とは1960年代の初めである）。特に「初期子ども時代の」という有名な言葉は、その重要性を強調するために、ずいぶん長い討議を経て打ち出した語で、そうした考え方が非常に早くから鮮明に打ち出されていることを示すものでしょう。

　こんなことを言うのも、マラグッツィがブルーノ・チアーリやジョルジオ・ビニといった人たちと、よくそんな話をしていたからなのです。[1]

---

(1) チアーリとビニは1960～70年代の指導的教育思想家・実践家である。チアーリはフレネの教育思想をイタリアにもち込んだトスカナの小学校教師で、後ボローニャに移り、市立幼児学校の発展においても指導的な役割を演じた。

彼らが論じていたオルタナティブな幼児学校というのは「幼児の学校」であって,「幼児のための学校」じゃなかった。結論はとてもはっきりしていました。学校は幼児の学校である,ということは,子どもは正当な権利をもつ学校の主役,その主体である,ということですね（学校の主体という言葉が使われるようになるのはもっと後で,1975～76年頃ですが,しかしこの考え方はもうその頃にはっきり出ていました）。――早くから聞いていたはずの私は,少し経ってからようやく理解できるようになったのですが――子どもは関係性である,ということも,ずいぶん早くから言われていました。子どもは,歴史とか,家族とか,文化的なコンテクストとか,いろいろな関わりのなかで生きている子ども,なんですね。そこに学校がもう一つ,さらに新たな歴史との出会いを用意するわけです。というわけで,子どもは主役であり,正当な権利をもつ主体なのだけれど,しかし歴史や文化のコンテクストから切り離された主体ではない。実際,子どもはそのような関係性において正当な権利をもつ主役・主体――すなわち市民なのです。「の（dell）」という属詞が,その時の私には,とても意味深長な属詞に思えたのです。

　もう一つのタームは「子ども期（infanzia）」です。これも,ある命題を表した言葉です。今の私ならばあっさりと定義してしまうのでしょうが――当時それを学んだ私は,時間をかけてだんだんに考えをはっきりさせていったのでしょう――それは社会的に構成された概念なのです。それは,そうと言い表されない限り存在しない性質の社会的なカテゴリーで,それぞれの歴史的時代はそれぞれの子ども期を具体的な形で表現するのですが,それでいて子ども期なるものの存在は大方のところ忘れてしまっている,ただ子ども期のイメージだけははっきりと保持されていて,それにもとづいて子どもにはこういう対し方をすべきであると決め込んでいるわけです。法律上,日常生活上の地位も,それにしたがって決められている。

　私が当事者としてそこに嚙むようになった1972年は,ちょうど,市の学校規則が作成される過程で,マラグッツィも,その他の参加者たちも,用語の定義や選択でしばしば頭を抱えていた時期でした。私もその討論

に参加していましたので,はっきり,こう言えると思います。1970年代初めのこの段階で,公的な問題への市民の参加,持続的な自己教育のプロセス,文化を単に伝達するのではなく生産する場としての学校(そこでいう文化は子どもの文化だけではない,人間の文化なのだ),そうした学校観と教育観はもうこの段階ではっきりしていたのです。1960年代についても,おそらく,そうだったのではないかと推測しています(あまり明確にこの時代のことを言うわけにはいかないのですが,私は,そう感じています)。つまりこの時代にすべてがはじまっているのですね。最初の市立の学校が開校されるのもこの時期で,子どもの権利の場としての学校という考え方が,この時代にもうはっきりと打ち出されているのです。このことと関連しますが,マラグッツィがよくレッジョではじめて幼児学校が生まれた時のことを引き合いに出しますよね。ヴィラ・チェッラ地区の人たちが幼児学校を立ち上げた時のことですが,そこには今も銘文が残っています。平和の建設は新しい世代の教育によって完成される,と,そこには記されています。[3]

E.B.: 生後数年間の教育がどんなに大事かということを,この1世紀余り,政治も文化も一向に認識しようとはしなかった。そのためもあって,この分野の職能形成や人材育成は著しく軽視されたままだ。乳幼児保育施設スタッフ(保育士)の基礎教育資格について国家は特段の規定を設けていない。その水準は小学校教師のそれよりずっと低いままだ。こう考えるのは誤りだろうか? レッジョの市立学校のネットワークは,学校現場の訓練で人を育てることで,国の教員養成システムの欠を補っているのだ,と。もしそうであるとするならば,その主体は誰なのだろう? 何が,どんなファクターが働いて,このようなことをあえてさせたのだ

---

(2) 1972年はレッジョ・エミリア市の教師,保護者,一般市民の粘り強い対話の結果として,市の幼児学校規則が制定された時期である。後述される学校への住民参加,教員の複担制や教職員の勤務時間規定などが,そこに盛り込まれた。

(3) ヴィラ・チェッラはレッジョで幼児の学校が最初に建設された地区である。村の女性たち,農民や労働者が結束し,文字通り汗水を流して自分たちの学校を立ち上げた。開校は1947年。マラグッツィはこれを「われわれのすべての経験の端緒」と位置づけている。もっともレッジョ市がはじめて市営の学校を開校できたのは,ずっと後の1963年である。

ろうか？　中途半端な教育談義の結果とは，どうも思えないのだが。
C.R.：先生のおっしゃること，まったく同感です。学校で教育されるのは，子どもたちばかりじゃない，そこで働く者たちにとって，それはことのほか大きな自己形成の場なのだという思想は，私がレッジョで仕事をはじめた段階ではもう非常にクリアになっていました。マラグッツィは教職員の職能形成を非常に重要視していたように思います。この分野のもっとも先進的な経験，たとえばモンテッソーリやアガッツィ派の諸学校の実践から彼はそのことを学んだのだろうと思いますが，同時に，イタリアや諸外国の教育学文献（私が思い浮かべるのはたとえばピアジェ，デューイ，ブルーナーといった人たちの著作ですが），それから自分自身の教師として，心理学者としての経験も，それに寄与しています。ですから私がスタートした時に，これはもうレッジョの学校の大きな特徴になっていて，着々と成果をあげていたのです。

　私は，これはリサーチと過程にベースを置いたアプローチから生まれてくる一種の職業訓練だったと思っています。——過去の文化だけでなく，時代と共に，時代の文化の流れに呼応して絶えず自らを更新していく，そのような教育へのアプローチということなのですが——これが学校の理念と統合されて，そのアイデンティティになっています。そうした理念が結実するかどうかは，そのための資質をもったスタッフが育つかどうかによって決まってきます。こういう発想がどこからきたかというと，私の考えでは，この時代に（私が考えているのは1960～70年代なのですが）国際的に職能形成についての考え方が変化して，従来型の学校の観念を押しのけていったことが背景になっている，と言ってよいのではないかと思います。従来型の学校の考え方でいくと，教員のための教育などというのは1回かぎりの訓練で学校用カリキュラムを伝達講習すればそれで充分，ということになるわけです。自分の知識に対して自覚的であること，とりわけ自分の知識について自覚的に考え，子どもや若者たちをその知の構築の道づれにしていくこと——子どもたちは教師を見習いながら，自分もまた思考する文化の担い手になっていくわけですが——そのような教師の能力は，私の見るところでは，その頃，まだ論議

の射程に入っていなかったと思います。一部で議論されていたとしても，まだ主流にはなっていなかった。

　私は2つのことを強調しておくべきだと思います。一つは，マラグッツィが抱いていた，もしかすると折衷的といわれてしまうかもしれない教員養成についての信念です。教師の職業的な資質は文化的教養によって育てられると，彼は確信していました。それはもちろん過去への関心に根ざした教養なのですが，一方で同時代の現実にも目を向けていますから，つまりは2本線のアプローチなのです。一方で人間という存在，市民としてのあり方に目を向けながら，他方で子どもとその教育，今の子どもたちとどう関わるかを探っているわけです。だが，ここにもう一つの刺激が加わることになります。アトリエリスタと呼ばれる人々が登場して，この2本足のアプローチは目覚しく高次なものになっていくのです。アトリエリスタたちはいつも挑発をしかけては，教育の惰性の歴史——もっとも，私たちが議論しているアクティブな教育のそれを指して言っているのではありませんが——に裂け目を入れようとする欲求を日常的に搔きたててくれたのです。

　当時の私たちは，狭い意味での教育に限定せず，もっと幅広いテーマで集まりをもとうと考えていました。その頃行われたイベント類のポスターや資料は，まだたくさん残っているようですね。演劇，歴史，動物行動学，民俗学，芸術，等々，多様な文化領域の著名人を呼んで，講演会を開催しています（たとえば「教育の5月」，これは文化，心理学，教育学などの専門家を招いて行われた教師と父母のための連続講演会でしたし，60年代には父母向けの集会も多く行われています）。こうした諸分野はすべて，教師の仕事と密接な関わりをもっているはずなのです。だって彼女たちの仕事は，子どもとの関わりのなかで，自分の好奇心を絶えず新たにしていくことなのですから。子どもは決してスタティックな存在ではなく，常に変容し，進化を遂げていく主体です。だからリサーチが必要なのですが，この意味における「リサーチ（研究・探求）」は，もう科学者の実験室での研究ではありません。——むしろ，そこを出ないとできないものです。それは少数者の特権（大学で，あるいはそのための研究機関でない

とできないもの）であることをやめて，教師たちが生命の感覚と生の意味に向けてにじり寄っていくその歩み，その態度でなければならないのです。

　学校で子どもが意味の探求を深めていきますと，疑問が晴れて満足するだけではなく，何よりも大きいのは喜びの感覚が湧いて出ることです。でも，意味や感覚の探求がもたらす大きな寄与は，何にもまして教師の職能形成についていえることではないでしょうか。小さな子どもや年若い人たちを相手どっている教師の場合はなおさらです。振り返って思うことが何度もあるのですが，そうした教師たちのエクササイズに協力者として参加していて，確かな手応えを感ずることといえば，社会のなかでの学校の意味，学校のなかでの自分たちの仕事をどう感じているかということをみんなで一緒に考えることができることなのですね。これって，外側から見ると，普通はあり得ないことなのかもしれません。

　つい1週間前も，スウェーデンで，レッジョの先生方は特別だと，何度も言われました。自分たちがしていることについて，どうしてそれをするのか，しなければならないのか，どうして子どもたちにそれをさせなければならないのか，そんなことを一つ一つ，問いただし理解しようとしている，そんな教師はそうそういるものではないらしいのです。

E. B.：ありがとう。あなたの話を聞いていて思い出したのだけれど，レッジョの学校の先生たちが関心の幅をぐんぐんと広げて，心理学，動物学，その他あなたがおっしゃるようにいろいろな文化領域に首を突っ込んでいたその時期に，イタリアのいわゆる「高級文化」の世界でも，同じようなことが起こっていたわけだ。それまでは学者や知識人は自分の専門分野のことしか手がけようとしなかったのだけれど，それでどんどん置いてけぼりを喰らうことになって，あわてて人間科学のあの分野この分野の後追いをしなければいけないことになってしまったのだ。研究や出版の質がそうなっただけでなく，教師のアイデンティティや文化的プロフィールも変容を迫られることになった。あなたはそういう言い方を好まないかもしれないが，ただの平凡な教師だって，これまでどおりではすまされなくなったわけだ。

C. R.：先生がご指摘の他分野との繋がりは，私もきわめて大事だと思っています。今度のご研究のなかでも，きっと，どこかで取り上げてくださることになるのでしょう。のっけから体系的なビジョンをもっていたとしか思えないのです——ローリス・マラグッツィのすごさの一つはまさにそこにあると，私は思っているのですが——今考えると実に的を射た問題をずばりと言い当てて，それらを繋いだり，くっつけたりする大変な腕力をもっていました。その力の発露を，そもそもの出発の時代から，もうはっきりと見てとることができるのです。もしかすると，彼を神話化しているのかもしれませんが，でも私は，正直に自分の経験を話しているつもりです。思い出すのですが，私たちはしょっちゅう，星座や天文学について勉強する会を開いていました（ずいぶんと素っ頓狂な会！　と思われていたのでしょうね）。私たちが子どもたちに，星座のことを説明するためではありません。教師が感じ，理解するためなのです。子どもたちと一緒に，ね。一緒に喜んだり，驚いたり，不思議がったりするためなのです。子どもたちが求めているのは，そういう先生の資質なのです。繰り返しになりますが，私の話はちょっとロマンティックで詩的すぎるのかもしれません。でも，こういう考えが，私は好きなのです。——そして他の人たちにも吹聴したいのです！

E. B.：僕は昔，ヴィッラ・ガイーダの保育園に勤めていたことがある。1912年に設立された市営の保育園だよね。そこでわかったのだが，清掃人やコックさんの給料は，教員の3分の1にもならないのだ。僕は，その時はこの問題に首を突っ込まなかった。教員資格をもった人たちがどんどん小学校に引き抜かれてしまうので，対抗上，とりあえず先生たちの給料を上げる必要に迫られていたのだ。しかしこの給料の格差はシンボリックなものに思えてならなかった。こうした人たちの役割が，どう考えたってあまりに過小評価されている。まったく使用人としてしか，取り扱われていない。この当時と比較して，市立学校での補佐スタッフの機能は今ではどのように考えられているのだろうか？

---

(4) この保育施設の発祥とその意義については，本書の補章3（p. 301）を参照されたい。

補章2　組織と，方法と

C.R.：おっしゃるとおりだと思います。しかしその問題に入る前に，先ほど述べたことを，もう少し敷衍させてください。私がマラグッツィのなかに見た資質は，マラグッツィだけでなく彼と一緒に働いた人たち全部が共有していた資質だと思いますが（率先したのはやっぱりマラグッツィだったと，私は思っていますが），それは聴く能力なのです。私，前にも書こうとしたことがあるのですが，広い意味での聴く能力なんですね。ローリス・マラグッツィはすごく好奇心が強く，私たち，教師の話を注意深く聴くことのできる人でした。教師の日録のことは，もうよくご存知ですよね。それは当時もよく知られていて，とても重要視されていました。先生たちは日誌を書けともちかけられるのですが，その日誌は起こった出来事だけではなくて，先生たちをびっくりさせた子どもたちの逸話や発言を1つなり2つなり，書き記した日誌なのです。私の考えでは，これが後々ドキュメンテーション（documentazione）の名で知られていくものに発展していくのではないでしょうか。つまり痕跡を残し，振り返って再考できるようにしたわけですが，それと同時に，教室の真の主人公たちの声に市民権を与え，「リサーチ（探求・研究）」とか，「教育的省察」とか，「教育研究者」といった言葉にもっと実質的な意味を与えた，といってよいのではないでしょうか。

　ドキュメンテーションとは何であったのか，このシステムを私たちはもう少し踏み込んで考えていく必要があるだろうと思います。レッジョで独自な発展を遂げたこのシステムは，決してイデオロギーから生まれたものではない。それはきわめてオリジナルな傾聴の方法として，また人々が自分の知識について，自分の思想についてより自覚的であるための手立てとして開発されたものなのです。

　教師たちはそのことを知っていました。そんな教師たちの姿を見ながら，私は感じたのです。マラグッツィという人は，人の話によく耳を傾け，多様な主役たちがそれぞれの声をあげることを可能にする，そんな集団作業の非凡な先行者なのだ，と。このアプローチから，本当にたくさんの集団作業が生まれてきました。

　最近，私たちは何人かの教師たちと一緒に――まぁベテラン教師とい

われている人たちですが——かつてのこうした集まりのもち方を振り返って、もう一度記憶を呼び覚ましているのです。彼がどんな問いを投げかけ、どんな省察を誘いだしたのか、どんな態度で人の話を聞いていたのかを思い返すと、あっ、それで自分たちはあんなことをしたのだと、思い至るのです。これがドキュメンテーションの原点なんですね。それが子どもたちとの集団作業に活かされていく……。

E. B.：なるほど。参加者にはこれといった資格のようなものはない。鍵はただ人間性だけ。

C. R.：そうなのです。よりどころは人間性です。しかしおそらく、一種の三段論法が働いていると思います。もしも学校が教育の場であるとすれば、学校内のすべての場所は教育の場であり、そこにいるすべての人間は教育に関わる人間である、ということになるでしょう。みんなが、教育に携わっているのです。ですから、特に教育的な場所と、二次的に教育的な場所との区別なんてものも、存在しない。——建築もその考え方に立っていれば、廊下なんていらない、いろいろな空間が同じ平面にあって、台所だって見えるところにあってよいのです。文字通り、そしてメタフォリカルな意味でも、全部が同じ平面に置かれている。当然、コックさんや補助的な仕事をするスタッフも、「ユーザー」の利益に応えるそれぞれに特別な役割を担った人々です。だけど、それはまた高度に自覚的な行動ですから、他の人と協働しその仕事により深々と噛むことが必要になりますし、それだけでなく自分自身の仕事の意味についても、よりしっかりと理解している必要があるのです。

　補佐スタッフの人たちと一緒に教育理論についての現職セミナーをもったことがあるのです。清掃のために建物の器物を傷めてしまうの、あれはやっぱりまずいよね、どのようにしてうまく保存したらよいのだろうという議論でした。外から課せられた規則ではなく、自分たちでそれを検討していくのです。しかし経験にもとづく意味の共有という時、これらのスタッフがしばしば示してくれるとりわけ貴重な洞察を抜きにして、それを語ることはできません。おそらくそれは（違ったバックグラウンドで）違った眼、違った角度から、そして違ったスペースで子ども

たちと触れ合う彼らの子どもたちへの耳の傾け方，声への接し方からくるものなのでしょう。極度に肌身に近いスペースで，たとえばトイレに一緒に行くというような状況のなかで，この人たちは子どもに接しているのですから。

E. B.：そう，身体性の領域は，見ずにやり過ごせるようなものではない。

C. R.：ちょっと違ったレベルでの接し方をしていたのですね。精神があって，身体があるのではない。すべては同じものの一部なのです。人間としての価値，学校の価値，だからして学校の主人公であるすべての者たちの価値——こういう捉え方は，1970年代ではまだ目新しい考え方でした。その点でとても大きな刺激を私たちに与えてくれたのは，乳幼児保育園でした。70年代の初め，1970〜71年に最初の乳幼児保育園が開設された時のことを，私は忘れることができません。これは強度に政治的で文化的な事件でした。幼児教育の分野ですでに一定の実績を積んでいたわれわれの市にとっても，これは大変な出来事だったのです。

　それはわれわれの教育的な（そしてもちろん文化的な）プロジェクトを，もう一度見直す契機にもなりました。乳幼児が，うんと年若い子どもたちのイメージが，わっとばかりに入り込んできて，新しい問題を投げかけて，貴重な再考の機会を提供したのです。われわれの教育文化は大胆な見直しを迫られました。それまでの年月に確かなものとして打ちたてられてきた組織形態の若干のものは——たとえば，時間と空間の枠組み，幼児学校の役割とされてきたものなどは——乳幼児保育の問題を考えると疑問の対象になってきます。われわれには乳幼児保育園の手持ちの「歴史」などというものはなく，そんな状態のなかで敵意や疑惑と向き合わなければならなかったのです。乳幼児は家庭の母親の手で育てられなければならない，これが当時のまだ支配的な常識でした。しかしわれわれが子どもの巨大な力を全面的に理解することができたのは，まさにこの乳幼児保育の経験を通してであったのです。教師の役割，それとは少し違うもののやはり非常に重要な補佐スタッフの役割，それらにも乳幼児保育園の活動を通して新しい光が投じられることになりました。このようにして生まれたのが「0〜6歳児プロジェクト」です。乳幼児保

育園と幼児学校を連続した過程として捉える,イタリアではまだ数少ないプロジェクトの一つです。

　しかし何といっても大きいのは,これを機会にスタッフの勤務体制を根本から考え直すことができたことでしょう。その時に発表された宣言は非常に重要なもので——その重要性があまり正当には認識されていないのは残念なことですが——(教員,コック,補佐スタッフなど)全教職員の労働時間は均等であるべきこと,また職業訓練の機会を与えられ,それに参加する権利もしくは義務を有すること(研修は職場内で行われることも,外部でのセミナーの形をとることもある),全スタッフは職能形成のための時間を平等に保障されること,などがうたわれています。コックや補佐スタッフについても,非常に画期的な訓練の形式がこの時に採用されて,その骨子が今日なお基本的に引き継がれているわけです。研修は子どもにとって(そしてまた子どもと共に過ごすわれわれにとっても)たいへん重要な意味をもつ空間的諸条件の整備と,さらに乳幼児保育園や幼児学校の質と安全のバロメーターともいえる保健衛生面に重点を置いて行われています。この宣言は非常に強く訴える力があり,そのために市の条例にも反映されることになるのですが,たいへん明快なものだと思います。

　その後の私たちの仕事は補佐スタッフの人たちやコックさんと共に,この宣言の意味を肉づけし,それをさらに現代化することでした。大きな仕事ですが,とても困難で,時には苦痛に満ちたものでした。何をやろうと,当然のこととして承認されることはまずないのです。何をしても横紙破りと見られてしまう！　同じことが家族の参加について言えます。やはり価値観の問題でひっかかってしまうのです。どういう戦略を使えば,そういうことが価値として認められるのか,そんなことでまた頭を悩ますことになるわけです。

E. B.：僕らが話を進めていくと,大人たちの複雑な世界の図柄が,だんだんに浮かび上がってくるね。関係性のなかでそれぞれの役柄を演じている大人たちの姿が。子どもたちもまた,その舞台のなかで自分たちの役を演じている。そこに男の教職員も雇用されることになったわけだが,こ

補章2　組織と，方法と

れって，「母性」のステレオタイプを壊すという象徴的な狙いがあるのかな？

C. R.：子どもたちも「アクター」だというご指摘は，本当にそのとおりだと思います。その段階での男性教職員の導入には，確かに母親ステレオタイプを打破するという役割があったと思いますが，人生の大事な時期に，学校という大事な空間に，異なるアイデンティティをもった大人，男性というジェンダーの異なる存在が一緒にいるということが，子どもにとって重要な権利であることが認識されたからでもあります。ですから，それはまず何よりも，子どもの権利に関わる問題として提起されたのです。男の大人が自分の傍らにいること，学校のなかにそういう人物が存在するということ，それはすなわち子どもの権利である，ということなのです。だって子どもたちは長い長い期間を学校で過ごすわけだし，彼らのアイデンティティを形成する上でも，この時期はとても重要。男の子ばかりじゃなくて，女の子にとっても，それは同じでしょう。見方によっては女の子にとって，特に重要かもしれない。女の子の場合は，女ばかりの「女子校」に進学させられてしまうケースも少なくないですものね。明らかにこれは挑戦でもあります。就学前児の学校を「母親学校（scuola materna）」と，呼んだりしていますよね[5]。学校は家庭の延長で，先生は母親代わりという考え方を表しています。前に話したことと関連しますが，心理学の研究でもアイデンティティの問題が多く取り上げられるようになって，女性のアイデンティティ，ということはつまり男と女のアイデンティティということなのですが，それが論議の的になっています。すこし挑発的かもしれませんが，幼児の施設でも，性差について意識することが大事になっていると，私は思っています。

　問題は，われわれが今もなお続いていて後ろ髪を引かれている文化的ステレオタイプに対して，それとは異なる道を歩もうとしていることです。少数の，ほんとに少数の男性たちが，私たちの学校で働いてくれて

---

[5]　イタリアのnursery schoolは，ごく最近まで一般に母親学校（scuola materna）と呼ばれていた。

います。少数にとどまっている理由は，昔も今もあまり変わりません。どこの文化でも，事情はそれほどは違わないでしょう。ヨーロッパでは，他の地域ほど極端なことにはなっていませんが，それでも傾向は変わりません。学校で，特に幼児の学校で働いてくれる男性を見つけるのは，ほんとに困難。それは一つには子どものイメージとも結びついています。子どもというのは無力で，脆弱で，というあれですね。だから子どもは母親の，女性の庇護を必要としている，ということになるわけです。今日では，親のイメージは大きく変わっていて，子育てをする父親も，文化的にはかなり受け入れられるようになりました。しかしですね，幼児学校についていうと，そういう変化はまだ現れていないし，乳幼児保育施設に至ってはもう……。

　こうした学校の社会的イメージがおそらく障害になっているのでしょうが，サラリーの低さ，やる仕事の大変さに見合う待遇が得られないという事実も，足かせになっています。実際こういう学校現場で働いているスタッフたちの仕事を見ると，労働時間はもっとも長くてサラリーはもっとも少ない。主要な収入源は男性のそれで，一家の主だった稼ぎ手は男という文化のなかで，こういう仕事をあえてやろうしているわけで，彼らはそこに意味を，文化的な意味を見いだしている人々なのですが，稀なのです，そういう男たちは。

　そんなわけでレッジョ・エミリアでは——しかしイタリアでも，私がこの問題について話し合ったことのある世界のいろいろな地域でも——教育の原理としてはその重要性が認められているにもかかわらず，男性教職員の数は，期待よりもはるかに少ないのです。ですから当時のこの声明はきわめて重要なものであったし，今もって，それは訴える力をもっています。

E.B.：少なくとも象徴的な重要性は，シンボリックな価値は失われていない！
C.R.：……いや，実質的な価値として重要なのです。ペアで働いている先生方を見ていますと，本当にそう思うのです。男だけでない，女だけでもないということが，大きな価値をもっているのですね。子どもはそういうことに，とてもセンシティブです。

E.B.：大人たちの世界は、そうしてだんだんに充実していくわけだ。アトリエリスタ制度が導入されるし、最低二人の先生で一組の子どもたちを受けもつシステム——複数担任制というのかな、そんなものも導入された。

C.R.：複数担任制はとても大きな制度改革で、私はこれは重要なものであったと思っています。もちろん、アトリエリスタ制度もそうですが。これについては後で述べましょう。

　複数担任制とはいうものの、職務上のポジションは両方とも同じで、二人の教師の相異を活力にしてやっていこう、ということなのです。教育と教育者にとって不可欠なのは対話である、異なる観点をもつ人との交流であるという、これまでの教育の常識とは異質な発想が、この制度の根幹には滲んでいると思うのです。異なる見方をやりとりするなかで子どもへの感性が磨かれていきますし、なにしろ相手と組んで仕事をするわけですからね、否応なしにというか、自分から進んでというか、自身に高度な訓練を施すことになって、自分の立ち位置が今どこにあるかが見えてくるんです。深い意味での集団作業が、ここからはじまるといってよいのではないでしょうか——そういえば今日の話題は「集団で働く」ということでしたよね——。この制度には、未来の発展を予想させる萌芽がたっぷりと詰まっています。教師が二人いて、違うパースペクティブで子どもに接することで、子どものイメージだって、相対化される。

　こういう制度は、今のイタリアの学校ではまだ育っていないし、受け入れられてもいません。かなり思い違いがあるのかもしれません。教育の自由と個人主義が混同されているのです。教育の自由を言い立てているけれど、その背後には、個々バラバラな教師たちの孤独と足の引っ張り合いがあります。お互いに傷を負いながら反目し合っているのです。

　やはり教師と組んで外側からの対話を仕掛ける職員に、アトリエリスタと呼ばれる人たちがいます。意図的に、計算ずくで相異をもち込む人

---

(6) 〈訳注〉幼児学校では1クラス2教員が原則であるが、乳幼児保育園は3名、「特別な権利をもつ子ども」（障害のある子ども）が在籍するクラスは、さらに増員が行われる。原語は principle of co-presence。

たちです。100の言葉というメタファーはアトリエリスタの職業訓練のなかでいわれたもので、視覚言語を指した言い方でした。100の言葉という理論は1970年代にはもう現れていて、アトリエが——このアトリエなるものも最初はそれほど輪郭のはっきりした概念ではなかったのですが——100の言葉が主要に追求される場であるということになっていました。描画、彫像、粘土細工といったグラフィックな言語ですね。それから数学、詩の言語、その他いろいろです。でも、そこには多様な分野、多様な文化的世界の対話から生まれる言語という意味も含まれていることが、私たちにもだんだんにわかってきました。異なる経験をもち込んで差異をとことんまで際立たせようとするこのアトリエリスタの介入は、子どもの主観性を重んじる教育を盛り立て、われわれの教育活動の幅を最大限に広げ多様化するきっかけになったのです。ですから今の私は（有難いことに私だけではないのですが）こう断言して憚りません。学校というのは、そのすべてが巨大なアトリエなのである、と。行動と省察、ビジュアルな知覚、ローカルなものとグローバルなもの、そうしたものすべてが綯い合わされて学校に表現の場を見いだし、かくして学校は巨大な探求と省察の作業場に変容するのです。

　しかしそうした集団的な関係性は、教員の世界だけに限定されるものではありません。ペアの先生たちがもっと他の人たちの意見も聞きたいということになれば、他の同僚たち、たとえば補佐スタッフも参加して、お互いの対話がはじまることになります。しかし、何ごともそう簡単にはいきませんよね。けっこう、大変なんです。もう毎日のように問題がもち上がり、揉めごとが起こります。対話が苦手で、どうもうまく対処できない人だっています。ごたごたはずっとあったし、今でも、やはりあります。他の人の考えを取り入れて折り合いをつけるのは、けっこう高等な技術ですから、一朝一夕に身につくものではないのです。でも、私たちの学校では、それをとことんまで追求しました。建築にすら、その考え方を反映させたのです。前にもいったように、廊下がありません。廊下って、それがあることで、あらゆる種類のバリアの象徴になっているんですね。開かれた参加に対しても、それはバリアとして作用する。

特別な目的のための領域が，それによって確保されてはいくわけですが。

　つまり，こういうことなのです。まず教師たちがペアになる。二人担任制で，お互いの考えを交換したり，相異を価値として認める雰囲気をつくり出していきます。そしてそれを参加へと——対話の，もう一つの最高の表現である参加へと高めていきたいのです。レッジョで私たちがやろうとしたのは，まさにそのようなことでした。

　このようなお話は，私もあまりしたことがないのですが，このインタビューでは思い切り踏み込んで，そのような試みがぶつかる困難点についても避けずに問題にしましょう。本当に山また山の連続でした。何ともしんどい話ではあったのですが，満足や喜びもありました。何をしているのか訳がわからなくなるようなことは——私に限って言えば——ありませんでした。

E. B.：参加が話題に上りましたので，このことに突っ込みましょう。われわれはこれまで，学校の「内部の」スタッフのことばかり話してきましたが，これがすべてではない。実際，われわれが取り組んできたのは，そして現在も取り組んでいるのは，もっと広い参加の問題，住民参加の問題です。しかし公立学校制度のなかでは参加は常に躓きの石で，うっかりすると消えてなくなりそうな懸案であり続けている。そこが根本的に違っていた。

C. R.：最近になって考えたことを交えて話しますので，決してその時点でわかっていたことではありません。最近，パオラ・カリアーリ（Cagliari, P.：レッジョ・エミリアのペダゴジスタ（当時）。）と話していて意見が一致したのですが，あの時点でも私たちは，参加を親の参加だけに絞って考えていたわけではなかったし，第一そんなこと，不可能でした。なぜなら学校は，それそのものが参加の場なのです。子どもたちの，教師たち，家族の人たちが参加して，教育のプロジェクトを進めていく場所なのです。ですからそれは，人々が日常の行動のなかで表出するさまざまな価値によって，実は制約されているのです。

　この間の年月で，もっとも強く人々の興味を誘ったのは，われわれが家族や地域の人々と対話する時の，その接し方でした。これも，なかな

かもって一筋縄ではいかないのです。誤解とか，衝突とか，意見の隔たりとか，それらのあるものは解決がつきましたが，そうでないものもあります。私たちが子どもの問題を中心に据えたこと，自分たちの主要な関心の対象を子どものイメージと教育に置いたことで，親も含めてですが，地域の人たちの反応はずいぶんと柔らかくなったと思います。(7)

　必要ならばもう一つ，証拠例を紹介しましょうか。私たちも関係しているワシントンD. C.の事例——ですから外国の例ということになります。レッジョとも相談しながら，ここに小さな子どもたちの学校をつくることになった。「ブラック・ゲットー」などと呼ばれている地区の子どもです。——残念なことに「ゲットー」などという言葉が，ここではまだ平気で使われているのです。学校は6，7年前に開校したのですが，「白人」の間では，あんなところに足を踏み込むものではない，特に昼間のこれこれの時間は絶対にダメということが，まことしやかに語られていたりしています。アメリア・ガンベッティが一メンバーとして数年間この学校をコーディネートしていたのですが，彼女は白人ですから，最初の頃は受け入れてもらえなくて，ちょっと苦労したようです。(8)しかし親たちはだんだん子どもを学校に入れるようになります。学校は彼らを尊重している，何よりも彼らの子どもたちを尊重し，決して蔑んだり

---

(7)　以下は，英語版編集時にリナルディにより加筆された注記。
　　私がここで強調したかったのは，こうした家族との対話や町民の参加は，自分たちの手持ちの経験の数々として後々までも生きる，ということだ。一つのプロジェクトを，自分がそこに参加して立ち上げた，他の仲間の人たちと一緒に，自分も主人公になってあれを立ち上げたという感覚が，しっかりと残るのだ。もとより容易なことではない。極度に難しい局面もある。しかしそれは民主主義のための，またとない訓練の場でもある。意見が違うということの価値，合意を形成することの，折り合うことの大事さ，それを学ぶには長い時間が必要だし，複雑な，いつ果てるともしれぬ訓練が求められる。しかしそれを通してすべての参加者たちは（親も，教師も，役人も，政治家も，その他の市民たちも），参加ということが政治の根本であるだけでなく，自己を他者や世界と関係づけて考えるのが人間の根源的な生き方であることを，理解するようになるのだ。それこそが，小さな子どもでも体得することのできる教育のイロハなのだ。

(8)　ガンベッティは，もともとはヴィッラ・ヴィレット校の教師，初期レッジョの教育実践をリードした一人だが，この時期は大半の時間をアメリカ合衆国での活動にあてていた。

はしていないということが、はっきりわかってくるからです。親たちも、それに反応します。桁外れに高い父母会の熱気や出席率がそれを示してくれています。レッジョでも、ワシントンでも、父母と一緒に教育を語ることは可能なのだ、ということを、それは語ってくれているようです。教育するということの意味を、親たち自身が抱え込んでいる矛盾を、それから、子どもであるということの、学校へ行くことの意味を、親であるとはどういうことなのかを、私たちは親と共に論じ合うことができるのです。そうしたことが積もり積もって、親たちは自分たちの学校に意味を見いだすようになったのだと思います。

とても残念なことですが、委任令が制定されたものの、その成果は決して好ましいものではありませんでした。官僚支配の壁が強固で、住民の参加を跳ね返してしまうのです。それに加えて、波風を起こすことへの危惧が働いています。その点で気づかされるのですが、私たちの文化は——レッジョの、というべきなのか、イタリアの、というべきなのか、ちょっとわかりませんが——波風が立っても、それを対話の一部として受け入れるのが、どちらかというと得意ではないでしょうか。アメリカ人やスウェーデン人なら対話を諦めてしまうところで、レッジョの人間は——たぶんイタリア人は、といってもよいのでしょうが、対話をはじめる、と言いますものね。これって案外、大事なことなのかも。揉めごと、誤りや寛恕といった問題にどう対処し、それについての考えをどう深めていったらよいのか、意見の違いをどう受け入れ、そのためにいかに敵意をもたないようにもっていくのか、そんなことを考える手がかりがありそうです。われわれのレッジョの文化には、そういう長所があって、それはたぶん、イタリアの文化の特性かもしれない。私たちの学校のようなところで、うんと伸ばしていきたい特性です。

　子どもの教育への親たちの強い関心、学校のことをわが子のこととして考える熱意、そうしたものがこの町にはもう長いこと定着しています。全部の親が、いつもそうだというつもりはありませんが、そういう空気

---

(9)　学校評議会方式による義務教育学校への住民参加を規定した1974年のイタリアの法令。

が常に私たちの周りにあったことは事実です。

E. B.：大事なことだが，そういうことになると，もう専門家にお任せという流儀は通らなくなる。原則が違ってくるのだな。みんなが，ある程度は専門家になる。親たちが専門家になっていく。

C. R.：そのとおりです。親が参加者として，自分の見方や価値観をもち込んでくる。そこで，当然ながら，学校にも自分の立場がありますから，一体どこで折り合いがつくのかを見極めなければならなくなる。

E. B.：ヴィッラ・ガイーダの学校の話をまた蒸し返すことになるのだが，あの学校は，あれ一校で歴史を閉じてしまった。フォローアップができなかったわけ。戦争とファシズムという邪魔が入ったために，あの学校を発端に，学校のネットワークを広げていくことは叶わなかった。返す返すも残念なことだった。当時の行政官たちも，校長だったジュゼッペ・ソリア（Soglia, G.）も，いわゆる子どもたちの「園」（nido）として設立されたそれが主要に教育の機能を担う場であることははっきりと自覚していた。そんなことを回想するにつけ，僕はどうしても学校はネットワークになっていく必要があると考えてしまうのだ。レッジョの市立学校の間にしっかりとした結びつきができて，同じような経験が次第に他の市にも広がっていくといいな，と。ディアーナ幼児学校は『ニューズウィーク』に世界一の幼児の学校などと褒められて，それはそれで正当なことなのだけれど，でもこの学校が「素晴らしい特例」のままでいると，ヴィッラ・ガイーダの二の舞になってしまうのではないかと。

C. R.：私もそう思います。ネットワークについては，ジェローム・ブルーナーがレッジョ・エミリアについて述べている素敵なコメントがありまして，彼はこう記しています。何よりもすごいのは，それがかくも長期に続いていること，そして一つの市の文化的な表現になっていることだ，と。市立のいくつもの学校は，それを生み出した市の「ごく当たり前な」公共サービスの施設として存在していて，そこにこの町の面目が映し出されている，というのです。私に言わせるならば，そうした施設の価値は現実的にも象徴的にもそれが単なるサービスではなく，前にも言ったように地域文化が育ててきた子ども像，子どもってこんな存在なんだとい

う理解が表明される場所になっていることだと思うのです。このことが決定的に大事なんです。もちろん，それだけではありませんよ。でも，私の考えでは，地域社会は自らの子ども像を探求し育てることのできる，そんな場をもつべきなのです。このことの文化的・政治的価値は非常に高いものだと思います。

　しかしネットワークであるということは，他者との対話を通じてこちらのアイデンティティがつくられてしまう仕組みのなかにいる，ということでもあります。ディアーナの学校が世間の脚光を浴びて，私たちが喜ぶと同時にちょっと困惑したり，困ったなと思うのは，そのためなのです。見るべきところは，ディアーナ学校だけではないのです。ディアーナ学校の真の価値はディアーナ学校そのものよりも，それを超えた広がりのなかにあることを，われわれはたくさんの人々に説明しなければなりませんでした。ある一つの学校は，30余校の0〜6歳児校ネットワークのシンボルであり，それを表現する学校であることによって，価値ある学校として存在しているのです。マスメディアやいろいろな人々がこの学校を一種の「実験校」と見なしたがり，今もその傾向が続いているのはなぜなのでしょうか。ハワード・ガードナーは，デューイの功業の一つは自分の学校をつくったことだ，と言っていました。──でも，これはたった一つの実験校で，続いたのはわずか4年だった，と。私たちの町には30余の学校があって，同じ市民たちが断固それを守って，世代から世代に伝えていますよね。それから他の自治体との対話と相互交流もやってきました。イタリアだけではなく，諸外国の町とも交流し，この対話を通して自分たち自身をつくりあげてきました。対話と交流が，自分たち自身の有機的な一部になっているのです。

　新しい運営方式で新しい学校を開設することは（協同組合方式での乳幼児保育園などもそうですが）今では可能になっています。それらが重要である理由は，まさにネットワークで運営されていることです。それぞれの学校が，相互にネットワークを形成し，このシステムから強靭な交流と学び合いの文化が創造されているのです。世界の各地から代表団の人々が来て，私たちと面談するのですが，このような人たちも，われわ

れの能力開発にとってはたいへん重要な機会を提供してくれています。他の人々のものの見方や，投げかけてくる質問なども，視野を広げ，自分を省みるよい刺激になるからです。この種のネットワークがあったために，われわれの自己意識と責任感，ただでさえ維持することの難しい倫理的なスタンスなどは，ずいぶんとレベルを高めることができたと思います。

　ですから，もう一度繰り返しますと，学校をネットワークのなかの学校として見ることが，とても重要なのです。このネットワークは，いま広がっています。面白いことに，これが世界地図上に，大きく拡大しているのです。地理的にはまったく離れているのに，でも人々はシンボリックな何かと繋がっていると感じています。地理的な境域を越えて価値を共有していると自認する人々の，新しい文化のジオグラフィー（地勢図）のようなものが生まれていて，理解と理想を共有する人々のネットワークがつくり出されようとしているのです。それはわれわれのレッジョの学校が多数の学校のネットワークと見られてきたからだろうと思います。第一の幼児学校と第二の幼児学校の教師が一緒に研究会をもって，一方の経験が次の学校に伝わるようにする，次にはそれが乳幼児保育園にも波及していく，というようにレッジョの内部でネットワークを広げていったのですが，さらには全国的な，あるいは国際的な研究集会をも開催することで，この町はネットワーク形成への強い意志を表明してきたのでした。ローリス・マラグッツィも，スイスに行ってピアジェの学校を見学したりしていましたし，踏むべき先例はまだまだたくさんありました。全国保育者連盟の結成の地がレッジョ・エミリアであったことも忘れてはなりません。1970年代の初期から，私たちはいつもイタリア中を旅して，各地の研究集会に参加し，レッジョ・エミリアの経験を土台に関わりを構築してきました。いくつかの市と友好関係を築いて，それは今もしっかりと持続しています。たとえばトスカナのピストイアのように。

E.B.：ネットワークというからには，それはシステムで，ある程度の中心化とか機能的な階梯組織が伴うのではないだろうか。となると，中央の行政

補章2　組織と，方法と

機関とか，ペダゴジスタ集団が連絡調整やプランニングにあたることになるわけだが。

C.R.：組織の意義について，マラグッツィが忘れがたい一節を記しているのです。組織は学校のシンデレラ（訳者の憶測；姫ではなく正体は下女？）であるべきだ，というのです。それ自体に価値があるのか，ないのか，疑わしいと見るべきなのだ，というのですね。組織のなかのすべての要素は価値によって裏づけられ，価値を表現するものとしてあるのだが，そのものは目的たり得ない，というのです。裏づけとなる大義名分が必要で，いつも存在理由を探し回っているが，最後にはとうとう自分を疑わなければならない羽目になることもある。たとえば一日の活動を組織することもそうで，こまかく規則を決めたりしていますが，行動を縛ることがその目的ではなく，むしろ子どもたちの自由な活動を，毎日の決まって行う動作を意味あるものにして，みんながそれを納得して行えるようにすることを目指しているはずなのです。(10)

　それから社会と家族と学校が，それぞれに大事にしている行動様式の価値を認め合うことができるように，それらとのバランスがとれるように気を使っています。たとえば子どもたちが学校に来たり，学校から帰ったりする時間ですね。これは学校と家族が接触し合う，大事な出会いの時なのです。だから，それに相応しい送り迎えの仕方を工夫しなければならない。毎日の行動のなかでそれをしていないと，どんなに家庭と学校との対話を強調しても，それはただの建前に終わってしまうでしょう。子どもが，朝，学校に来る。そして夕方，下校する。ですから，それに合わせて教職員のタイムテーブルを組み，学校の空間も配置するのです。子どもが大事に迎えられて，家を離れて生活しても心配ないと

---

(10)　以下は，英語版編集時にリナルディにより加筆された注記。
　活動の意味について述べたのは，毎日の決まって行う動作の意味を子どもたちが諒解していることの重要性を言いたかったからである。たとえば子どもたちとテーブルの用意をするのは，テキパキと食卓を整えるという実務的な必要性のためばかりでなく，一緒に楽しく食事する，その序奏であるからだ。共にお昼を食べるということは，子どもたちの社交，会話，友好の非常に大事なモメントなのである。同じように午後のお片づけも，その場所が共同の場として存在するための基本条件であるからだ。

親が納得できる朝の時間の組み方が必要ですし，その一方で，掃除をしなければならない補佐スタッフへの配慮も欠かせません。前にも言ったようにまず時間ありきではなく，何が大事かということがあって，そこから時間の組み方が決まってくるのです。

　最近，スウェーデンの視察団の方が来られまして，どの学校にも校長がいないなんて，信じられないとおっしゃっていました。本当のところを言いますと，どの学校にも，リーダー格の人，実質的にそうと認められている人物はいるのです。しかし大事なことは，認められているのは，それぞれの人の資質であって，役職よりもむしろ彼や彼女の価値——教育上の価値ということも含めて——なのです。計画表を綿密につくるのが得意な人，会計をがっちり管理できる人，そういう特技のある人がいれば，その係になってもらえばいいし，毎週の教員研修をきちんとお膳立てして記録をとる人だって，いなければ困ります。何がその人にできるかで，自ずと役割分担が決まっていくのです。

　ペダゴジスタのチーム（市内の学校で働いているペダゴジスタのグループ）も，そのようにして生まれました。これは非常に重要な役割を担う集団でした。これは学校間と学校内の対話を育てる，いわば一種の「隙き間」のようなものなのです。方向性を示すことで文化面・教育面での責任を担いつつ，同時にまた学校と市との関係においては政治的な責任をも負っています。ですから，それは「言葉を発する」だけでなく，「聴こえてくる声に耳を傾ける」場でなければならないのです。別な言い方をすれば，それは理論と実践を繋ぐ繋ぎ目でもあります。どこから，自らのインスピレーションを引き出すのでしょうか？　学校からです！　学校と，それから文化からです。あらゆる分野の，もっとも先進的な研究からです。チームの偉いところは，何ごとにも遅れをとらないことです。それは，どんな声に対しても注意深くそれを聴く能力をもっているからです。補佐スタッフの声，親の声，教師たちの声にしっかりと耳を傾けます。そして彼らと語り合うことができるのです。

E. B.：メネニオ・アグリッパ（Agrippa, M.）の弁明を思い出してしまうな。向きを引っくり返して，あれを使っているのだろうか。みなさん，どなた

　　　　も頭もあれば，胃も，手足もあります。この交換には個人の序列も，あ
　　　　らかじめ定まった役割もありません。あるのは価値の序列，そいつが作
　　　　用するだけです，と，あの男は（訳者注：ローマの反乱奴隷たちを前にし
　　　　て）言っていたけれど。
C.R.：もちろん，責任の分担ははっきりしています。決定的な疑問は全体をマ
　　　　ネージするために必要な戦略は何かということです。それぞれの労働者，
　　　　それぞれの教師は果たすべき責任をもっていて，それぞれの持ち場でベ
　　　　ストを尽くすべきであるというのはそのとおりなのですが，しかしそこ
　　　　には差異もまたあって，それはそれで重視されるべきだと思うのです。
　　　　　責任のヒエラルキーは，明確に存在すべきです。しかしそれは対話，
　　　　交換，そして何よりも尊敬を廃棄するヒエラルキーであってはなりませ
　　　　ん。尊敬について語る時にまず私たちの頭に浮かんでくるのは，朝，6，
　　　　7か月の赤ちゃんを受け取って，5時間，6時間，7時間と預かる先生
　　　　のことです。この先生がどんなにか大きな責任を負って毎日を送ってい
　　　　るかを思い至らずに済まされるでしょうか！　この責任の大きさは，ペ
　　　　ダゴジスタ・チームのそれ，中央教育官庁のそれに劣らず明白なもので
　　　　あり，認知されなければならないものです。しかし，この尊重はまた，
　　　　限定を受けねばならぬものでもあります。それは人々がそこに関わる余
　　　　地を残す「参加」型のものでなければならないからです。これはそれほ
　　　　ど難しいことではありませんが，必要なことです。教師が同僚たちと，
　　　　子どもたちと，親たちと共に仕事に関わろうとする教師であるかぎり，
　　　　そのことは不可欠です(11)。
E.B.：話題を変えたいが，これもまた文化的な類縁性，そしてネットワークの
　　　　問題だ。僕がこう言ったら，はたして間違いだろうか。レッジョの学校
　　　　は方法を決めたり目標を立てたりする時に，アカデミックな教育学者の

---

(11)　以下は，英語版編集時にリナルディにより加筆された注記。
　　　私としては，以下のことを強調したかった。もちろん責任の大小の相異はあるだろう。
　　たとえば市の幼児教育部門のディレクターや教育長のそれは，大きい。しかしその仕事の
　　もっとも重要な部分は何かといえば，一人一人の主役が自分の役割だけでなく，他者の仕
　　事との相互連関を頭に置きながら自らの仕事を進めていけるように，決定の過程を共有化
　　されたものにしていくことなのだ。

力はあまり借りていない，むしろブルーノ・チアーリとか，ジャンニ・ロダーリとか，ちょっと分類のしにくい連中の経験や力添えが大きな寄与をしているように感じられるのだが，どうだろうか。
　　活動主義的な教育学の思潮，それからジャン・ピアジェの仕事などは，この頃のあなた方にとってどのくらいの重要性を帯びていたのだろうか？　とはいえこの研究分野では，それ以後，いろいろな動きが起こってくるのでは？

C. R.：これも，先生のおっしゃるとおりだと思います。アカデミックな教育学からは，あまり得るものがなかった。ただ例外もあって，マリア・モンテッソーリの教育学，デューイの活動主義，それからアガッツィには，われわれは多くを負っています。もっともこの人たちを教育学者と呼んでよいのかどうか，大学の先生方と同一視はできませんよね……。

E. B.：20世紀文化のなかに，そういうペダゴジカルな一面がある，ということでしょう。

C. R.：本当にそのとおりです。ブルーノ・チアーリのような人がいて，ジャンニ・ロダーリがいて——もう少し前からですが——マリオ・ローディ（Lodi, M.）のような人もいた。ここに名前は挙げませんが，ほかに芸術家の人々もいた。私の場合は建築家と神経科学のインパクトが大きかったです。せせこましい教育学の伝統に縛られずに，ある種の教育学を立ち上げてしまった先駆けが私たち，ということになるのかもしれません。ローリス・マラグッツィがいつも悪口を言っていて，聞いていた私も共感していたのですが，イタリアの大学の教育学は要するに教育学の歴史にすぎず，アクティブな教育学なんかではないのです。明け透けな話，こんな声も聞こえてくるのです。マラグッツィがまだ生きていた時代の話ですが，あんなものは，彼の「自家用」の教育学にすぎない，という

---

(12) ジャンニ・ロダーリ（1920〜80）は，作家，詩人，哲学者，政治評論家，そしてジャーナリスト。児童文学の革新に寄与するところ大きく，彼の名著の一つ『ファンタジーの文法』はほかならぬレッジョ市に捧げられている。マラグッツィが言うように「創造的で，いつ読んでも教えられる現代の古典」ともいえる本である。ロダーリとの出会いは，チアーリのそれと同様，われわれにとって限りなく重要であった，と，マラグッツィは述べている（Malaguzzi, 2004：12）。

んですね。私たちの学校が（もちろん私たちの学校ばかりではないのですが）教育学の活きた坩堝としてあることが，あまりよく見えていなかったようです。

　ピアジェ，ポスト・ピアジェ学派の教育思想，ベイトソン，ブルーナー，ヴィゴツキーなどに加えて，認知科学や神経科学，いろいろな科学的潮流が湧きかえっていますでしょ。現代の文化的現実を視野に入れて教育学を構築しようとすれば，それらを無視することなんて到底できません。われわれと大学知識人との対話は，外国のそれ，ストックホルムやアメリカ合衆国の大学人との付き合いのほうがずっと長くて，稔りも大きかった。もちろん，例外もありますよ。——でも，meno propheta in patria（故郷じゃ預言者になれる者は少ない）——まあ，私たちのやり方もよくないのでしょうね。イタリアの大学からは非難を浴びています。レッジョの連中は何も書かない。ぜんぜんアカデミックじゃない。業績になるものがない。仕事の「総括」になるような書物を出していない。わがアカデミズムは，10年1日，「書かれた言語」だけに価値を置く世界であるようです。で，私たちの回答は，「子どもたちの100の言葉」，もっと違った書き方，もっと違った言語を，ほらね，と前に差し出しているのです。

E.B.：そう考えていくと，われわれは「方法」の問題に逢着するわけだ。アカデミックな本流教育学が学問として認められる基盤は，どうやらこの方法論（methodology）にあると考えるのは，僕の見立て違いだろうか。学派ごとに「方法」が歴史的に継承されていく経緯を見ていると，どうもそんな気がしてくるのだよ。アポルティ，フレーベル，アガッツィ，モンテッソーリなど，どれも「方法」の伝授と継承なんだ。まずタイトな思想の体系が組み立てられて，そこからコード化された手順一式が派生してくる。まず哲学の部があって（それが深遠であるかないかはともかくとして），それから，その応用の部がくる，というわけだ。レッジョの「やり方」を見ていると（この「やり方」という語がもっとも相応しいと，僕には思える。やり方・道としての方法。中国の老子哲学でいう「道」）だいぶ，趣が異なるのだ。方法なるものに付きまとう神秘の霧が吹き飛ばされて，

何ともあっけらかん。でも一本，筋が通っていて，一貫性があるといってよいのではないか？　そこが，僕には非常に新奇で，虚を衝かれたような気分になるのだ。

C. R.：私が大事な相違点だと感じていることを，とても的確にご指摘くださっているように思うのですが，正直にいって，このことをしっかりと考える余裕をこれまでのところ私はまだもてずにいます。大事な問題ですから，一拍置いてじっくり考えてから，しかるべき答を出しましょう。「やり方・道」としての方法ということを先生が強調されているのを伺って，レッジョの学校には方法がないという批判が誤りであることがよくわかりました。方法がなければ，あの実践は存在し得ないはずのものですから。ポッパーのいう反証可能性を常に担保しようとするある研究の姿勢が，そこにはあるのです——そこが美点といえば美点，でも厄介なところでもあります。ですから，それは方法です。常に自らへの懐疑を生み出そうとする方法なのです。

　それで今日のインタビューでドキュメンテーションのことを少し考えてはどうかなと思ったのです。これは個人の主観性を徹底的に尊重して，一人一人の子どもをかけがえのない個性として把握しようとした時に，私たちがこれぞと思って選んだ戦略なのです。欲張った言い方のようですが，その点で一貫していること，でも一貫しているからこそ，逆に自在な変化が求められるわけです。座れと言いつつ立てと言っているようなものだけれど，そうしたパラドクシカルな必要性が生まれてくるのです。この間の年月にいろいろ議論していて，そのことがますますはっきりとわかってきた。最近の神経科学の研究からも，ずいぶん学びました。そんなことにも刺激されながら，私たちはできるだけ個人ごとに，多様な学びの道すじとタイムテーブルを用意しようとしています。

　教育がどれだけの成果を収めることができるかは，文化によって決まってきますし，また一方で文化に影響を与えてもいます。たとえば私たちは，誰でも読み書きを学び得ると思っているのですが，でも成果ということになると，その学習がどんな時代に，その人のどんなやり方で，どんな集団のなかで，行われたかによって大きく違ってきます。ですか

補章2　組織と，方法と

　らわれわれは，方法論を確立しようとしたのです。各個人が，ある環境のなかで，つまり集団のなかで学習を行う時に，どんな戦略が適切かを探ろうとしたのです。その結果として行き着いたのがドキュメンテーションでした。これは集団内の主観と主観の相互作用の把握に努め，伝統的な意味での教えとは異なるやり方で，でも学びが湧き起こってくるような状況をつくり出していこうとする方法だと，私たちは自認しています。
　確かに先生がおっしゃるように，それは開かれていて，でも一本の筋が通った不思議なやり方です。グループのなかのそれぞれの個人と，諸主観の総体としての集団が，そのようにして，ともどもに価値と文化を（文化のなかに表現された価値を）学びとっていくのです。
　それぞれの個人の主観性に即しつつ，しかし集団の一員であることを尊重しながら，学びが繰り広げられていくわけです。そのために毎年，教師は「今年度の抱負」を書くことになっています。今年は何をしようとしているか，それは何故なのかを書いて，同僚たち，親たちとシェアするわけです。しかし，がっちりプランを立てて，これをやるぞと宣言するのではありません。同僚や親との毎日のやり取りを通して手を加えていく大まかな地図なのです

E.B.：あなたの話を聞いていると，一貫性や連続性をずいぶん重んじているようなのだが，でも生き生きとやりたい，だから変化も大歓迎，といったようなところがある。ある種の公立校に行くとね，何もかもが一律，最初に予定したことが予定通りに進捗しないと気がすまないのだが，これとまったくアベコベな立場で，アベコベなことをやっているところもある。やっているのは，「芸術的な」インプロビゼーションなんだな。あなた方のは，どうやら，どっちでもない。

C.R.：確かに。学習には，どこか詩に似たところもありますよね。神秘主義に陥ったらいやだけれど，先が読めないという面はどうしたって残る。一つ，例を出しましょう。とても端的な例です。ある学校で，スクラップ・ブックをつくったのです。子ども一人一人が夏休み中の思い出をそこに貼り付けるのです。自分が何を見たか，聞いたか。嗅いだかをもち

293

寄って，9月になったら，その記憶について話し合うつもりでいたのです。学校側では，子どもに匂いを集めておいでよとか，音集めもいいねとか，いろいろ誘いかけて，手ぐすねをひいていたのですね。夏休み中に，みんながいちばん興味を引かれたものは何？ と聞いた時に，私たちが当然返ってくると思っていたのは明るい太陽だとか，花だとか，海だとか，そんな類の話でした。すっかりそのつもりでいたのに，一人の子どもが口を開いて，「群衆」と言うのです。こっちは面食らって大慌て。ところが他の子どもたちも「そうだよ，そうだよ，そう，そう，それなんだ」と声をそろえるのです。もう私たちが思ってもいなかったほうに走り出してしまうんですよ！ それに合わせて，われわれも全部，新規まき直し。予想外の事態は，人生につきもの。ああ，これは人生そのものだなと気づかされましたね。

E. B.：最後にもう一度，「ネットワーク」に話を戻したいのですが。

国際関係の絨毯がぐんぐんと広がっていて，これはどうしたって目に入って来ざるを得ない現実です。その場合に本当に危険なのは，拙速でくだらない解釈をしてしまうことだと思う。「製品」を輸出するような，それを何か交易可能な商品のように見立ててしまうおそれがあるんだな。この点で，われわれは問題をはっきりさせておかなければならないと思う。

C. R.：前から言っていることなのですが，なぜ他の文化と触れ合う必要があるかというと，それは何よりも興味と関心の幅を広げるためで，そのことで自分たちの仕事の能力を高めたり，振り返りを迫られたりするのですね。異なる文化と接触することで今まで思ってもみなかった内部の世界に迷い込んだり，そこまで考えたことのなかったことを考えたりすることが，けっこうありますものね。ですから私たちは好奇心を燃やして，できるだけ多く交流の機会をもとうとしているのです。

私たちが絶対にやるまいぞと思っているのは，展示などで，こちらがパッケージ化した品々を宣伝したり，売りつけたりする誘惑に負けてしまうことです。商いの手法を教育にもち込んで，何やら怪しげな蝦蟇の油をやらかしてしまうのですね。ですからメソッドという概念の不自然

な肥大化には警戒しています。「マラグッツィ・メソッド」とか「レッジョ・メソッド」とか，商標つきで売り出しかねませんものね。残念なことですが，他ではこういうことも起こっています。ノートブックとか，教具とか，そうしたものを売りつけるわけです。

　議論はしています。その程度のことしかしていない，ということかもしれませんが，それでももちこたえるのは，けっこう大変です。一つにはこういう議論にあまり慣れていないからでもあって，どう話をもっていったらよいのか，よくわからないのです。でも議論している間に少しずつわかってきたことは，原点に立ち返ること，つまり「教育」という語について，もう一度考え直す，ということであったわけです。私の考えではこれは倫理的価値と結びついた概念で，だから輸出などできるシロモノではないのです。それはむしろ，交流や省察の源泉となる概念だと思います。今のところ，われわれの議論は，どの文化も，学校教育の分野でその文化独自の戦略を発展させていかなければならない，というところに落ち着いています。確かに「ともどもに」普遍的な価値を共有しようとすることは可能です。しかし，それとてローカルなレベルにおいてであり，それぞれに異なる行為者たちが——スウェーデンで，そして日本で，オーストラリアで——自らのやり方で，それらの価値を発展させようと試みなければならないのです。

　種子のイメージを使いたがる人がいますが，しかしレッジョは種子ではありません。それは輸出も移植もできません。レッジョがなれるのは，精々のところ，鏡くらいでしょう。そこに自らのイメージが映し出される鏡ですね。レッジョの展示は，自らのありよう，自分の価値観，自らの学校観を振り返って考えるもう一つの手がかりになるかもしれません。そういえばもう一つ，共有してもらえそうなものがあります。といっても，われわれが自分でそれをつくり出した，というわけではない。それは有能な子ども，というイメージです。有能な教師，というイメージもそうですが，これはレッジョが生み出したわけではない。でも，みんなで共有できる価値ではないでしょうか。これ，もうデューイが有名な文章のなかで書いていることなのですが——。

E. B.：もう100年も前の思想——。
C. R.：そう，100年も前の，ね。それを私たち，マラグッツィやわれわれ（みなさんが注目してくださるレッジョの教師集団の者たち）はあえて拾い上げたのです。拾い上げて，自分たちの生きた経験のなかに繰り込んだのです。あるべき場所にそれを置いて，支えたのです。寛容なセンスが息づいていて，100年前の遺産を，だからといって無視もせずに迎え入れる度量の広さを備えた環境のなかで，それはほかならぬわれわれ自身の血肉と化したのです。もともと，そうなるはずのものだった，といえば言えるのかもしれませんけれど，ね。

　ほかの地域のみなさんが私たちにしてくださることと，これは，ちょっと似たところがあるのではないでしょうか。みなさん，ここにいらっしゃって，私たちがもっているものは何か，何が見えているのかを認識してくださるのですが，しかしそのおかげで，私たちのほうもそれ以前には見えていなかったことを見ることができるのです。

　逆説的な話ですが，レッジョのアプローチはレッジョの彼方にあるのです。たとえば豊饒な子ども，有能な子どもというイメージですが，あれがレッジョで生まれたものだという指摘には，私は同意できません。違うのです。あの遺伝子的組成はもっと多岐にわたるものであって，ただこのレッジョにはそれを新しく取り上げる度胸があった。それに新しい表現と，新しいアイデンティティを与える覇気があったのです。同じような度胸を，ほかのみなさんも示されるとよいと思うのです。私たちに興味をもってくださるみなさんに，私たちがお願いしたいことは，どうぞ，ご自分の内側をご覧になる勇気をもってください，ということなのです。そうしてご自分の文化のなかに，こうした，もっと別な価値や価値観を見つけ出し，つくり出していただきたいのです。私自身も，そのような自問を携えてアメリカ合衆国に臨んでいます。日本とか，中国のような文化になると，残念なことに自信がもてません。直接の対話ができるのかどうなのか，私の場合はあまり定かではないからです。もし対話するとすれば，英語じゃだめなのでしょうね。英語じゃなくて，韓国語とかを使うのでしょうか。他者がどのように私たちを解釈するのか，

われわれは注意深くそれを理解する必要があるでしょう。模写ということ一つをとっても，中国のような文化では，それは違った価値をもつのかもしれませんから。

　もう一つ，付け加えていうとすれば，われわれは生まれながらにして国際的であった，ということです。われわれの思想は，もともとインターナショナルな思想です。われわれの実践は，もう出発の最初から，インターナショナルな対話を踏まえて成立したものでした。時を経るにしたがって，われわれはこのインターナショナルな出自をいっそう強く自覚するようになっています。

E.B.：最後の最後だが，僕の気が回らなくて質問できなかったことで，でも，あなたにとって大事に思えることがないだろうか？

C.R.：大事なことは聞いてくださっていると思います。私がいま同僚たちと研究していることも，ほとんど聞いてくださっています。まぁ言っておいてよいかなと思うのは，われわれの歴史がハードな仕事が際限もなく続く歴史であった，ということです。仕事それ自体もハードでしたが，重要なのは，こうした質をもつ学校に政府の承認が得られず，よくても黙殺される状況のなかで進められた，ということです。国の政策はまったく支離滅裂で，一貫性を欠いていました。

　もう一つ言っておきたいことは，この歴史がすぐれて女の歴史でもある，ということです。それから，ローリス・マラグッツィのこと，未来へのノスタルジーという例のテーゼも，頭に浮かびます。——ちなみに，マラグッツィという人は大いなる未来の耕作者であると同時に過去の耕し手でもありました。子どもたちの100の言葉の展示会が開かれ，本（Edwards, Gandini and Forman, 1993）がアメリカで出版された時に，彼が提案したサブタイトルは「アリアドーネの糸」でした。それはたくさんのアリアドーネたち，歴史上のたくさんの女性たちへの頌歌だったのです。おいそれとは収拾のつかない膨大な糸の山を，何年も何年もかけて集めては撚り合わせる，有能なアリアドーネたちへの感謝。というわけで，私としては，これが女性の歴史であることだけは，はっきりさせたいのです。いや，本当に女性の物語だと思いますよ。日常の些事をこ

なす，あの手際のよさを思い起こしてください。それから，あの辛抱強さ。こうしたハードワークをこなしていく女性の忍耐力と着実さを世俗的なものと考えるのか，宗教的なものと考えるのか，私にはわかりませんが，とにかくその力はすごいものです。それは世代を超えて，ひたむきな若い女性たちの間にも見られるものです。彼女たちの俸給はいまだ十分なものとは言い難いのですが，そのきびきびとした行動はここ数年ますます果敢なものとなり，未来の風をいっぱいに含んで開拓者のそれを思わせるものになっています。この浪費と虚栄の社会の真っ只中にあって，だからこそ私はあえて言いたいのです。レッジョの歴史は日々の暮らしのヒロインたちの手で，単純にいって女性たちの手で，紡がれているのだ，と。家庭での主役の役割と，職場での主役の役割を，毎日毎日，結びつけることのできる彼女たち，なぜそれができるかというと，彼女たちはそれが重要であると感じているからです。社会的に，文化的に，政治的に，重要であると感じているからです。職種なんて，関係ありません。それは教師の歴史であり，また補佐スタッフたちの，コックさんたちの歴史なのです。

E.B.：それは女性のイメージを押し上げるものでもあった。主役としての役割を担うことで，女たちの精神的・象徴的なイメージもまた，変容を遂げた。

C.R.：そのとおりです。女性教師のイメージも，すっかり変わりました。彼女たちに，マラグッツィは一目も二目も置いていました。女性教師に対する敬意は，まったくただならぬものでした。この町の女性の先生たちの品のよさは一般にも広く認知されていることです。この町の先生たちって綺麗と，人々は噂しています。本当にそのとおりで，幼児の学校の先生が，まぁ他の先生もそうですが，この町ほど綺麗で，品がよくて，「女性らしい」ところなんて，そうざらにはないでしょう。

　　あまり言及できなかったけれど，他の職種の人たちだって，そうですよ。——そうそう，ペダゴジスタのことを言い落としていました。これも大部分は女性たちで，この職種への信頼を動かし難いものにしたのは彼女たちでした。この人たちもまた，一種の活動家で，また活動主義教

育学の信奉者でした。活動主義教育学を信奉しているわけですから，当然，文化の媒介者として行動しなければならない。確かに教師の仕事は文化を媒介することなんだけれど，そのまた媒介をするペダゴジスタのような仕事も，やはり必要なんですね。内部と外部の関係を調整するのが，この人たちの仕事です。

　最後に一言。私の説明はやや一方的で，もしかすると大事な事実や人を言い落としてしまっているのかもしれません。特に申し訳なく思うのは，この町の学校の歴史と，それを担ってきた主役の方々に日頃から感じている私の感謝の気持ちを，まだ十分には表現しきれていないことです。

補章3
カルラ・リナルディとの対話のなかで
ダールベリ，モスとの鼎談

In dialogue with Carlina Rinaldi: a discussion between Carlina Rinaldi, Gunilla Dahlberg and Peter Moss（2004）

　本章のもとになっているのは2004年3月28日，レッジョ・エミリアでカルラ・リナルディ，グニラ・ダールベリ，ピーター・モスの三者の間で行われた鼎談である。グニラとピーターにとってこの討論は，カルラを囲んでレッジョ・エミリアとその教育事業に関する数多くの論点に光を当てる重要な機会になった。討論はテープに録音され，起こした原稿に三者がそれぞれに筆を入れるという形で編集された。最初の討論をエラボレイトする形でその後に行った討論の内容も，何点か追加されている。

●　●　●

左翼政治と初期女性運動——レッジョの歴史背景

グニラ・ダールベリ（以下，G.D.）：教育の仕事を経済，社会，政治的な背景と関連づけて理解する必要があることは，衆知のとおりです。そこでまず，あなた方のレッジョの歴史について，お聞かせいただきたいのです。特にレッジョのなかで左翼政治が占めた重要性，それからイタリア女性連合が果たした役割も，です。[1]

カルラ・リナルディ（以下，C.R.）：私たちの経験の根底には，19世紀の末から

---

[1] Unione Donne Itliane: UDI。1945年に共産主義者からリベラルまで，さまざまな政治的立場の女性たちによって結成され，イタリアの女性がいまだ選挙権も育児休暇も得られず，仕事の上でも深刻な女性差別を受けていた時代に婦人解放の運動に乗り出した。UDIは全国レベルでも活動を展開したが，特に大きな影響力を発揮したのは地方レベルでの活動で，これによって多くの女性たちが自らの権利と子どもたちの権利，家族の者たちの権利を論ずるようになり，市民社会のアクティブな主役になっていった。

300

20世紀の初頭にかけてこの地方の政権を握った社会主義者たちの思想が流れています。この地方にできた最初の幼児の学校はヴィッラ・ガイーダで，開校は1912年，時のレッジョ社会党市長が音頭をとってつくったものでした。市長がつくろうとした学校は，社会主義のいくつかの基本原則を明確に表明したものでした。――教育は，貧困，無知，驕りとたたかう，その武器でなければならない，自由を獲得する利器としての教育，ということです。フランス革命の基本理念を至るところで強調していました。自由，平等，博愛という，あれですね。この思想が侮れない力をもっていたからなのでしょうが，1920年代の初めにファシストがこの地方の知事になると，この学校や，これに類するほかの学校を，そそくさと廃校に追い込みました。

　しかし左翼の影響ということになると，どうしても女性たちを忘れるわけにはいきません。左翼の考え方は女性の闘争を支援するものでもあったからです。女たちは，いつでも，おのずからにして主役でした。ただし家族のなかの内弁慶で，家の外ではない。19世紀末に社会主義が影響力をもつようになると，女性たちも自分たちの権利，女の権利を強く意識するようになります。女性たちは社会主義運動のなかで重要な役割を演じましたし，運動のほうも――少なくとも理論的には，女性を権利の主体として認めていました。もっとも矛盾がなかったわけではありません。男性の政治家たちは，ともすると女性を妻や母親としか見ないものですから！

　女性の権利に対する意識が高まると，それは子どもの権利に対する意識の高まりに連動していきます。女性が社会の主役となり，自分の権利に対して意識的になればなるほど，自分たちが外で働いても，その間，子どもを預かってもらえる場所を権利として要求するようになります。――しかしそれは公的な場所で，しかるべき質を備えたものでなければなりません。権利としての質という観念を打ち立てたのは，実は女性たちだったのです。

　ですから，こう言ってよいのではないかと思います。変革の可能性という思想を人々の心のなかに広げたのはまずもって社会主義，もう少し

遡るとフランス革命，そしてそれを継承した女性たちの力で権利としての公的サービスの質という概念が打ち立てられたのだ，と。

　特に第二次世界大戦後は，女性たちの運動が公の場としての幼児の学校という思想を発展させたのでした。UDIがこれをサポートし，この思想を発展させる場となりました。それは一種の触媒として機能しました。しかし農業労働者たちも，その援軍となりました。左翼政治は過酷な搾取のもとに置かれた農業労働者たちの間にも深く浸透していたのです。この非常に生き生きとした雰囲気のもとで，レッジョ市は（当時は共産党が与党でしたが）非常に斬新な発想のもと，最初の市立幼児学校を開校する決定を下します。これが以降40年におよぶ歴史の発端でした。

　革新に向かって不敵な一歩を踏んだのは，ですから共産党だけではなかったのです。自分たちの権利を意識した民衆が，市民たちが，いろいろな仕方でこの事業を支え，これに参加したのです。――真の主役はこの人たちでした。

ピーター・モス（以下，P. M.）：レッジョ最初の市立幼児学校の発足が1960年代半ばにずれ込んだのは，なぜですか？　もっと早くならなかったのかしら？

C. R.：大きな理由が，おそらく2つあると思います。左翼諸政党が新たに学校をつくるという考えに本気で取り組むようになるまでに，それだけの時間がかかったということが，まずいえると思います。これは一つには――私が先ほど言ったように――左翼の女性に対する態度にアンビバレントなところがあって，母親といつも一緒にいなくても幼児は幸せな時間を過ごせるものだということを，なかなか信じないところからきています。それからもう一つは，左翼と学校の世界，教育界との関係には"しこり"があって，あまり信じていないし，苦手意識のようなものがある。ほとんど劣等感というか，頭があがらないという感覚があるのです。これを克服して，たとえばレッジョのような左翼が政権を握っている地方府が自前の市立学校をつくって革新的な教育の試みをサポートするところにいくまでには，かなりの時間がかかったということでしょう。

　しかしその時間（時代の流れ：tempo）(2)が変わってしまったことが，も

補章3　カルラ・リナルディとの対話のなかで

う一つの理由でしょうね。1950年代からイタリアの経済と社会は変動期に入って，私たちがブームと呼んでいる，急速な経済の拡大が起こります。農村や南部から大量の移民が北部へ，都市部へと流入します。北部や中部では多くの女性たちが労働市場に参入するのですが，そのなかには幼児をかかえた女たちもいます。その上，さきほど申し上げたように，女性たちの間に保育の質への関心とそれを要求する権利意識が高まっているわけですね。というわけで1963年までの何年間かは保育施設への期待と要求がかつてとは異なる様相を示し，地方行政への圧力も格段に高まっていった時代といってよいだろうと思います。

　レッジョのような町で市立の幼児学校が発達した時，すでにUDIが大戦直後から住民立の幼児の学校を組織していましたから，その準備はもうできていたということもできます。マラグッツィに強烈な印象を与えたといわれるヴィラ・チェッラの学校なんかもそうです。女性組織によってつくられたこのような学校は，歴史的に形成されて深く根を下ろした学校と宗教との腐れ縁，学校とは須<small>すべか</small>らく宗教施設でなければならない，あるいは学校はその必要（ニーズ）を抱えた貧しい子どもや家族に対する「援助」機関でなければならないという出来合いの観念を打破する力になりました。マラグッツィが子どもは権利の主体であって，欠乏の主体ではないと主張していたその根っこは，このあたりにあるようです。女性たちの運動の重要な成果が，われわれのレッジョでの経験に道を開いたのです。

"われわれのピアジェ"——道具としての理論と，牢屋としての理論

G.D.：お仕事の上で重要な影響を受けた理論家は誰で，どんなことですか？
　　　理論と実践の間には，どのような緊張関係があるとお考えですか？
C.R.：そのご質問で，ただちに思い浮かぶのはマラグッツィが『子どもたちの

---

(2)　〈訳注〉イタリア語のtempoには「天気」という意味があり，さりげなく言葉の意味をずらして遊ぶのは，「100の言葉」でも発揮されている子どもたちの得意技だ。

100の言葉』(Edwards, Gandini and Forman, 1993) の至るところに書き散らしている文句なのです。彼は書いています。われわれのピアジェ，われわれのヴィゴツキー，われわれの，われわれの誰それ。私たちも，この「われわれの」「われわれの」を乱発します。何であれ定義の——アプリオリな規定の——囚人にはなりたくないからです。そんな定義に従っていたら，子もたちと，教師たちと，学校と，命のかよったゲームなんぞ，楽しめなくなってしまいますでしょ。わかっていただけますでしょうか。結果はこうなるであろうとご託宣を垂れてくれる理論のことを，私は言っているのです。

　大切なことは，どんな予言も回避することです。『100の言葉』には展示の理由について述べたマラグッツィの言葉が記されています。彼は述べています。この展示は，何かの結果を予言することを目的にしたあらゆる教育学，ある種の預言者として前もって結果を規定して見せる理論的言説に反対することを企図しているのだ，と。それは子どもを，教師を，いや人間そのものを封じ込める獄舎にほかならないからだ，と。

P. M.：そう，それであなたが私たちのヴィゴツキー，私たちのピアジェというのは，その捕囚になることを嫌うから？

C. R.：そう，捕囚，まさにそうなのです。私がローリスと仕事をはじめた当時，彼はピアジェと格闘中でした。案内人としてのピアジェに大いに感謝しながら，同時にそこから離れようともしていました。ポスト・ピアジェ的な思潮——社会実証主義というのでしょうか？——そんな鳴動を彼が感じていたのかどうかは，よくわかりません。それはわかりませんが，子どもたちとの対話から彼が何かを感じとっていたことは，よくわかります。70年代に子どもたちが，新しいたくさんの可能性に道を開いてくれたのです。ピアジェの言葉を使って言いますと，彼らは発達段階という概念を危機に追い込んでいく勇気を私たちに与えてくれたのです。その結果としてドキュメンテーションが視野に上がってきたのです。これは実践に立脚して理論に挑戦する道具，可視化という発想に立って仕事を進める時の道具（tool）なのです。ハイハイしないで，いきなり歩きはじめた子どもを見たら，誰だって，理論のほうを疑いはじめるでしょ

補章3　カルラ・リナルディとの対話のなかで

　　　　う。
G.D.：段階説の危機といわれているのは，ピアジェの発達段階説のことですか？
C.R.：そう。
G.D.：そういう場合，理論は一種のノルム（規範）になってしまう。
C.R.：まったくそのとおり。
G.D.：もしくは捕囚。捕囚という言葉は面白いですね。
C.R.：ですからレッジョはそのパースペクティブからいうとポストモダンであるともいえるのだけれど，私たちはポストモダニズムであるとは考えない。イズムというのは危険ですからね。話を単純化して，人間をまたまた獄舎に押し込めてしまう。自由とは，そんなものではなくて，チャレンジすることでしょう。
G.D.：そう，常に。
C.R.：ですからポストモダン，なのです。ポストモダンであるということは，挑戦する，ということです。
P.M.：だから，あなたは理論は道具（tool）であるべきだと考える。
C.R.：まさにそう。私はどの学校にも理論を使ってほしいと思っています[3]。本当に，解釈するためにね。さっきから言っているように，理論に使われてはいけないのです。
G.D.：そうです。非常に見事なお答だと，私は思います。捕囚という言葉。とても気に入りました。私たちの本でも（Dahlberg, Moss and Pence, 1999），私自身の大学での講義でも，われわれは発達心理学とたたかってきました。教師たちはピアジェの発達段階論を片時も離れず背中に背負いこんでいる，ドキュメンテーションを読む時ですらそのように思えて仕方がないからです。われわれの本のなかでも児童発達心理学について書いているのですが，それは教師たちを，そしてわれわれのすべてをも支配しているドミナントな言説の一部，近代の遺制であると位置づけています。

---

[3] 特に注記したもの以外，本章でいう「学校」とは，レッジョ市立の幼児の学校（early childhood centres），狭義の幼児学校と乳幼児保育園の総称である。

305

　　　　このような議論を，あなたは常々ご自分の実践のなかでなさっていらっしゃるのですか？
C.R.：ええ，もう頻繁に。特に今は，大学で働いていますからね。こうした理論が非常に保守的で，ある子どもの見方に権力を与え，それを擁護する働きをしていることは，明らかだと思います。私は教師が自分たちの足元から立ち上がってくる，自分自身の理論に気づく一番の道具が，ドキュメンテーションだと思っているのです。アカデミックな背景だけでなく，自分自身の文化的背景，つまり社会のなかにあるもの，テレビとか，そのほか，どこにでもあるものが認識の出発点なのです。そのことをよく心得ていますから，レッジョは自分自身の理論から子どものイメージをつくっていくことができるのです。知識を，プロフェッショナルな能力開発を，アイデンティティを，そのほかあらゆるものに危機を創出していく，私の見るところではただ一つの道具，それがドキュメンテーションであったし，今も変わらずそうなのだと，私は捉えています。

危機を生み出すこと

P.M.：その「危機を創出する」ということについて，どういうことか，もう少し話してもらえますか？　それを重要で望ましいことと見ていらっしゃるのかどうかも。
C.R.：私個人がはじめて危機を経験したのは，ローリスと一緒に働くようになって1年たった時でした。──その当時，ペダゴジスタはローリスと私，二人きりでした。私は何もかも学んだつもりでいました。ですから，次の年度は前にやったことをまた繰り返せばいいわけじゃないですか？　その2年目なんですよ，とんでもない危機に直面したのは。2年目にさんざん苦労しましてね，私たちがその頃ずっと使っていたやり方の何たるかが，ちょっとは理解できるようになったのです。それは，教師によって書かれた日誌だったのですが，あれ，ドキュメンテーションの最初の試みの一つであった，といってよいのではないでしょうか。先生たちに誘いをかけて，何か振り返って考えてみたい出来事に出会った時は

日記に書いてもらうことにしたのです。毎日でも，週に２，３回でも，それはかまわない。振り返って考えたい出来事というのは，要するに思ってもいなかったこと，なんですね。思いがけない，期待に反するということは，ですから，危機と紙一重なんです。

意想外とか，不確定性というのは，私にしても，また私たちにしても，一方にステレオタイプ，もう一方にそれに楯突く自由がある，という瀬戸際に生まれる文化でしょう。しかしこれは心理学的にいえば，女性として，そして教師として，危機を，錯誤の可能性を受け入れる，ということを意味しています。

教師として危機を経験するのは，大変なことです。先日もある外国の教師たちとグループワークをしたのですが，彼女たちは最初はドキュメンテーションに抵抗していたのだそうです。ある教師は，でも私はそれをやめたと言っていました。自分もすべてを知っているわけではない，自分もまた疑わしく思ったり不確かであったりすることがあり，それを率直に示すほうが道徳的であり倫理的であると感ずるようになったからだ，というのです。

自分の知識の危うさを受け入れることと，これとは，どこか関係していますよね。知識が危ういと感ずると，自分のアイデンティティまでもが危ういものに思えてくる。あまりわかったようなことは言えませんが，ドキュメンテーションというのは，危機をポジティブな出会いの契機，何かを生み出す要素として高く評価する力になるのではないでしょうか。

P.M.：そう，だから危機は一方において自分にはわかっていない，不確かであるということの認知なのだけれど，もう一方でそのことを受け入れることができる，ということでもあって……。

C.R.：そうなのです。単に限界なのではなくて，示して見せることのできる質なのです。これって，ちょっとばかり剣呑でしょ。人が危機に陥ったり，疑問を抱いたり，間違えたりすると，待ってましたとばかり，罰だ何だと騒ぎ立てる文化のなかでは，あなたは本腰を入れて自分の生き方を変えなければならない。疑問や不確かさをしっかりと見つめて，自分の限界を資源として，出会いが生まれる場として，ある質として，承認しな

ければならない。ということは，自分が未完成である，恒常的に変化の途上にある，私のアイデンティティは対話のなかにこそあるということを，はっきりと認めることよね。それは教師が，一人の人間が，あるいは類としての人間が，ある文化のもとで，人間的，職業的危機を体験する，ということなんじゃないかと私は思うの。

対話，相互依存，自己変革

G.D.：このことについて，もう少し話しましょう。とても重要だと思うのです。いま，あなたが話されたことは，教育に対する大変な挑戦だと思う。これって，まったく異質な教育の思想です。ご自分のアイデンティティは対話にある，ということもおっしゃっていましたよね。それも，あなたから初めて聴く話。アイデンティティとは，関係的なものである，ということかな。

C.R.：私の人生の大きな転機は2001年の9月11日で，教育者としても，人間としても，それは決定的な危機でした。私はあの時，人間としてのこの自分の責任を痛切に，ますます痛切に感ずるようになったのよ。同時にまた，私はこの社会の危機を，この危機に対する社会の向き合い方を，見てしまった。人々は自分自身に，そして私に対してもまた，こんなことを言っていた。われわれは，続けなければならない。何も変わりはしない，われわれは続けなければならない。われわれのいつもどおりの生活を続けなければならない，と。私は叫びそうになりました。学生たちに向かって，文字通り，本当に叫び出しそうだった。この正常な生活，この変哲のなさこそが，あんな現象をもたらしたのではなかったのか，と。こんな事件を，教育者として受け流すことなんて，できるというの？ 教育者って，人間のことなんじゃないの？ 人間であるからこその教育者なんじゃないの？ 今の今，教育するって，どういうことを意味するの？

　私が考えることができたのは，たった一つのこと，たった一つのパースペクティブだった。それは，本当に対話を信ずること，人間のお互い

補章3　カルラ・リナルディとの対話のなかで

の絆を信ずること。それが，たった一つの，残された希望への道なんだ。対話という思想は——ラテン語やギリシャ語の辞書を引っくり返してわかったのですが——あれは，変わる能力と考えられていたのですね。

P. M. : 対話ということ，それが，あなたの思想の核？

C. R. : それがもう，絶対に大事。対話といっても，意見の交換のことではない。それはどこに行き着くかわからない変化のプロセスで，最後の落としどころを前もって決める可能性なんてまったくない。どこまでも，どこまでも無限に延びていって，宇宙にまで広がってしまう。現代の人間にとって，とりわけ女性たちにとって，これって，ものすごい可能性。危うくもあるのだけれど。

P. M. : あなたにとって対話は，単なる意見の交換ではない。それは変わっていくこと，事物を見，それを違った仕方で理解することによって，変わっていくその過程。

C. R. : まったくそのとおりです。それでレッジョは，町づくりでも，ちょっと違った解決の仕方を模索しているのです。私たちは「メトロポリス」と呼んでいるのですが，それは異なる文化が共生できるような場所のことです——といっても，それは，私たちが異種混淆と変革の理想に大胆に心を開いていく時に，はじめていえること。本当の対話が行われれば，こうした未来は可能だと私は思っています。

P. M. : 今では教育とは，すなわち対話の過程であると，そう思っているのですか？

C. R. : おっしゃるとおりです。対話といっても，教師と子どもの間の区別は維持されるべきでしょう。繋がっているという感覚はもたなければなりませんが，同時に，子どもが他者でもあることも忘れてはなりません。

G. D. : あなたの考えている対話はずいぶんラディカルな対話のように思われます。これは異議申し立てに立脚したもので，固定した到達点などなしに，どこまでもどこまでも他者に心を開いていくことのように見えるのですが。

C. R. : だから子どもは，かけがえのない，もう信じがたいほどの資源なのです。子どもは人生の意味を貪欲に探求しますから，彼らと対話すると，あな

309

たもつられて，もう限界のない宇宙に押し出されてしまうのです。だからなんですよ，だから未来への希望がそこにあるんです。

P. M.：対話に入っていく時は，不安やリスクがあった，と，あなたは言っていましたが，それは，対話の成立条件として何かが，信頼が，必要である，ということになりませんか？　だって，対話には，なんだか危かしいことのような感じがありますものね。

C. R.：信頼が対話の条件なのか，対話の結果なのかは，私にはよくわかりません。おそらく，対話を支えているのは信頼なのでしょう。信頼がなければ，対話なんてできませんから。対話とは，結局，倫理の問題であり，生きるということの本質でもあるのでしょう。

G. D.：生きるということの本質。自然科学者たちの間でも諸生命の相互の繋がりが非常に重要であることが最近は指摘されていますが，あなた流に表現すると，生の本質ということになるのでしょうか？

C. R.：繋がり，おそらく，そうなのでしょうね。……繋がり，という形での諸生命の相互依存（interedependency）。倫理の言葉で言うと，相互依存となるのでしょうが，倫理の発祥は，まさにそこにある。対話も，繋がりということを別な仕方で表現していますが，もっと直截に相互依存のありようを定義しています。9月11日があってから，私は思うようになりました。われわれがもっと多くを語ることができるか，感ずることができるか，もっともっと相互依存と対話を生きることができるか，その一点に，未来はかかっているのだ，と。

　そうすれば，相異を，多様性を，異なるものの見方を歓迎する可能性は，それだけ大きくなるのです。

P. M.：対話や相互依存と，経済思想の間には，価値の対立があるのではないでしょうか？

C. R.：経済の言語にも対話や相互依存がないわけではありません。——それもまた，100の言葉の一つであると，私たちは考えることができるでしょう！

　しかし，私たちが理解しているような類の経済の概念を，経済のほうが迎え入れてくれるかどうかは，何とも言えません。私が言っているよ

うな対話の観念は，少なくとも，対話を制約しようとする経済の思考とは，水と油です。何せ，出るべき結果を予定して，そこに向かって遮二無二，突き進んで行くわけですからね。思っただけで息が詰まります。

　私たちがこれは絶対に反対しなければならない経済概念は，投資です。なぜって，これはもう昨今のキーワードじゃないですか。私たちの国の政府も，子どもを未来への投資と見なす言説に今ではますます聞き耳を立てるようになっています。しかし子どもが投資の対象と見られるようになればなるほど，そこで忘れ去られるのは，いま市民として生きている子どもたちです。彼らが人間であり，今の今，人生の最良の時代を過ごしている存在であることが見失われていくのです。それは青臭い，未熟な何かではありません。それは投資の対象ではありません。

権利とネゴシエーション

G.D.：子どもの権利はレッジョではどのように考えられてきたのでしょうか？　私たちは，それをどのように理解したらよいのか。というのは，マラグッツィが3つの権利について書いていますでしょ。あれは子どもの権利と，親の権利，それから教師の権利でした。

C.R.：ええ。彼がこれを書いた時，どんな種類の論争に足を突っ込んでいたかを思い起こしておく必要があるのではないでしょうか。何か書いたり話したりするのは，何かと対話している時ですから。それで私は考えるのですが，彼がこうした権利について書く時は，おそらくニーズ（欲求）との対比が念頭にあったのではないかしら。これは本質的な問題。個人を主体として考えるかどうかで，何もかもが違ってきてしまうでしょ。彼は，そのことに気づきつつあったのです。ちょうど主観性（主体性）や間主観性という概念が文化的，政治的論点として大きく浮上していた，そんな時期でもあった。そうした脈絡のなかで，欲求の概念と対立するものとして，権利という概念が立ち現れたのです。欲求をベースにした市民性と，権利をベースにした市民性，これはまるで別なものです。だからパースペクティブも，まったく違ってくる。でも，権利の源泉とは

何でしょうか？　明らかに，それらは人々の関わり合い（交渉，ネゴシエーション：negotiation）の所産であり，コンテクストから出来したものなのです。

P. M.：権利は交渉の所産 "negotiated" だとおっしゃった。もう少し説明してもらえますか？　誰が，どのようにして交渉するのですか？

C. R.：権利とネゴシエーション。どう言ったらいいのでしょうか？　さっき言ったように，これって，完全に相互依存なんです。ネゴシエーションとラテン語の「折り合う（in medio stat virtus：最良のものは真ん中にある，という意味）」という観念の間にどんな相異があるのだろうかと，ローリスを交えて同僚たちと議論したことがあるのですが，ラテン語格言のほうはもうぜんぜん保守的な定義ですよね。一方にこういう定義があって，もう一方にネゴシエーション，変革，ラディカルな対話を一連のものとして捉える観点があって，その相異のなかでこの言葉を理解しようとしたのです。

P. M.：なるほど，それで違いがはっきりしてきた？

C. R.：ネゴシエーションとは中間だの真ん中だのを見つけ出すことではない。私の考えでは，本当のネゴシエーションとは，対話に身を浸すこと，だから逃れようもなく変わっていくのです。ネゴシエーションのなかで双方の主体は，少なくとも部分的には自分のアイデンティティの変容を受け入れないわけにはいかない。私はネゴシエーションが，単なる取引であるとは思わない。こちらがこれをとって，あちらがあれをとる取引ではないのです。

G. D.：そうすると，あなたにとってはネゴシエーションは妥協とは違う。

C. R.：正確に言うと，違う。妥協もネゴシエーションの一種ではあるのでしょうが，経済にもっと大きな比重を置いていますよね。

G. D.：あなたの言うネゴシエーションは交換ではない。「これを君にあげるから，君は僕にこれをよこせ」という話ではない？

C. R.：違う，違う。それって，もっと単純な話ですよね。まるく収める上では交換も悪くはないかもしれないけれど，それとこれとは別な話。

P. M.：そうではなくて——ということで，あなたのこれまでの話を繰り返して

補章3　カルラ・リナルディとの対話のなかで

　　　　言うと――あなたの考えるネゴシエーションは，交渉をはじめた時は期
　　　　待していなかった何かが得られる，そんなネゴシエーションなのかな。
　　　　突然，何かが起こるわけだ。
C.R.：そうそう。まさにそうなのです。思いがけないところに足を踏み込んで
　　　　しまう。
G.D.：ところで，あなたの権利についての考え方と，国連子どもの権利条約と
　　　　の関係について伺いたいのですが。というのは，子どもの権利の話が出
　　　　てくる時は，たいていは国連の条約との関連が前提になっていますで
　　　　しょ。
C.R.：いつも強く感じていることなんですけど。私が子どもについて話す時は，
　　　　きまって人間について話しているし，人間について話す時は，いつだっ
　　　　て子どもを念頭に置いて話しているのよね。こんな社会で，そんなこと
　　　　をするのは無謀なことなのかもしれないと，私だって承知していますよ。
　　　　だって私たちの社会は，子どもなんて人間の部類に入らない，市民とし
　　　　ての権利なんて笑わすなと，そんなふうに思っている社会なんですもの
　　　　ね。政治的に考えれば，今はまだもっぱら子どもについて，子ども期に
　　　　ついて語り続けるほうが賢いやり方なのかもしれない。それはなるほど，
　　　　そうなのかもしれない。でもね，権利の話をしているわけでしょ，だっ
　　　　たらすべての人間の権利の話にならなければ，ヘンでしょ。こちらの
　　　　テーブルでは人間の権利について話します。あちらのテーブルでは子ど
　　　　もの権利について話しましょう，というのも，負けず劣らず危険の多い
　　　　やり方なのではないかしら。
P.M.：だからあなたは，何よりもまず，人間としての子どもについて語りたい
　　　　と？
C.R.：まさしくそのとおりです！　子どもの側に，人間として見てもらいたい
　　　　という欲求があるからではない。人間って，子どもなしではいられない
　　　　からよ。
P.M.：そのお考え，聴くほどに感服です。そこでもう一つお聞きして，あなた
　　　　の考えを聞きたいのですが。
　　　　　レッジョでの今のような権利についての議論を伺っていると，結局の

ところ，それは社会のなかでの子どもの位置をあなた方が不断に考えてきた，そのプロセスのように思えてならないのだな。彼らの社会に対する関係を，ね。

C. R. : 子どもと社会との関係。そのことでまた，大人のあり方も決まっていく。

G. D. : 人間についてどう考えるかということと切り離して，子どもがどうだこうだといっても始まらない。そう，あなたは言っているんじゃないかしら？

C. R. : まったく，そう。私は子どもと大人を一緒くたにしないように気をつけているつもりだけれど，どちらも人間の一部であることは肝に銘じている。私たちが両方の確かな絆をつくり出した時に，その時はじめて，人間に希望があるからよ。

個別性，差異，相互依存

G. D. : 私たちの理解が間違いでなければ，あなたはネゴシエーションや対話について語る際に，かならず相互依存という概念に大きな重みをかけています。私たちに言わせるならば，あなたはそのことで，個人主義的な新自由主義の思想に大胆な攻撃をかけているようにも思えるのですが。

C. R. : それもまったくそのとおりです。あれは，ほんとに危険。私はよく合衆国に行くのですが，一人の友人として，とても複雑な感情に襲われてしまいます。文化がもうぜんぜん個人主義的になってしまって，それがすべてを侵犯している。

G. D. : 差異ということについていうならば，差異こそが新しいドミナントな言説になったという人が最近では多いのだけれど，それって，どうも非常に個人主義的な主張に見えなくもない。あなたは，どう対応されているのですか？

C. R. : あなたがいてくれるから，ですよね，私が違っていられるのは。あなたよ，ありがとう！　って話。私の髪の毛はブロンドではない。だけど，ほら，あなた（G. D.）の横に並ぶと，私はブロンドに見えてしまう。あなたのほうがぜんぜんブロンドではないからです。私が女なのは，この

人（P. M.）が男だから。私が私であることを発見できるのは，あなたがいてくれるからなのです。ありがとう，あなた！　私たちが相互に依存し合っている，それだからなんですよ。ネゴシエーションのなかで，相互にこんなふうに関わり合うなかで，私は私の差異をつくり出していくのよ。

P. M.：われわれは相互依存について，対話とネゴシエーションについて話し合ってきた。そうした議論を通して差異は支えられ，発展していくのだと，あなたは言う。差異がどこにあるかを理解するのも，やはり，こうした話し合いを通してなのだろうね。

C. R.：まったく，そう。差異のなかには，かなり本気になって議論しないと明確にならないものもあるし，ちょっとした雑談で見えてきてしまうものだってある。今日のような会話をすると，私はたぶん，自分のアイデンティティをもっと強く感ずるようになるのではないかと思うわ。

　それから，私たちは連帯を通しても，差異の感覚を培うことができるのではないかしら。私たちと連帯してくれる相手は世界中の至るところにいますよね。その人たちのことを言っているのです。あなた方や，世界中のそうした仲間は，レッジョの私たちに連帯してくれるだけではない。私たちの差異を支えてくれているのよ。対話をするからといって，あなたがレッジョの人間になるわけではない。あなたはピーターで，あなたはグニラ，あなた方が，レッジョになっちゃうわけじゃない。

　私が凄いなと思うのは，そのことなのよ。あなた方は二人共，私たちにたくさんのことを教えてくれた。それは，あなた方がご自分のアイデンティティを護持しているから。われわれの相異を維持しながら，しかしそこに連帯があるからなのよ。本当のところ，私はもっともっとほかの国に行ってみたいな。レッジョを理解するために。レッジョのレッジョ性を，もっともっと，私の眼に明らかにするために。

境界を越える

G. D.：あなたはジェンダー，階級，エスニシティーなどという概念をあまり議

　　　　論のなかにもち込みませんね。それはなぜなのでしょう？
C.R.：ジェンダーに主要に関心が向かっていた時代が私にもありましたし，今だって，それは重要な関心事です。しかし私はジェンダーを，おそらく過剰なまでに，ほかの多くの差異と並列しようとしているのだと思います。差異のなかのあるものは，ほかのものよりも権力との関わりが強い。歴史的にいえば，ジェンダーは，人種と同様に，そのような差異でしょう。われわれの今日の世界は西欧，白人，男性の，そして資本主義，帝国主義の社会です。男性という言葉から，私は，ある種の関係性を，私の意見では対話とネゴシエーションを排除し，他者への支配を強制するある種の関係性を思い起こしてしまうのです。

G.D.：そうした問題を，あなたはレッジョでの日常の実践のなかにもち込んでいらっしゃるのでしょうか，たとえば傾聴の教育学のような形で？　子どもたちの声を聴く時，このようなことは議論になるのでしょうか？　教師たちとの話し合いのなかで，ジェンダーや階級の話題が脱構築されることはあるのでしょうか？

C.R.：ええ。レッジョでは，自分たち自身の間の差異や他者との差異を考える機会が豊富に用意されていて，相互の差異を尊重するために，それについてグループで討論する場や環境が組織されています。繰り返しになるけれど，ここでも対話こそが，差異を考える時の決め手になっていくわけです。時として，非常に難しいこともあります。たとえば宗教の違いについて話すのは，本当に難しい。

　　　　学校について話す場合は，レッジョでは，自分たちの学校のなかの複数性についてまず考えることからはじめています。（イタリアの小学校で）この頃話題に上るのは，学校間の複数性ばかりじゃないですか！　どの学校を選んで子どもに通わせるか，それは親の権利である，といったような話になってしまう。そこでは文化的差異は，何ら問われることもなく，どっかりと元の座に居座ることになる。

P.M.：あなたがおっしゃっているのは，こういうことですね？　政府の教育政策は，人民を似た者同士固まらせて，異なる家族や集団間の対話をいっそう困難にしている。

C. R.：私たちは，われわれの町をメトロポリスのようにしたいのです。ユダヤ人のコミュニティがあり，クリスチャンのコミュニティがあり，ムスリムのコミュニティがある，そんな町にしたいのです。私は宗教の違いを尊重しているのですが，そうはいうものの宗教によって対話が難しくなることも実際にはあり得るのです。この点で，私は小さな子どもたちにかなりの期待をかけているのです。子どもたちならば対話しても，とがめだてされることはないし，対話を発展させることも許されます。とはいえまた，それが文化的に価値ある行為と見なされているわけでもありません。そもそも文化は，子どもの声を，聴くに値するものとは考えていませんし，彼らが主役として遇された時にどんなに大きな寄与をするかも，まるでわかっているとは思えません。

　境界を踏み越えること，それは今日の私たちの前に差し出されている機会でもあるような危機の一つだと思います。私たちはテーブルを囲んで，境界を乗り越えていかなければならないのです。

理論，実践，探求（研究）

G. D.：理論についてもう少しお聞かせいただきたいのですが。

　特にあなた方とデューイとの関係については，たいへん興味をひかれます。マラグッツィが『子どもたちの100の言葉』のなかでかなりデューイに言及していますよね。いつだったか，あなたが「プラグマティズムって，面白いわよね」とおっしゃっているのを耳にしたこともあります。相互依存や対話を取り上げた現代の重要な議論が，しばしばプラグマティズムやコミュニタリアリズムと関連して提起されていることからいっても，これはちょっと気になるのです。

C. R.：ジョン・デューイのいくつかの著作，それからモンテッソーリ，ヴィゴツキー，フレネ，ブルーナーといった人たちがレッジョに与えた影響は決定的なものでした。プラグマティズムについては，おそらくもっと本格的に取り組む必要があるでしょう。私はロック（Locke, J.）やイギリス哲学，プラグマティック・アプローチの源流を遡って研究する必要性

を感じています。その後の豊饒さと貧困が，一体どのようにしてもたらされたのか，ということですね。プラグマティズムと観念論との論争の過程で，どうして理論と実践との断絶が起こってしまったのか，私にはどうもよくわかりません。どうして，あんな分離が起こってしまったのか？　それは何のためだったのでしょう？　どんな権力関係を，それは表現しているのでしょうか？

　理論と実践の関係は，対話的であるべきでしょう。それは生の意味を理解しようとするわれわれの努力を表す2つの言語です。あなたが考えている時，それは実践ですし，あなたが実践している時，それは理論です。教師を「実践者」と呼ぶのは，誤りではありません。しかし，彼らが理論家でもあることを見ないとすれば，それは誤りです。今はどうかというと，理論を立てる人間はきまって大学の学者じゃないですか。で，教師はどうかというと——早速にそのお説を信じて実行する，という役回り。考えましょう，自分の意見を述べてみましょう，などと言われても，自分の考えをもつことなんか，実際には許されていない。教師が理論的になるとすれば，それはブルーナーとか，デューイとか，ピアジェを引用するという形でしか表現されない。

　そんなふうにして，理論と実践は常に切り離されてきた。しかしですよ，あなたが実践するのなら，それは理論があるからでしょう。あなたが写真をとるのは，コンセプトがあるからです。そして私が思考するのは，その背後に実践があるから。

G.D.：こう考えたら間違いかしら？　あなたの話からすると，デューイも，あれかこれかの二元論で理解されてしまった。単純な二元論よ。そうなると「learning by doing」だって，ただの実践になってしまう。

C.R.：巧い！　まったく，そうなのよ。それがデューイに起こったこと，マリア・モンテッソーリだって，そうよ。だから，私は大学の先生から「僕は理論が専門で」などと嘯(うそぶ)かれると，もうアタマにきちゃって。

G.D.：教師は実践者で，と，言いたいのでしょうね。

C.R.：そして教師の縄張りは実践，というわけ。

P.M.：実践者という概念には，少なくとも2つの問題がある。一つは，ヒエラ

ルキーが，そこには内包されている。「実践者」は，その下のほうにいる，というわけだ。しかしもう一つの問題は，理論と切り離された実践なんて，考えられない，ということ。

C.R.：うまくまとめてくださったわね。

G.D.：何しろ，この二分法的な伝統というのは何百年来のもので。

C.R.：そう，そして権力の問題。

P.M.：しかし，あなたのパースペクティブからすると，理論はどこにでも遍在するものですよね？ 世界は理論に満ちている，ということ。どこにだって，理論はある。われわれは理論なしに生きることはできない。

C.R.：理論なしに生きることはできないし，実践なしに生きることもできない。われわれに必要なのは，理論的な実践者，思想家たらんとする実践家よ。そして子どもたちにも，思想家であることの価値を知ってもらい，その経験をしてもらいたいのよ。

G.D.：それって，とても大事。私たちは大学にいるでしょ，ですから理論と実践を分離する伝統のなかにいるわけ。そういうディスコースに浸かって暮らしているわけよ。建前からすると，私たちはね，先生たちのところに行って，研究のことを教えてあげることになっている。私たちが実際にやっていることは何かというと，まさにそうしないこと，そんなことはしないといって（学部のなかでは）がんばっているわけね。だってそうでしょ。先生たちはもうとうに理論家なのだから。

C.R.：だから私は口を酸っぱくして，教師は研究（探求）者なのだと書いている。そう書いたからといって，あなた方，大学の研究者が研究者でないなどと考えているわけではない。ただ，私たちの，教師としての研究をそれとして認めてほしいのよ。そして研究を，思考の方法として，生きることに迫り，ネゴシエートし，ドキュメントするその方法として，認めてほしいのよ。そういう条件のもとでこそ，対話が可能になるの。対話が研究を，研究が対話を生み出すのよ。

G.D.：ええ。わかるわ。でも，それがわからない人が多いのよ。研究というものを，あなたはトータルな過程としてやってのけている。だって自分の発見を体系にしているじゃないの。

C.R.：ええ。でも大学の先生で，一介の実践者から学ぶことのできる人なんて，いるのかしら？ 極端に稀ではないかしら！ だからこそ，マラグッツィを研究者と認める人はいなかったし，私だって同じだろうと思う。しかしね，よい実践をするということは，研究（探求）を手離さないことであり，常にそれを理論化しようとすることであり，そしてあの人たち（大学人たち）が一向にやろうとしないことが，それなのよ。でもこのレッジョで，私たちは，何よりもまず研究者なのよ。

G.D.：以前に話したことがあるかしら。

　　ドキュメンテーションのことを調べたくてレッジョに来た，あれは2回目の時だった。その時はずいぶん密接にマラグッツィに接することができたのね。そんなふうに彼と時を過ごして最後の日だったけれど，彼は私を見て，こう言うのよ。「グニラ，あなたと組んでプロジェクトができて，僕は本当に幸いだったと思う」。私が彼を見つめると，さらにこう続けるのよ。「あなたは大学にいるわけだけれど，われわれの今度の経験は，あなたの大学での仕事と掛け値なしに結びつくことができたんだと思う。僕は，そう思うよ」。彼は私を例外的な大学研究者と思ってくれたらしい。そう，私は感じたのよ。彼のほうでも，大学と手を組む微かな可能性が見えてきたようなのね。

C.R.：彼のほうでも大学の重要性は大いに感じていたはず。ただ，今のようではダメだと思っていたのよ。でも，可能性はある。そしてそれは密接に民主主義と繋がっている。大きな，すごく大きな問題と繋がっているのよ。

100の言葉——ファンタスティックな理論

C.R.：民主主義といえば，まだほかにもあるわ。100％の民主主義。子どもたちの100の言葉という，あの理論よ。あれ，もっと，もっと育てなくちゃ。だって素敵なんだもの。この理論のすごい力を，誰もわかっていない。たぶん，マラグッツィご本人だって。

　　私は今，マラグッツィと，それからわれわれの研究，といってもよい

補章3　カルラ・リナルディとの対話のなかで

と思うのだけれど，その足跡をたどって，それを再構成しようとしているところなのよ。マラグッツィは一体いつ頃から，子どもたちの100の言葉なんてことを言い出したのか。これも気になることね。話し言葉と書き言葉をめぐる長年の論争がありましたでしょ，ここでまた，それを睨んでの着想と思える節があるし，脳神経研究からの刺激や，デューイの「なすことによって学ぶ」に代表される学習過程論の影響もある。影響としては，本当にいろいろなものが錯綜している。そこには，もっと広範な政治や文化に関わる対立も含まれているわ。今挙げた話し言葉と書き言葉を特別に重視する発想だって，政治的なもので，それで権力を支えている。ある種の知識と，それだけでなくて，ある特定種の階級を文化的に支えているわけよ。

　私は100の言葉を，たくさんの，たくさんの源流がそこに流れ込んだ湖に見立てています。100という数は，淀んだ思考を弾ませる語として選ばれていると思う。どんな言語も対等な品位をもっているんだ，いやそれだけではないぞ，そのどれを使って自分を表現しても，相互にコミュニケートしてもよいのだ，と，それは宣言しているのよ。

　しかしもう一つ，私が素敵だなと思っていて，発展させようとしているのは，複数であるからこそ対話が豊かになるという思想，いろいろな言語が交わされることでわれわれの対話は援けられるのだという発想です。言語と言語がお互いに繋がり，相互に依拠し合うことで，それぞれの言語は自分の特性に対してより自覚的になり，またほかの言語に対する認識や尊敬も深まっていく，ということですね。一例をとると，あなたが絵を描くとする。あなたはそれで絵画の言語だけを伸ばしているのではない。バーバルな言語だって伸びている。だって知覚が深まっているでしょ。知覚が深まれば，バーバルな言語だって豊かになる。──こうやって不断に，お互いがお互いを豊かにしていくのよ。

　この理論にも個人の痕跡が，マラグッツィの多分に伝記的な足跡が記されています。彼の興味は本当に多方面にわたっていました。ご存知のように，彼は間領域的な知の旅を続けた人でした。いろいろな分野に親炙していて，それらを相互に突き合わせるのが得意でした。科学が芸術

321

と繋がっていること、その芸術が数学と深く繋がっていることを、彼は見てとることができました。

　権力が求めるのは境界です。そしてあなたが、ローリスがそうしたように、分野間の一線を跨ぎ越える時、あなたは権力のタブーを跨ぎ超えているのです。

G. D.：こういうことですね。彼の言う間領域性は、単に領域をつけ加えるということではなかった。分野と分野を突き合わせて、そうすることで、彼は何か新しいものを出来させようとしていたのだ、と。

C. R.：そう、単なる足し算ではない。それは、変換でもあった、ということよ。

有能な教師になる

G. D.：あなたは現在はモデーナ・レッジョ大学で、現職教員の学生を教えていますよね。そこでですが、有能な学校教師になるために何が必要と思うか、そこでの経験と関わらせて語ってもらえるでしょうか？

C. R.：学生との関わりで私がしたいと思っていることは、彼女たちの子どもイメージを掘り起こして、省察を加え、子どもイメージが教育にとってもつ意味を理解することです。その如何によって、価値の置きどころや戦略、子どもとの関係性が大きく変わるからです。理論と実践を別なものではないと意識してもらうことも、決定的に重要です。自分たちが立っているその場所こそが理論と実践の結節点であると感じてもらうこと、そのことを実感として感じてもらうことが大事なのです。教えるという行為の意義は、まさにそこにあると私は思っています。

　私の大学での経験を振り返ってみますと、学生は教育思想の歴史だとか、いろいろな心理学の理論に接したりするのですが、大方は抽象のレベルにおいてです。ですから学生にしてみますと、教育学や心理学が子どもと対話する道具（tool）なんだということは、非常に理解しにくい。教授という行為、教えるという実践を、出会いの場として理解することも、やっぱり難しい。教授学というのは大学ではうさん臭い学問とされていますものね。——あれはシンデレラ、継子扱いの教科なんです。

補章3　カルラ・リナルディとの対話のなかで

P.M.：ドキュメンテーションの役割については，どうですか？
C.R.：新しい行動が育っていくその決め手は，結局，ドキュメンテーションじゃないかと私は思うの。大学生には，もっと幼児教育の現場に行ってもらいたいな。そこの先生たちと一緒に，子どもたちの学びのプロセスを，その場で観察してね，それについて考えたり研究したりすることに時間を使ってほしいのよ。それをする能力のある人ならば，大学の先生にも入ってもらうほうがいい。心理学や教育学の専門に限る必要なんかない。子どもの学びが投げかけてよこす，その時その時の示唆をしっかりとキャッチできる人なら，たとえば数学の先生だって大歓迎。そうなったら，学校はだんだんに一種のフォーラムになるんじゃないのかな。対話と出会いの場，大学教授たちも，幼児の学校の先生たちも，大学生も子どもたちも，みんながそこに出かけていって，学んで，教え合う，そんな文化と文化の出会いと検証の場になることができるかもね。挑戦的で，危機の可能性だって回避しない，こうした開かれたシステムのなかでなのよ，教えるという行為が大きく育つのは。

　私としては，そのためにもドキュメンテーションがどんなに大きな役割を果たすかを，学生たちにわかってもらいたいのよ。彼女たちが有能な教師になっていくための，大きなチャンスをそれが差し出していることを，ね。しかしもう一つ，これは私の考えなのだけれど，学生たちは教育と自由との関わりにもっと思いを致す機会を与えられるべきではないのかな。教育は，私たちが相互の差異に，そしてまた自己を表現する自由により意識的になっていく手だてでなければならない。自由とは相互依存だと，私は思うの。だから，学生たちにはチーム・ワーキングが倫理的な価値としてあること，相互に助け合って何ごとかを為すことが価値の表現としてあることを，何とか理解してもらいたいのよ。

　有能な教師になる，ということは，専門の枠のなかに閉じこもることなく，ほかの価値に対して心を開くことができる，ということ。それは，自分がいるこの場所，この時代の文化に関わる，ということでもあって，――つまり同じ時代を呼吸する人間になる，ということよね。これはローカルなものとグローバルなものの両方に意識的になるということ。

一方で学校を,学校のなかでの自分の立ち位置をより鋭敏に意識すると同時に,もっと広い社会と文化のなかでの教師としての自分の役割に対しても自覚的になる,ということよ。教師の役割は学校だけに関わるものではないし,学校の壁の内部で完結するものでもない。それはもっと広範な社会と文化との関わりのなかで営まれている。常に学校の壁の外を,そして学校とその外部との繋がりを,アタマに入れていなければならない。

　学生はもっとこの同時代の言語について知り,それをツールとして使いこなす必要があります。私はまた,有能な子どもは,教師が有能になることを助けると考えています。子どもたちの100の言葉は,教師の100の言葉になり得るはずです。もしも彼女や彼が自らの能力に——しゃべりちらすだけでなく,耳を傾ける能力に目覚めることができるならば。教師は100の言葉で,そして100の媒体で,堪能に表現し,有能にコミュニケートする話者になることができる。そんなふうにして,彼女は,そして彼は,あざとく繋いでいくことになるのよ。——理論と実践を,時間と空間を,手と心を,学校と社会を,夢と情熱を,力と歓びを。

ドキュメンテーションのもつ力

G. D.：今もあなたはドキュメンテーションに言及していらっしゃるし,この種のフォーラムでは,いつもそれが話題になる。最近では国際的にも,これが論議の的になっていますし,ドキュメンテーションもしくはポートフォリオを使った実践が頻出しています。スウェーデンでもそうなのよ。就学前教育のカリキュラムでさえも,教師に教育ドキュメンテーションを採用しなさいと焚きつけている。こういう展開を,あなたはどう見られるか,それをお聞きしたいな。他方で教育ドキュメンテーション批判のようなものもありますよね。あなたたちの仕事をきちんと見た上での批判だとは思えず,浅薄な知識にもとづいて教育ドキュメンテーションを批判していると私には見えるのですが,批判の論点を要約すれば,見る権力とはすなわち統制（コントロール）する権力にほかならない,ということになる

でしょうか。教育ドキュメンテーションを採用すれば、あなたは子どもを統制することになる、子どもがやっていることをすべて見ることになる、ということですね。

C.R.：とてもよい質問をしてくださいました。私としては、まず、良い教育について、コントロールと魅惑作用（seduction）の関係について論ずることからはじめたいのです。というのも、教育はこの両方、コントロールとも、魅惑作用とも大いに関係がありますものね。

　教育では相互的な制御(コントロール)が行われます。あなたが子どもをコントロールし、子どもがあなたをコントロールします。子どもたちは、つまるところ、あなたをコントロールすることになるでしょう。なぜなら、よい意味での模倣とは、すなわちコントロールであるからです。それは権力から、権力を取り上げてしまうことなのです。ですから私はコントロールという言葉を悪い意味で使いたくありません。あれはまったくもって、よい言葉なのです。こと教育のなかでは、コントロールは、実に素晴らしい言葉なのだと思います。問題はですね、問題は教師であるあなたが子どもよりもずっと大きな権力をもってしまうこと、自分がもっているその力を、あなたがどう行使するか、ということです。

　しかし本題はドキュメンテーションのほうでしたね。そのことで私がさんざん悩んで取り組んできたのは、観察するのは誰で、観察されるのは誰なのか、という問題なんです。かなりのところ、お互いさまなんじゃないだろうか。あなたが写真をとる、記録を書く、そんな時、あなたが本当にやっていることは子どもを記録することではなくて、子どもについてのあなたの知識、あなたの捉え方や考え方を記録しているだけなのではないのか。だから、どんどんはっきりしてくるんですよ——あなたの限界、子どもについてのあなたの見方がどれほどのものであるのか、が。あなたが提示しているのは、実のところ、子どもがどうか、ではなくて、あなたの考えがどうなのか、ということなんですね。そこに表れているのは、子どもではなくて、子どもたちを見るあなたの眼差しの質、彼ら・彼女たちとあなたとの関係性なのです。だから、とんでもなくドラマティックにならざるを得ない。あれ！　王様は裸だ、という

325

わけですから.

　外国からの一行でしたが,先頃,ある教師グループとドキュメンテーションをめぐって討論したのです.ドキュメンテーションについてみなさんが難しいと思ったところ,いいなと感じたことや嫌だなと思ったことを話していただきたいと,私はもちかけました.その時,ある女性教師が,こう言うのです.「ドキュメンテーションを見ますとね,私,自分を鏡に映したような気分になって,まごまごしてしまうのです」.彼女は彼女流の言い方で,自分に見えたのは子どもではなくて,子どもとの関係のもち方にすぎなかったこと,自分の理論,自分のパースペクティブ,そしてその至らなさであったことを語ってくれています.そこで彼女は,ドキュメンテーションは鏡を見るようなものだ,おデブさんの私が丸見えじゃないの,といって嘆いているわけです.ヤバイところを見事に暴露しちゃっている.

　それって,倫理的でもあるのです.ドキュメンテーションを見ますと,あの先生が一体どんなことを考えているのか,子どもの側も理解しやすくなるのです.ドキュメンテーションにはきまって期待だの,評価だの,の言葉が書き連ねられていますから,まぁ,それだけ率直で,あけすけでもあるわけです.ですから,僕の勉強のここを先生はこう評価しているのだな,ということがすっとわかる.やらなきゃならないことを夢中でやっている時は,僕がやっていることが,僕にはよく見えない.でも,僕がやっていること,僕が考えていることを先生が見て記録してくれれば,僕のほうはそれを見ることができる.

G. D. : 実にすっきりとしたお答だと思います.結局,どのようなコンテクストのなかで記録がつくられるのか,ということが決定的に大事なのですね.個人主義的で,競争主義的な状況のなかで記録行為が行われる場合と,対話,ネゴシエーション,相互の繋がりに価値を置くコンテクストのもとで,それが行われる場合と.

C. R. : まさにそのとおり!

レッジョに学ぶとは，どういうことなのだろうか？

P. M.：あなた方は，いつも，この種の質問を投げかけられているんじゃないのかな。ほかから来た人たちが，レッジョから刺激を受けた（being inspired by Reggio）と言っていたりするのを聞いて，あなた方はどう思うの？

C. R.：びっくりするようなこの現象を自分に納得させるのは，まったくもって大変。

　　レッジョはどうやらメタファーというか，何か象徴的な場所になってしまったようね。レッジョと関係をもつことで，変革は可能である，という希望や期待をもてるようになるらしいの。そのおかげで，来た人は夢を育てることができる。ユートピアより，夢くらいのほうがいいのかな。だって，ユートピアって，すごくよくて，完全な何かでしょ。でも夢なら，一夜の夢だって，それは夢。それで来た人たちは，自分は何かに属しているという感じをもつのよ。何かというのはうんと広い意味での教育に関わる何か，人間への希望としての教育のこと。それからね，レッジョは出会いと対話の場所。レッジョと対話するだけではなくて，レッジョと関わりながら現実の扉を叩き続けているたくさんの人たちと出会って，対話できるのよ。レッジョはね，人々が対話する隙間をつくり出しているのよ。そうする口実を提供しているわけね。

G. D.：口実（an excuse）ね，よくわかるわよ。

C. R.：対話して友情を結ぶわけ。自分と出会って友情を結ぶのよ。これが本来の自分なんだ，と認めることができるような対話の場所，いつもいるところでは，それが自分だなんて，認めようともしないのにね。対話の場所としてのレッジョは，あなたに，あなたのいる場所でなすべきことが何であるかを語りかけるのよ。でもあなたが，そのやらなきゃいけないことをやっていないことも，ね。人々が団体でレッジョを訪れるでしょ。そんな時，私たちはある種の空隙になるのよ。レッジョの教師たちの仕事を口実にして，普段は話してはいけないことを話すのよ。外から見るとレッジョのことを話しているようだけれど，その人たちは，本当は自

327

分たちのことを話しているのよね。ここに来るということが，よい口実になるの。教育について，市民であるということ，人間であることの意味について語り合う，そのきっかけとなるのよ。どれも私たちが，始終，話し合っているテーマばかりなんだけど。

P.M.：そう，つまるところ会話の話題は，すべてレッジョと対話するその人々自身のことなんだね。あなた方のほうには，何か条件が必要なの？　対話するための前提のようなものが，お互いの共通項のようなものが，あるほうがよいのかしら？

C.R.：それは，価値観だと思うな。価値観よりも，もっと必要なのは，聞く集中力，ネゴシエートすることに開かれた心かな。

P.M.：仮にどこか外国の就学前児童の学校が，私たちはレッジョ・エミリアの思想でやっているんです，と言ったとすると，その人たちは，あなた方と理想的な関係を結んでいる，対話している，ということになるのかしら？

C.R.：当たり前の話だけれど，その人たちがレッジョでやっているそのままを，彼らが自分の土地でやれるはずはないでしょう。はっきりさせておかなければいけないと思うけれど，レッジョそのものが，あるレッジョの解釈なのよ！　私たちがほかの人たちとシェアできるのは，私たちの信ずる価値，なぜこんなことをするのか，どのようにして現状に挑むのか，というその問題意識だけよ。だからこそ，私たちは勇気を奮って，ほんとに勇気を奮って，南アフリカの，アルバニアの，中国の人たちとも話し合うのよ。私たちには教えることなんて，何一つ，ありはしない。私たちが避けなければいけない危険，それは帝国主義的なアプローチよ，私たちが完璧で，手を触れるとすべてが金になってしまうと，自分が信じたり，人に信じさせたりしないことよ。

P.M.：自分ならほかの人にとってよいことができると信じこんで，ほかの人にもそう信じ込ませる。これって帝国主義ですよね。そうなっていくと，ヤバイということかな。

C.R.：そう，そうなんです。正誤はこちらが知ってる，なんて，思わないことよ。だからといって見放しちゃいけないことも，これまた明瞭。自分た

ちは希望の，可能性の，支援のネットワークのなかにいるんだと，その人たちに感じてもらうことが必要なのよ。それから，その人たちが，今の今，本当に具体的に何かのツールを必要としているということも，もしかするとあるかもしれない。でもそれは，必ずしもレッジョで，教材だの教具だのをお買い求めになるということではない。

　しかし，このようなほかの人々との対話を，私たち内部の対話と結びつけていくことは，絶対に不可欠。だって，それらは同じ探求の，それぞれの一環なのだから。でもね，難しいんだな，十分な時間をつくり出すのが。だって私たちが求めているのは，通り一遍ではない真の対話なのだから。

P.M.：あなたは価値の共有について言われた。それは，傾聴，そして対話ということだろうと思う。しかしある理解を共有してもらうことも必要ではないだろうか？　たとえば，知識とは何だろうか，とか，学ぶということをどう理解したらよいのだろうか，とか，そういうことでの共通理解が必要なのではないだろうか？

C.R.：ごめんなさい。価値という概念ばかりを使ってしまって。ちょっと失敗かな。

　でも私にとって，それは理解であるとともに，価値なのよ。知識ということをどう考えるか，どういう仕方で学習の問題に切り込むかという，多様にある選択肢の一つをこれと決めるのはやはり価値観なのではないのかしら。選んで，その責任をとるわけだから，それはやはり価値観の問題じゃないのかな。

P.M.：それ大事な点ですよね。あなたが価値を言うのは，あなたが行う選択はかならず価値によって裏づけられているから。

C.R.：責任をとるというからには，その選択に相応しいことをやっていかなければならない。研究も必要ですし，そのための集会ももたなければならない。やるべきことは，まだたくさんあります。たとえば国際交流にしても，これまでの取り組みではまだ不十分です。セミナーももっと開きたいしね。外国の友人たちをお招きする，私たちの研究を披露したり，考えを述べたりする，外国の方たちにも自国の最良の仕事をここにもち

込んでくださるようお願いする，そんな機会をもちたいのです。それからいくつかの問題に関しては，ほかの分野の方々とも，もっと意見交換をする必要がある。たとえば，精神神経学者の方たちとドキュメンテーションの意味について話すとか，心理学者とアイデンティティの形成について議論したり，子どもたちがどうしたら経済にもっと強くなるかを経済学者と一緒に考えたり，そういう間領域的な討論の機会をもっともてるとよいと思うな。それから，あらためてまた現代のシティズンシップの問題。われわれのいろいろな角度からの観点をつき合わせて考えなければならない重要問題です。ほかの国や他分野の人々と検討したいもう一つのテーマは100の言葉という例の理論です。これは創造性，学習過程，民主主義を，驚くほど強力に支えてくれる概念です。3つとも密接に関連している問題ですからね。

　私がとりあえず発展させたいと思っているレッジョのネットワークは，まぁ，こんなところかな。これから国際研究センターが発足すると，もっと進捗するだろうと期待しているのだけれど。

P.M.：これからの数年で，レッジョにやってほしいことがほかにありますか？新しい事業のアイデアとか，領域とか。

C.R.：つまり，もっとほかの対話にも手を出す，ということよね。私としては，レッジョが自らのアイデンティティを失うことなく，いろいろな対話に挑戦することには大賛成。世界中の政治家たちと討論するとか。でも評価の問題を一つとっても，論争に嚙むのは本当に難しい。自分の普段の言語ではない言語で，自分のパースペクティブを提示しなければいけないわけでしょ。それは，私たちの問題意識から出てきた言語とはまったくずれた言語なんですよね。もっと別な評価のシステムを考案せざるを得なくなって，こうやってみたらどうかな，これを加えてみたらどうかなと，こちらはいろいろ考えながら新しい評価のあり方を考案していくわけだけれど，そんな迷いとはまったく無縁なところで流通している，私たちが普段は使わない言語で議論に参加しなければならなかったりする。

　でも，ほかの学問分野の人たちとはもっと対話したいですね。ほかの

場所で働いている人たちとも交流したい。どこでもいい。たとえば病院で働いている人たち，小児科病院なんか，興味あるな。
P. M.：10年後に，レッジョの病院で，たとえば教育ドキュメンテーションをやるなんて，どう？
C. R.：いいじゃない？　そうよ，病院の患者さんたちとね。

レッジョへの反応

P. M.：世界中のあちこちでレッジョが話題になっていることは，われわれが今しがた話したとおりだ。アメリカ合衆国でレッジョが大いに話題になっているというのは，僕らから見るとちょっと面白い。北イタリアのこの一帯とは，まるで違う環境だよね。
C. R.：私たちがアメリカ合衆国と対話できているといったら，ちょっと口幅ったいと思う。でも，強い繋がりがあることは確かね。彼らは私たちを変えつつあるけれど，私たちも，おそらく向こうの何かを変えているのかもしれない。でもね，アメリカ社会は相変わらず帝国主義の社会，そしてわれわれのすべてを条件づけているのよ。
P. M.：アメリカ合衆国，それと英語圏諸国も，というべきかな，密接に付き合っていてこれは困ったぞと感ずるような変化はありますか？
C. R.：はい，ノーマライゼーション，やたらと型にはめたがるんです。私たちが何者か，レッジョ・アプローチとはどんなものかを理解しようとするのでしょうが，われわれを分類箱に入れてはレッテルを貼ってくださるわけです。私たちのやっていることは「エマージェント・カリキュラム」とか，何か，そうした類のカリキュラムの一つに仕立てられてしまう。冗談じゃない。私たち，そんなものではありません。そんなふうにしてこちらの正体を摑んだつもりにならないと，どうも気持ちが落ち着かないようなのです。だからでしょうか，私たちはよく非難されるのです。君たちは自分たちが何者であり，どうしてそうなったかを明快な言葉で語ることのできない人間たちだ，と。君たちはもっと明快な言語を——あるいは彼らにとって明快な言語を，身につけなければいけないと，

そんなお叱りを私たちはいただいているわけです。

　なるほど有難いお言葉かもしれないけれど，つまりは，もっとコンフィ　ミストになれということですよね。一枚のラベルでわれわれをうまく分類するなんて，できるはずないでしょう。この言語，いつもなら世界をうまく整理してくれるのに，われわれの場合はどうもしっくりいかない。ある種の不協和音がけたたましく響いてしまうわけ。そこで第二の対処として，お前さんたちの方法が効果的に機能していることを示す科学的な証拠を出してくれたまえ，ということになる。――これ，明証性というのでしょうか。それから第三の手は，われわれの方法を標準化して，プログラムに仕立てることです。まずこれをやる，それからこれを，次にはこれを，という具合に段取りを決めていくわけです。

G.D.：だから，あなたは訊かれると，「場合によりけりで」と，答えることが多い。

C.R.：一つの問いに明快な一つの答があるという考え方を，私たちは避けようと思っています。「場合次第」と言わなければならないことは，多いはずです。そうなると，コンテクストという概念が入ってくるわけですが，これを言われると途端にアタマにきてしまう人も多い。

G.D.：面白いわ。あなたがこの話をスウェーデンでして，「場合によるが」といってから今のような解説を加えていくと，普通，スウェーデン人はあなたの言い分に好意的なのよね。それはよくわかるわ，と，スウェーデンの人たちは言う。あなたたちの仕事がコンテクストと不可分であることを理解できる，これ，スウェーデン人の美点かもね。

P.M.：あるパラダイム，もしくは思考方法を共有できる社会が，ヨーロッパに現に2つある，ということだよね。

C.R.：イギリス人だって，かなりのところ，そうよ。私たちの哲学的解説を，比較的よく聴いてくれて，あなたの理論的なアプローチに賛成よ，と言ってくれたりもする。でも訪問者のなかにはまったく不賛成で，気を悪くしてしまう人もいる。私たちが「場合によっては」と言うそのことがお気に召さないのよ。あの連中，相対性をもちこんでしまっている。長々とした答はごめん。もっとてっとり早く，敏速に！　というわけね。

おそらく文化なのかな。

明証性をどこに求めるのか？

P.M.：僕がイギリスの大臣であったと仮定しましょう。ある日、レッジョを視察に来て、こう言ったとする。「イギリスでは、公的サービスの成果の如何がたいへん重視されている。君たちの成果はどうなの？ レッジョの好成績ぶりを示してくれる証拠が何かあるのかね？」。この手の質問をぶつけられたら、あなたは何と答える？

C.R.：私は彼に質問するでしょう。「あなたにとって、就学前児童の学校の成果とはどんなものですか？ あなたにとって、教育とは何を意味しますか？」と。

P.M.：問いを投げ返すわけね？

C.R.：そのとおり。対話ということを考えると、そうするのが絶対に正しいし、必要なこと。イタリアに住んでいて、レッジョでもイタリア語を話していて、いつも感じていることだけれど、いま言葉が驚くべき速さで意味を失いつつある。同じ言葉を使っているのに、込めている意味がぜんぜん違っていたりする。だから私は、思想を、こういう質問の背後にある考え方を理解したいのよ。「教育」という言葉が使われているけれど、それはよき市民になるということなのか、それとも学校にとって都合のよい人間になることなのか？ ですから私は問いそのものとネゴシエートするのです。その問いの背後にある思考――また暗黙裡に予想されている答と、ネゴシエートするのです。というのも、人は何か問いを立てる時、たいていの場合は、もう心のなかで答を出してしまっていますでしょ。

P.M.：なるほど。しかし、あなたはそういう言い方で、結果はやっぱり大事ですよと言っているのではないかしら？

C.R.：ええ、そういうことになるのかもしれません。政治家や経済学者、誰からでもよいのですが、結果を問われるのは、私としてはむしろ歓迎なのです。自分の意見を言う権利は、誰にでもあります。社会やコミュニ

ティが結果を期待するのは当然の権利ではないでしょうか。それもまた学校の存在意義なのですから。しかし，私は同じテーブルで，あるいはいくつかの円卓で，それをやりたい。日常に根ざした集まりのなかで，結果を論じたい。

P.M.：結果というこの言葉を，われわれはどう理解すべきなのかを，論ずるわけだ。

C.R.：そう。結果という言葉にどういう意味が込められているかが明確になったら，さてその場合に即してどういうことが可能かどうかが，突き止められていくことになる。

過程と結果——and か，or か

P.M.：見ていてとても印象的なのは，あなたが学習過程の可視化について，つまりドキュメンテーションについて，再三にわたって語っていることだ。この側面に非常に力点を置いているようだ。ところで，あなたはプロセスと結果を区別しているのかどうか，それをお尋ねしてみたい。

C.R.：していません！　完全に間違っているかもしれないけれど，私としては一方だけを見ているつもりはないのです。社会が結果を求めるのは当然でしょう。ただ，私にとって結果は同時にプロセスでもあるのです。このことを認めさせるのは，かなり困難です。これは政治と社会の問題だと，私は思っています。プロセスはしばしば軽視され，冷遇されています。

P.M.：そして二元論が，過程と結果の偽りの区分が，幅を利かすというわけですね？　過程の一つ一つの瞬間が結果であり得るのに，そういうふうには考えない。

C.R.：私が今感じていることは，社会がすっかり断片化してしまっていること，可能性としてばらけているのではなくて，意味を見失ってばらけている社会の状態です。われわれは省察し，意味を発見する可能性，意味を構築する可能性を見失いつつあります。意味を構築するというのは，まさに言い得て妙な言葉です。今や，すべてがショーと化した！　何もかも

が刹那の娯楽ばかりです。私はエピソードやイベントに反対しているのではありません。それらすべてをばらばらなものにしてしまう文化に反対しているのです。省察と理解のための時間，自らの生を，他者たちと共にある自らの生を意味あるものにする時間と可能性を，人間から奪っていく文化に反対しているのです。学びを可視的なものにするという私たちの提唱が危険を含んだものになるのは，そのためです。それは誤解されてしまうかもしれないからです。ショーになってしまうかもしれないのです。

P. M.：イギリスの大臣がこの討論を聴いて，僕のところに来たら言ってやりましょう。レッジョではプロセスと結果の区別はないと思いますよ。あそこには，落としどころとか，最終解答という考えがもともとないのですから。それから，こんなことも付け加えようかな。あなたがご覧になったのは，きっと生き方でしょう。見て，考えて，反省する，そういう生き方です。

C. R.：いいわね。でもまだ，ある。それは夢よ。ほら，もっと違う社会の夢。それと希望よ。今とは違う学校の夢じゃなくて，今とは違う社会の夢よ。しかしそれは最終的な決着点ではない。だから，ユートピアではないの。ユートピアって，完全な何かでしょ。私たちのユートピアは，ピンチに落ち込んだっていい！　ピンチにぶつかることを厭わない，そんな勇気をもつべきなのよ！

P. M.：そういう覚悟がないと，全体主義の鋳型に嵌ってしまうから？

C. R.：そう思うな。人間がいつか究極の理想に到達するなんて，私は信じない。そうではなくて，一つ一つの瞬間を，一つの足場と考えればいいのよ。宗教にも，そういう考え方があるわよね。神はいつでも，あなたを召して，あなたの人生の何たるかを一挙に見えるようにしてくれる。キリスト教の神は語っている。どんな時にあっても，あなたはそれに備えなければならないと。

P. M.：あなたを創造し給うたその主なる神と出会うために。

C. R.：ええ，どんな瞬間にあっても，その瞬間が自分に納得できるものでなければならない。こういう視点は，プロセスそのものが結果でもある，価

値あるものの一部である，と見ることに繋がっていく。われわれは最後の結果だけを念じて一路邁進しているのではない，それぞれの瞬間にそれ自体の意味がなければならない，と，考えるわけ。こういう考え方，悪くはないでしょ。一瞬一瞬のなかに豊かさを見る，こういう見方が私は好き。

G.D.：非常にはっきりしたゴールがあって，それで子どもたちと活動していたら……思ってしまいますよね，この子のやり方はOKだ，でもこの子のはだめだ，と。

C.R.：そうそう。そんなんじゃなくて，どの瞬間にもネゴシエートする権利をもっていなくてはいけないのよ。それが過程というものの概念。はっきり何かを望んでいなければならないし，こうありたいという目標は必要だけれど，しかし同時に，自分たちはパーフェクトではないということも，はっきりアタマに入れておく。まだまだ未解決なことが，たくさん自分たちの前にあるのですから。その意味ではレッジョは，いつまでも未完なのよ。常に変化する環境との対話のなかにあるのだから。

評価（evaluation）と規制（regulation）

P.M.：くだんの大臣が僕のところに来て，こう言ったとする。レッジョでも責任をもって仕事の評価を行っているではないか。やった仕事を検証するのは当然のことではないか，と。

C.R.：それは，まったくそのとおり。教育ドキュメンテーション，というやり方でね。それからほかの道具も使っていますよ。それが，ドキュメンテーションがなぜ大事かということのもう一つの理由なのよ。ドキュメンテーションは，連続的に続いていく評価のプロセス（a permanent process of evaluation）なんです。結果でネゴシエートできて，プロセスとも交渉できるのだから，ドキュメンテーションは評価のtoolとしてなかなかのすぐれものです。もっとも，国の制度のなかでそんなことをいっても，なかなか通用しませんけれどね。

P.M.：それも，どうも気になる点です。レッジョのことを伺っていると，素晴

らしい，と思うことがいっぱいある。でもそれをイタリアに，イギリスに，世界中のほかの国々に広げて考えた時に，一体，どうしたらよいのだろう？　どこもがレッジョのようではないのだからね。

　そこで決まりとか，コントロールとか，カリキュラムとか，何かその種のノーマライズするものが必要になるのではありませんか？

C. R.：ドキュメンテーションを何かのテストと結びつけるなんてことが——たとえば私のような者が唯々としてそれに手を出すことが——どうしてあり得るでしょうか？　私にとっての最大の問題，それは現代というこの時代のなかで，イタリア人として，ヨーロッパ人として，どのように世界と対話して生きるのか，ということなのではないでしょうか？　ですから私が能力を考える時に，まず真っ先に考えるのは社会的なスキル，社会という土俵の上で行動する私たちの能力です。私はもっと知りたいのです。どうしたら子どもたちはグループで，グループとして学ぶことができるようになるのだろうか。私は，もっともっと知りたいのです。どうしたら子どもたちは問題を見つけ出してよく討論することができるだろうか，よい資料を見つけ出すことができるだろうか。どうしたら，自分たちのシティズンシップを開発していくことができるのか。そういう能力を測ることって，できるのだろうか？　私ができることは，信頼することです。私の考えでは，キーワードは依然として信頼，これからも，それはそうであり続けるでしょう。

P. M.：この場合，誰を信頼するの？

C. R.：教師を信頼するのです。コミュニティを信頼するのです。

P. M.：それはとても難しい。それぞれの共同体が教育の責任をとるべきであると，あなたは本当にそう考えているのですか？

C. R.：いいえ，それだけではありません。でも，それも。

G. D.：学校教育は能力別に分けて行うべきだという声があるのですが，こういう発想についてはどう思われますか？　今はこの声が大きくて，たとえばイギリスの学校ではもう低年齢の段階からこれが行われています。能力差に応じた個別指導で，落ちこぼれをなくすということのようですが。

C. R.：とんでもない代物だと，私は思います。

G.D.：どうしてそう思うの？　だって背後にあるのは，これも社会正義に関するあるイデオロギーじゃないの。もしもついていけない子がいたら，これで何とかなると，教師は思ってしまうのではないかな。
C.R.：それ，コンピュータの話よ。子どもをコンピュータに見立てているのよ，インプットして，アウトプットが出て，ということね。とんでもない，というのはそのことなのよ。仮に私がテストをしたとするね。値踏みされるのは主体なんかじゃない。ナンボのものかわかってしまうのは，そのテストのほうなのよ。そんなものの，どこが社会正義なの？　子どもが，この作業をやらなかったとする。さて，どうしたらいいか？　もし私がよい教師ならば，ピーターのやつ，絵が画けないわけじゃないのだ，ということをつきとめるわ。もし私が彼に寄り添うことのできる教師なら，きっと記録をつけるわ。テストなんか，いらない！

　仮にテストしたって，自分がもう知っていることを確認するだけじゃないの。何かが明らかになるとしても，それは子どもに関する何かではなくて，彼をそうさせた条件のほうなのよ。本当の評価は，そんなお手軽なやり方でどうにかなるようなものではないわ。
G.D.：もっとずっと複雑で，難しくて。うん，わかるわ。
C.R.：教育って，究極のところ，情熱を共有することだと思うな。一緒になって感じ，一緒になって心を動かすことなのよ。記録をつくっているでしょ，すると思わず，情熱や，感情や，感動がこみ上げてくるのよ。最近，外国の教師たちとワークショップをした時のことだけれど，その人たちがおっしゃるのね。わたしたちの最良の，いちばん輝かしい瞬間は，記録をつくっていて，ある子がはじめて何かができた時の，あのときめきの一瞬だと。もう，情熱を感じちゃって，と，情熱という言葉を彼女たちは使っていました。

カリキュラムの問題

G.D.：カルラ，私たちの国ではとてもよく耳にするし，あなたも先ほど言及されたけれど，あなた方レッジョの人たちはエマージェント・カリキュラ

補章3　カルラ・リナルディとの対話のなかで

ム（emergent curriculum）でやっているとよく言われるのよね。こういう解釈に対して、あなたはどう関わるのかしら？

C. R.：レッジョの教師たちはemergent curriculum（発現型カリキュラム）[4]で仕事をしていると分類してくださる方々に対するお返事として、われわれは言うなればcontextual curriculum（脈絡と共にあるカリキュラム）と呼べるであろう概念を考え出しています。カリキュラムについて考える時、私たちはある前提を立てています。——子もたちはものすごくたくさんの言語を身につけていて、明敏に感知しているのです。たとえ自分たちが対立する考えや理論をぶつけても、他者たちの精神はそれをシェアするだけの柔らかさを具えているのだ、と。子どもは生まれてまだ何年もしない頃から、物理的世界、生物世界、社会的世界についての強力な理論を彼らなりに発展させているものです。それは子どもたちが自分をとりまいている世界を意味づけようとして行う解釈行為であると考えることもできるでしょう。こうした理論は他者たちとの対話を通して挑戦され、より豊かになっていきます。とりわけ注目しなければならぬことは、子どもはそのなかで自分の思考する能力、意見をもち理論を構築する能力（つまり思考し、現実を解釈する能力）に目覚める、ということです。と同時に、自分の知識とアイデンティティを築きあげるために他者と対話することがどんなに大事かも、次第にわかってくるのです。

　カリキュラムというものを走路もしくは旅のようなものと考えるならば、私の考えでは、その走路や旅はこうした諸々の能力（competences）の発達を支えるものでなければならないでしょう。それは、人が知り生きる土台となる価値であるからです。それは考察と自省を通しての学び、「100の言葉」を通しての学び、学ぶことを学ぶ、そのことへの能力を高めるものでなければならないのです。こうした類(たぐい)のカリキュラムは、子どもたち、教師たち、彼らを囲む環境との対話によって決定されていくカリキュラムであるという意味で、"contextual"であるといってよい

---

[4]〈訳注〉エマージェント・カリキュラムは「創発的カリキュラム」などと訳されることが多いようだが、emergentの通常の語義に従って、ここでは「発現型カリキュラム」と訳した。予期しない変異や突然の出来事をバネにして発現する学びの走路、ということである。

でしょう。一人の子どもが，あるいは子どもたちや教師たちがその言い出しっぺになることもありますし，周りの出来事やニュースが発端になることもあります。しかしコンテクストに力点を置くということは，人々の参加を重んずるということで，家族ばかりか，子どもが属する地域の人たちも，カリキュラムに参加できるということなのよ。私は，ここで「参加」という言葉を使っているけれど，それは一人一人の主体が影響力をもち，しかし同時にほかの主体の影響も受けながら，各人の，そして全員の未来の形成に参加していく，ということなの。

P.M.：あなたは今，独特なカリキュラムの考え方を話しておられるのだけれど，どうも僕の感じでは，あなたは「カリキュラム」というものに，うんと控えめにいってアンビバレントであるように思えてならない。おそらく，あなたやレッジョの人たちにとっては，自分から進んで使いたい概念ではないのではないか。あなた方の実践や，置いている価値からすると，あまりしっくりくる概念とは思えないからね。

C.R.：ええ，図星よ。"contexual curriculum" などというアイデアを思いついたのは，カリキュラムの言語を使っていて，カリキュラムの重要性を信奉している方たちの理解を得たいと思ったからよ。レッジョの私たちにとっては，progettazione（プロジェクト活動）が非常に意味鮮明な言葉で，しかしこれは意味がカリキュラムとは少しずれている。progettazione（プロジェクト活動）はある戦略で，観察—解釈—ドキュメンテーションという毎日の実践なんです。コンテクスチュアルなカリキュラムなんて言い方をする時，私が説明しようとしているのは実は progettazione（プロジェクト活動）という概念なのです。

　何としても守り抜かなければならないことは，学習が単なる個人的な活動，テスト一つで成績が決まっていくような活動ではなくて，集団の活動として位置づけられることです。たとえばの話，学校で一緒に育っていく子どもたちは，友達の意見を求めたがるものですし，友達を刺激してその見解を表明させたがるものです。彼らは他者の思想を自分の思考の有機的な一部と感じ，それがどんなものかを知りたがるのです。たまたま一緒に思考することができなかったりすると，不安げな様子を示

すことだってあるのです。子どもたちは何とかみんなを巻き込んでやろうと画策し，いろいろな戦術を使ってそれをうまくやり遂げる方法をすぐに覚えていきます。イタリア語を話せない子どもたちや，知的にハンディキャップのある子どもたちが，やすやすと，かつ上手に活動に溶け込んでいくんですよ。

他人を自分のアイデンティティの一部と考えることができれば，いろいろな意見や理論を資源と見るようなことも起こり得ます。違った考えをもつ人々がいて，その間で対話が行われることが，価値として見えてくるのです。彼らの「100の言葉」は，理解するためにも，理解されるためにも役立つのです。

前もって決められたカリキュラム（読み書き算といったような）を形式的に教えて，何かテストのような方法で評価を行うのではなく，子どもたちも教師たちも，彼ら自身の日々の活動を記録し，自分にとって使いやすいシンボル形式を用いて学びを進めていけばよいのです。このような探求の過程では，ドキュメンテーション（写真，ビデオ，ノート，録音など）が重要な役割を果たすことになります。それによって子どもたち・教師たちの学びのプロセスを省察し反省することが容易になりますし，教師のプロフェッショナルな能力も育っていきます。

父母や地域の人々との交流と対話がそれに加わることによって，このプロセスはさらに豊かなものになっていくでしょう。おそらくは，そしてこれがもっとも重要なことなのですが，教師，父母，子どもたちがこのように日常的に活動を共にすることのなかで，彼らは自分たちがそのなかで生きたいと思うコミュニティを一緒に築き上げているのです。

時間の問題

P.M.：あなた方がレッジョでやっていること，学校や教育についてのあなたのお考えを伺っていると，それらのすべてを貫いて時間へのある特殊な構え，時間になんぞ縛られてなるものか，という心意気のようなものが感じられてならないのだが。

C.R.：そう，学校と時間のことを，今日はまだ，あまり話していませんよね。それって，私にとって大事なことなんです。学校は生活の場所ですから，生活の時間が必要です。生活の時間は，たとえば生産の時間などとは異質な時間です。生産でもっとも重要視されるのは生産物でしょ。しかし先ほども言ったように，学校で大事なのは過程であり，われわれが育っていく，その歩みなのです。教育関係の真価は，それが生み出す時間によって決まります。それはゆったりと流れる時間，隙間があって，ゆったりと流れる時間でなければなりません。

　School という単語を一つとっても，その語源は，学校と時間の問題と深く結びついています。少し説明しましょうね。ラテン語の schola，ギリシャ語の Scholē は，閑暇（かんか），自由時間を意味しています。勉強したり，ものごとを考えることに使う自由な時間，ということです。そういうことをしようとすれば，どうしたって時間が必要なのです。どういう形であれ，ある関係のもとで人を育てようとすれば，その関係をつくり出すための要素として，かならず時間が必要になります。ですから人を育てる場としての学校は，すなわち時間を与える場，子どもたちに時間を，先生たちに時間を，そこに集うあらゆる人々に時間を与える，そんな空間でなければならないのです。どんな種類の学校であれ，学校では，あらゆる集団に属する人々が，その閑暇を使って相互の繋がりをつくり出し，また差異と葛藤を生きる可能性を獲得していかなければならないのです。

　今では何もかもがスピードアップに向かっていて，もうほとんど超速力の時代になってしまっているようですが，そんな時代であるからこそ，スローであることを，たっぷりと隙間のある時間を，休息を称揚することが正しい選択なのではないでしょうか？　スピーディがいい，いや，ゆったりがいいと，そんな言挙げをするつもりはありませんが，人間の時間を見失わない心構えはやはり必要だと思います。子どもが，それを助けてくれるのです。私たちが自分の内部に流れている時間，自分が自分でいられる時間を見つけ出す，その手助けをしてくれるのが子どもなのです。私たちは時間によってつくられているのであり，私たちは，時

間の顔なのです。問題は私たちが，この私たちの時間のリズムに耳を傾け，それを権利として，いやそれだけでなく社会的・文化的な価値として認めることができるかどうか，です。——ほらね，といって，子どもたちはその価値をわれわれに差し出してくれています。

学校に対する公的な責任

G.D.：レッジョが市の公的なプロジェクトとして運営されていることを，あなたは大変重要視されています。これは私たちにとっても，興味深い点だと思います。そこでですが，子ども保育や教育における公と私の関係を，あなたはどのように見ていらっしゃるのでしょうか？

C.R.：近年は福祉国家の危機などということが，しきりに言われています。私に言わせれば福祉国家の危機などというものはなく，福祉国家を支える経済が危うくなっているということでしかありません。それと新自由主義的な思想がますますのさばるようになりましたよね。私的なものに比重を移せという主張で，これは共産主義社会の崩壊と対応するものでしょう。しかし私は今もって学校をつくり出すのは公共団体の義務であると固く信じています。なぜなら，もう縷々説明してきたように，そこで子どもたちの文化が表現され構築されるばかりでなく，より広範な文化の場としても，学校は存在しているからです。

　私個人としては，教育は公共の行為であるべきだと信じています。私がこのことに絶対の確信をもつのは，われわれがレッジョで共有したたくさんの経験があるからです。公共の行為であるというのは，公費で行われているということですが，しかしそれだけではありません。学校が多様性の場であるということ，異なる者の対話の場であるというそのことが公なのです。前にも言ったかと思いますが，異なる集団ごとの学校——ユダヤ人の学校，カトリックの学校，イスラムの学校，ある特定の社会集団，男子だけ，女子だけの学校に，私は強い危惧をもっています。私たちに必要なのは異なる人々が直接に出会って対話する公的な場なのです。子どもたちがある特定の集団とだけ接触して，自分たちのことだ

けを考えて育ったとしたら，どういうことになってしまうのでしょうか。
　私の学校観は，複数性のそれです。多元的であることが絶対に必要だと，私は確信しています。

P. M.：公的であるということは，お金も公費で賄われている，ということ？

C. R.：有志の方がレッジョの学校に醵金（きょきん）してくださるならば，私は受け入れることにやぶさかではありません。

P. M.：それは公費のほかに，ということ？

C. R.：そうです。条件つきのお金でなければ，ですね。「このような種類の子どもたちだけに使ってくれ」とか，「こんな価値観を教えてくれ」とか，そうしたヒモがついていなければです。そうすれば，学校の側に強いアイデンティティさえあれば，中立性を害うことはないでしょう。

P. M.：公的機関，具体的には市が学校の運営に介入することになってもよいのかしら？　それとも，市の役割はもう少し控えめなもの？

C. R.：レッジョでは，こんな基本原則を立てていて，私も，そしてマラグッツィも，それを強く支持していました。——それは，コミュニティは学校の質に対して，責任をもたなければならない，というものです。幸いなことに私は，コミュニティが学校に深く関与するだけでなく，そこで最良の価値を表明してくれるような，そんな場所で暮らすことができました。学校は，子どもたちのための学校ばかりでなく，すべての学校はローカルであるとともにグローバルたり得なければならないと信ずることができているのは，おそらく，そのためだと思います。

　これは私の評価についての考え方にも影響を及ぼしています。これは，ドキュメンテーションが，探求が，価値を可視化すること（assessment）のリスクが，どうしてそれほどに重要であるかを説明するものでもあります。リスクを引き受けて評価（evaluation）を行わなければ，人はいつまでたっても変わらない。評価とは，私たちが自分たちにチャレンジするプロセスの，その一部なのです。ある種の連帯と愛を込めて，私たちは子どもたちと共に，この危険に挑むのです。

　私にとって唯一の現実は，今，夢のなかにあるのです。なぜなら，私がここにいるのは，外なる現実のためであり，私がここで抱いている夢

のためでもあるからです。そのどちらもが具体的です。私の夢は，たとえば，今朝の新聞の紙面のように具体的なのです。生々しく，気をそそり，私の情熱を掻き立てるのです。何かが起こるかもしれないとすれば，それはすなわち夢の一部なのです。

P.M.：夢という思想，これは，あなたの思想，あなたの仕事のなかで，実に大きな位置を占めていると思うのですが？

C.R.：そう，夢。夢のなかにはいっぱいのメタファーがあり，シンボルがあって，それらはみんな，私たちを迎え入れてくれるでしょ。科学みたく，証明がどうたらこうたらと，もったいぶったことは言わないわよね。夢はリスクよ。ドキュメンテーションだってそう，外国の人々との対話だって，リスクよ。それは，おそらく生命がリスクだから。

　それはリスクで，そして強さなのよ。

おわりに

　さて，これがお終いのページです。何がお終いなのか，ですって？
　本のですよ。本は，確かに終わる。でも，私の「レッジョ・エミリアとの対話」は，お終いになるわけじゃない。
　イタリア語版のゲラを印刷にまわす前に再読したのです。それでわかったのですが，この『レッジョ・エミリアと対話しながら』で，私は，どうやら自分の人生と対話しているようなのです。同じ舞台で共演し，私を迎え入れて一緒に生きようよと誘ってくれたたくさんの人たち，その人たちと一緒に経験した教育の仕事のなかで感じてきたたくさんの疑問，たくさんの矛盾，たくさんの歓び，それとの対話が，この本なのだ，と。
　希望の徴(きざし)が，そこにないわけではありません。この本が，若い読者のみなさん方を——夢と，君は生きていてよいのだというメッセージをしっかりと伝える物語から，未来への可能性を読みとろうとする教師や学生のみなさん方を，何ほどか励ますものであることを私は願います。それは自らを映し出す鏡，いま自分が生きてここにあることを限りなく肯(うべな)う鏡なのです。

カルラ・リナルディ

訳者あとがき

　ゲラを再読していま思うことは，この本の全体が一種のドキュメンテーション——40年間にわたる著者の思索を，さらにはその土台となったレッジョ市民の生涯学習運動の歩みを，年代を追って記録した「ドキュメンテーション」——であるということです。焦点化されているのは幼児の学校なのですが，幼児期とは人生の最初の一コマであって，大人は子どもの学校と関わることで，自らもまた「生きるための学び」を獲得していくのです。著者が言うように，「人間って，子どもなしではいられない存在である」からです。そのような市民たちの息遣いが，ページのそこここからくっきりと浮かび上がってくるのではないでしょうか。

　索引をつくったらどうかな，とも思ったのですが，今回はとりやめました。拙速につくるよりも，読者の皆さん方と共に，時間をかけてつくるほうがよいと考えたからです。「ドキュメンテーション」，「傾聴」，「子ども観（有能な子ども）」，「参加」，「評価」，「価値」，「学び」，「同僚性」，「プロジェクト活動」，「主観性」，「越境」，「理論と実践」，「対話」など，若干の項目を選んで部分的な索引をつくってみたのですが，興味深く，意味深い作業であることが実感できました。著者の思索の深化が立体的に見えてきます。私も仲間に呼びかけて，これから本格的にやってみたいと思っていることの一つです。

　訳書の刊行自体もまた，たくさんの方々のご助力によって実現しました。そのつもりのないままに訳した原稿をミネルヴァ書房につないでくださった研究会仲間の浅井幸子さん，本にまとめてくださったミネルヴァ書房編集部の西吉誠さん，装画についてはレッジョ・チルドレンのフランチェスカ・マラストーニ（Francesca Marastoni）さんと森眞理さんのお力添えをいただきました。カルラの著書のカバーを子どもたちの作品で飾るというアイディアを実現するために，マラストーニさんは数点のパネルの原画を送ってくださいました。ひととき舞台でハイライトを浴びてからその外に退出していく虫や動物たちのス

ケッチは（本書 pp. 254-256の ri-cognizione についての著者の記述を想い起こされる読者もいらっしゃることでしょう），ディアーナ校の壁面を飾っているパネルの一部です。森さんからは，装画をめぐるレッジョ・チルドレンとのやりとり以外にも事実確認などで，たくさんのご助力をいただきました。他にもお名前を挙げないたくさんの方々のお力添えで，著者の渾身のドキュメントが，素敵な本の形になりました。訳者というよりも読者を代表して，皆さまにお礼を申し上げたく思います。

　2019年7月

　　　　　　　　　　　　　　　　　　　　　　　　　　　　　里見　実

引用・参考文献

Arnheim, R.（1954）*Art and Visual Perception : A Psychology of the Creative Eye*. Berkeley: University of California Press.
Arnheim, R.（1992）*To the Rescue of Art : Twenyt-Six Essays*. Berkeley: University of California Press.
Augé, M.（1992）*Non-lieux*. Paris: Seuil.
Augé, M.（1994）*Le sens des autres*. Paris: Fayard.
Ausubel, D. P.（1968）*Educational Psychology : A Cognitive View*. New York: Holt-Rinehart and Winston.
Balducci, E.（1990）*L'uomo planetario*. Firenze: Cultura della Pace.
Bateson, G.（1956）'The message "This is a play"'. In Schaffner, B.（ed.）*Group processes*. New York: Josiah Mary Foundation.
Bateson, G.（1972）*Steps to an Ecology of Mind*. San Francisco: Chandler Publishing.
Bateson, G.（1979）*Mind and Nature : A Necessary Unit*. New York: E. P. Dutton.
Bateson, G. and Bateson, M. C.（1987）*Angels Fear : Towards an Epistemology of the Sacred*. New York: Macmillan.
Bauman, Z.（1993）*Postmodern Ethics*. Oxford: Blackwell.
Bauman, Z.（1997）*Posmodernity and Its Discontents*. Cambridge: Polity Press.
Bauman, Z.（1999）*In Search of Politics*. Stanford: Stanford University Press.
Bauman, Z.（2000）*Missing Community*. Cambridge: Polity Press.
Bauman, Z.（2001）*The Individualized Society*. Cambridge: Polity Press.
Bauman, Z.（2002）*Society Under Siege*. Cambridge: Polity Press.
Bauman, Z.（2005）*Liquid Life*. Cambridge: Polity Press.
Bauman, Z.（2008）*Individualmente insieme*. Reggio Emilia: Diabasis.
Bauman, Z. and Tester, K.（2001）*Conversations with Zygmunt Bauman*. Cambridge: Polity Press.
Becchi, E.（ed.）（1979）*Il bambino sociale : Privatizzazione e deprivatizzazione dell'infanzia*. Milano: Feltrinelli.
Becchi, E.（1982）'Metafore d'infanzia', *Aut Aut*, pp. 19f.
Becchi, E.（1994）*I bambini nella storia*. Roma-Bari: Laterza.

Becchi, E. (1994) 'Prima o dopo Kant nella ricerca empirica ?', *Cadmo*, 4, pp. 3-5.
Becchi, E. (ed.) (1999) *Manuale della scuola del bambino dai tre ai sei anni*. Milano: Franco Angeli.
Becchi, E. and Bondioli, A. (eds.) (1992) *Gli asili nido in Italia : Censimenti e valutazioni di qualità*. Bergamo: Juvenilia.
Becchi, E. and Bondioli, A. (eds.) (1997) *Valutare e valutarsi*. Bergamo: Junior.
Beck, U. (1986) *Risikogesellschaft : Auf dem Weg in eine andere Moderne*. Frankfurt: Suhrkamp.
Berandi, F. (1994) *Mutazione e cyberpunk : immaginario e tecnologia negli scenari di fine millennio*. Genova: Costa e Nolan.
Berger, P. L. and Luckmann, T. (1966) *The Social Construction of Reality : A Treatise in the Sociology of Knowledge*. New York: Doubleday.
Bertin, G. M. (1951) *Introduzione al problematicismo pedagogico*. Milano: Marzorati.
Bertin, G. M. (1953) *Etica e pedagogia dell'impegno*. Milano: Marzorati.
Bertin, G. M. and Contini, M. G. (1983) *Costruire l'esistenza : Il riscatto della ragione educativa*. Roma: Armando.
Bertoldi, F. and Serio, N. (eds.) (1999) *Oltre la valutazione : Idee e ipotesi a confronto*. Roma: Armando.
Bertolini, P. (1988) *L'esistere pedagogico : Ragioni e limiti di una pedagogia come scienza fenomenologicamente fondata*. Firenze: La Nuova Italia.
Bertolini, P. and Dallari, M. (eds.) (1988) *Pedagogia al limite*. Firenze: La Nuova Italia.
Bocchi, G. and Ceruti, M. (eds.) (1985) *La sfida della complessità*. Milano: Feltrinelli.
Bocchi, G. and Ceruti, M. (eds.) (2002) *Le origini della scrittura : Genealogie di un'invenzione*. Milano: Bruno Mondadori.
Bocchi, G. et al. (1983a) *Epistemologia genetica e teorie dell'evoluzione*. Roma-Bari: Dedalo.
Bocchi, G. et al. (1983b) *L'altro Piaget : Strategie delle genesi*. Milano: Emme Edizioni.
Bondioli, A. (1996) *Gioco e educazione*. Milano: Franco Angeli.
Bondioli, A. (ed.) (2001) *AVSI : Auto valutazione della Scuola dell'Infanzia*. Milano: Franco Angeli.
Bondioli, A. (ed.) (2002a) *Il progetto pedagogico del nido e la sua valutazione*. Bergamo: Junior.

Bondioli, A. (ed.) (2002b) *La qualità negoziata : Gli indicatori per gli asili nido della Regione Emilia Romagna.* Bergamo: Junior.

Bondioli, A. (ed.) (2002c) *Il tempo nella quotidianità infantile : Prospettive di ricerca e studio di casi.* Bergamo: Junior.

Bondioli, A. and Ferrari, M. (eds.) (2000) *Manuale di valutazione del contesto educativo.* Milano: Franco Angeli.

Bondioli, A. and Ferrari, M. (eds.) (2002) *Manuale di valutazione del contesto educativo.* Milano: Franco Angeli.

Bondioli, A. and Ferrari, M. (eds.) (2004) *Verso un modello di valutazione formativa. Ragioni, strumenti e percorsi.* Bergamo: Junior.

Bondioli, A. and Ghedini, P. O. (eds.) (2000) *La qualità negoziata, Gli indicatori per gli asili nido della Regione Emilia-Romagna.* Bergamo: Junior.

Bondioli, A. and Mantovani, S. (eds.) (1987) *Manuale critico dell'asilo nido.* Milano: Franco Angeli.

Bondioli, A. and Savio, D. (eds.) (1994) *Osservare il gioco di finzione : una scala delle abilità ludico-simboliche infantili (SVALSI).* Bergamo: Junior.

Borges, J. L. (1956) *Ficciones.* Buenos Aires: Emece Editores.

Borghi, E., Canovi, A. and Lorenzi, O. (eds.) (2001) *Una storia presente : L'esperienza delle scuole comunali dell'infanzia a Reggio Emilia.* Reggio Emilia: RS-Libri.

Boselli, G. (1998, 2nd edn) *Postprogrammazione.* Firenze: La Nuova Italia.

Branzi, A. (1996) *La crisi della qualità.* Milano: ArtBook.

Bronfenbrenner, U. (1979) *Ecology of Human Development : Experiments by Nature and Design.* Cambridge, MA: Harvard University Press.

Brown, A. L. (1997) 'Transforming Schools into Communities of Thinking and Learning about Serious Matters', *American Psychologist,* 52(4), pp. 399-413.

Bruner, J. S. (1960) *The Process of Education.* Cambridge, MA: Harvard University Press.

Bruner, J. S. (1964) *On Knowing : Essays for the Left Hand.* Cambridge, MA: Harvard University Press.

Bruner, J. S. (1971) *The Relevance of Education.* New York: Norton.

Bruner, J. S. (1974) *Toward a Theory of Instruction.* Cambridge, MA: Harvard University Press.

Bruner, J. S. (1983a) *In Search of Mind : Essays in Autobiography,* New York: Harper & Row.

Bruner, J. S. (1983b) *Savoir faire, savoir dire : Le développement de l'enfant*. Paris: Presses Universitaires de France.

Bruner, J. S. (1986) *Actual Minds, Possible Worlds*. Cambridge, MA: Harvard University Press.

Bruner, J. S. (1990) *Acts of Meaning*. Cambridge, MA: Harvard University Press.

Bruner, J. S. (1996) *The Culture of Education*. Cambridge, MA: Harvard University Press.

Bruner, J. S. (1998) 'Scuole dell'infanzia: alcune specifiche per lo spazio'. In Ceppi, G. and Zini, M. (eds.) *Bambini, spazi, relazioni : Metaprogetto di ambiente per l'infanzia*. Reggio Emilia: Reggio Children.

Bruner, J. S. (2002) *Making Stories : Law, Literature, Life*. Cambridge, MA: Harvard University Press.

Bruner, J. S. (2004) 'Reggio: A City of Courtesy, Curiosity and Imagination', *Children in Europe*, 6, p. 27.

Bruner, J. S., Gardner, H., Moss, P. et al. (2006) *Attraversar confini : Idee ed esperienze in dialogo per una nuova cultura dell'educazione dei bambini e degli adulti*. Bergamo: Junior.

Cagliari, P. (1994) *La partecipazione : valori, significati, problemi e strumenti*. Reggio Emilia: Comune di Reggio Emilia.

Caillois, R. (1958) *Les jeux et les hommes : Le masque et le vertige*. Paris: Gallimard.

Callari Galli, M., Cambi, F. and Ceruti, M. (2003) *Formare alla complessità : Prospettive dell'educazione nelle società global*. Roma: Carocci.

Callari Galli, M., Ceruti, M. and Pievani, T. (1998) *Pensare la diversità : Per un' educazione alla complessità umana*. Roma: Meltemi.

Calvino, I. (1972) *Le città invisibili*. Torino: Einaudi.

Calvino, I. (1988) *Lezioni americane*. Torino: Einaudi.

Camaioni, L. (1980) *La prima infanzia*. Bologna: Il Mulino.

Camaioni, L. (ed.) (1993) *Manuale di psicologia dello sviluppo*. Bologna: Il Mulino.

Camaioni, L., Bascetta, C. and Aureli, T. (1988) *L'osservazione del bambino nel contesto educativo*. Bologna: Il Mulino.

Caronia, L. (1997) *Costruire la conoscenza*. Firenze: La Nuova Italia.

Cavallini, I. and Tedeschi, M. (eds.) (2007) *I linguaggi del cibo : Ricette, esperienze, pensieri*. Reggio Emilia: Reggio Children.

Ceccato, S. (1987) *La fabbrica del bello*. Milano: Rizzoli.

Ceppi, G. and Zini, M. (eds.) (1998) *Bambini, spazi, relazioni : Metaprogetto di ambiente per l'infanzia*. Reggio Emilia: Reggio Children.

Ceruti, M. (1989) *La danza che crea*. Milano: Feltrinelli.

Ceruti, M. (1995) *Evoluzione senza fondamenta*. Roma-Bari: Laterza.

Chomsky, N. (1957) *Syntactic Structures*. Paris-The Hague: Mouton.

Chomsky, N. (1968) *Language and Mind*. New York: Harcourt-Brace and World.

Chomsky, N. (1980) *Rules and Representations*. New York: Columbia University Press.

Clark, M. S. and Fiske, S. T. (eds.) (1982) *Affect and Cognition*. Hillsdale, NJ: Erlbaum.

Cornoldi, C. (1995) *Metacognizione e memoria*. Bologna: Il Mulino.

Dahlberg, G. and Moss, P. (2005) *Ethics and Politics in Early Childhood Education*. London: Routledge.

Dahlberg, G., Moss, P. and Pence, A. (1999) *Beyond Quality in Early Childhood Education and Care : Postmodern Perspectives*. London: Falmer Press.

Dal Lago, A. and Rovatti, P. A. (1993) *Per gioco : Piccolo manuale dell'esperienza ludica*. Milano: Raffaello Cortina.

Deleuze, G. and Guattari, F. (1999) *A Thousand Plateaus : Capitalism and Schizophrenia*. London: Athlone Press.

Deleuze, G. and Parnet, H. (1987) *Dialogues*. London: Athlone Press.

Derrida, J. (1999) *Adieu to Emmanuel Levinas*. Stanford, CA: Stanford University Press.

Dewey, J. (1916) *Democracy and Education*. New York: Macmillan.

Dewey, J. (1929) *My Pedagogic Creed*. Washington: Progressive Education Association.

Dewey, J. (1933, 2nd edn) *How we Think : A Restatement of the Relation of Reflective Thinking to the Educative Process*. Boston, MA: Heath and Company.

Dewey, J. (1938) *Experience and Education*. New York: Macmillan.

Dewey, J. (1940) *Education Today*. New York: Putnam.

Dreyfus, H. L. and Dreyfus, S. E. (1986) *Mind over Machine*. New York: The Free Press.

Edelman, G. M. (1989) *The Remembered Present*. New York: Basic Books.

Edelman, G. M. (1992) *Bright Air, Brilliant Fire : On the Matter of the Mind*. New York: Basic Books-HarperCollins.

Edwards, C., Gandini, L. and Forman, G. (eds.) (1993) *The Hundred Languages of*

Children. Norwood, NJ: Ablex Publishing.

Eurostat (2003) *The Social Situation of the European Union : 2003.* Luxembourg: European Commission.

Fabbri, D. (1990) *La Memoria della Regina.* Milano: Guerini e Associati.

Fabbri, D. and Munari, A. (1984) *Strategie del sapere : Verso una psicologia culturale.* Roma-Bari: Dedalo.

Fodor, J. A. (1983) *The Modularity of Mind : An Essay on Faculty Psychology.* Cambridge, MA: MIT Press.

Fodor, J. A. (1987) *Psychosemantics : The Problem of Meaning in the Philosophy of Mind.* Cambridge, MA: MIT Press.

Foerster, von H. (1984) *Observing Systems.* Seaside, CA: Intersystems Publications.

Freinet, C. (1960) *Education through Work : A Model for Child Centered Learning.* New York: Edwin Mellen Press.

Freire, P. (1967) *Edução como prática da liberdade.* Rio de Janeiro: Paz e Terra.

Freire, P. (1970) *Pedagogia do oprimido.* São Paulo: Paz e Terra.

Freire, P. (1996) *Pedagogia de autonomia. Saberes necessários à prática educative.* São Paulo: Paz e Terra.

Fullan, M. (1991) *The New Meaning of Educational Change.* New York: Teachers College Press.

Gadamer, H. G. (1972, 2nd edn) *Wahrheit und Methode : Grundzüge e. philos. Hermeneutik.* Tübingen: Mohr.

Galimberti, U. (1997) *Il corpo.* Milano: Feltrinelli.

Galimberti, U. (1999) *Psiche e techne : L'uomo nell'età della tecnica.* Milano: Feltrinelli.

Gallese, V. (2006) 'Corpo vivo, simulazione incarnata e intersoggettività: una prospettiva neurofenomenologica', In M. Cappuccio (ed.) *Neurofenomenologia.* Milano: Bruno Mondadori.

Gallese, V. (2007) 'Dai neuroni specchio alla consonanza intenzionale. Meccanismi neurofisiologici dell'intersoggettività', *Rivista di Psicoanalisi,* LIII, 1, pp. 197-208.

Gandini, L., Mantovani, S. and Pope Edwards, C. (eds.) (2003) *Il nido per una cultura dell'infanzia.* Bergamo: Junior.

Gardner, H. (1973) *The Quest for Mind : Jean Piaget, Claude Levi-Strauss, and the structuralist movement.* New York: Knopf.

Gardner, H. (1983) *Frames of Mind : The Theory of Multiple Intelligences.* New

York: Basic Books.

Gardner, H. (1985) *The Mind's New Science*. New York: Basic Books.

Gardner, H. (1989) *To Open Minds*. New York: Basic Books.

Gardner, H. (1991) *The Unschooled Mind : How Children Think and How Schools Should Teach*. New York: Basic Books.

Gardner, H. (1993) 'Foreword: complementary perspectives on Reggio Emilia'. In C. Edwards, L. Gandini and G. Forman (eds.) *The Hundred Languages of Children : The Reggio Approach to Early Childhood Education*. Norwood, NJ: Ablex Publishing.

Gardner, H. (1999) *The Disciplined Mind : What All Students Should Understand*. New York: Simon and Schuster.

Gardner, H. (2004) *Changing Minds : The art and science of changing Our Own and Other peoples mind*. Harvard: Harvard Business School Press.

Gardner, H. (2005) *Development and Education of the Mind*. London: Routledge.

Gardner, H. (2006) *Five Minds for the Future*. Harvard: Harvard Business School Press.

Geertz, C. (1973) *The Interpretation of Cultures : Selected Essays*. New York: Basic Books.

Gergen, K. J. (1985) 'The Social Constructionist Movement in Modern Psychology', *American Psychologist*, 40(3), pp. 266–275.

Gergen, K. J. (1991) *The Saturated Self : Dilemmas of Identity in Contemporary Life*. New York: Basic Books.

Gergen, K. J. (1992) *Towards a Postmodern Psychology*. In S. Kvale, (ed.) *Psychology and Postmodernism*. London: Sage.

Gergen, K. J. (1994) *Reality and Relationships : Soundings in Social Construction*. Cambridge, MA: Harvard University Press.

Gergen, K. J. (1995) *Social Construction and the Educational Process*. In L. P. Steffe and E. J. Gale (eds.) *Constructivism in Education*. Hillsdale, NJ: Erlbaum.

Gergen, K. J. (2000) 'Verso un vocabolario del dialogo trasformativo', *Pluriverso*, 5 (2), pp. 100–113.

Giddens, A. (1990) *The Consequences of Modernity*. Cambridge: Polity Press.

Giudici, C., Krechevsky, M. and Rinaldi, C. (eds.) (2001) *Making Learning Visible : Children as Individual and Group Learners*. Reggio Emilia: Reggio Children.

Goleman, D. (1995) *Emotional Intelligence*. New York: Bantam Books.

Gombrich, E. H. (1966) *The Story of Art*. London: Phaidon Press.

Hall, E. T. (1966) *The Hidden Dimension*. New York: Doubleday.
Harris, J. (1998) *The Nurture Assumption*. New York: The Free Press.
Hawkins, D. (1974) *The Informed Vision : Essays on Learning and Human Nature*. New York: Agathon Press.
Heshusius, L. (1994) 'Freeing Ourselves from Objectivity: Managing Subjectivity or Turning toward a Participatory Mode of Consciousness ?', *Educational Researcher*, 3, pp. 15-22.
Huizinga, J. (1939) *Homo ludens : Versuch einer bestimmung des spielelementest der Kultur*. Amsterdam-Leipzig: Pantheon Akademische Verlagsanstalt.
Johnson, G. (1991) *In the Palaces of Memory*. New York: Knopf.
Kant, I. (1945) *Pedagogia, a cura di N. Abbagnano*. Turino: Paravia.
Katz, L. and Cesarone, B. (eds.) (1994) *Reflections on the Reggio Emilia Approach*. Urbana, IL: ERIC/EECE.
Katz, L. and Chard, S. (1989) *Engaging Children's Minds : The Project Approach*. Norwood, NJ: Ablex Publishing.
Kellog, R. (1969) *Analyzing Children's Art*. Mountain View, CA: Mayfield Publishing.
Kumar, K. (1995) *From Post-Industrial to Post-Modern Socieyt : New Theories of the Contemporary World*. Cambridge, MA: Blackwell Publishers.
Lanzi, D. and Soncini, I. (1999) 'I significati dell'educare oggi', Lecture presented at the International Symposium *Learning About Learning*, Reggio Emilia, 16-18 June 1999.
Lévinas, E. (1961) *Totalité et infini : Essai sur l'extériorité*. La Haye: Martinus Nijhoff.
Levy, P. (1994) *L'intelligence collective : Pour une anthropologie du cyberspace*. Paris: Découvert.
Luria, A. R. (1976) *Cognitive Development : Its Cultural and Social Foundations*. Cambridge, MA: Harvard University Press.
Lussu, G. (1999) *La lettera uccide*. Roma: Stampa Alternativa e Graffiti.
Lyotard, J. F. (1979) *La condition postmoderne : Rapport sur le savoir*. Paris: Minuit.
Malaguzzi, L. (ed.) (1971) 'Esperienze per una nuova scuola dell'infanzia', *Atti del seminario di studio tenuto a Reggio Emilia il 18-19-20 marzo 1971*. Roma: Riuniti.
Malaguzzi, L. (1972) *La nuova socialità del bambino e dell'insegnante attraverso l'*

esperienza della gestione sociale nelle scuole dell'infanzia, in *La gestione sociale nella scuola dell'infanzia*, atti del I convegno regionale di Modena, 15-16 maggio 1971, Roma: Riuniti.

Malaguzzi, L. (1975a) Contenuti, programmi e finalità degli asili nido e della scuola dell'infanzia, In *Il bambino soggetto e fonte di diritto nella famiglia e nella società*, atti del convegno di Bologna, 21-22 aprile 1975, Bologna, Regione Emilia-Romagna, Sezione regionale dell'ANCI.

Malaguzzi, L. (1975b) 'Il ruolo dell'ambiente nel processo educativo'. In *Arredo Scuola 75 – per la scuola che cambia*. Como: Luigi Massoni.

Malaguzzi, L. (1981) 'Significati e finalità della gestione sociale', In *La gestione sociale come progetto educativo : Partecipazione e correspon-sabilità da subito*. Reggio Emilia: Comune di Reggio Emilia.

Malaguzzi, L. (1983) 'Che posto c'è per Rodari?' In De Luca, C. (ed.), *Se la fantasia cavalca con la ragione : Prolungamenti degli itinerari suggeriti dall'opera di Gianni Rodari*. Bergamo: Juvenilia.

Malaguzzi, L. (1985) 'Quando la notizia arrivò', In Barazzoni, R. (ed.), *Mattone su mattone*. Reggio Emilia: Comune di Reggio Emilia.

Malaguzzi, L. (1993a) 'For an Education Based on Relationships', *Young Children*, November, pp. 9-13.

Malaguzzi, L. (1993b) 'History, Ideas and Basic Philosophy'. In C. Edwards, L. Gandini and G. Forman (eds.) *The Hundred Languages of Children : The Reggio Approach to Early Childhood Education*. Norwood, NJ: Ablex Publishing.

Malaguzzi, L. (1995) *Una carta per tre diritti*. Reggio Emilia: Comune di Reggio Emilia.

Malaguzzi, L. (1996) *The Hundred Languages of Children : Catalogue of the Exhibition*. Reggio Emilia: Reggio Children.

Malaguzzi, L. (2004) 'Walking on Threads of Silk: Interview with Loris Malaguzzi by Carlo Barsotti', *Children in Europe*, 6, pp. 10-15.

Manghi, S. (ed.) (1998) *Attraverso Bateson : Ecologia della mente e relazioni sociali*. Milano: Raffaello Cortina.

Mantovani, S. (1975) *Asili Nido : psicologia e pedagogia*. Milano: Franco Angeli.

Mantovani, S. (1983) *La ricerca in Asilo Nido*. Bergamo: Juvenilia.

Mantovani, S. (ed.) (1998) *Nostalgia del futuro : Liberare speranze per una nuova cultura dell'infanzia*. Bergamo: Junior.

Mantovani, S. and Musatti, T. (eds.) (1983) *Adulti e bambini : Educare e comuni-

care. Bergamo: Juvenilia.

Mantovani, S., Restuccia Saitta, L. and Bove, C. (2000) *Attaccamento e inserimento : Stili e storie delle relazioni al nido*. Milano: Franco Angeli.

Maturana, H. R. (1991) 'Science and Daily Life: The Ontology of Scientific Explanations'. In F. Steier (ed.) *Research and Reflexivity*. London: Sage.

Maturana, H. R. and Varela, F. J. (1980) *Autopoiesis and Cognition : The Realization of the Living*. Dordrecht: D. Reidel Publishing Company.

Maturana, H. R. and Varela, F. J. (1992) *The Tree of Knowledge*. Boston: Shambala, New Science Library.

Melucci, A. (1989) *Nomads of the Present : Social Movements and Individual Needs in Contemporary Society*. Philadelphia, PA: Temple University Press.

Montessori, M. (1950) *La scoperta del bambino*. Milano: Garzanti.

Morin, E. (1977) *La méthode : La nature de la nature*. Paris: Seuil.

Morin, E. (1982) *Science avec conscience*. Paris: Seuil.

Morin, E. (1999a) *La tête bien faite : Repenser la réforme, réformer la pensée*. Paris: Seuil.

Morin, E. (1999b) *Les sept savoirs nécessaires à l'éducation du futur*. Paris: UNESCO-Seuil.

Munari, A. (1993) *Il sapere ritrovato : Conoscenza, apprendimento, formazione*. Milano: Guerini e Associati.

Munari, B. (1977) *Fantasia*. Roma-Bari: Laterza.

Munari, B. (1981) *Da cosa nasce cosa*. Roma-Bari: Laterza.

Musatti, T. (1986) Early Peer Relations: The Perspectives of Piaget and Vygotskij. In E. Mueller and C. Cooper (eds.) *Process and Outcome in Peer Relationships*. New York: Academic Press.

Musatti, T. (1987) Modalità e problemi del processo di socializzazione tra bambini in asilo nido. In A. Bondioli and S. Mantovani (eds.) *Manuale critico dell'asilo nido*. Milano: Franco Angeli.

Musatti, T. (1993) 'Meaning between Peers: The Meaning of the Peer', *Cognition and Instruction*, 2, pp. 241-250.

Musatti, T. and Mantovani, S. (eds.) (1983) *Bambini al nido : Gioco, comunicazione e rapporti affettivi*. Bergamo: Juvenilia.

Musatti, T. and Mantovani, S. (eds.) (1986) *Stare insieme al nido : Relazioni sociali e interventi educativi*. Bergamo: Juvenilia.

Musatti, T. and Mayer, S. (1990) Les jeux de fiction dans la cour: Transmission et propagation de thémes de jeu dans une collectivité de jeunes enfants. In H. Sinclair and M. Stambak (eds.) *Les jeux de fiction entre enfants de trois ans*. Paris: Presses Universitaires de France.

Musatti, T. and Mayer, S. (eds.) (2003) *Il coordinamento dei servizi educativi per l'infanzia. Una funzione emergente in Italia e in Europa*. Bergamo: Junior.

Musatti, T. and Picchio, M. (2003) *Il monitoraggio della qualità dei servizi integrativi per bambini piccoli*. Roma: Istituto di Scienze e Tecnologie della Cognizione, Consiglio Nazionale delle Ricerche.

Neisser, U. (1967) *Cognitive Psychology*. Englewood Cliffs, NJ: Prentice Hall.

Piaget, J. (1936) *La naissance de l'intelligence chez l'enfant*. Paris: Delachaux et Niestlè.

Piaget, J. (1937) *La construction du réel chez l'enfant*. Paris: Delachaux et Niestlé.

Piaget, J. (1945) *La formation du symbole chez l'enfant. Imitation, jeu et rêve, image et représentation*. Paris: Delachaux et Niestlè.

Piaget, J. (1951) *Play, Dreams and Imitation in Childhood*. London: Routledge.

Piaget, J. (1964) *Six études de Psychologie*. Paris: Editions Gouthier.

Piaget, J. (1970a) *La situation des sciences de l'homme dans le système des sciences*. Paris-The Hague: Mouton.

Piaget, J. (1970b) *Psychologie et epistemologie*. Paris: Denoël.

Piaget, J. (1975) *L'équilibration des structures cognitives*. Paris: Presses Universitaires de France.

Piaget, J. (1977a) *Naissance de l'intelligence chez l'enfant*. Neuchâtel: Delachaux et Niestlè.

Piaget, J. (1977b) *Construction du reel chez l'enfant*. Neuchâtel: Delachaux et Niestlè.

Piccinni, S. (2004) 'A Transforming City: Interview with Sandra Piccinini by Amelia Gambetti', *Children in Europe*, 6, pp. 4-5.

Pierantoni, R. (1998) *Verità a bassissima definizione : Critica e percezione del quotidiano*. Torino: Einaudi.

Plato (1986) *Lettere, a cura di P. Innocenti*. Milano: BUR.

Plato (2000) *Tutti gli scritti, a cura di G. Reale*. Milano: Bompiani.

Polanyi, M. (1958) *Personal Knowledge : Towards a Post-Critical Philosophy*. Chicago, IL: University of Chicago Press.

Pontecorvo, C. (ed.) (1993) *La condivisione della conoscenza*. Firenze: La Nuova Italia.

Pontecorvo, C., Ajello, A. M. and Zucchermaglio, C. (eds.) (1995) *I contesti sociali dell'apprendimento*. Milano: Ambrosiana-LED.

Popper, K. R. (1963) *Conjectures and Refutations*. London: Routledge.

Popper, K. R. (1972) *Objective Knowledge : An Evolutionary Approach*. Oxford: Clarendon Press.

Popper, K. R. (1994) *Alles Leben ist Problemlösen : Über Erkenntnis, Geschichte und Politik*. München: R. Piper.

Popper, K. R. (1994) *Knowledge and the Body-Mind Problem : In Defence of Interaction*. London: Routledge.

Putnam, R. (1993) *Making Democracy Work : Civic Traditions in Modern Italy*. Princeton. NJ: Princeton University Press.

Rabitti, G. (1994) *Alla scoperta della dimensione perduta. L'etnografia dell'educazione in una scuola dell'infanzia di Reggio Emilia*. Bologna: CLUEB.

Read, H. (1943) *Education through Art*. London: Faber and Faber.

Readings, B. (1996) *The Universiyt in Ruins*. Cambridge, MA: Harvard University Press.

Rinaldi, C. (1994) *I pensieri che sostengono l'azione educativa*. Reggio Emilia: Comune di Reggio Emilia.

Rinaldi, C. (1999a) *I processi di conoscenza dei bambini tra soggettività ed intersoggettività*. Reggio Emilia: Comune di Reggio Emilia.

Rinaldi, C. (1999b) *L'ascolto visibile*. Reggio Emilia: Comune di Reggio Emilia.

Rinaldi, C. (1999c) *Le domande dell'educare oggi*. Reggio Emilia: Comune di Reggio Emilia.

Rinaldi, C. (2000) 'Organization as a Value', *Innovations*, Fall, pp. 2-7.

Rinaldi, C. and Cagliari, P. (1994) *Educazione e creatività*. Reggio Emilia: Comune di Reggio Emilia.

Rinaldi, C., Giudici, C. and Krechevsky, M. (eds.) (2001) *Making Learning Visible : Children as Individual and Group Learners*. Reggio Emilia: Reggio Children.

Rizzolatti, G., Fogassi, L. and Gallese, V. (2006) 'Mirrors in the Mind', *Scientific American*, November, 295, 5, pp. 54-61.

Rizzolatti, G. and Sinigaglia, C. (2006) *So quel che fai. Il cervello che agisce e i neuroni specchio*. Milano: Raffaello Cortina.

Rodari, G. (1973) *Grammatica della fantasia*. Torino: Einaudi.

Rogers, C. R. (1951) *Client-Centered Therapy : Its Current Practice, Implications and Theory*. Boston, MA: Houghton Mifflin Company.

Rogers, C. R.（1969）*Person to Person : The Problem of Being Human*. Lafayette, CA: Real People Press.

Rorty, R.（1989）*Contingency, Irony and Solidarity*. Cambridge: Cambridge University Press.

Rose, N.（1999）*Powers of Freedom : Reframing Political Thought*. Cambridge: Cambridge University Press.

Rousseau, J. J.（1762）*Émile, ou de l'éducation*. Paris.

Shcaffer, H. R.（1990）*Il Bambino e I Suoi Partner : Interazione e socialità*. Milano: Franco Angeli.

Schaffer, H. R.（1996）*Social Development*. Oxford-Cambridge: Blackwell.

Schneider, M.（1951）'Die historischen Grundlagen der musikalischen Symbolik', *Musikforschung*, 4, pp. 113-128.

Schön, D. A.（1983）*The Reflexive Practitioner*. New York: Basic Books.

Sclavi, M.（1989）*A una spanna da terra*. Milano: Feltrinelli.

Sclavi, M.（2003）*Arte di ascoltare e mondi possibili*. Milano: Bruno Mondadori.

Scuola di Barbiana（1967）*Lettera a una professoressa*. Firenze: Libreria Editrice Fiorentina.

Stein, E.（1980）*Zum Problem der Einfühlung*. München: Kaffke.

Süskind, P.（1985）*Das Parfum : Die Geschichte eines Mörders*. Zurich: Diogenes.

Tanizaki, J.（1998）*In Praise of Shadows*. New Haven, CT: Leete's Island Books.（谷崎潤一郎『陰翳礼讃』中央公論新社，1995年）

Tyler, R. W.（1949）*Basic Principles of Curriculum and Instruction*. Chicago, IL: University of Chicago Press.

Usher, R. and Edwards, R.（1994）*Postmodernism and Education*. London: Routledge.

Varela, F. J., Thompson, E., Rosch, E. and Blum, I. C.（1991）*The Embodied Mind : Cognitive Science and Human Experience*. Cambridge, MA: MIT Press.

Vattimo, G. and Rovatti, A.（eds.）（1983）*Il pensiero debole*. Milano: Feltrinelli.

Vecchi, V.（1993）'The Role of Atelierista'. In C. Edwards, L. Gandini and G. Forman（eds.）, *The Hundred Languages of Children*. Norwood, NJ: Ablex Publishing.

Vygotskij, L. S.（1960a）*Istorijarazvitija vyssih psihiceskih funktcij*. Mosca.

Vygotskij, L. S.（1960b）*Razvitie vysich psichiceskick funkcij*. Mosca.

Vygotskij, L. S.（1970）*Izbrannja psichologicakia issledovaya*. Mosca.

Vygotskij, L. S.（1978）*Mind in Society*. Cambridge, MA: Harvard University

Press.
Vygotskij, L. S. (1986) *Thought and Language*. Cambridge, MA: MIT Press.
Watzlawick, P., Beavin, J. H. and Jackson, D. D. (1968) *Pragmatics of Human Communication : A Study of Interactional Patterns, Pathologies and Paradoxes*. London: Faber and Faber.
Weick, K. (1969) *The Social Psychology of Organizing*. Reading, MA: Addison-Wesley.
Zolla, E. (1994) *Lo stupore infantile*. Milano: Adelphi.

《著者紹介》

カルラ・リナルディ（Carla Rinaldi）
1970年にレッジョ・エミリアのペダゴジスタとなり，教育長ローリス・マラグッツィと共にこの町の草創期の幼児教育のパイオニアとして活動する。とりわけ乳幼児期保育についてのカルラの識見にマラグッツィは深い信頼を寄せ，その力を当て込んでいたといわれている。幼児教育・保育施設の拡充とその質的な向上を課題に据えた全国組織「全国保育者連盟」も彼女の活動の重要な舞台になった。1999年レッジョ・エミリア市教育長を退任後は，モデーナ＝レッジョ・エミリア大学で後進の養成に従事する。傍らレッジョ・チルドレンでも活動。これを母体として2011年に発足した「マラグッツィ記念国際センター」の初代センター長を務める。現在はレッジョ財団代表。この間，客員教授として北米のいくつかの大学で講義と共同研究も行っている。

《訳者紹介》

里見　実（さとみ・みのる）
1936年生まれ。國學院大學名誉教授。専門は教育社会学。
主著：『ラテンアメリカの新しい伝統』（単著）晶文社，1990年
　　　『学校を非学校化する』（単著）太郎次郎社エディタス，1994年
　　　『学ぶことを学ぶ』（単著）太郎次郎社エディタス，2001年
　　　『パウロ・フレイレ「被抑圧者の教育学」を読む』（単著）太郎次郎社エディタス，2010年
　　　『希望の教育学』（単訳）太郎次郎社エディタス，2001年
　　　『言語の自然な学び方』（単訳）太郎次郎社エディタス，2015年　ほか多数。

レッジョ・エミリアと対話しながら
――知の紡ぎ手たちの町と学校――

2019年9月10日　初版第1刷発行　　　　　　　　　　　（検印省略）
2020年11月30日　初版第2刷発行

定価はカバーに表示しています

訳　者　里　見　　実
発行者　杉　田　啓　三
印刷者　江　戸　孝　典

発行所　株式会社　ミネルヴァ書房
607-8494　京都市山科区日ノ岡堤谷町1
電話代表（075）581-5191
振替口座　01020-0-8076

© 里見実，2019　　共同印刷工業・新生製本

ISBN978-4-623-08432-6
Printed in Japan

子どもを「人間としてみる」ということ
　　——子どもとともにある保育の原点
　子どもと保育総合研究所／編

四六判／308頁
本体　2200円

共　感
　　——育ち合う保育のなかで
　佐伯　胖／編

四六判／232頁
本体　1800円

「子どもがケアする世界」をケアする
　　——保育における「二人称的アプローチ」入門
　佐伯　胖／編著

四六判／244頁
本体　2200円

保育のグランドデザインを描く
　　——これからの保育の創造にむけて
　汐見稔幸・久保健太／編著

四六判／344頁
本体　2400円

なぜ世界の幼児教育・保育を学ぶのか
　　——子どもの豊かな育ちを保障するために
　泉　千勢／編著

Ａ５判／404頁
本体　3500円

保育者の地平
　　——私的体験から普遍に向けて
　津守　真／著

Ａ５判／312頁
本体　3000円

関係の中で人は生きる
　　——「接面」の人間学に向けて
　鯨岡　峻／著

Ａ５判／384頁
本体　2800円

子どもの心を育てる　新保育論のために
　　——「保育する」営みをエピソードに綴る
　鯨岡　峻／著

Ａ５判／298頁
本体　2200円

驚くべき乳幼児の心の世界
　　——「二人称的アプローチ」から見えてくること
　ヴァスデヴィ・レディ／著　佐伯胖／訳

Ａ５判／378頁
本体　3800円

―――― ミネルヴァ書房 ――――
https://www.minervashobo.co.jp/